LUTANDO NA ESPANHA

GEORGE ORWELL
LUTANDO NA ESPANHA

tradução:
Ana Helena Souza

apresentação:
Filipe Figueiredo e Matias Pinto

ilustrações:
Rodrigo Rosa

BIBLIOTECA AZUL

Copyright da tradução © by Editora Globo

Todos os direitos reservados. Nenhuma parte desta edição pode ser utilizada ou reproduzida – em qualquer meio ou forma, seja mecânico ou eletrônico, fotocópia, gravação etc. – nem apropriada ou estocada em sistema de bancos de dados, sem a expressa autorização da editora.

Título original:
Orwell in Spain

Editor responsável: Lucas de Sena
Assistente editorial: Jaciara Lima
Revisão: Renan Castro
Edição e notas da edição original: Peter Davison
Seleção e organização: Ronald Polito
Diagramação: Abreu's System
Apresentação: Filipe Figueiredo e Matias Pinto
Capa: Delfin [Studio DelRey]
Ilustrações: Rodrigo Rosa
Imagem do autor no miolo: Orwell on the beach, 1934 - Collings, D./UCL Special Collections Digital Gallery.

1ª edição, Civilização Brasileira, 1967
2ª edição, Editora Globo, 1986
3ª edição, Editora Globo, 2006
4ª edição, Biblioteca Azul, 2021 - 1ª reimpressão, 2022

Dados Internacionais de Catalogação na Publicação (CIP)
(Câmara Brasileira do Livro, SP, Brasil)

O89L
4. ed.

Orwell, George, 1903-1950
    Lutando na Espanha: homenagem à Catalunha, recordando a guerra civil espanhola e outros escritos / George Orwell; edição e notas Peter Davison; seleção, organização e prefácio Ronald Polito; tradução Ana Helena Souza. – 4. ed. – Rio de Janeiro: Biblioteca Azul, 2021.
    384 p. ; 21 cm.

    Título original: Orwell in Spain
    ISBN 978-65-5830-032-8

    1. Orwell, George, 1903-1950 – Viagens – Espanha – Catalunha. 2. Espanha – História – Narrativas pessoais britânicas – Guerra civil, 1936-1939. 3. Espanha – Política e governo – 1931-1939. I. Davison, Peter. II. Polito, Ronald. III. Souza, Ana Helena.

21-68834
                        CDD: 946.081092
                        CDU: 94(460)"1936/1939

Leandra Felix da Cruz Candido – Bibliotecária – CRB-7/6135

Direitos reservados a
Editora Globo s. a.
Rua Marquês de Pombal, 25 – 20230-240
Rio de Janeiro – rj
www.globolivros.com.br

SUMÁRIO

Nota editorial.................................... 7

Apresentação.................................... 11

1. Homenagem à Catalunha...................... 17

   Apêndice I.................................... 196

   Apêndice II................................... 222

2. Recordando a guerra civil espanhola................ 253

3. Orwell na Espanha: outros escritos................. 285

Sobre o autor................................... 381

Nota editorial

A experiência no front de batalha foi tão marcante para George Orwell que até o fim de sua vida ele se viu envolvido com a reflexão sobre seus escritos a respeito do conflito armado. A Guerra Civil Espanhola só teria fim em março de 1939, com a queda da resistência em Múrcia, mas já em abril de 1938 é impressa a primeira edição de *Homage to Catalonia* (cujo título em português é "Homenagem à Catalunha"). Sua redação é iniciada ainda em meio ao conflito, com notas em diários e a reunião de recortes de jornal que frequentemente se perdiam ou eram confiscados. Orwell permanece na guerra de dezembro de 1936 a junho de 1937, quando, ao ver o partido de que fazia parte ser dissolvido pelas forças stalinistas, vê-se obrigado a empreender fuga. Já em julho daquele ano, apresenta a seu agente um esboço do que seria o livro, e, em fevereiro de 1938, entrega o manuscrito final. George Orwell não chegou a ver uma segunda edição de *Homage to Catalonia*, porém retornou ao texto e deixou indicadas as alterações que gostaria de ter visto na obra. A mais substancial delas diz respeito aos capítulos 5 e 11 do original, que tratam de análises da geopolítica mundial à época. Sua vontade era que esses capítulos se tornassem apêndices ao fim do livro, de modo a não interromper a sequência dos fatos que presenciou entre 1937 e 1938.

Mais tarde, em 1943, publica o ensaio longo *Looking back on the Spanish War* (traduzido como "Recordando a Guerra Civil Espanhola"). Segundo as notas de Peter Davies à edição do volume intitulado *Orwell in Spain*, indica-se que provavelmente tenha surgido em junho de 1943 na *New Road*, cuja deliberada supressão de três capítulos (4, 5 e 6) causaram desconforto a George Orwell. O texto completo viria a ser publicado em Nova York (*Such, Such We Were the Joys*) e Londres (*England Your England*) em 1953, após a morte de seu autor, portanto. Este é um ensaio em que Orwell delineia melhor, como fruto da maturidade do pensamento e da distância dos fatos, suas posições ideológicas e suas preocupações com temas como o totalitarismo e a manipulação dos fatos históricos. Até sua morte, em 1949, continuou a produzir escritos sobre a guerra, entre correspondências, artigos para jornais e críticas a livros publicados sobre o assunto.

Em 1946, em um texto chamado "Why I Write" ("Por que escrevo"), Orwell declara que "toda linha de texto sério que escrevi desde 1936 foi escrito, direta ou indiretamente, contra o totalitarismo e pelo socialismo democrático, tal como entendo.". Tanto seu alistamento nas brigadas populares antifascistas como o auge da sua produção literária – representado pelos textos clássicos *1984* e *A revolução dos bichos* – encontram ressonância na percepção de um mundo que caminhava para a consolidação do poder totalitário.

A primeira vez que *Homage to Catalonia* e *Looking back on the Spanish War* ganharam tradução no Brasil foi em 1967, pela editora Civilização Brasileira. Isto ocorre somente três anos após a tradução de *Animal Farm* pela Editora Globo, mas bem depois de *1984*, que havia desembarcado por aqui na década de 1950. Já com o título que consagra a obra em português, *Lutando na Espanha* é a tradução de Affonso Blacheyre para *Homage to Catalonia*. A capa anunciava que o volume era acompanhado do ensaio *Recordando a Guerra Civil*. Em 1986, a Editora Globo – tradicional casa publicadora de Porto Alegre então recém-adquirida pela Rio Gráfica Editora, com sede no Rio de Janeiro – adquire os direitos de publicação que pertenciam à Civilização Brasileira e relança a mesma tradução de Affonso Blacheyre.

Esta edição que o leitor tem agora em mãos é baseada no volume lançado em 2006 pela Editora Globo, terceira edição brasileira, com seleção e organização de textos de Ronald Polito. Aquela edição, por sua vez, se baseia no volume *Orwell in Spain*, organizado por Peter Davison em 1986. A edição de Davison contém mais de 60 textos extras, que foram selecionados entre os mais representativos para a compreensão do pensamento de seu autor acerca dos eventos, nos anos seguintes à publicação dos dois textos clássicos *Homage to Catalonia* e *Looking back on the Spanish War*. Esta edição brasileira contém 25 desses escritos dispostos em ordem cronológica. A tradução de Ana Helena Souza, que se mantém aqui e que foi revisada para esta publicação, foi feita a partir da edição de 2001 de *Orwell in Spain*, publicada por Gardner's Book, Reino Unido.

Este volume que reúne os escritos de Orwell acerca da Guerra Civil Espanhola mantém o título *Lutando na Espanha*. Já o livro *Homage to Catalonia*, contido aqui, é traduzido com seu título literal, *Homenagem à Catalunha*, e que presta tributo ao espírito revolucionário catalão. Na sequência, aparecem os dois apêndices que antes faziam parte do texto original, e que desde 1986 são separados do texto principal, por vontade de seu autor. A leitura dos apêndices aprofunda a compreensão da época em perspectiva histórica, pois é resultado da leitura atenta e participativa de um dos maiores escritores do século xx. Depois, apresenta-se *Recordando a Guerra Civil Espanhola*, em que o leitor poderá notar como seu autor passa a limpo a experiência do front e cristaliza o que viria a se tornar seu pensamento sobre as formas de autoritarismo que viu emergirem. Por fim, a seleção de 25 textos – verdadeiros documentos de época –; escritos em que se pode conferir a crítica que Orwell faz às interpretações correntes do que era a guerra, as resenhas de obras sobre o tema e as correspondências trocadas durante a Segunda Guerra Mundial, que servem de curiosidade e aprofundamento ao leitor sobre a história de duas obras tão influentes sobre um período que definiria todo o século ao qual pertencem.

APRESENTAÇÃO

Filipe Figueiredo
Matias Pinto

Em meio ao clima distópico da última década, a obra de George Orwell foi redescoberta pelas novas gerações, levando o autor anglo-indiano às listas de best-sellers quase setenta anos após a sua morte. Nas redes, viralizou uma montagem a partir do mote de campanha de Donald Trump, eleito presidente dos EUA em 2016: "Make Orwell Fiction Again".

A ironia reside na suposta premonição dos dois romances mais populares escritos por Eric Arthur Blair a partir do seu pseudônimo: *A revolução dos bichos* e *1984*, ambos lançados após a Segunda Guerra Mundial. Contudo, antes de se tornar um romancista famoso, Orwell teve uma longa trajetória jornalística na qual se destacam os livros-reportagens em primeira pessoa *Na pior em Paris e Londres*, *O caminho para Wigan Pier* e *Homenagem à Catalunha*.

Apesar de não ter sido um sucesso editorial, *Homage to Catalonia* (título original) foi um marco na sua produção intelectual, acompanhando-o pelo resto da vida. Orwell chegou à Catalunha no fim de 1936 como voluntário, e quando ingressou na milícia prometeu a si mesmo "(...) matar um fascista — afinal de contas, se cada um de nós matasse um, logo estariam extintos".

A ascensão do fascismo na Espanha mobilizou diversos setores da esquerda, principalmente no Atlântico Norte, e a classe artística de um modo geral. Outro escritor que esteve no front foi o estadunidense Ernest Hemingway, que a partir da sua experiência documentando o conflito, em especial a batalha do Ebro, lançou em 1940 o romance *Por quem os sinos dobram?*. Já o poeta e diplomata chileno Pablo Neruda publicou em 1937 a coletânea *España en el Corazón: himno a la gloria del pueblo en la Guerra* (sem tradução para o português), ainda bastante impactado pelo assassinato do amigo e também poeta Federico García Lorca, logo após o golpe de Estado.

A Guerra Civil Espanhola segue bastante atual, e tema central da historiografia contemporânea no país. No noticiário local, é comum acompanharmos pautas como descobertas de covas clandestinas construídas pelos fascistas contendo os restos mortais de republicanos, manifestações evocando ambos os lados em partidas de futebol e até mesmo o surgimento de uma sigla política assumidamente franquista como o Vox, a partir de uma cisão do Partido Popular em 2013.

Mas voltemos ao conturbado século XIX para entendermos as raízes deste episódio. A Espanha passou por três guerras civis no período entre 1833-76, as Guerras Carlistas. Elas contrapunham, em linhas gerais, reformadores contra conservadores. No primeiro grupo, defensores de uma Espanha constitucional e secular, estavam liberais, republicanos, socialistas e os movimentos das nacionalidades como bascos, catalães, galegos etc. que se consideravam excluídos da identidade castelhana, representada pelo centralismo de Madri.

No segundo grupo, os carlistas, encontravam-se conservadores católicos, monarquistas absolutistas, nacionalistas e tradicionalistas. O nome da facção e dos conflitos vêm do infante Carlos, a quem estes consideravam o legítimo rei por não aceitarem uma sucessão feminina no trono, como ocorreu em 1833, com a morte de Fernando VII, sucedido por Isabella II. Essa amálgama de ideologias é resumida no lema carlista, "Deus, Pátria e Rei".

No início do século XX, a Espanha está novamente afundada em crises: derrota na Guerra Hispano-Americana (1898), a pandemia da *influenza* (1918-20) – chamada de gripe espanhola no resto do Mundo — e o esgotamento do exército pelas guerras no Marrocos (1920-27). Isolado politicamente, o rei Alfonso XIII apoiou o golpe do general Primo de Rivera, em 1923, tendo o monarca como figura decorativa. Primo de Rivera acreditava que somente as forças armadas poderiam modernizar a Espanha, contra uma suposta "fraqueza moral" do país e da classe política, sob o slogan "Pátria, Religião e Monarquia", adaptação do lema de cem anos antes. O filho do ditador organizou o movimento Falangista, de caráter fascista e nacionalista, unindo a radicalização do Estado nacional à autoridade da Igreja Católica e ao tradicionalismo.

Com a Crise de 1929, a economia da Espanha entrou em colapso e o ditador renuncia no ano seguinte. O rei sucumbe à pressão política, abdica do trono e foge do país. Em 1931, foi instaurada uma república, com voto feminino, federalização e autonomia regional. Os próximos anos são marcados pela radicalização entre esquerda e direita, reformadores e tradicionalistas, socialistas e fascistas. O papel político da Igreja Católica e as propostas de reforma agrária eram alguns dos temas mais sensíveis.

A guerra civil começou com o "Pronunciamiento" de 17 de julho de 1936, liderado pelo General José Sanjurjo. O golpista escreveu que desejava "fazer os partidos políticos desaparecerem, limpar dos círculos nacionais toda estrutura liberal e destruir seu sistema". Sanjurjo morreu dias depois, em um suspeito acidente de avião, transformando Francisco Franco, comandante do exército no Marrocos, no líder golpista, nomeado generalíssimo.

De um lado do embate estavam anarquistas, comunistas, lideranças regionais, republicanos liberais e socialistas. Do outro, carlistas monarquistas, falangistas e nacionalistas. Alguns aspectos do conflito são marcantes. Um deles foi a conjuntura internacional, o que rendeu ao conflito a aura de ser antessala da Segunda Guerra Mundial, com o teste de novos equipamentos militares e táticas de combate.

A Alemanha nazista e a Itália fascista, violando um acordo de não intervenção que assinaram, enviaram material bélico e dezenas de milhares de soldados em apoio aos nacionalistas. A Legião Condor, também enviada por Adolf Hitler, tornou-se famigerada pelo primeiro bombardeio aéreo em massa de um povoamento; no caso, o ataque contra a cidade basca de Guernica, em 26 de abril de 1937, que ficou eternizado pelo painel homônimo do pintor malaguenho Pablo Picasso, denunciando os horrores desta nova modalidade de guerra.

A URSS, em apoio ao exército republicano, também enviou material bélico e oficiais militares para treinarem dezenas de milhares de voluntários internacionais (entre 40 e 60 mil), muitos recrutados em partidos comunistas e socialistas, formando as Brigadas Internacionais, com presença majoritária dos vizinhos franceses. Seu lema era "Pela sua liberdade e pela nossa" e aproximadamente quinze mil caíram mortos em combate.

No total, a guerra custou aproximadamente meio milhão de vidas — cerca de 2% da população espanhola na época — e foi sucedida por um período de crise econômica e fome. Na primeira metade do século XX, cerca de 600 mil espanhóis buscaram refúgio no Brasil, fugindo da Guerra propriamente e também das demais crises causadas por ela. Com a vitória, o líder nacionalista Francisco Franco iniciou a ditadura mais personalista da Europa ocidental, que durou até a sua morte, em 1975.

Um evento tão divisível como este ainda gera debates acalorados dentro e fora da Espanha, e George Orwell critica duramente as fake news que foram produzidas durante esta "luta triangular"; segundo sua percepção dos acontecimentos, além dos combates entre fascistas e republicanos havia uma disputa pelo próprio campo da esquerda, sobretudo entre anarquistas e comunistas, o que acabou levando às Jornadas de Maio, em 1937.

Orwell estava de licença em Barcelona, após quase três meses nas trincheiras na comunidade vizinha de Aragão, quando testemunhou as batalhas de rua entre as diversas siglas que serviam de apoio bélico e político para o governo republicano, enquanto o restante do país estava ocupado pelos embates entre governistas e golpistas.

Nosso narrador dos fatos descreve-os com uma boa dose de auto-humor e ironia, tipicamente britânicos, e, em sua estadia na Espanha — SEM SPOILERS —, nos conduz por meio de diários de viagem e observações antropológicas, alternando entre a admiração e a frustração em relação aos seus "anfitriões". Em determinada passagem ele até chega a teorizar sobre a discriminação racial entre um oficial e um soldado — mas sem esta categorização.

Enfim, as lições registradas por Orwell seguem bastante vigentes no debate político presente, com uma carga bastante crítica para o antifascismo e a falta de solidariedade internacional em zonas de combates ideológicos e em determinado momento de sua narrativa ele faz um alerta ao público leitor com uma sinceridade rara em épocas de tensionamento: "Estou disposto a acreditar que a história é, em sua maior parte, incorreta e tendenciosa, mas, o que é peculiar a nossa época, é o abandono da ideia de que a história pudesse ser escrita com base na verdade".

Boa leitura!

Filipe Figueiredo é formado em História pela Universidade de São Paulo, professor de História, colunista e analista de Política Internacional, roteirista e locutor dos vídeos sobre História no canal Nerdologia *no* YouTube, *criador do site* Xadrez Verbal *e integrante dos podcasts* Xadrez Verbal, Fronteiras Invisíveis do Futebol *e* Repertório.

Matias Pinto também é bacharel em História pela Universidade de São Paulo e atua desde 2013 como apresentador, editor, pesquisador e produtor na Central3, onde participa dos podcasts Fronteiras Invisíveis do Futebol, Na Bancada, Pontapé, Repertório, O Som das Torcidas, Trivela *e* Xadrez Verbal.

HOMENAGEM À CATALUNHA

1

No quartel Lênin em Barcelona, um dia antes de ingressar na milícia, vi um miliciano italiano de pé, em frente à mesa dos oficiais.

Era um jovem com ar de durão, de vinte e cinco ou vinte e seis anos, cabelos louro-avermelhados e ombros largos. Seu quepe pontudo de couro estava puxado ferozmente sobre um olho. De perfil para mim, queixo no peito, olhava intrigado, de cenho franzido, um mapa que um dos oficiais abrira sobre a mesa. Algo em seu rosto me tocou profundamente. Era o rosto de um homem que iria matar e jogar sua vida fora por um amigo — o tipo de rosto que se esperaria num anarquista, embora, contra todas as expectativas, ele fosse comunista. Havia tanto candura quanto ferocidade nele; havia, também, a reverência patética que os analfabetos têm para com seus supostos superiores. Era óbvio que o mapa não tinha nem pé nem cabeça para ele; era óbvio que ele encarava a leitura de um mapa como um feito intelectual estupendo. Difícil saber por quê, mas raramente encontrei alguém — quer dizer, algum homem — que tenha me agradado tão de imediato. Enquanto conversavam ao redor da mesa, alguma observação trouxe à tona que eu era estrangeiro. O italiano levantou a cabeça e disse logo:

— *Italiano?*

Respondi com meu espanhol ruim:

— *No, Inglés. Y tú?*

— *Italiano*.

Quando saímos, ele cruzou a sala e apertou minha mão com força. Estranho, a afeição que se pode sentir por um desconhecido! Foi como se o espírito dele e o meu tivessem por um instante conseguido atravessar o abismo da linguagem e das tradições e se conhecer na mais profunda intimidade. Esperava que ele gostasse de mim tanto quanto gostava dele. Mas também sabia que para conservar minha primeira impressão não deveria vê-lo de novo; e, nem é preciso dizer que nunca mais o vi de novo. Estávamos sempre fazendo contatos desse tipo na Espanha.

Falo sobre esse miliciano italiano, porque ele se fixou vividamente à minha memória. Com seu uniforme mal-amanhado e seu rosto patético e feroz, tornou-se típico para mim da atmosfera especial daquela época. Está entranhado em todas as minhas recordações daquele período da guerra: as bandeiras vermelhas em Barcelona, os trens sombrios, cheios de soldados malvestidos, arrastando-se para o front e, mais adiante na linha, as cidades cinzentas devastadas pela guerra, as trincheiras enlameadas e geladas nas montanhas.

Estávamos no fim de dezembro de 1936, há menos de sete meses de quando escrevo e, no entanto, é um período que já recuou a uma distância enorme. De resto, acontecimentos posteriores o obliteraram muito mais completamente do que o ano de 1935, ou mesmo o de 1905. Viera para a Espanha com a vaga ideia de escrever artigos para a imprensa, mas ingressei na milícia quase imediatamente, porque naquele tempo e naquela atmosfera parecia a única coisa imaginável a se fazer. Os anarquistas tinham o controle virtual da Catalunha, e a revolução ainda ia de vento em popa. Para qualquer um que estivesse lá desde o começo, provavelmente parecia, já em dezembro ou janeiro, que o período revolucionário estivesse terminando; mas para alguém vindo direto da Inglaterra, o aspecto de Barcelona era algo surpreendente e irresistível. Pela primeira vez na vida me encontrava numa cidade onde a classe trabalhadora estava no comando. Praticamente todos os prédios, do tamanho que fosse, tinham sido tomados pelos trabalhadores e estavam enfeitados com bandeiras vermelhas ou com a bandeira rubro-negra dos anarquistas; todas as paredes estavam rabiscadas com a foice e o martelo e com as iniciais dos partidos revolucionários; quase todas as igrejas tinham sido pilhadas e suas imagens queimadas. Igrejas aqui e ali estavam sendo sistematicamente demolidas por bandos de trabalhadores. Todas as lojas e cafés exibiam uma inscrição dizendo que tinham sido coletivizadas; até mesmo os engraxates tinham sido coletivizados e suas caixas pintadas de vermelho e preto. Garçons e lojistas nos encaravam e nos tratavam de igual para igual. As formas de tratamento servis e até mesmo as de cortesia haviam desaparecido temporariamente. Ninguém dizia *"señor"* ou *"don"* ou mesmo *"usted"*; todo mundo chamava todo mundo de "camarada" e "tu", e dizia *"salud"* em vez de *"buenos días"*. Uma de minhas primeiras experiências foi levar uma lição do gerente do hotel por tentar oferecer uma gorjeta ao ascensorista. Não havia carros particulares, eles tinham sido confiscados, e todos os bondes e táxis e a maior parte dos demais meios de transporte tinham sido pintados de vermelho e preto. Os cartazes revolucionários estavam por toda parte, flamejantes nas paredes com seus vermelhos e azuis vivos, que faziam os poucos anúncios restantes parecerem estuques de lama. Descendo as Ramblas, a larga artéria central da cidade, onde multidões fluíam sem parar de um lado para o outro, auto-falantes berravam canções revolucionárias o dia inteiro e noite adentro. E era o aspecto das multidões a coisa mais estranha de todas. Na aparência exterior, era uma cidade em que as classes abastadas tinham praticamente deixado de existir. Exceto por um pequeno número de mulheres e estrangeiros, não havia pessoas "bem vestidas" de jeito nenhum. Praticamente todo mundo usava as roupas rudes da classe trabalhadora, ou macacões azuis, ou alguma variante do uniforme da milícia. Tudo isso era estranho e emocionante. Havia muita coisa que eu não compreendia, e de muitas delas de certa forma nem gostava, mas reconheci imediatamente que era um estado de coisas pelo qual valia a pena lutar. Também acreditava que as coisas eram como pareciam ser, que aquele era realmente um Estado dos trabalhadores e que toda a burguesia tinha fugido, ou sido morta, ou passado voluntariamente para o lado dos trabalhadores; não percebia que muitos dos burgueses abastados estavam simplesmente escondidos e disfarçados de proletários, por enquanto.

Junto com tudo isso, havia algo da atmosfera demoníaca da guerra. A cidade tinha uma aparência suja e lúgubre, vias e prédios estavam em mau estado; à noite, as ruas eram pouco iluminadas, por temerem ataques aéreos, a maioria das lojas estava desmazelada e semivazia. A carne era pouca e o leite praticamente impossível de se obter; havia escassez de carvão, açúcar e gasolina, e a escassez de pão era gravíssima. Já nesse período, as filas para consegui-lo se estendiam por centenas de metros. Ainda assim, até onde se podia perceber, as pessoas estavam satisfeitas e esperançosas. Não havia desemprego e o custo de vida ainda era extremamente baixo; encontravam-se muito poucos pobres de fato e nenhum mendigo, com exceção dos ciganos. Acima de tudo, havia uma crença na revolução e no futuro, um sentimento de ter-se subitamente emergido numa era de igualdade e liberdade. Os seres humanos estavam tentando se comportar como seres humanos e não como dentes da engrenagem capitalista. Nas barbearias havia cartazes anarquistas (os barbeiros eram na maioria anarquistas), nos quais se explicava solenemente que os barbeiros não eram mais escravos. Nas ruas, cartazes coloridos conclamavam as prostitutas a deixarem de ser prostitutas. Para qualquer um que viesse da calejada e sarcástica civilização das raças de língua inglesa, havia algo de muito patético no caráter literal com que aqueles espanhóis idealistas empregavam as desgastadas expressões da revolução. Naquela época, as baladas revolucionárias de teor mais ingênuo, todas sobre a irmandade proletária e a maldade de Mussolini, eram vendidas nas ruas por alguns centavos cada. Muitas vezes vi milicianos semi-analfabetos comprarem uma dessas baladas, soletrarem com dificuldade a letra e depois, quando pegavam o jeito, saírem cantarolando com uma melodia adequada.

Estive todo esse tempo no quartel Lênin, em treinamento ostensivo para o front. Quando ingressei na milícia, disseram-me que seria enviado para lá no dia seguinte, mas na verdade tive de esperar enquanto uma nova *centúria* era preparada. As milícias dos trabalhadores, formadas apressadamente pelos sindicatos no começo da guerra, ainda não tinham sido organizadas em uma estrutura de exército comum. As unidades de comando eram a "seção" com cerca de trinta homens, a *centúria*, com cerca de cem homens e a "coluna" que, na prática, queria dizer qualquer número maior de homens. O quartel Lênin era um conjunto de prédios de pedra maravilhoso, com uma escola de equitação e enormes pátios pavimentados com paralelepípedos; tinha sido um quartel de cavalaria e fora capturado durante as lutas de julho. A minha *centúria* dormia num dos estábulos sob os cochos de pedra onde os nomes dos cavalos de batalha ainda estavam inscritos. Todos os cavalos tinham sido confiscados e mandados para o front, mas o lugar inteiro ainda cheirava a mijo de cavalo e aveia podre. Fiquei no quartel mais ou menos uma semana. Lembro-me sobretudo do cheiro dos cavalos, dos trêmulos toques de corneta (todos os corneteiros eram amadores — só fui aprender os toques de corneta espanhóis ao ouvi-los do outro lado das linhas fascistas), do tropel das botas de tachões no pátio do quartel, das longas marchas matinais sob o sol de inverno, das desenfreadas partidas de futebol, com cinquenta de cada lado, no saibro da escola de equitação. Talvez houvesse mil homens no quartel e umas vinte mulheres mais ou menos, fora as esposas dos milicianos, que faziam a comida. Ainda havia mulheres servindo nas milícias, embora não muitas. Nas primeiras batalhas, lutaram lado a lado com os homens, normalmente. Porém, as ideias já estavam mudando. Os milicianos tinham de ser mantidos fora da escola de equitação, enquanto as mulheres recebiam treinamento, porque riam delas e as desconcertavam. Poucos meses antes, ninguém teria visto nada de cômico numa mulher empunhando uma arma.

O quartel inteiro estava no estado de imundície e caos ao qual a milícia reduzia cada prédio que ocupava, e que parecia ser um dos subprodutos da revolução. Em cada canto encontrávamos pilhas de mobília destroçada, selas quebradas, capacetes de latão da cavalaria, bainhas de sabre vazias e comida apodrecendo. Havia um terrível desperdício de comida, de pão sobretudo. Só de meu alojamento, uma cesta cheia de pão era jogada fora a cada refeição — uma coisa vergonhosa, quando faltava pão para a população civil. Comíamos em compridas mesas armadas sobre cavaletes, usando vasilhas de lata permanentemente engorduradas, e bebíamos usando uma coisa horrorosa chamada *porrón*. Um *porrón* é uma espécie de garrafa de vidro com uma biqueira pontuda, da qual espirra um jato de vinho toda vez que se vira o fundo para cima; assim, pode-se beber a distância, sem tocá-la com os lábios e pode passar de mão em mão. Entrei em greve e exigi uma caneca assim que vi um *porrón* sendo usado. Aos meus olhos, aquelas coisas pareciam-se demais com urinóis, sobretudo quando cheias de vinho branco.

Aos poucos, distribuíam-se os uniformes para os recrutas e, como estávamos na Espanha, tudo era distribuído por etapas, de modo que nunca se sabia ao certo quem recebera o que, e muitas das coisas de que mais precisávamos, tais como cintos e cartucheiras, não eram entregues até o último momento, quando o trem já estava esperando para nos levar para o front. Falei do "uniforme" da milícia, o que provavelmente dá uma impressão equivocada. Não era exatamente um uniforme. Talvez um "multiforme" fosse o nome mais adequado para ele. As roupas de todos seguiam o mesmo plano geral, mas nunca chegavam a ser iguais, caso fossem comparadas. Praticamente todos no exército usavam culotes de veludo *cotêlé*, mas terminava aí a uniformidade. Alguns usavam grevas, outros polainas de veludo *cotêlé*, outros perneiras ou botas de cano alto. Todos usavam uma jaqueta com zíper, mas algumas jaquetas eram de couro, outras de lã, e de todas as cores imagináveis. Os tipos de quepe eram tão numerosos quanto as cabeças que os portavam. Era comum enfeitar a frente do quepe com um distintivo do partido; além disso, quase todos os homens usavam um lenço vermelho ou vermelho e preto ao redor do pescoço. Uma coluna da milícia naquele tempo parecia uma turba extraordinária. Mas as roupas só podiam ser distribuídas à medida que uma ou outra fábrica se apressasse em fornecê-las e, considerando-se as circunstâncias, não eram ruins. As camisas e meias, no entanto, eram umas porcarias de algodão, totalmente inúteis contra o frio. Detesto pensar no quanto os milicianos devem ter sofrido nos primeiros meses, antes que qualquer coisa tivesse sido organizada. Lembro-me de ter visto um jornal de apenas dois meses antes em que um dos líderes do Partido Obrero de Unificación Marxista (POUM), depois de uma visita à frente de batalha, dizia que tentaria providenciar para que "cada miliciano tivesse um cobertor". Uma declaração de fazer a pessoa tremer, caso já tenha dormido numa trincheira.

No meu segundo dia no quartel, começou o que era comicamente chamado de "instrução". No começo, houve cenas terríveis de caos. Os recrutas eram na maioria garotos de dezesseis ou dezessete anos, da periferia de Barcelona, cheios de ardor revolucionário, mas completamente ignorantes do significado da guerra. Era impossível até mesmo fazê-los permanecer em fila. Não existia disciplina; se um homem não gostasse de uma ordem, saía das fileiras e discutia ferozmente com o oficial. O tenente que nos preparava era um jovem robusto, de rosto claro e agradável. Tinha sido um oficial do Exército Regular e ainda parecia um, com sua postura elegante e seu uniforme impecável. O curioso é que era um socialista sincero e ardoroso. Até mais do que os próprios soldados, ele insistia em uma igualdade total entre todas as patentes. Lembro-me de sua expressão de magoada surpresa, quando um recruta incauto se dirigiu a ele, tratando-o por "*Señor*":

— O quê? *Señor*? Quem está me chamando de *Señor*? Então não somos todos camaradas?

Duvido que isso lhe facilitasse o trabalho. Ao mesmo tempo, os recrutas inexperientes não faziam nenhum treinamento que fosse ser de qualquer utilidade para eles. Disseram-me que os estrangeiros não eram obrigados a participar da "instrução" (os espanhóis, notara, tinham a crença patética de que todos os estrangeiros sabiam mais sobre assuntos militares do que eles), mas naturalmente apresentei-me com os outros. Estava ansioso para aprender a usar uma metralhadora; arma que nunca tivera a chance de manusear. Foi desanimador descobrir que não nos ensinavam nada sobre armas. A assim chamada instrução era simplesmente ordem unida do tipo mais antiquado e estúpido; direita-volver, esquerda-volver, meia-volta-volver, marcha em continência em colunas de três e todo o resto daquela baboseira inútil que eu aprendera aos quinze anos. Era um tipo de treinamento extraordinário para se dar a um exército de guerrilha. É óbvio que, se temos apenas alguns dias para treinar um soldado, devemos ensinar-lhe as coisas de que ele mais precisa: como se proteger, como avançar em terreno aberto, como montar guarda e construir um parapeito — e, acima de tudo, como usar suas armas. Entretanto, aquela malta de crianças ansiosas, que seria despejada na linha de frente em poucos dias, não aprendera sequer a disparar um fuzil ou destravar uma bomba. Na época, não percebi que isso acontecia porque não havia armas disponíveis. Na milícia do POUM, a falta de fuzis era tão desesperadora que as tropas novas, ao chegarem à frente de batalha, sempre tinham de pegar os fuzis das que vinham render. Em todo o quartel Lênin não havia, creio, nenhum fuzil, a não ser os usados pelas sentinelas.

Depois de alguns dias, embora ainda não passássemos de uma turba, segundo qualquer padrão aceitável, fomos considerados aptos para aparições públicas e, de manhã, encaminhavam-nos marchando para os jardins públicos, no morro depois da Praça de Espanha. Essa era a área de treinamento de todas as milícias de partido, além dos carabineiros e dos primeiros contingentes do recém-formado Exército Popular. Lá nos jardins públicos, tinha-se uma visão estranha e encorajadora. Em todos os passeios e aleias, por entre os canteiros convencionais, esquadrões e companhias de homens marchavam empertigados de um lado para outro, estufando o peito e tentando desesperadamente parecer soldados. Estavam todos desarmados, e ninguém vestia o uniforme completo, embora na maioria o uniforme da milícia despontasse em retalhos aqui e ali. O procedimento era quase sempre o mesmo. Durante três horas, marchávamos de um lado para outro (o passo de marcha espanhol é muito curto e rápido), então parávamos, dispersávamos e debandávamos sedentos para uma mercearia que ficava no meio da descida e estava fazendo um excelente negócio com vinho barato. Todos eram muito simpáticos comigo. Como inglês, eu era objeto de curiosidade, e os oficiais carabineiros me tinham em alta conta e me pagavam bebidas. Enquanto isso, toda vez que podia pegar nosso tenente num canto, vociferava sobre ser ensinado a usar uma metralhadora. Costumava puxar meu dicionário *Hugo* do bolso e partir para cima dele, no meu espanhol infame:

— *Yo sé manejar fusil. No sé manejar ametralladora. Quiero aprender ametralladora. Quándo vamos aprender ametralladora?*

A resposta era sempre um sorriso constrangido e uma promessa de que haveria treinamento de metralhadora *mañana*. Nem é preciso dizer que *mañana* nunca chegava. Vários dias se passaram e os recrutas aprenderam a marchar cadenciado e a se colocar em posição de sentido quase com presteza, mas quando muito sabiam de que lado a bala saía do fuzil. Um dia um carabineiro armado caminhou em nossa direção enquanto descansávamos e nos deixou examinar seu fuzil. No fim das contas, em toda a minha seção, ninguém, a não ser eu, sabia como carregar um fuzil e muito menos como fazer pontaria.

Durante todo esse tempo, travava batalhas regulares com a língua espanhola. Além de mim, só havia mais um inglês no quartel, e ninguém, nem mesmo entre os oficiais, falava uma palavra de francês. As coisas não melhoravam em nada para mim pelo fato de meus companheiros, ao falarem entre si, normalmente falarem catalão. O único jeito de me virar era carregar por toda parte meu pequeno dicionário, que sacava do bolso em momentos de crise. Mas antes ser um estrangeiro na Espanha do que na maioria dos outros países. Como é fácil fazer amigos na Espanha! Em um ou dois dias já havia uma porção de milicianos que me chamavam pelo primeiro nome, davam dicas e me cumulavam de hospitalidade. Não estou

LUTANDO NA ESPANHA 27

escrevendo um livro de propaganda e não quero idealizar a milícia do POUM. Todo o sistema de milícias tinha falhas graves e os próprios soldados eram um bando heterogêneo, pois, por essa época, o recrutamento voluntário estava diminuindo e muitos dos melhores soldados já estavam no front ou mortos. Havia sempre entre nós uma certa porcentagem que era completamente inútil. Garotos de quinze anos eram trazidos pelos pais para se alistar, sem esconder que o faziam por causa do soldo do miliciano, dez pesetas por dia, e também por causa do pão que a milícia recebia em quantidade e que podia ser contrabandeado para a casa dos pais. Mas desafio qualquer um que fosse lançado, como fui, no meio da classe trabalhadora espanhola — talvez devesse dizer classe trabalhadora catalã, pois salvo alguns aragoneses e andaluzes, eu só andava com catalães — a não ficar tocado pela sua decência intrínseca; acima de tudo, pela sua franqueza e generosidade. A generosidade de um espanhol, no sentido comum da palavra, é, às vezes, embaraçosa. Se você lhe pede um cigarro, ele faz questão que fique com todo o maço. Além disso, existe uma generosidade no sentido mais profundo, uma verdadeira largueza de espírito, que encontrei várias vezes nas circunstâncias menos promissoras. Alguns jornalistas e outros estrangeiros que viajaram pela Espanha durante a guerra declararam que, em segredo, os espanhóis amargavam ciúmes da ajuda estrangeira. Tudo que posso dizer é que nunca observei nada parecido. Lembro-me de que, alguns dias antes de deixar o quartel, um grupo de homens voltou de licença do front. Contavam animadamente suas experiências e mostravam-se muito entusiasmados com algumas tropas francesas que estiveram a seu lado em Huesca. Os franceses eram muito corajosos, diziam; completando com entusiasmo:

— *Más valientes que nosostros!*

Claro que contestei, ao que replicaram dizendo que os franceses sabiam mais sobre a arte da guerra — eram melhores conhecedores de bombas, metralhadoras e assim por diante. Todavia o comentário era significativo. Um inglês preferiria arrancar a própria mão a dizer algo assim.

Todos os estrangeiros que serviam nas milícias passavam as primeiras semanas aprendendo a amar os espanhóis e exasperando-se com algumas de suas características. Na linha de frente, minha exasperação às vezes atingia o ápice da fúria. Os espanhóis são bons em muitas coisas, mas não em fazer guerras. Todos os estrangeiros ficam igualmente estarrecidos com a ineficiência deles, sobretudo com sua enlouquecedora falta de pontualidade. A palavra espanhola que nenhum estrangeiro pode deixar de aprender é *mañana*, amanhã. Em todas as vezes possíveis de se imaginar, adia-se o trabalho de hoje até *mañana*. É tão notório que até os espanhóis fazem piadas a respeito. Na Espanha nada, de uma refeição a uma batalha, jamais ocorre na hora prevista. Via de regra as coisas acontecem muito mais tarde, mas em algumas poucas ocasiões — só para que você não seja capaz de se acostumar com o fato de acontecerem mais tarde — elas acontecem muito mais cedo. Um trem que deve partir às oito, normalmente partirá a qualquer momento entre nove e dez, mas talvez uma vez por semana, graças a um capricho íntimo do maquinista, ele parta às sete e meia. Essas coisas podem ser um pouco desgastantes. Em teoria, admiro muito os espanhóis por não compartilharem da neurose temporal dos setentrionais; mas, infelizmente, eu mesmo compartilho dela.

Depois de incontáveis boatos, *mañanas* e atrasos, de repente recebemos ordens para ir para o front, com duas horas de antecedência, quando grande parte de nosso equipamento ainda não tinha sido distribuída. Houve tumultos terríveis na intendência; por fim, vários homens tiveram de partir sem o equipamento completo. O quartel imediatamente se encheu de mulheres que pareciam ter brotado do chão e ajudavam seus homens a enrolar os cobertores e preparar as mochilas. Foi muito humilhante ter sido ensinado a colocar minhas novas cartucheiras de couro por uma moça espanhola, a mulher de Williams, o outro miliciano inglês. Era uma criatura delicada, de olhos escuros, intensamente feminina, que parecia ter como único trabalho na vida balançar um berço, mas que na verdade lutara bravamente nas batalhas de rua, em julho.

Naquele momento, estava carregando um bebê que nascera exatos dez meses depois do início da guerra, e que talvez tenha sido gerado atrás de uma barricada.

O trem deveria sair às oito, e eram oito e dez quando os oficiais, suados e atordoados, conseguiram nos reunir na praça do quartel. Lembro-me muito vividamente da cena, iluminada por tochas: o alvoroço e a excitação, as bandeiras vermelhas adejando à luz das tochas, as fileiras compactas de milicianos com suas mochilas nas costas e seus cobertores enrolados e atravessados no ombro a tiracolo; e os gritos e o bater de botas e vasilhas de lata e, depois, um tremendo e finalmente bem-sucedido assobio pedindo silêncio; e depois, em pé, debaixo de um imenso e ondulante estandarte vermelho, algum comissário político nos fazendo um discurso em catalão. Finalmente, marcharam conosco para a estação, tomando o caminho mais longo, cinco ou seis quilômetros, a fim de nos exibirem para toda a cidade. Nas Ramblas, fizeram-nos parar enquanto uma banda improvisada tocava uma ou outra música revolucionária. Mais uma vez aquela história do herói conquistador — gritos e entusiasmo, bandeiras vermelhas e bandeiras rubro-negras por toda parte, multidões amistosas entupindo as calçadas para ver-nos, mulheres acenando das janelas. Como tudo parecia natural, então; agora, como é remoto e inacreditável! O trem estava tão lotado de homens que mal havia lugar no chão, que dirá nos assentos. No último instante, a mulher de Williams veio correndo pela plataforma e nos deu uma garrafa de vinho e um palmo daquela salsicha vermelho-vivo que tem gosto de sabão e dá diarreia. O trem se arrastava saindo da Catalunha e entrando no planalto de Aragão na velocidade normal de tempos de guerra, algo abaixo dos vinte quilômetros por hora.

2

BARBASTRO, embora muito longe da linha de frente, parecia deserta e arrasada. Enxames de milicianos em uniformes mal-amanhados vagavam para cima e para baixo nas ruas, tentando se aquecer. Numa parede em ruínas, encontrei um cartaz do ano anterior, anunciando que "seis touros imponentes" seriam mortos na arena em tal e tal data. Como pareciam lastimáveis suas cores desbotadas! Onde estavam os touros e os toureiros imponentes agora? Parecia que, atualmente, nem em Barcelona havia mais touradas; por algum motivo, todos os melhores matadores eram fascistas.

Mandaram minha companhia de caminhão para Sietamo e depois para o oeste, rumo a Alcubierre, que ficava bem atrás da linha, em frente a Saragoça. Sietamo fora disputada três vezes antes que os anarquistas finalmente a tomassem em outubro. Parte da cidade foi destroçada por bombardeios, e a maioria das casas tinha perfurações de balas de fuzil. Estávamos a quatrocentos e cinquenta metros acima do nível do mar. O frio era brutal, a cerração chegava do nada, rodopiando. Entre Sietamo e Alcubierre, o motorista do caminhão se perdeu (essa era uma das características comuns da guerra) e ficamos vagando durante horas na neblina. Era tarde da noite quando chegamos a Alcubierre. Alguém nos conduziu através de charcos de lama para um estábulo de mulas onde nos enfiamos no palhiço e dormimos imediatamente. O palhiço não é mau para dormir quando está limpo, não é tão bom quanto o feno, mas é melhor que a palha. Foi só à luz da manhã que descobri que o palhiço estava cheio de migalhas de pão, jornais rasgados, ossos, ratos mortos e latas de leite amassadas.

Agora, estávamos perto da linha de frente, perto o bastante para sentir o cheiro característico da guerra — na minha experiência, um cheiro de excremento e comida estragada. Alcubierre nunca tinha sido bombardeada e estava em melhores condições que a maioria das cidades logo atrás da linha de frente. Entretanto, creio que mesmo em tempos de paz não se pode viajar nessa parte da Espanha sem ficar impressionado com a esqualidez peculiar da miséria das cidades aragonesas. São construídas como fortalezas, um ajuntamento de casinhas miseráveis de barro e pedra se amontoando ao redor da igreja, e não se vê uma flor sequer nem mesmo na primavera; as casas não possuem jardins, apenas quintais onde aves raquíticas patinam sobre canteiros de esterco de mula. O tempo estava horrível, alternando entre neblina e chuva. As estreitas ruas de terra tinham sido revolvidas até se tornarem um mar de lama, com uns sessenta centímetros em alguns lugares, através do qual os caminhões se debatiam, acelerando as rodas, e os camponeses conduziam suas carroças desengonçadas, puxadas por cordões de mulas, que às vezes chegavam a seis, num cordão, puxando emparelhadas. As idas e vindas constantes das tropas reduziram a cidade a um estado de sujeira indescritível. Não possuía, nem nunca possuiu, algo semelhante a um lavatório ou um esgoto de qualquer espécie, e não havia um metro quadrado sequer onde se pudesse pisar despreocupadamente. A igreja há tempos era usada como latrina; da mesma forma que os campos a uns duzentos metros a seu redor. Nunca penso nos meus primeiros dois meses na guerra sem pensar nos campos invernais de restolho, com as pontas encrostadas de esterco.

Dois dias se passaram e nenhum fuzil nos foi enviado. Se você já tivesse visitado o Comitê de Guerra e inspecionado a fileira de buracos na parede — buracos feitos por rajadas de fuzil; diversos fascistas foram executados ali —, já tinha visto todas as atrações que Alcubierre oferecia. Lá em cima, na linha de frente, as coisas evidentemente estavam calmas; muito poucos feridos chegavam. A maior animação ficava por conta da chegada dos desertores fascistas, que eram trazidos sob guarda da linha de frente. Muitos componentes das tropas de oposição a nós nesta parte da linha não eram de modo algum fascistas, simplesmente conscritos infelizes que estavam prestando o serviço militar, quando a guerra eclodiu, e estavam loucos para escapar. Vez por outra, pequenos grupos arriscavam-se a se esgueirar até as nossas fileiras. Sem dúvida que muitos outros teriam feito o mesmo, se os parentes não estivessem em território fascista. Esses desertores foram os primeiros fascistas "de verdade" que vi. Impressionou-me que não se diferenciassem de nós, a não ser por vestirem macacões cáqui. Estavam sempre esfomeados quando chegavam — muito natural depois de um ou dois dias se escondendo pela terra de ninguém, mas eram sempre apontados em triunfo como a prova cabal de que as tropas fascistas estavam passando fome. Observei um deles alimentar-se na casa de um camponês. Era uma cena um tanto quanto lastimável. Um rapaz alto, de vinte anos, bastante queimado pelo frio, com as roupas em farrapos, acocorado perto do fogo, enfiando colheradas de cozido para dentro numa velocidade desesperada; e durante todo esse tempo seus olhos não paravam de passar nervosamente pelo círculo de milicianos que o observavam de pé. Acho que ele ainda acreditava um pouco que éramos "vermelhos" sedentos de sangue e íamos fuzilá-lo assim que ele acabasse de comer; o homem armado que o vigiava ficava batendo em seu ombro e emitindo sons tranquilizadores. Num dia memorável, quinze desertores chegaram num único grupo. Foram conduzidos pela cidade em triunfo, com um homem galopando à frente num cavalo branco. Consegui tirar uma fotografia bastante embaçada, que me foi roubada mais tarde.

Na nossa terceira manhã em Alcubierre, os fuzis chegaram. Um sargento, com uma cara amarelo-escura e rude, distribuía-os no estábulo das mulas. Senti um choque de desgosto quando vi a coisa que me deram. Era uma Mauser alemã datada de 1896 — mais de quarenta anos! Estava enferrujada, o ferrolho emperrado, a guarda de madeira rachada; uma olhada para dentro do cano e via-se que estava corroído e sem salvação. A maioria dos fuzis era igualmente ruim, alguns até piores, e não havia nenhuma preocupação em dar as melhores armas para os homens que sabiam como usá-las. O melhor fuzil do carregamento, de apenas dez anos, foi dado para um bestinha semirretardado de quinze, conhecido por todos como *maricón*. O sargento nos deu cinco minutos de "instrução", que consistiu em explicar como se carregava um fuzil e como se desmontava o ferrolho. Muitos dos milicianos jamais tinham tido uma arma nas mãos antes e muito poucos, imagino, sabiam para que serviam as miras. Distribuíram os cartuchos, cinquenta para cada homem, e depois as fileiras se formaram e amarramos o equipamento nas costas e partimos para a linha de frente, a quase cinco quilômetros de distância.

A *centúria*, oitenta homens e vários cachorros, serpenteava aos pedaços estrada acima. Cada coluna da milícia levava pelo menos um cachorro como mascote. Um animal infeliz que marchava conosco fora marcado a ferro com POUM, e seguia de esguelha como se estivesse consciente de que havia algo errado com sua aparência. À frente da coluna, ao lado da bandeira vermelha, Georges Kopp, o robusto comandante belga, cavalgava um cavalo preto; um pouco adiante, um jovem da milícia de cavalaria, que mais parecia um grupo de bandoleiros, saracoteava para lá e para cá, galopando cada pedaço do terreno íngreme e assumindo poses pitorescas lá no alto. Os maravilhosos animais da cavalaria espanhola tinham sido capturados aos montes durante a revolução e repassados para a milícia, e os milicianos, é claro, ocupavam-se em cavalgá-los até a morte.

A estrada serpenteava entre estéreis campos amarelados, intocados desde a colheita do ano passado. À nossa frente, via-se a serra pouco elevada que se estende entre Alcubierre e Saragoça. Estávamos chegando perto da linha de frente agora, perto das bombas, das metralhadoras e da lama. Em segredo, estava assustado. Sabia que a linha estava calma no momento, mas, ao contrário da maioria dos soldados ao meu redor, eu era velho o bastante para me lembrar da Grande Guerra, embora não velho o bastante para ter lutado nela. A guerra, para mim, significava projéteis rugindo e estilhaços ricocheteando; acima de tudo, significava lama, piolhos, fome e frio. É curioso, eu temia muito mais o frio do que o inimigo. Esse pensamento vinha me assombrando desde que estava em Barcelona; já ficara até acordado pensando no frio nas trincheiras, nos alertas em madrugadas pavorosas, nas longas horas de sentinela com o fuzil enregelado, na lama gelada que respingaria para dentro do cano de minhas botas. Admito que também sentia um certo terror quando olhava para as pessoas entre as quais marchava. Não se pode sequer imaginar a corja que formávamos. Vagávamos com muito menos coesão que um bando de ovelhas; antes de completar três quilômetros, já não se via mais o fim da coluna. E bem a metade dos chamados soldados era de garotos — literalmente garotos de, no máximo, dezesseis anos. No entanto, estavam todos felizes e animados com a perspectiva de chegar finalmente à frente de batalha. Quando nos aproximávamos do front, os garotos ao redor da bandeira vermelha à frente começaram a bradar "*Visca* poum!"[1] "*Fascistas maricones!*" e assim por diante — brados que deveriam soar combativos e ameaçadores, mas que, saídos daquelas gargantas infantis, soavam tão patéticos quanto gritos de gatinhos. Parecia terrível que os defensores da República fossem aquela turba de garotos maltrapilhos carregando fuzis gastos, que nem sabiam como usar. Lembro-me de ter me perguntado o que aconteceria se um avião fascista por acaso passasse por nós: será que o piloto ia se dignar a baixar e nos dar uma rajada de metralhadora? Com certeza, até mesmo lá do alto ele poderia perceber que não éramos soldados de verdade.

Quando a estrada encontrou a serra, desviamos para a direita e subimos por uma estreita trilha de mula, que serpenteava a encosta. Os montes nesta parte da Espanha têm uma formação estra-

---

1   Em catalão, no original. [N. T.]

nha, em forma de ferradura, com topos achatados e encostas muito íngremes descendo para imensos desfiladeiros. Nas ladeiras mais altas só nascem arbustos mirrados e urzes, com os ossos brancos do calcário apontando por toda parte. A linha de frente aqui não era uma linha contínua de trincheiras, o que seria impossível num terreno tão montanhoso; era simplesmente uma cadeia de guarnições reforçadas, sempre conhecidas como "posições", empoleiradas no alto de cada monte. À distância, podia-se ver nossa "posição" na coroa da ferradura; uma barricada malfeita de sacos de areia, uma bandeira vermelha tremulando, a fumaça das fogueiras dos abrigos cavados na encosta. Um pouco mais perto, podia-se sentir um fedor adocicado e nauseante, que persistiu em minhas narinas por semanas a fio. Na vala bem atrás da posição, tinha sido despejado todo o lixo de meses — uma camada profunda de cascas de pão apodrecendo, excremento e latas enferrujadas.

A companhia que viéramos render estava juntando seu equipamento. Estiveram na linha por três meses; seus uniformes estavam emplastrados de lama, as botas caindo aos pedaços, os rostos quase todos barbados. O capitão no comando da posição, de nome Levinski, mas conhecido por todos como Benjamin, judeu polonês de origem, mas falando francês como se fosse sua língua materna, arrastou-se para fora do abrigo e nos cumprimentou. Era um jovem baixo, de mais ou menos vinte e cinco anos, um espesso cabelo preto e um rosto pálido e ansioso que a esta altura da guerra vivia sempre muito sujo. Algumas balas perdidas estalavam bem acima de nossa cabeça. A posição era um cercado em semicírculo de mais ou menos cinquenta metros de diâmetro, com um parapeito que consistia em parte de sacos de areia e em parte de blocos de calcário. Havia trinta ou quarenta abrigos cavados no chão como buracos de ratos. William, eu e o cunhado espanhol de William nos entocamos rapidamente no abrigo desocupado mais próximo, que parecia habitável. Em algum lugar à frente, um eventual fuzil estrondava, produzindo ecos estranhos, que rolavam entre as montanhas de pedra. Tínhamos acabado de arrumar nosso equipamento e estávamos nos arrastando para fora do abrigo, quando houve outro estrondo e uma das crianças de nossa companhia voltou correndo do parapeito com o rosto jorrando sangue. Ela tinha disparado o fuzil e de alguma maneira conseguira detonar o ferrolho; seu couro cabeludo fora rasgado em tiras pelos estilhaços da cápsula do cartucho que explodira. Foi nossa primeira baixa; e de modo característico: autoinfligida.

À tarde, montamos guarda pela primeira vez e Benjamin nos mostrou a posição. Em frente ao parapeito, havia um sistema de trincheiras estreitas talhadas na rocha, com seteiras extremamente primitivas, feitas com pilhas de calcário. Havia doze sentinelas, colocadas em vários pontos na trincheira e atrás do parapeito interno. Em frente à trincheira, havia arame farpado e a encosta despencava num desfiladeiro aparentemente sem fundo; do lado oposto, havia montes sem vegetação alguma, e em alguns trechos, meros penhascos de rocha, tudo cinza e invernal, sem nenhuma vida, nem mesmo um pássaro. Espreitei com cuidado por uma seteira, tentando encontrar a trincheira fascista.

— Onde está o inimigo?

Benjamin fez um gesto expansivo com a mão e disse, num inglês horrível:

— Para ali.

Mas *onde*?

De acordo com minhas concepções sobre a guerra de trincheiras, os fascistas estariam a uns cem ou cinquenta metros. Não conseguia ver nada — aparentemente suas trincheiras estavam muito bem escondidas. Então, com um misto de desgosto e espanto, olhei para onde Benjamin apontava; no topo do monte do lado oposto, além do desfiladeiro a, no mínimo, setecentos metros de distância, divisava-se o contorno minúsculo de um parapeito e uma bandeira rubro-amarela: a posição fascista. Não sei como descrever minha decepção. Àquela distância nossos fuzis não serviam para nada. Mas naquele instante, ouvimos gritos animados. Dois fascistas, figurinhas cinzentas à distância, estavam escalando a encosta do outro lado. Benjamin agarrou o fuzil do homem mais próximo, fez pontaria e puxou o gatilho. Clique! Um cartucho estragado; achei aquilo um mau sinal.

As sentinelas novas, mal chegaram à trincheira, começaram a disparar uma fuzilada incrível sobre nada em especial. Eu conseguia enxergar os fascistas, formigas minúsculas, desviando-se para lá e para cá atrás do parapeito, e às vezes um ponto negro, uma cabeça, parava por um instante, exposta de maneira imprudente. Era óbvio que não adiantava atirar. Mas, naquele momento, a sentinela à minha esquerda, deixando seu posto de maneira tipicamente espanhola, veio para o meu lado e começou a insistir comigo para atirar. Tentei explicar que àquela distância e com aqueles fuzis não se poderia atingir um homem, a não ser por acaso. Mas ele era apenas uma criança e ficava mexendo seu fuzil em direção a um dos pontos, arreganhando os dentes, tão ávido quanto um cão na expectativa de que lhe atirem uma pedra. Finalmente, ajustei a alça de mira para setecentos e fiz fogo. O ponto desapareceu. Espero que tenha passado perto o bastante para fazê-lo pular. Foi a primeira vez na vida que atirei num ser humano.

Agora que tinha conhecido o front, estava profundamente revoltado. Chamavam isso de guerra! Mal estávamos em contato com o inimigo! Nem sequer tentava manter minha cabeça abaixo do nível da trincheira. Um pouco mais tarde, entretanto, uma bala passou perto de minha orelha com um estalido nojento e foi parar com estrondo no anteparo lá atrás. Pena! Desviei. Toda a minha vida jurara que não ia desviar da primeira vez que uma bala passasse por mim; mas o movimento parece ser instintivo, e quase todo mundo faz isso pelo menos uma vez.

3

NA GUERRA DE TRINCHEIRAS, cinco coisas são importantes: lenha, comida, fumo, velas e o inimigo. No inverno, no front de Saragoça, elas eram importantes nesta ordem, com o inimigo amargando o último lugar. Salvo à noite, quando um ataque surpresa era sempre possível, ninguém se preocupava com o inimigo. Eram simplesmente remotos insetos negros que víamos, às vezes, pulando para lá e para cá. A verdadeira preocupação dos dois exércitos era tentar se aquecer.

Devo dizer, de passagem, que durante todo o tempo em que estive na Espanha vi muito pouca luta. Fiquei no front de Aragão de janeiro a maio, e entre janeiro e fim de março pouco ou nada aconteceu naquele front, exceto em Teruel. Em março, houve lutas violentas em Huesca, nas quais alguns milhares de homens foram mortos num só dia, mas tinha sido ferido e dispensado antes disso. As coisas em que normalmente pensamos como os horrores da guerra raras vezes aconteceram comigo. Nenhum avião jamais soltou uma bomba perto de mim, e acho que nem mesmo uma granada tenha explodido a menos de cinquenta metros de onde eu estava, e só estive numa luta corpo a corpo uma vez (uma vez já é o bastante, posso afirmar). É claro que estive várias vezes sob fogo pesado de artilharia, mas geralmente a longa distância. Mesmo em Huesca, estava-se em geral protegido o suficiente, se se tomassem precauções razoáveis.

Aqui em cima, nos montes ao redor de Saragoça, era simplesmente o tédio misturado ao incômodo da guerra estacionária. Uma vida tão sem atrativos quanto a de um funcionário público, e quase tão rotineira. Montar sentinela, patrulhas, escavações; escavações, patrulhas, sentinelas. Em cada topo de montanha, fascista ou legalista, um agrupamento de homens sujos e maltrapilhos, tremendo em volta de sua bandeira e tentando se aquecer. E dia e noite, as balas sem sentido percorrendo os vales desertos e, só por algum raro e improvável acaso, encontrando morada num corpo humano.

Com frequência, olhava em volta a paisagem invernal e maravilhava-me com a futilidade daquilo tudo. O despropósito desse tipo de guerra! Antes, por volta de outubro, houve lutas renhidas em todas essas montanhas; depois, porque a falta de homens e armas, principalmente artilharia, tornou qualquer operação em larga escala impossível, cada exército cavou seus abrigos e instalou-se nos topos que conquistara. À nossa direita, havia um pequeno posto avançado, também do POUM, e no contraforte à esquerda, um pouco abaixo de nós, uma posição do Partido Socialista Unificado da Catalunha (PSUC) ficava de frente para um contraforte mais alto, com vários postinhos fascistas pontilhando seus cimos. A chamada linha ziguezagueava para lá e para cá, formando um desenho que seria ininteligível se cada posição não desfraldasse uma bandeira. As bandeiras do POUM e do PSUC eram vermelhas, as dos anarquistas eram rubro-negras; os fascistas geralmente usavam a bandeira monarquista (vermelho-amarelo-vermelho), mas às vezes usavam a bandeira da República (vermelho-amarelo-roxo).[2] O cenário era estonteante, se fosse possível esquecer que cada topo de montanha estava ocupado por tropas e estava, portanto, sendo atulhado de latas vazias e emplastrado de bosta. À nossa direita, a serra curvava-se em direção ao sudoeste e dava lugar ao amplo vale estriado que se

---

2   Orwell, em sua lista de erratas, anotou: "Não estou totalmente certo de ter jamais visto fascistas desfraldando a bandeira republicana, embora *ache* que às vezes desfraldavam-na com uma pequena suástica costurada". [N.E.]

estendia até Huesca. No meio da planície, uns minúsculos cubos se espalhavam como num lance de dados; era a cidade de Robres, que estava em poder dos legalistas. Com frequência, pela manhã, o vale ficava escondido debaixo de oceanos de nuvens, dos quais as montanhas saíam lisas e azuis, dando à paisagem uma estranha semelhança com um negativo de fotografia. Para além de Huesca, havia mais montanhas da mesma formação que as nossas, raiadas com desenhos de neve que se modificavam a cada dia. Lá longe, à distância, os enormes picos dos Pirineus, onde a neve nunca derrete, pareciam flutuar sobre o nada. Mesmo embaixo, na planície, tudo parecia morto e deserto. As montanhas do lado oposto ao nosso eram cinzentas e enrugadas como pele de elefante. Pássaros no céu, quase não se via. Acho que nunca conheci um país onde houvesse tão poucos pássaros. Os únicos que avistávamos a qualquer hora eram uma espécie de pega e pequenos bandos de perdizes que nos assustavam à noite com seus súbitos arrulhos, e, muito raramente, águias, as quais planavam vagarosamente acima de nós, geralmente seguidas por tiros de fuzil, que elas nem se dignavam notar.

À noite e com neblina, patrulhas eram enviadas para o vale que ficava entre nós e os fascistas. Essa tarefa não era muito popular, era frio demais e fácil demais se perder, e logo descobri que poderia ter licença para sair com a patrulha quantas vezes quisesse. Nos imensos desfiladeiros recortados não havia estradas ou trilhas de nenhum tipo; só podíamos encontrar o caminho por lá ao fazer várias jornadas, anotando novos pontos de referência a cada vez. No trajeto da bala, o posto fascista mais próximo ficava a setecentos metros do nosso, mas eram dois quilômetros e meio pela única rota viável. Era bastante divertido vagar pelos vales escuros com as balas perdidas voando bem acima de nossas cabeças, como pernaltas assobiando. Melhor do que a noite eram as pesadas brumas, que muitas vezes duravam o dia todo e que tinham o hábito de pendurar-se ao redor dos topos das montanhas e deixar os vales claros. Quando se estava em qualquer área próxima das linhas fascistas, era preciso se deslocar a passo de tartaruga; era muito difícil mover-se silenciosamente naquelas encostas, por entre arbustos estalando e pedras de calcário retinindo. Foi só na terceira ou quarta tentativa que consegui achar o caminho para as linhas fascistas. A neblina estava muito densa e me arrastei até o arame farpado para escutar. Podia ouvir os fascistas falando e cantando lá dentro. Depois, alarmado, ouvi vários deles descerem o monte em minha direção. Abaixei-me atrás de um arbusto que, de repente, me pareceu muito pequeno e tentei armar o fuzil sem fazer barulho. No entanto, eles dobraram e não entraram em meu campo de visão. Atrás do arbusto onde estava escondido, encontrei diversas relíquias de lutas anteriores: um monte de cartuchos vazios, um quepe de couro com um buraco de bala e uma bandeira vermelha; uma das nossas, evidentemente. Levei-a de volta para a posição, onde foi, sem qualquer cerimônia, transformada em trapos de limpeza.

Fui promovido a *cabo*, assim que chegamos ao front e tinha o comando de uma guarda de doze homens. Não era nenhuma sinecura, principalmente no começo. A *centúria* era uma malta sem treinamento, composta em grande parte de adolescentes. Aqui e ali, na milícia, encontravam-se garotos de até onze, doze anos, geralmente refugiados dos territórios fascistas, que tinham sido alistados como milicianos, como a maneira mais fácil de cuidar deles. A regra era que fossem empregados em trabalhos leves na retaguarda, mas às vezes eles conseguiam se meter na linha de frente, onde eram uma ameaça pública. Lembro-me de um pestinha jogando uma granada de mão na fogueira do abrigo "de brincadeira". Em Monte Pocero, acho que não havia ninguém abaixo dos quinze, mas a idade média devia ser bem abaixo dos vinte. Rapazes dessa idade nunca deveriam ser usados na linha de frente, porque não aguentam a privação de sono que é inseparável da guerra de trincheiras. No começo, era quase impossível manter nossa posição devidamente vigiada à noite. Os desgraçados dos garotos da minha seção só eram acordados se os arrastássemos para fora dos abrigos pelos pés e, assim que você voltasse as costas, deixavam os postos e escorregavam para o abrigo; ou ainda, apesar do frio terrível, encostavam-se na parede da trincheira e logo pegavam no sono. Felizmente, o inimigo era muito acomodado. De resto, havia noites em que parecia que a nossa posição poderia ser tomada de assalto por vinte escoteiros armados com pistolas de ar comprimido, ou vinte bandeirantes armadas com raquetes de badminton.

Nessa época e até muito depois, as milícias catalãs ainda estavam estruturadas na mesma base com que o foram no início da guerra. Nos primeiros dias da revolta de Franco, as milícias tinham sido organizadas às pressas por vários sindicatos e partidos políticos; cada uma era essencialmente uma organização política, que devia obediência ao seu partido, tanto quanto ao governo central. Quando o Exército Popular, que era um exército "apolítico" organizado mais ou menos em bases comuns, foi criado, no começo de 1937, as milícias de partido foram, teoricamente, incorporadas a ele. Mas, por muito tempo, as únicas mudanças que ocorreram só se deram no papel; até junho, as tropas do novo Exército Popular ainda não haviam chegado ao front de Aragão, e até então o sistema de milícias permaneceu inalterado. O ponto essencial do sistema era a igualdade social entre oficiais e soldados. Todos, do general ao soldado raso, ganhavam o mesmo soldo, comiam a mesma comida, vestiam as mesmas roupas e conviviam em termos de igualdade total. Se você quisesse bater nas costas do general que comandava sua divisão e pedir-lhe um cigarro, podia fazê-lo e ninguém acharia estranho. Em teoria, pelo menos, cada milícia era uma democracia e não uma hierarquia. Sabia-se que ordens tinham de ser obedecidas, mas também sabia-se que quando se dava uma ordem, dava-se a ordem de camarada para camarada e não de superior para inferior. Havia oficiais e graduados, mas não havia postos militares no sentido comum; nada de títulos, nem de insígnias, nada de bater os calcanhares e prestar continência. Tinham tentado reproduzir nas milícias uma espécie temporária de modelo de trabalho da sociedade sem classes. Claro que não havia igualdade perfeita, mas foi o que conheci de mais próximo a isso, ou que poderia ter imaginado possível em tempos de guerra.

Mas admito que, à primeira vista, o estado de coisas no front me deixou horrorizado. Como seria possível ganhar a guerra com um exército desse tipo? Era o que todo mundo dizia na época e, embora fosse verdade, também não era sensato. Pois, naquelas circunstâncias, as milícias não poderiam ser melhores do que eram. Um exército moderno e equipado não brota do chão, e se o governo tivesse esperado até haver treinado as tropas à disposição, Franco nunca teria encontrado resistência. Mais tarde, virou moda execrar as milícias e, portanto, fingir que as falhas devidas à falta de treinamento e armas fossem resultado do sistema igualitário. De fato, um destacamento de milícia recém-formado era uma corja indisciplinada, não porque os oficiais chamassem os soldados rasos de "camarada", mas porque tropas inexperientes são sempre uma corja indisciplinada. Na prática, o tipo democrático de disciplina "revolucionária" é mais confiável do que se pode esperar. É baseado na lealdade de classe, enquanto a disciplina de um exército conscrito burguês se baseia, em última instância, no medo. (O Exército Popular que substituiu as milícias estava a meio caminho entre esses dois.) Nas milícias, os abusos e maus-tratos que acontecem num exército comum nunca teriam sido tolerados, nem por um instante. As punições militares normais existiam, mas só eram invocadas para ofensas gravíssimas. Quando um homem se recusava a obedecer a uma ordem, não era punido imediatamente; primeiro, apelava-se para ele em nome da camaradagem. Pessoas céticas, sem nenhuma experiência em lidar com soldados, dirão na mesma hora que isso não "funciona", mas, na verdade, "funciona", sim, em longo prazo. A disciplina dos piores destacamentos de milícia melhora visivelmente com o tempo. Em janeiro, o trabalho de fazer com que meus doze recrutas inexperientes estivessem à altura de suas tarefas quase me deixou de cabelos brancos. Em maio, por um curto período, atuei como tenente interino no comando de cerca de trinta homens, ingleses e espanhóis. Estivemos todos sob fogo durante meses, e eu nunca tive a menor dificuldade em ser obedecido ou conseguir que os soldados se dispusessem a fazer uma ação perigosa. A disciplina "revolucionária" depende da consciência política — de um entendimento a respeito do *porquê* das ordens deverem ser obedecidas; leva tempo para difundir isso, mas também leva tempo para treinar um homem na praça do quartel até se tornar um autômato. Os jornalistas que zombavam do sistema miliciano raramente se lembravam que as milícias tinham de defender a linha de frente, enquanto o Exército Popular era treinado na retaguarda. E é uma homenagem à força da disciplina "revolucionária" o fato de as milícias terem permanecido no campo de batalha, de qualquer forma. Pois, até mais ou menos junho de 1937, não havia nada para mantê-las ali, a não ser a lealdade de classe. Desertores isolados podiam ser fuzilados — eram fuzilados, algumas vezes — mas se mil homens decidissem abandonar a linha juntos, nenhuma força os impediria. Um exército de conscritos na mesma situação — sem polícia militar — teria se desmanchado. E, no entanto, as milícias defenderam a linha, embora Deus saiba quão poucas vitórias tiveram e, mesmo assim, deserções isoladas não eram comuns. Em quatro ou cinco meses na milícia do POUM, só ouvi dizer que quatro homens tinham desertado; e dois deles eram, quase com certeza, espiões que tinham se alistado para obter informação. No começo, o caos aparente, a falta de treinamento geral, o fato de ter que discutir por cinco minutos antes de ser obedecido, deixava-me consternado e enraivecido. Tinha noções do Exército Britânico e, sem dúvida, as milícias espanholas eram muito diferentes do Exército Britânico. Mas, considerando-se as circunstâncias, não tínhamos qualquer direito de esperar tropas melhores.

Enquanto isso, lenha — sempre a lenha. Durante todo aquele período não há uma anotação em meu diário que não se refira a lenha, ou melhor, à falta de lenha. Estávamos entre seiscentos e novecentos metros acima do nível do mar, em pleno inverno, e o frio era indescritível. A temperatura não estava excepcionalmente baixa, em muitas noites nem chegava a zero grau e o sol de inverno muitas vezes brilhava durante uma hora no meio do dia; mas, mesmo que não estivesse frio de fato, posso garantir que parecia frio. Às vezes, ventos uivantes arrancavam nossos quepes e revolviam nossos cabelos em todas as direções; às vezes, neblinas fluíam para dentro da trincheira como um líquido e pareciam penetrar nos ossos; com frequência, chovia, e até mesmo quinze minutos de chuva já era o bastante para tornar as condições insuportáveis. A fina camada de terra sobre o calcário transformava-se de pronto numa graxa escorregadia e, como estávamos sempre andando em ladeiras, era impossível manter o equilíbrio. Em noites escuras, com frequência eu caía meia dúzia de vezes em vinte metros; e era perigoso, porque significava que a trava do fuzil emperraria com a lama. Durante dias seguidos, roupas, botas, cobertores e fuzis ficavam relativamente cobertos de lama. Eu tinha trazido o máximo de roupas pesadas que podia carregar, mas muitos dos homens estavam terrivelmente desprotegidos. Para toda a guarnição, cerca de cem homens, havia apenas doze sobretudos, que tinham de ser passados de sentinela a sentinela, e a maioria deles tinha um só cobertor. Numa noite gelada, fiz uma lista no meu diário das roupas que estava usando, devido a algum interesse por mostrar a quantidade de roupas que o corpo humano pode carregar. Usava um colete grosso e calças compridas, uma camisa de flanela, dois suéteres, uma jaqueta de lã, uma jaqueta de pele de porco, culotes de veludo, grevas, meias grossas, botas, um impermeável resistente, um cachecol, luvas de couro forradas e um gorro de lã. Contudo, tremia feito gelatina. Mas tenho de admitir que sou extraordinariamente sensível ao frio.

A lenha era a única coisa que realmente importava. O problema era que praticamente não havia lenha para usar. Nossa montanha miserável não tinha, nem em suas melhores terras, muita vegetação e durante meses tinha sido percorrida por milicianos enregelados, e o resultado não poderia ser outro: tudo que fosse mais grosso que um dedo já tinha sido queimado havia muito tempo. Quando não estávamos comendo, dormindo, de guarda ou na faxina, estávamos no vale atrás da posição, surrupiando combustível. Todas as minhas lembranças dessa época são lembranças ligadas a escaladas e descidas pelas encostas quase perpendiculares, sobre o calcário pontiagudo que deixava as botas em pedaços, a me precipitar ansiosamente sobre pequeninos gravetos. Três pessoas procurando lenha por umas duas horas podiam coletar combustível suficiente para manter a fogueira do abrigo acesa por cerca de uma hora. A ansiedade da procura por lenha transformou-nos a todos em botânicos. Classificávamos, de acordo com as qualidades de combustão, cada planta que crescia na encosta da montanha: as urzes e capins diversos, que eram bons para acender o fogo, mas que se consumiam em alguns minutos; o alecrim silvestre e os pequeninos arbustos de tojo, que queimavam quando o fogo estava bem alto; o carvalho mirrado, menor que um arbusto de groselha, que praticamente não queimava. Havia um tipo de junco seco que era ótimo para acender o fogo, mas só crescia no topo da montanha à esquerda da posição e tínhamos que andar sob fogo para apanhá-lo. Se você fosse visto pelos metralhadores fascistas, recebia uma bateria de munição exclusiva. Em geral, a pontaria era alta e as balas cantavam acima da cabeça, como passarinhos, mas às vezes estalavam e partiam o calcário desconfortavelmente perto, fazendo você se jogar de bruços no chão. No entanto, continuava-se apanhando juncos; nada tinha importância, se comparado à lenha.

Comparados ao frio, os outros incômodos pareciam desprezíveis. Claro que nós todos estávamos permanentemente sujos. Nossa água, como a comida, vinha em dorso de mula de Alcubierre, e a porção de cada homem calculava-se como mais ou menos um litro por dia. Era uma água imunda, um pouco mais transparente do que leite. Teoricamente, era apenas para beber, mas eu sempre roubava uma vasilha cheia para me lavar pela manhã. Costumava me lavar num dia e me barbear no seguinte; nunca havia água bastante para os dois. A posição fedia de maneira abominável e, do lado de fora do cercado da barricada, havia excremento por toda parte. Alguns milicianos tinham por hábito defecar na trincheira, uma coisa nojenta, quando tínhamos que andar por lá no escuro. Mas nunca me preocupei com a sujeira. As pessoas fazem estardalhaço demais sobre a sujeira. É impressionante a rapidez com que nos acostumamos a passar sem um lenço e a comer na vasilha que também usamos para nos lavar. Nem dormir de roupa é uma dificuldade depois de um ou dois dias. Claro que era impossível tirar a roupa à noite, sobretudo as botas; devia-se estar preparado para sair imediatamente em caso de ataque. Em oitenta noites, só tirei minhas roupas três vezes, embora tenha conseguido tirá-las algumas vezes durante o dia. Ainda estava frio demais para piolhos, mas os ratos e camundongos abundavam. Dizem muitas vezes que não se encontram ratos e camundongos no mesmo lugar, mas encontram-se, quando há comida bastante para eles.

Sob outros aspectos, não estávamos mal. A comida era boa o bastante e não faltava vinho. Os cigarros ainda estavam sendo distribuídos à proporção de um maço por dia, fósforos eram distribuídos dia sim dia não e havia até uma distribuição de velas. Eram velas finas, como as de um bolo de aniversário, e a hipótese corrente era de que tinham sido pilhadas das igrejas. Cada abrigo recebia diariamente uns dez centímetros de vela, que ficavam acesas por vinte minutos. Naquela época, ainda era possível comprar velas e eu trouxera várias comigo. Mais tarde, a escassez de fósforos e velas transformou a vida num tormento. Não se tem ideia da importância dessas coisas até elas faltarem. Num alerta noturno, por exemplo, quando todo mundo está no abrigo se engalfinhando atrás do seu fuzil e pisando na cara uns dos outros, ser capaz de riscar um fósforo pode fazer a diferença entre a vida e a morte. Cada miliciano possuía um isqueiro de pederneira e vários metros de pavio amarelo. Depois do fuzil, era o bem mais importante. Os isqueiros de pederneira tinham a grande vantagem de poderem ser usados no vento, mas não produziam chama, de modo que não prestavam para acender o fogo. Quando a escassez de fósforos chegou ao pior ponto, a única maneira de se produzir uma chama era puxar a bala para fora do cartucho e tocar o cordite com um isqueiro de pederneira.

Era uma vida extraordinária a que levávamos — uma maneira extraordinária de estar em guerra, caso pudéssemos chamar isso de guerra. A milícia inteira agastava-se com a inação e vivia aos berros, tentando saber por que não nos permitiam atacar. Mas era perfeitamente óbvio que não haveria nenhuma batalha ainda por muito tempo, a menos que o inimigo começasse uma. Georges Kopp, em suas rondas de inspeção periódicas, era muito franco conosco.

— Isto não é uma guerra — ele costumava dizer —, é uma ópera-bufa, com uma morte eventual.

Na verdade, a estagnação no front de Aragão tinha motivos políticos dos quais eu nada sabia na época; mas, as dificuldades puramente militares — sem contar a falta de tropas de reserva — eram óbvias para qualquer um.

Para começar, havia a natureza do terreno. A linha de frente, a nossa e a dos fascistas, ficava numa posição protegida por imensos obstáculos naturais que só podiam ser transpostos, via de regra, por um lado. Desde que algumas trincheiras sejam cavadas, lugares assim não podem ser tomados pela infantaria, a não ser em números esmagadores. Na nossa própria posição, ou na maioria das que ficavam ao redor de nós, uma dúzia de homens com metralhadoras podiam manter um batalhão à distância. Empoleirados no topo das montanhas como estávamos, deveríamos constituir alvos adoráveis para a artilharia; mas não havia artilharia. Às vezes, demorava-me a olhar a paisagem em volta e desejar — oh, apaixonadamente — um par de canhões. As posições inimigas poderiam ter sido destruídas uma após a outra tão facilmente quanto se quebram nozes com um martelo. Mas, do nosso lado, os canhões simplesmente não existiam. Os fascistas conseguiam, de vez em quando, trazer um ou dois canhões de Saragoça e disparar uns poucos projéteis, tão poucos que nunca conseguiram estabelecer o alcance certo, e os projéteis mergulhavam, sem causar dano, nos desfiladeiros vazios. Contra metralhadoras e sem artilharia, só há duas coisas a fazer: entocar-se a uma distância segura — digamos, quatrocentos metros —, avançar em campo aberto e ser massacrado ou fazer ataques noturnos em escala pequena, que não vão alterar a situação geral. Na prática, as alternativas são estagnação ou suicídio.

E, além disso, havia a completa falta de artefatos de guerra, de toda espécie. É preciso um esforço para compreender como as milícias estavam mal armadas nessa época. Qualquer academia preparatória de oficiais, funcionando em escolas públicas da Inglaterra, é de longe muito mais parecida com um exército moderno do que éramos. A má qualidade de nossas armas era tão impressionante que vale a pena registrá-la em detalhes.

Para este setor do front, toda a artilharia consistia em quatro morteiros de trincheira com *quinze petardos* cada arma. Claro que eram preciosos demais para serem disparados e os morteiros eram guardados em Alcubierre. Havia metralhadoras na proporção de uma para cinquenta soldados; eram armas velhas, mas razoavelmente precisas a trezentos ou quatrocentos metros. Além disso, tínhamos apenas fuzis e a maioria dos fuzis era ferro velho. Havia três tipos de fuzil em uso. O primeiro era o Mauser longo. Esses raramente tinham menos de vinte anos, suas miras funcionavam tanto quanto um velocímetro quebrado e, na maioria, o estriamento estava irremediavelmente corroído; entretanto, um fuzil em cada dez não era ruim. Depois, havia o Mauser curto, ou *mousqueton*, na verdade uma arma de cavalaria. Estes eram mais populares que os outros, porque eram mais leves e menos inconvenientes na trincheira, também porque eram comparativamente mais novos e pareciam eficientes. De fato, eram quase inúteis. Eram feitos de peças remontadas, nenhum ferrolho pertencia ao seu fuzil e podia-se ter certeza que três quartos deles emperrariam depois de cinco disparos. Havia também alguns fuzis Winchester. Era bom atirar com esses, mas eram absurdamente imprecisos e como seus cartuchos não tinham pentes, só se podia dar um tiro de cada vez. A munição era tão escassa que cada homem que se integrava à linha só recebia cinquenta cartuchos e a maior parte era excessivamente ruim. Os cartuchos feitos na Espanha eram todos reaproveitados e emperravam até os melhores fuzis. Os cartuchos mexicanos eram melhores e eram, portanto, reservados para as metralhadoras. A melhor de todas era a munição feita na Alemanha, mas como essa só vinha com os prisioneiros e desertores, não se conseguia em quantidade. Eu sempre guardava um pente de munição mexicana ou alemã no bolso para usar numa emergência. Mas, na prática, quando surgia a emergência, mal disparava meu fuzil; estava com medo demais de que aquela coisa detestável emperrasse e, em todo caso, ansioso demais para reservar um disparo que funcionasse.

Não tínhamos nenhum capacete de metal, nem baionetas, quase nenhum revólver ou pistola e nada além de uma bomba para cinco ou dez homens. A bomba usada nessa época era um objeto medonho conhecido como "bomba FAI", produzida pelos anarquistas nos primeiros dias da guerra. Tinha o mesmo princípio de uma bomba Mills,[3] mas a alavanca não era sustentada para baixo por um pino, mas por um pedaço de fita. Partia-se a fita e depois se livrava da bomba com a maior velocidade possível. Dizia-se dessas bombas que elas eram "imparciais": matavam o homem em quem eram lançadas e o homem que as lançava. Havia muitos outros tipos, até mais primitivos, mas provavelmente um pouco menos perigosos — quer dizer, para o lançador. Só em fins de março fui ver uma bomba que valesse a pena lançar.

Fora as armas, faltavam pequenos artigos imprescindíveis à guerra. Não tínhamos mapas ou cartas topográficas, por exemplo. Nunca se tinha feito um levantamento topográfico completo da Espanha, e os únicos mapas dessa área eram os velhos mapas militares, que estavam quase todos em poder dos fascistas. Não tínhamos telêmetros, nem telescópios, nem periscópios, nem binóculos, fora alguns pares de propriedade privada, nem foguetes de sinalização, nem sinais luminosos, nem alicates corta-arame, nem ferramentas de armeiro e quase nenhum material de limpeza. Os espanhóis pareciam nunca ter ouvido falar em cordel de limpeza e ficaram olhando surpresos quando construí um. Quando queríamos limpar o fuzil, íamos até o sargento que possuía uma vareta

---

3 Granada de mão para a infantaria, desenvolvida pelo inglês William Mills, em 1915. [N. T.]

de espingarda de metal comprida, que estava invariavelmente torta e, portanto, arranhava o estriamento. Não havia nem óleo para as armas. Lubrificava-se o fuzil com azeite, quando se podia conseguir algum; em épocas diversas, lubrifiquei o meu com vaselina, creme para a pele e até mesmo com banha. Além do mais, não havia lampiões ou lanternas elétricas. Naquele tempo não havia algo parecido com uma lanterna elétrica em todo o nosso setor do front, e o lugar mais próximo para se conseguir uma era Barcelona e, até mesmo lá, era difícil.

Com o passar do tempo e a barulhada incoerente de disparos de fuzil pelas montanhas, comecei a me perguntar se alguma coisa poderia acontecer para trazer um pouco de vida, ou melhor, um pouco de morte, para essa guerra maluca. Quando as trincheiras ficam a mais de quinhentos metros uma da outra, ninguém é atingido, senão por acaso. Claro que havia baixas, mas a maioria delas era autoinfligida. Se bem me lembro, os cinco primeiros homens que vi feridos na Espanha foram feridos pelas nossas próprias armas — não quero dizer intencionalmente, mas por acidente ou descuido. Nossos fuzis gastos eram um perigo em si mesmos. Alguns tinham o maldoso hábito de disparar se a base batesse no chão; vi um homem receber um tiro na própria mão por causa disso. Num fim de tarde, quando ainda não era nem crepúsculo, uma sentinela abriu fogo sobre mim a uma distância de vinte metros; mas errou por um metro — só Deus sabe quantas vezes o padrão de pontaria espanhol salvou minha vida. Em outra ocasião, saíra em patrulha na neblina e tivera o cuidado de avisar o comandante da guarda de antemão. Mas, ao voltar, tropecei num arbusto, a sentinela assustada gritou que os fascistas estavam chegando e tive o prazer de ouvir o comandante da guarda ordenar que todos abrissem fogo imediatamente na minha direção. É claro que me deitei no chão e as balas passaram sem perigo sobre mim. Nada convencerá um espanhol, pelo menos um espanhol jovem, que armas de fogo são perigosas. Uma vez, bem depois disso, estava fotografando alguns atiradores com sua metralhadora apontada diretamente para mim.

— Não atirem — disse, meio brincando, enquanto focava a câmera.

—Ah, não. Não vamos atirar.

No instante seguinte, houve um estrondo medonho e uma rajada de balas passou voando pelo meu rosto, tão perto que minha bochecha foi atingida por grãos de cordite. Não foi intencional, mas os metralhadores encararam isso como uma grande piada. No entanto, apenas alguns dias antes, eles tinham visto um tropeiro ser morto acidentalmente por um delegado político, que bancava o besta com uma pistola automática e acabou metendo cinco balas nos pulmões do tropeiro.

As senhas difíceis que o exército estava usando nessa época eram uma fonte de perigo secundária. Eram aquelas cansativas senhas duplas em que uma palavra deve ser respondida por outra. Geralmente, eram algo de natureza elevada e revolucionária, assim como *Cultura-progreso*[4], ou *Seremos-invencibles* e era muitas vezes impossível fazer com que as sentinelas analfabetas se lembrassem dessas expressões bombásticas. Uma noite, lembro-me, a senha era *Cataluña-eroica*, e um rapazola camponês com cara de lua, chamado Jaime Domenech, aproximou-se de mim bastante intrigado e me pediu para explicar:

— *Eroica*, o que quer dizer *eroica*?

Disse-lhe que queria dizer o mesmo que *valiente*. Um pouco mais tarde, ele estava escalando a trincheira aos trancos na escuridão e a sentinela pediu a senha:

— Alto! *Cataluña*!

— *Valiente!* —, gritou Jaime, seguro de que estava dizendo a coisa certa.

Bang!

Entretanto, a sentinela errou o alvo. Nessa guerra, todos sempre erravam o alvo, quando era humanamente possível.

---

4   Em espanhol, no original. [N. T.]

4

QUANDO FAZIA UMAS TRÊS SEMANAS que eu estava na linha de frente, um contingente de vinte ou trinta homens, enviados da Inglaterra pelo Partido Trabalhista Independente,[5] chegou a Alcubierre e, para que os ingleses desse front ficassem juntos, Williams e eu fomos enviados para lá. Nossa nova posição era em Monte Trazo, muitos quilômetros mais adiante, rumo ao oeste e de onde se podia avistar Saragoça.

A posição ficava empoleirada numa espécie de espinhaço de calcário com abrigos cavados horizontalmente para dentro do penhasco como ninhos de andorinhas-do-barranco. Entravam pelo solo por distâncias prodigiosas e, por dentro, eram escuros como breu e tão baixos que não se podia nem ficar ajoelhado neles, que dirá em pé. Nos picos à nossa esquerda, havia mais duas posições do POUM, uma delas fascinava todos os homens da linha, porque três milicianas cozinhavam lá. Elas não eram exatamente bonitas, mas foi preciso colocá-las fora do alcance dos homens das outras companhias. Quinhentos metros à nossa direita, havia um posto do PSUC, na curva da estrada de Alcubierre. Era bem ali que a estrada mudava de mãos. À noite, podiam-se observar os faróis de nossos caminhões de suprimentos saindo de Alcubierre e, ao mesmo

---

5 O Partido Trabalhista Independente (Independent Labour Party – ILP), do qual Orwell era membro. [N. T.]

tempo, os dos fascistas vindos de Saragoça. Podia-se ver a própria Saragoça, um fino cordão de luzes, como as escotilhas iluminadas de um navio, a quase vinte quilômetros a sudoeste. As tropas do governo estavam olhando para ela a essa distância desde agosto de 1936, e ainda a olhavam assim.

Havia cerca de trinta de nós, incluindo um espanhol (Ramón, cunhado de Williams), e mais uma dúzia de metralhadores espanhóis. Fora um ou dois chatos inevitáveis — pois, como todo mundo sabe, guerra atrai gentalha —, os ingleses eram uma turma excepcionalmente boa, tanto física quanto mentalmente. Talvez o melhor do grupo fosse Bob Smillie — neto do famoso líder dos mineiros[6] —, que mais tarde teve uma morte terrível e sem sentido em Valência. Diz muito a favor do caráter espanhol que os ingleses e espanhóis se dessem bem juntos, apesar das dificuldades linguísticas. Todos os espanhóis, descobrimos, sabiam duas expressões em inglês. Uma era "ok, baby", a outra era uma palavra usada pelas prostitutas de Barcelona em suas negociações com marinheiros ingleses, e temo que os linotipistas não a imprimam.

Mais uma vez, não acontecia nada em toda a linha: apenas o estalar das balas ao acaso e, muito raramente, a explosão de um morteiro fascista, o que fazia todos correrem para a trincheira mais alta para ver que montanha os projéteis estavam atingindo. De certa forma, o inimigo estava mais perto de nós aqui, talvez a trezentos ou quatrocentos metros. A posição mais próxima era exatamente do lado oposto, com um ninho de metralhadoras, cujas seteiras eram uma tentação constante para se gastar cartuchos. Os fascistas raras vezes se preocupavam com tiros de fuzil, mas mandavam rajadas precisas de fogo de metralhadora em qualquer um que se expusesse. No entanto, passaram-se dez dias ou mais antes que tivéssemos a primeira baixa. As tropas do outro lado eram espanholas, mas de acordo com os desertores, havia alguns graduados alemães entre eles. Há algum tempo, árabes também estiveram por lá — pobres-

---

6   Robert Smillie (1857-1940). [N. T.]

-diabos, como devem ter sentido frio! —, pois lá fora, na terra de ninguém, havia um deles, morto, que era uma das atrações do local. A um ou dois quilômetros à nossa esquerda, a linha deixava de ser contínua e havia uma faixa de terreno rebaixada e densamente arborizada que não pertencia aos fascistas nem a nós. Tanto nós quanto eles fazíamos patrulhas lá durante o dia. Não deixava de ser divertido, uma diversão de escoteiros, embora nunca tenha visto uma patrulha fascista mais perto do que a várias centenas de metros de distância. Arrastando-se um bocado pelo chão, podia-se chegar a ver a casa de fazenda com a bandeira monarquista hasteada, que era o quartel-general local dos fascistas. Algumas vezes, dávamos uma saraivada de fuzil nela e depois nos escondíamos rapidamente antes que as metralhadoras pudessem nos localizar. Espero que tenhamos quebrado algumas janelas, mas ficava a uns bons oitocentos metros de onde estávamos e, com nossos fuzis, não se podia ter sequer certeza de atingir uma casa àquela distância.

Na maior parte do tempo, os dias eram claros e frios; às vezes, ensolarados ao meio-dia, mas sempre frios. Aqui e ali, no solo das encostas, encontravam-se brotos de açafrão ou íris apontando; evidentemente, a primavera estava chegando; mas chegando muito devagar. As noites estavam mais frias do que nunca. Ao deixar a sentinela, nas primeiras horas da madrugada, juntávamos tudo que tinha sobrado do fogo da cozinha e ficávamos em pé sobre as brasas. Era péssimo para as botas, mas ótimo para os pés. Porém, havia manhãs em que a vista da aurora entre os topos das montanhas quase compensava estar fora da cama em hora tão inclemente. Detesto montanhas, mesmo de um ponto de vista espetacular. Mas, às vezes, a aurora rompendo por trás dos cumes às nossas costas, os primeiros raios finos de ouro, como espadas cortando a escuridão e depois a luz crescente e os oceanos de nuvens encarnadas se estendendo a distâncias inimagináveis valiam a pena ser observados, mesmo quando se passara a noite acordado, quando as pernas estavam dormentes dos joelhos para baixo e se estava sombriamente refletindo sobre não haver a menor chance de comer em menos de três horas. Vi a aurora mais vezes durante essa campanha do que durante todo o resto de minha vida — ou durante a parte que virá, espero.

Tínhamos poucos homens aqui, o que significava vigias mais longas e mais cansaço. Estava começando a sofrer um pouco com a falta de sono, que é inevitável, mesmo na mais tranquila das guerras. Fora as sentinelas e patrulhas, havia constantes alarmes noturnos e alertas e, em todo caso, não dá para dormir bem num buraco desgraçado no chão, com os pés doendo de frio. Nos meus primeiros três ou quatro meses na linha, não acho que tenha ficado vinte e quatro horas sem dormir mais que uma dúzia de vezes; por outro lado, certamente não tive uma dúzia de noites de sono completas. Vinte ou trinta horas de sono por semana era uma quantidade bastante normal. Os efeitos disso não eram tão ruins quanto se poderia esperar; ficava-se muito estúpido e o trabalho de subir e descer os montes tornava-se mais difícil em vez de mais fácil, mas nos sentíamos bem e constantemente famintos — céus, tão famintos! Qualquer comida parecia boa, mesmo o eterno feijão que todo mundo na Espanha, por fim, aprendeu a detestar só de olhar para ele. Nossa água, o que havia de água, vinha de quilômetros de distância, em dorso de mulas ou de burricos açoitados. Por algum motivo os camponeses de Aragão tratavam as mulas bem, mas os burros de forma abominável. Se um burro se recusasse a andar, era muito comum chutar-lhe os testículos. A distribuição de velas cessara e os fósforos estavam acabando. Os espanhóis nos ensinaram como fazer candeias de azeite de oliva usando uma lata de leite condensado, um pente de cartucho e um pedaço de pano. Quando tínhamos azeite, o que não era frequente, essas coisas ardiam com uma chama fumacenta de mais ou menos um quarto da luz de uma vela, apenas o bastante para encontrar o fuzil.

Parecia não haver nenhuma esperança de qualquer luta de verdade. Quando saímos de Monte Pocero, contei meus cartuchos e descobri que em cerca de três semanas só tinha dado três tiros no inimigo. Dizem que se gastam mil balas para matar um homem e, nessa proporção, passariam-se vinte anos antes que eu conseguisse matar meu primeiro fascista. Em Monte Trazo, as linhas eram mais próximas e atirava-se com mais frequência, mas tenho uma razoável certeza de que nunca atingi ninguém. De fato, nesse front e nesse período da guerra, a verdadeira arma não era o fuzil, mas o megafone. Incapazes de matar o inimigo, gritava-se com ele. Esse método de combate é tão extraordinário que necessita de uma explicação.

Toda vez que as linhas estavam ao alcance da voz uma da outra, havia um bocado de gritaria de trincheira para trincheira. Da nossa: *"Fascistas, maricones!"*. Dos fascistas: *"Viva España! Viva Franco!"* — ou, quando sabiam que havia ingleses do outro lado: "Vão pra casa, seus ingleses! Não queremos estrangeiros aqui!". Tanto do lado do governo quanto nas milícias de partido, gritar propaganda para baixar o moral inimigo tinha se transformado numa técnica rotineira. Em todas as posições em que fosse possível fazer isso, homens, geralmente metralhadores, eram destacados para gritar, munidos de megafones. Em geral, gritavam um texto estabelecido, cheio de sentimentos revolucionários, que explicava aos soldados fascistas que eles eram simplesmente mercenários do capitalismo internacional, que eles estavam lutando contra sua própria classe etc. etc., e os conclamava a vir para o nosso lado. Isso era repetido vezes sem conta, por revezamentos de homens; às vezes, atravessava toda a noite. Havia muito pouca dúvida quanto à sua eficácia; todo mundo concordava que o gotejamento de desertores fascistas se devia em parte a isso. Se pensarmos bem, quando algum pobre-diabo de sentinela — muito provavelmente membro de algum sindicato anarquista ou socialista que fora conscrito contra a vontade — está congelando em seu posto, o slogan "Não combata sua própria classe!", martelando sem parar na escuridão, é capaz de causar um impacto nele. Pode bem fazer a diferença entre desertar e não desertar. É claro que esse tipo de procedimento não combina com a concepção inglesa de guerra. Admito que fiquei impressionado e escandalizado quando o vi em prática pela primeira vez. A ideia de tentar converter o inimigo em vez de atirar nele! Agora, acho que de qualquer ponto de vista era uma manobra legítima. Na guerra de trincheiras comum, quando não há artilharia, é extremamente difícil causar baixas no inimigo sem sofrer um número igual delas. Se é possível imobilizar um certo número de homens ao fazê-los desertar, tanto melhor; desertores são na verdade mais úteis do que cadáveres, porque podem dar informações. Mas, no começo, isso nos desanimou a todos; fez com que sentíssemos que os espanhóis não estavam levando a guerra deles a sério o bastante. O homem que dava os gritos no posto do PSCU abaixo, à nossa direita, era um artista na função. Às vezes, em vez de gritar slogans revolucionários, ele simplesmente contava para os fascistas como nossa alimentação era muito melhor que a deles. Seu relato sobre as rações do governo tendia a ser um tanto fantasioso.

— Torradas com manteiga! — podia-se ouvir sua voz ecoando através do vale deserto. — Por aqui, estamos sentados comendo torradas com manteiga!

Não duvido que ele, como todos nós, não visse manteiga há semanas ou meses, mas, na noite gelada, a notícia de torradas com manteiga provavelmente fez muita boca fascista babar. Até a minha, embora eu soubesse que ele estava mentindo.

Um dia, em fevereiro, vimos um avião fascista se aproximar. Como sempre, uma metralhadora foi arrastada para fora e o cano apontado para cima, e todo mundo se deitou de costas para obter uma boa pontaria. Nossas posições isoladas não valiam a pena ser bombardeadas e, via de regra, os poucos aviões fascistas que passavam por nós davam a volta para evitar o fogo das metralhadoras. Desta vez, o avião veio bem para cima, muito alto para ser atingido e dele caíram, não bombas, mas coisas brancas e brilhantes que viravam e reviravam no ar. Algumas rodopiaram até a posição. Eram exemplares de um jornal fascista, o *Heraldo de Aragón*, anunciando a queda de Málaga.

Naquela noite, os fascistas fizeram uma espécie de ataque abortivo. Estava justamente indo me deitar, quase morto de sono, quando ouvi uma forte rajada de balas acima e alguém gritou para dentro do abrigo:

— Estão atacando!

Peguei logo o fuzil e fui me arrastando até meu posto, que ficava no alto da posição, ao lado da metralhadora. A escuridão era total e o barulho diabólico. Os disparos de, acho, cinco metralhadoras choviam sobre nós e havia uma série de explosões pesadas, causadas pelas bombas que os fascistas jogavam sobre seu próprio parapeito da maneira mais estúpida. Lá embaixo, no vale à nossa esquerda, eu podia ver o brilho esverdeado dos fuzis, onde um pequeno grupo de fascistas, provavelmente uma patrulha, vinha dar sua contribuição. As balas voavam ao redor de nós na escuridão, estalando, zúnindo, estalando... Alguns projéteis vinham por cima assobiando, mas caíam longe de nós e (como era comum nesta guerra) a maioria nem explodia. Passei um mau pedaço, quando mais uma metralhadora abriu fogo do alto da montanha atrás de nós — na verdade, uma arma que fora trazida para nos apoiar, mas, naquele momento, parecia que estávamos cercados. Então, nossa metralhadora emperrou, como sempre emperrava com aqueles malditos cartuchos e a vareta estava perdida na escuridão impenetrável. Aparentemente não havia nada a fazer, a não ser ficar parado e tomar um tiro. Os metralhadores espanhóis não procuravam se proteger; na verdade, expunham-se deliberadamente, de modo que tive de fazer o mesmo. Embora banal, a experiência toda foi muito interessante. Foi a primeira vez que estive, propriamente falando, sob fogo e, para minha humilhação, descobri que fiquei terrivelmente assustado. Noto que sempre se sente o mesmo quando se está sob fogo pesado — não propriamente com medo de ser atingido, mas com medo por não saber *onde* se vai ser atingido. Você fica se perguntando o tempo todo onde é que a bala vai pegar exatamente, e seu corpo é tomado por uma sensibilidade das mais desagradáveis.

Depois de uma ou duas horas, o fogo diminuiu e foi se extinguindo. Enquanto isso, tivemos apenas uma baixa. Os fascistas tinham avançado um par de metralhadoras para dentro da terra de ninguém, mas não fizeram nenhuma tentativa de tomar nosso parapeito. Na verdade, eles não estavam atacando, estavam simplesmente gastando cartuchos e fazendo uma alegre algazarra para comemorar a queda de Málaga. A importância maior do caso foi que ele me ensinou a ler as notícias da guerra nos jornais com uma visão mais crítica. Um ou dois dias depois, os jornais e o rádio publicaram notícias de um ataque espetacular com cavalaria e tanques (subindo uma encosta perpendicular!), que tinha sido rechaçado pelos heróicos ingleses.

Quando os fascistas nos contaram que Málaga tinha caído, decidimos que era mentira, mas no dia seguinte ouvimos boatos mais convincentes, e um ou dois dias depois, o fato foi admitido oficialmente. Aos poucos, toda a história infame vazou — como a cidade tinha sido evacuada sem que um tiro fosse disparado, e como a fúria dos italianos caíra não sobre as tropas, que tinham ido embora, mas sobre os civis, alguns dos quais tinham sido perseguidos e metralhados por centenas de quilômetros. Essa notícia causou uma espécie de arrepio na linha de frente, pois, qualquer que tivesse sido a verdade, cada homem na milícia acreditava que a perda de Málaga se devera a traição. Foi a primeira conversa que ouvi a respeito de traição e objetivos divergentes. Surgiu na minha mente a primeira desconfiança quanto a essa guerra na qual, até então, o certo e o errado tinham parecido harmoniosamente simples.

Em meados de fevereiro, deixamos Monte Trazo e fomos enviados, junto com todas as tropas do POUM deste setor, para integrar o exército que fazia o cerco a Huesca. Foi uma viagem de caminhão de oitenta quilômetros através da planície gelada, onde as vinhas podadas ainda não estavam florescendo e as folhas da cevada de inverno estavam apenas apontando através do solo entorroado. A quatro quilômetros de nossas novas trincheiras, Huesca brilhava, pequena e clara como uma cidade de bonecas. Meses antes, quando Sietamo fora tomada, o general no comando das tropas do governo dissera alegremente:

— Amanhã, tomaremos um café em Huesca.

Mas ele estava enganado. Houve ataques sangrentos, mas a cidade não caiu, e "Amanhã, tomaremos um café em Huesca" virou uma piada recorrente em todo o exército. Se algum dia voltar à Espanha, farei questão de tomar um cafezinho em Huesca.

5

No lado leste de Huesca, até o fim de março, não aconteceu nada — literalmente, quase nada. Estávamos a mil e duzentos metros do inimigo. Quando os fascistas foram obrigados a recuar para Huesca, as tropas do Exército Republicano que mantinham este trecho da linha não foram muito zelosas ao avançar, de modo que a linha formava uma espécie de bolsão. Mais tarde, teria de avançar — um trabalho delicado sob fogo cruzado —, mas, naquele momento, podia-se considerar o inimigo como inexistente; nossa única preocupação era aquecer-nos e conseguir comida suficiente. Enquanto isso, a ronda diária — noturna, para ser mais exato. As tarefas de sempre: ficar de sentinela, fazer patrulhas, cavar; lama, chuva, ventos estridentes e neve esporádica. Só em meados de abril deu para notar que as noites tinham ficado mais quentes. Lá em cima, no planalto, os dias de março eram muito parecidos com o março inglês, céu azul brilhante e ventos perturbadores. A cevada de inverno tinha um palmo de altura, botões escarlates estavam se formando nas cerejeiras (a linha aqui atravessava pomares e hortas abandonados), e se procurássemos nas valas, poderíamos encontrar violetas e um tipo de jacinto silvestre, como uma espécie pobre de campânula. Bem atrás da linha, corria um riacho maravilhoso, verde e borbulhante, a primeira água transparente que vi desde que cheguei ao front. Um dia, trinquei os dentes e me arrastei rio adentro para tomar meu primeiro banho em seis semanas. Foi o que se pode chamar de um banho rápido, pois a água era principalmente água de neve e só um pouco acima do ponto de congelamento.

Enquanto isso, não acontecia nada, como sempre nada acontecia. Os ingleses adquiriram o hábito de dizer que isso não era uma guerra, era uma pantomima miserável. Mal nos encontrávamos sob fogo direto dos fascistas. O único perigo vinha das balas perdidas, que, como as linhas se curvavam para a frente de ambos os lados, vinham de várias direções. Todas as baixas nessa época eram de perdidas. Arthur Clinton recebeu uma bala misteriosa que lhe esmagou o ombro esquerdo e inutilizou-lhe o braço, para sempre, receio. Havia um pouco de fogo de artilharia, mas era extraordinariamente ineficaz. Os guinchos e estrondos dos projéteis eram, na verdade, encarados como uma pequena diversão. Os fascistas nunca soltaram projéteis em nosso parapeito. Algumas centenas de metros atrás de nós, havia uma casa de fazenda chamada La Granja, com grandes construções, que eram usadas como depósito, quartel-general e cozinha para este setor da linha. Os atiradores fascistas procuravam alvejá-la, mas eles estavam a cinco ou seis quilômetros e nunca conseguiam nada melhor do que quebrar janelas ou lascar paredes. Só estávamos em perigo caso estivéssemos subindo, quando os disparos começassem e os projéteis mergulhassem nos campos, dos dois lados. Aprendia-se quase que imediatamente a misteriosa arte de saber, pelo som do projétil, a proximidade de sua queda. Os projéteis que os fascistas usavam nessa época eram terrivelmente ruins. Embora fossem de cento e cinquenta milímetros, só faziam uma cratera de cerca de um metro e oitenta de diâmetro por um e vinte de profundidade, e pelo menos um em cada quatro não explodia. Havia as histórias românticas de sempre sobre sabotagens nas fábricas fascistas e projéteis não detonados nos quais, no lugar da carga, era encontrada uma tira de papel dizendo "Frente Vermelha", mas nunca vi nenhuma. Na verdade, os projéteis eram irremediavelmente velhos; alguém apanhara uma coifa de detonador de metal carimbada com a data de 1917. Os canhões fascistas eram da mesma marca e calibre que os nossos, e os projéteis não detonados eram com frequência recondicionados e atirados de volta. Dizia-se que havia um velho projétil, com apelido e tudo, que viajava diariamente para lá e para cá, sem nunca explodir.

À noite, pequenas patrulhas eram enviadas à terra de ninguém para se deitarem nas valas perto das linhas fascistas e ouvirem os sons (toques de corneta, buzinas e assim por diante) que indicavam atividade em Huesca. Havia um ir e vir constante de tropas fascistas, e os números podiam ser confirmados de algum modo pelos relatórios dos ouvintes. Sempre tínhamos ordens especiais para relatar toques de sinos de igrejas. Parecia que os fascistas sempre ouviam missa antes de entrar em ação. Por entre os campos e pomares, havia cabanas desertas com paredes de barro que se podia explorar com um fósforo aceso, depois de vedar bem as janelas. Às vezes, topava-se com despojos valiosos, tais como uma machadinha ou um cantil fascista (melhor do que os nossos e muito procurado). Podia-se explorar à luz do dia também, mas, na maioria das vezes, isso tinha de ser feito rastejando. Era esquisito deslocar-se furtivamente naqueles campos férteis e vazios, onde tudo fora suspenso bem na hora da colheita. Os grãos do ano passado nunca tinham sido tocados. As vinhas sem poda serpenteavam pelo chão, as espigas, no milho crescido, ficaram duras como pedra; a beterraba-forrageira e a beterraba-sacarina, hipertrofiadas, viraram enormes torrões de madeira. Como os camponeses devem ter amaldiçoado os dois exércitos! Às vezes, grupos de soldados eram enviados para catar batatas na terra de ninguém. Cerca de um quilômetro e meio à nossa direita, onde as linhas eram mais próximas, havia um canteiro de batatas que era frequentado tanto pelos fascistas quanto por nós. Íamos lá durante o dia; eles, só à noite, já que o lugar ficava na mira de nossas metralhadoras. Uma noite, para nossa irritação, eles saíram em massa e limparam todo o canteiro. Descobrimos outro canteiro mais acima, onde não havia praticamente nenhuma cobertura e tínhamos de arrancar as batatas deitados de barriga para baixo — um trabalho fatigante. Se os metralhadores deles nos vissem, tínhamos de nos espremer contra o chão como um rato quando se contorce para passar debaixo de uma porta, com as balas arrancando pedaços de terra alguns metros atrás de nós. Parecia valer a pena na época. As batatas eram raras. Se conseguíssemos um saco cheio, podíamos levá-lo para a cozinha e trocá-lo por uma garrafa de café.

E nada acontecia ainda, nada nunca parecia acontecer.

"Quando vamos atacar?", "Por que não atacamos?", eram as perguntas que se ouvia dia e noite, de espanhóis e ingleses, igualmente. Quando se pensa no que significa lutar, é estranho que soldados queiram lutar e, no entanto, é o que querem. Na guerra estacionária, há três coisas pelas quais os soldados anseiam: uma batalha, mais cigarros e uma semana de folga. Estávamos de algum modo mais bem armados agora do que antes. Cada soldado tinha cento e cinquenta cargas de munição, em vez de cinquenta e, aos poucos, estavam fornecendo baionetas, capacetes de aço e algumas bombas. Havia boatos constantes de batalhas iminentes, que desde então imagino que tenham circulado para manter o espírito das tropas elevado. Não era necessário ter muito conhecimento militar para saber que não haveria maiores ações deste lado de Huesca, pelo menos por algum tempo. O ponto estratégico era a estrada para Jaca, lá do outro lado. Mais tarde, quando os anarquistas fizeram os ataques à estrada de Jaca, nossa missão foi fazer "ataques de retenção" e forçar os fascistas a desviar as tropas do outro lado.

Durante todo esse tempo, cerca de seis semanas, houve apenas uma ação em nosso trecho do front. Foi quando nossas tropas de choque atacaram o manicômio, um hospital de alienados fora de uso, que os fascistas tinham transformado em fortaleza. Havia várias centenas de refugiados alemães servindo no POUM. Organizaram com eles um batalhão especial chamado *Batallón de Choque* e, do ponto de vista militar, estavam num nível bem diferente do resto da milícia — na verdade, eram mais parecidos com soldados do que qualquer um que eu vira na Espanha, com exceção da Guarda de

Assalto[7] e de alguns membros da Coluna Internacional. O ataque foi gorado, como sempre. Quantas operações nesta guerra, do lado do governo, *não* goraram, eu me pergunto. As tropas de choque tomaram o manicômio de assalto, mas o contingente, esqueço de qual milícia, que deveria dar-lhes apoio, ao ocupar o morro vizinho que dominava o manicômio, foi perversamente deixado na mão. O capitão que o comandava era um daqueles oficiais do Exército regular, de lealdade duvidosa, que o governo insistia em empregar. Por medo ou traição, ele avisou os fascistas ao atirar uma bomba, quando estavam a duzentos metros de distância. Fico contente em dizer que seus soldados o fuzilaram na hora. Mas o ataque-surpresa não foi nenhuma surpresa e os milicianos foram moídos por um fogo cerrado e expulsos do morro e, ao anoitecer, as tropas de choque tiveram de abandonar o manicômio. A noite inteira, as ambulâncias fizeram fila descendo a abominável estrada para Sietamo, matando os feridos graves com seus solavancos.

Estávamos todos infestados de piolhos-de-soldado; embora ainda não fizesse calor, estava quente o bastante para isso. Tenho uma grande experiência com parasitas de vários tipos e, por seu caráter puramente bestial, o piolho vence tudo que já encontrei. Outros insetos, mosquitos, por exemplo, fazem-nos sofrer mais, mas pelo menos não são parasitas *residentes*. O piolho-de-soldado de algum modo se parece a uma minúscula lagosta e mora, principalmente, em nossas calças. A menos que se queime toda a roupa, não há maneira conhecida de se livrar dele. Ele bota seus ovos brancos e brilhantes, como minúsculos grãos de arroz, nas costuras das calças, onde são chocados e, por sua vez, engendram suas próprias famílias numa velocidade horrível. Imagino que os pacifistas podem achar valioso ilustrar seus panfletos com fotografias ampliadas de piolhos-de-soldado. Glória da guerra, de fato! Na guerra, *todos* os

---

7 A Guarda de Assalto consistia em unidades policiais criadas pela República, em 1931, para lidar com a violência urbana. Na sua maioria, permaneceu leal ao governo da Frente Popular. [N. T.]

soldados são piolhentos, pelo menos quando faz calor suficiente. Os homens que lutaram em Verdun, em Waterloo, em Flodden, em Senlac, nas Termópilas — cada um deles tinha piolhos se arrastando pelos testículos. Mantínhamos os bichos sob algum controle, queimando os ovos e nos banhando tantas vezes quanto tínhamos coragem de fazê-lo. Só mesmo piolhos poderiam ter me conduzido àquele rio gelado.

Estava acabando tudo: botas, roupas, tabaco, sabão, velas, fósforos, azeite. Nossos uniformes estavam caindo aos pedaços e muitos dos soldados não tinham botas, apenas sandálias com solas de corda. Uma vez, mantivemos uma fogueira acesa no abrigo por dois dias, sobretudo com botas, que não são um combustível ruim. Nessa época, minha esposa estava em Barcelona e enviava-me chá, chocolate e até mesmo charutos, quando se podiam encontrar tais coisas; mas, mesmo em Barcelona, tudo estava em falta, principalmente o tabaco. O chá era um presente dos deuses, embora não tivéssemos nenhum leite e raramente algum açúcar. Pacotes eram enviados da Inglaterra para soldados, mas nunca chegavam; comida, roupas, cigarros — tudo era devolvido pelos Correios ou confiscado na França. Curiosamente, a única empresa que conseguia enviar pacotes de chá — e até, numa ocasião memorável, uma lata de biscoitos — para a minha esposa era a Army and Navy Stores.[8] Coitados do velho Exército e da velha Marinha! Cumpriam sua missão com nobreza, mas talvez tivessem se sentido melhor se as coisas fossem para o lado de Franco. A escassez de tabaco era a pior de todas. No começo, forneciam-nos um maço de cigarros por dia, depois diminuíram para oito cigarros, e mais tarde para cinco. Por fim, durante dez dias nenhum tabaco foi fornecido. Pela primeira vez, na Espanha, vi algo que se vê diariamente em Londres — as pessoas catando bagas.

---

8   Lojas da Marinha e do exército britânico, fundadas por um grupo de oficiais, com uma grande variedade de produtos que podiam ser comprados por meio de catálogos e enviados a baixo custo para os associados. [N. T.]

Por volta do fim de março, peguei uma infecção na mão, que teve de ser lancetada e colocada numa tipóia. Tive de ir ao hospital, mas não valia a pena mandar-me para Sietamo por causa de um ferimento tão bobo, por isso fiquei no chamado hospital de Monflorite, que era um mero posto de triagem de feridos. Fiquei lá por dez dias, a maior parte do tempo na cama. Os *practicantes* (ajudantes de enfermagem) roubaram quase todos os objetos de valor que eu possuía, inclusive minha câmera e todas as minhas fotografias. No front, todo mundo roubava, era o efeito inevitável da escassez, mas o pessoal dos hospitais era sempre o pior. Mais tarde, no hospital em Barcelona, um americano que viera se engajar na Coluna Internacional contou-me como fora trazido para a praia, ferido, depois que o navio em que estava fora torpedeado por um submarino italiano, e como, bem na hora em que o colocaram na ambulância, os maqueiros afanaram seu relógio de pulso.

Enquanto meu braço esteve na tipoia, passei vários dias agradáveis, passeando pelo campo. Monflorite era o amontoado de sempre de casas de barro e pedra, com alamedas estreitas e tortuosas que tinham sido revolvidas por caminhões até se parecerem com crateras lunares. A igreja tinha sido bastante danificada, mas era usada como armazém militar. Em toda a vizinhança, havia apenas duas fazendas de bom tamanho, Torre Lorenzo e Torre Fabián, e apenas duas construções de fato grandes, obviamente as casas dos proprietários da terra, que antes eram os senhores da região; podia-se ver sua riqueza refletida nas cabanas miseráveis dos camponeses. Logo atrás do rio, perto da linha de frente, havia um moinho de farinha enorme, com uma casa de campo anexa. Pareceu-me vergonhoso ver aquela imensa e dispendiosa máquina enferrujando, inútil, e as calhas de farinha destruídas para virarem lenha. Mais tarde, para conseguir lenha para as tropas mais distantes, grupos de homens eram mandados em caminhões para dilapidar sistematicamente o lugar. Costumavam arrebentar as tábuas de um quarto, jogando uma granada de mão nele. La Granja, nosso depósito e cozinha, deve ter sido um convento. Tinha pátios imensos e anexos, cobrindo uns quatro mil metros quadrados ou mais, com estábulos para trinta ou quarenta cavalos. As casas de campo nessa região da Espanha não despertam nenhum interesse arquitetônico, mas as construções de fazenda, de pedras caiadas, com arcos arredondados e magníficas vigas nos telhados, são lugares nobres, construídos segundo uma planta que provavelmente não foi alterada durante séculos. Às vezes, sentia-se uma solidariedade furtiva para com os ex-proprietários fascistas, só de ver a maneira como a milícia tratava os edifícios que confiscava. Em La Granja, todo aposento que não estivesse sendo usado tinha virado latrina — uma mixórdia pavorosa de mobília arrebentada e excremento. A igrejinha contígua, com as paredes perfuradas por projéteis, tinha o chão coberto por vários centímetros de bosta. No pátio grande, onde os cozinheiros serviam as rações, o lixo de latas enferrujadas, lama, bosta de mula e comida apodrecendo era revoltante. Dava sentido à velha canção do exército: "Tem uns ratos, ratos, ratos, /Ratos grandes como gatos,/ Na intendência do quartel!". Os de La Granja eram mesmo tão grandes como gatos, ou quase; bichões inchados que rebolavam por cima dos monturos, descarados demais para fugir, a menos que se atirasse neles.

A primavera chegara de verdade, afinal. O azul do céu estava mais suave, o ar ficara perfumado, de repente. Os sapos estavam acasalando com grande barulho nas valas. Ao redor do bebedouro que servia às mulas da aldeia, encontrei rãs verdes belíssimas, do tamanho de uma moeda de um centavo, tão brilhantes que até a grama nova parecia fosca perto delas. Garotos camponeses saíam com baldes, caçando lesmas, que assavam vivas em folhas de flandres. Assim que o tempo melhorou, os camponeses saíram para lavrar o campo para a primavera. É típico da incerteza total em que a revolução agrária espanhola está envolvida que eu não tenha nem conseguido descobrir ao certo se a terra aqui fora coletivizada ou se os camponeses tinham-na simplesmente dividido entre si. Imagino que, teoricamente, tenham sido coletivizadas, pois estávamos em território POUM e anarquista. Em todo caso, os proprietários da terra tinham sumido, os campos estavam sendo cultivados e as pessoas pareciam satisfeitas. A simpatia dos camponeses para conosco nunca deixou de me surpreender. Para alguns dos mais velhos, a guerra devia parecer sem sentido, era patente que produzia uma escassez de tudo, além de uma vida lúgubre e monótona para todos; e, na melhor época do ano, os camponeses detestam ter tropas aquarteladas em cima deles. No entanto, eram invariavelmente simpáticos — pensavam, suponho, que por mais intoleráveis que pudéssemos ser, éramos nós que estávamos entre eles e seus antigos senhores. Guerra civil é uma coisa estranha. Huesca não ficava nem a oito quilômetros de distância. Era o centro comercial da região, todos tinham parentes lá, todas as semanas de suas vidas tinham ido até lá para vender aves e verduras. E agora, há oito meses, uma barreira impenetrável de arame farpado e metralhadoras erguia-se no meio deles. Por vezes, esqueciam-se disso. Uma vez, conversara com uma velha que estava carregando uma daquelas pequenas lamparinas de ferro nas quais os espanhóis queimam azeite de oliva:

— Onde posso comprar uma lamparina dessas? — perguntei.

— Em Huesca — ela disse, sem pensar, e, depois, nós dois caímos na risada. As moças da aldeia eram criaturas esplêndidas e animadas, com cabelos negros como carvão, um andar gingado e um jeito franco, de homem para homem, que era provavelmente um subproduto da revolução.

Homens de camisas azuis esfarrapadas e culotes pretos de veludo *côtelé*, com chapéus de palha de abas largas, estavam arando os campos atrás de parelhas de mulas, que abanavam ritmicamente as orelhas. Os arados eram uma miséria, só revolviam o solo, sem cavar nada que pudesse ser considerado um sulco. Todos os implementos agrícolas eram antiquados de fazer pena, tudo submetido à carestia do metal. Uma relha de arado quebrada, por exemplo, era remendada e depois remendada de novo até, às vezes, compor-se na maior parte de remendos. Ancinhos e forcados eram feitos de madeira. Pás, entre um povo que mal possuía botas, eram desconhecidas; cavavam com uma enxada tosca como as usadas na

Índia. Havia uma espécie de rastelo que nos levava direto ao último período da Idade da Pedra. Era feito de tábuas ajuntadas, até ficar mais ou menos do tamanho de uma mesa de cozinha; nas tábuas, centenas de buracos eram entalhados e em cada buraco era enfiado um pedaço de sílex que tinha sido lascado naquele formato, exatamente como os homens costumavam lascá-los dez mil anos atrás. Lembro-me de um sentimento beirando o horror, quando encontrei pela primeira vez um desses numa cabana abandonada, na terra de ninguém. Só depois de algum tempo olhando para ele, consegui entender que era um rastelo. Fiquei doente só de pensar no trabalho despendido para se fazer uma coisa daquelas, e na pobreza que obrigava a se usar sílex no lugar de aço. Tenho sentimentos mais brandos para com o industrialismo desde então. Mas havia dois tratores modernos na aldeia, sem dúvida confiscados da propriedade de algum grande senhor de terras.

Uma ou duas vezes, passeei para os lados do pequeno cemitério murado, que ficava a uns dois quilômetros da aldeia. (Os mortos do front eram normalmente enviados para Sietamo.) Nele, enterravam-se os mortos da aldeia. Era diferente de um cemitério inglês, de um modo estranho. Nenhuma reverência para com os mortos aqui! Tudo estava cheio de arbustos e capim crescido, com ossos humanos espalhados por toda parte. Mas a coisa de fato mais surpreendente era a quase completa ausência de inscrições religiosas nas lápides, embora todas datassem de antes da revolução. Apenas uma vez, creio, vi o "Orai pela Alma de Fulano de Tal", que é tão comum nos túmulos católicos. A maioria das inscrições era puramente secular, com poemas lúdicros sobre as virtudes dos falecidos. Talvez em um túmulo, a cada quatro ou cinco, houvesse uma pequena cruz ou uma referência perfunctória ao céu; esta, geralmente, fora removida a cinzel por algum ateu diligente.

Impressionou-me que o povo nessa parte da Espanha não possuísse nenhum sentimento religioso genuíno — sentimento religioso, quero dizer, no sentido ortodoxo. É curioso que durante todo o tempo em que estive na Espanha nunca tenha visto, nenhuma vez, uma pessoa fazer o sinal da cruz; e, no entanto, pensaria que um movimento assim se tornasse instintivo, com ou sem revolução. Obviamente a Igreja espanhola voltará (como se diz, "a noite e os jesuítas sempre voltam"), mas não há dúvida de que no início da revolução ela entrou em colapso e foi esmagada numa medida que seria impensável, até mesmo para a moribunda Igreja Anglicana em circunstâncias semelhantes. Para o povo espanhol, ao menos para o da Catalunha e de Aragão, a Igreja era pura e simplesmente uma embromação. E é possível que a crença cristã tenha sido substituída em parte pelo anarquismo, cuja influência é muito difundida e que, sem dúvida, possui uma coloração religiosa.

No dia em que voltei do hospital, avançamos a linha para o que vinha a ser sua posição adequada, cerca de mil metros adiante, ao longo de um regato que ficava a uns duzentos metros à frente da linha fascista. Essa operação deveria ter sido realizada havia meses. Só o fazíamos agora, porque os anarquistas estavam atacando a estrada de Jaca, e avançar deste lado obrigava os fascistas a desviar tropas para nos enfrentar.

Ficamos sessenta ou setenta horas sem dormir e minhas lembranças dissolvem-se numa espécie de azul, ou melhor, numa série de quadros. Tarefa de escuta na terra de ninguém, a cem metros da Casa Francesa, uma casa de fazenda fortificada, que fazia parte da linha fascista. Sete horas deitado num pântano horrível, na água cheirando a junco em que o corpo afundava gradualmente cada vez mais: o cheiro do junco, o frio entorpecedor, as estrelas imóveis no céu negro, o coaxar áspero dos sapos. Embora já fosse abril, foi a noite mais fria de que me lembro na Espanha. A apenas cem metros atrás de nós, os grupos de trabalho estavam dando duro, mas havia um silêncio total, a não ser pelo coro de sapos. Apenas uma vez durante a noite ouvi um som — o barulho familiar de um saco de areia sendo achatado com uma pá. É estranho como, vez por outra, os espanhóis conseguem realizar um feito brilhante de organização. A mudança toda foi maravilhosamente planejada. Em sete horas, seiscentos soldados construíram mil e duzentos metros de trincheira e parapeito, a distâncias de cento e cinquenta a trezentos metros da linha fascista, e tudo tão silenciosamente que os fascistas não ouviram nada e, durante a noite, só houve uma baixa. Houve mais no dia seguinte, claro. Cada homem tinha seu trabalho especificado, até mesmo os serventes de cozinha, os quais de repente chegaram, quando o trabalho estava terminado, com baldes de vinho misturado a um pouco de conhaque.

E depois, a aurora surgindo e os fascistas, de repente, descobrindo que estávamos lá. O edifício branco e quadrado da Casa Francesa, embora ficasse a duzentos metros de distância, parecia crescer sobre nós, e as metralhadoras nas janelas de cima, reforçadas com sacos de areia, pareciam estar apontadas direto para dentro da trincheira. Ficamos todos boquiabertos, olhando para lá, perguntando-nos por que os fascistas não nos viam. Logo depois, uma rajada traiçoeira de balas e todo mundo se jogando de joelhos e cavando freneticamente, afundando a trincheira e escavando pequenos abrigos nas laterais. Meu braço ainda estava enfaixado, eu não podia cavar e passei a maior parte do dia lendo uma história de detetive — *The missing money-lender* [O agiota desaparecido] era o título. Não me lembro do enredo, mas lembro-me com clareza do sentimento de estar lá sentado, lendo aquilo; o barro umedecido do chão da trincheira debaixo de mim, a mudança constante de posição das pernas, enquanto os soldados se apressavam em vedar a trincheira, o espocar das balas a dois palmos acima da cabeça. Thomas Parker levou uma bala na parte superior da coxa, o que, segundo ele mesmo, deixava-o mais próximo de uma condecoração DSO[9] do que gostaria. Ocorriam baixas ao longo de toda a linha, mas nada comparado ao que teria sido se eles nos tivessem apanhado na mudança durante a noite. Um desertor nos disse depois que cinco sentinelas fascistas foram fuziladas por negligência. Mesmo

---

9 DSO (Distinguished Service Order), sigla para condecoração do exército britânico por atos de bravura. Segundo explicação do próprio Orwell, era parodiada pelos ingleses na Espanha que a usavam para significar Dick Shot Off (pau arrancado à bala). [N. T.]

agora, eles poderiam ter nos massacrado se tivessem tido a iniciativa de trazer alguns morteiros. Era um trabalho constrangedor levar os feridos pela trincheira estreita e abarrotada. Vi um pobre-diabo, com os culotes escuros de sangue, precipitar-se para fora da maca, arquejando em agonia. Era preciso carregar os soldados feridos por uma distância longa, mais de um quilômetro e meio, pois mesmo quando havia uma estrada, as ambulâncias nunca chegavam muito perto da linha de frente. Se chegassem perto demais, os fascistas tinham o hábito de atirar granadas contra elas — justificável, pois na guerra moderna ninguém tinha escrúpulos em usar uma ambulância para transportar munição.

E depois, na noite seguinte, esperamos na Torre Fabián por um ataque que foi cancelado no último minuto por rádio. No celeiro onde esperávamos, o chão era de uma camada fina de palhiço sobre montes profundos de ossos, ossos humanos e ossos de vaca misturados, e o lugar estava infestado de ratos. Os bichos imundos pululavam pelo chão, de todos os lados. Se há uma coisa que odeio mais do que qualquer outra é um rato correndo por cima de mim no escuro. No entanto, tive o prazer de acertar um bom soco num, que o mandou pelos ares.

E depois, esperamos, a cinquenta ou sessenta metros do parapeito fascista, a ordem para atacar. Uma fila comprida de soldados acocorados numa vala de irrigação com suas baionetas apontando acima da beirada e o branco dos olhos brilhando através da escuridão. Kopp e Benjamin agachados atrás de nós com um soldado que trazia a caixa do receptor do telégrafo sem fio presa por uma tira aos ombros. No horizonte, a oeste, clarões róseos de canhão eram seguidos, com intervalos de vários segundos, por enormes explosões. E depois, um barulhinho, pi-pi-pi, do telégrafo sem fio e a ordem, sussurrada, de que era para cairmos fora enquanto fosse tempo. Fizemos isso, mas não depressa o bastante. Doze infortunados garotos da JCI (a Liga da Juventude do POUM, correspondente à JSU do PSUC), que tinham sido colocados a apenas quarenta metros do parapeito fascista, foram apanhados pela aurora e não conseguiram escapar. Tiveram de ficar deitados lá o dia inteiro, com apenas alg024 alguns tufos de capim por cobertura, os fascistas atirando toda vez que se moviam. Ao anoitecer, sete estavam mortos, então, os outros cinco conseguiram rastejar para longe dali na escuridão.

E depois, durante muitas manhãs, o som dos ataques anarquistas do outro lado de Huesca. Sempre o mesmo som. De repente, em alguma hora da madrugada, o estrondo inicial de várias dezenas de bombas explodindo simultaneamente — mesmo a milhas de distância um estrondo diabólico, dilacerante — e depois, o rugido incessante de fuzis em massa e metralhadoras, um ribombo, curiosamente semelhante ao rufar de tambores. Aos poucos, os tiros espalhavam-se por todas as linhas que cercavam Huesca e nós saíamos cambaleando para dentro da trincheira para nos recostarmos, sonolentos, contra o parapeito, enquanto um tiroteio irregular e sem sentido varria tudo acima de nossa cabeça.

Durante o dia, os canhões trovejavam de maneira intermitente. A Torre Fabián, agora nossa cozinha, foi bombardeada e parcialmente destruída. É curioso que quando estamos assistindo ao fogo de artilharia de uma distância segura, sempre queremos que o atirador acerte o alvo, mesmo que o alvo seja o nosso jantar ou alguns de nossos camaradas. Os fascistas estavam atirando bem naquela manhã; talvez houvesse atiradores alemães em ação. Enquadraram a Torre Fabián com precisão. Um projétil à frente dela, um projétil atrás dela, e depois, zinnnnnn-bum! Caibros arrebentados voando para cima e uma folha de uralita, deslizando pelo ar como uma carta de baralho, lançada com um piparote. O projétil seguinte arrancou um canto de um dos edifícios tão perfeitamente como um gigante o teria feito com uma faca. Mas os cozinheiros conseguiram servir o jantar na hora — um feito memorável.

Com o passar dos dias, os canhões invisíveis, mas audíveis, começaram a assumir, cada um, uma personalidade distinta. Havia duas baterias de canhões russos de setenta e cinco milímetros que disparavam de perto de nossa retaguarda e que, de algum modo, evocavam em minha mente a imagem de um sujeito gordo, acertando uma bola de golfe. Estes foram os primeiros canhões russos que vi — ou melhor, ouvi. Tinham uma trajetória baixa e alta velocidade, de modo que se ouviam a explosão do cartucho, o zunido e a explosão do projétil quase simultaneamente. Atrás de Monflorite, ficavam dois canhões muito pesados, que disparavam algumas vezes por dia, com um rugido profundo e abafado que era como o bramido de monstros acorrentados à distância. Lá em cima, no Monte Aragão, na fortaleza medieval que as tropas do governo tinham tomado de assalto no ano anterior (a primeira vez na história, diziam), e que protegia um dos acessos a Huesca, havia um canhão pesado que não devia datar sequer do fim do século XIX, mas de muito antes. Seus grandes projéteis assobiavam acima tão devagar que tínhamos certeza de poder correr ao lado deles, mantendo o passo. Um projétil desse canhão produzia um som mais parecido com o de um homem que passa, andando de bicicleta e assobiando. Os morteiros das trincheiras, pequenos como eram, faziam o barulho mais medonho de todos. Os projéteis eram, na verdade, um tipo de torpedo alado, no formato dos dardos que se jogam nos bares, mais ou menos do tamanho de uma garrafa de um litro; eles detonam com um estrondo metálico diabólico, como o de algum globo monstruoso de aço quebradiço, despedaçado numa bigorna. Às vezes, nossos aviões sobrevoavam e despejavam torpedos aéreos, cujo tremendo rugido em eco fazia a terra tremer, mesmo a mais de três quilômetros de distância. As explosões de projéteis dos canhões antiaéreos fascistas pontilhavam o céu como nuvenzinhas numa aquarela mal pintada, mas nunca os vi chegar sequer a mil metros de distância de um avião. Quando um avião faz uma investida e usa sua metralhadora, o som, de baixo, é como o bater de asas.

No nosso trecho da linha, não tinha muita coisa acontecendo. Duzentos metros à nossa direita, onde os fascistas estavam num terreno mais alto, os atiradores alvejaram alguns de nossos camaradas. Duzentos metros à esquerda, na ponte sobre o riacho, uma espécie de duelo estava sendo travado entre os morteiros fascistas e os soldados que estavam construindo uma barricada de concreto através da ponte. Os pequenos projéteis malditos zuniam acima, zinnnn-BUM!, zinnnn-BUM!, fazendo o dobro do barulho diabólico, quando caíam na estrada de asfalto. A cem metros de distância, podia-se ficar de pé em perfeita segurança e observar as colunas de terra e fumaça preta, que saltavam no ar como ávores mágicas. Os pobres-diabos ao redor da ponte passavam a maior parte do dia agachando-se nos pequenos abrigos escavados por eles na lateral da trincheira. Mas houve menos baixas do que era de se esperar, e levantou-se uma barricada firme, um muro de concreto de sessenta centímetros de espessura, com canhoneiras para duas metralhadoras e um canhão pequeno. O concreto estava sendo reforçado com velhas armações de cama que, aparentemente, eram o único ferro que podia ser encontrado para este fim.

6

Uma tarde, Benjamim nos disse que precisava de quinze voluntários. O ataque ao reduto fascista, que fora cancelado na ocasião anterior, seria realizado nessa noite. Lubrifiquei meus dez cartuchos mexicanos, sujei bem minha baioneta (as danadas denunciam sua posição quando estão muito brilhantes) e embrulhei um naco de pão, meio palmo de salsicha vermelha e um charuto que minha esposa enviara de Barcelona e que estava guardando havia um bom tempo. Distribuíram bombas, três para cada soldado. Finalmente, o governo espanhol conseguira produzir com sucesso uma bomba decente. Era baseada no princípio da bomba de Mills, mas com dois pinos em vez de um. Depois de puxar os pinos, havia um intervalo de sete segundos antes que a bomba explodisse. A desvantagem principal era que um pino era muito duro e o outro muito frouxo, de modo que tínhamos de escolher entre deixar os dois pinos no lugar e não conseguir puxar o duro num momento de emergência, ou puxar o duro antes e ficar numa aflição constante, com medo de a coisa explodir no bolso. Mas era uma bombinha jeitosa de se atirar.

Um pouco antes da meia-noite, Benjamin liderou os quinze até a Torre Fabián. Desde a noitinha, chovia a cântaros. As valas de irrigação estavam inundadas e toda vez que se tropeçava numa delas, ficava-se com água até a cintura. No breu, debaixo do aguaceiro, no terreiro da fazenda, uma massa indistinta de soldados esperava.

Kopp se dirigiu a nós, primeiro em espanhol, depois em inglês e explicou o plano de ataque. Aqui a linha fascista fazia uma curva em L e o parapeito que iríamos atacar ficava num terreno em aclive no canto do L. Cerca de trinta de nós, metade ingleses, metade espanhóis, sob o comando de Jorge Roca, comandante de nosso batalhão (um batalhão na milícia tinha mais ou menos quatrocentos soldados), e Benjamin, deveriam subir se arrastando e cortar o arame fascista. Jorge lançaria a primeira bomba como um sinal; depois, nós deveríamos mandar uma chuva de bombas, expulsar os fascistas do parapeito e tomar a posição, antes que eles pudessem se reorganizar. Simultaneamente, setenta homens da Tropa de Choque deveriam tomar de assalto a "posição" fascista seguinte que ficava cem metros à direita da outra, unidas por uma trincheira de comunicação. Para evitar que atirássemos uns nos outros no escuro, deveríamos usar braçadeiras brancas. Nesse instante, chegou um mensageiro para dizer que não havia braçadeiras brancas. Vinda da escuridão, uma voz queixosa sugeriu:

— Não podemos dar um jeito de os fascistas usarem braçadeiras brancas, ao invés de nós?

Aguardaríamos por uma ou duas horas. O celeiro acima do estábulo de mulas estava tão destruído pelo fogo de artilharia que não se podia andar nele sem alguma luz. Metade do chão tinha sido arrebentada por um projétil que mergulhara ali, e podia-se cair nas pedras, seis metros abaixo. Alguém achou uma picareta e arrancou uma tábua do chão e, em poucos minutos, tínhamos acendido uma fogueira e nossas roupas ensopadas estavam soltando vapor. Um outro sacou um baralho. Um boato — um desses boatos misteriosos que são endêmicos na guerra — circulou; dizia-se que estavam prestes a servir café com conhaque. Ansiosos, fizemos fila para descer a escada quase em ruínas e vagamos pelo pátio escuro, perguntando pelo café. Que pena! Não tinha café nenhum. Em vez disso, reuniram-nos, colocaram-nos em fila indiana e depois Jorge e Benjamin partiram rapidamente na escuridão, seguidos pelo resto de nós.

Ainda estava chovendo e intensamente escuro, mas o vento parara. A lama era indescritível. O caminho por entre os campos de beterraba era simplesmente uma sucessão de torrões tão escorregadios quanto um pau de sebo, com poças enormes por toda parte. Muito antes de chegarmos ao lugar onde deveríamos deixar nosso próprio parapeito, todos já tínhamos caído várias vezes e nossos fuzis estavam cobertos de lama. No parapeito, um pequeno ajuntamento de soldados, nossos reservas, estava esperando, e também o médico e uma fileira de macas. Fizemos fila para cruzar a brecha no parapeito e chapinhamos através de mais uma vala de irrigação. Chape-chape! Mais uma vez com água até a cintura, a lama imunda, escorregadia, espremendo-se para dentro dos canos das botas. Na grama, lá fora, Jorge esperava até passarmos todos. Então, quase curvado em dois, ele começou a se arrastar vagarosamente para frente. O parapeito fascista ficava a cerca de cento e cinquenta metros de distância. Nossa única chance de chegar lá era nos movermos sem fazer barulho.

Eu estava na frente com Jorge e Benjamin. Curvados em dois, mas com os rostos levantados, arrastávamo-nos na escuridão quase total, num ritmo que ficava mais lento a cada passo. A chuva batia de leve em nossas faces. Quando dava uma olhada para trás, podia ver os soldados que estavam mais próximos, um bocado de formas corcundas, como enormes cogumelos pretos deslizando vagarosamente para a frente. Mas, cada vez que eu levantava a cabeça, Benjamin, bem do meu lado, sussurrava ferozmente ao meu ouvido:

— Manter o cabeça abaixada! Manter o cabeça abaixada!

Poderia ter-lhe dito que não precisava se preocupar. Sabia, por experiência própria, que numa noite escura nunca se pode ver um homem a menos de vinte passos. Era muito mais importante seguir em silêncio. Se eles nos ouvissem uma vez que fosse, estávamos perdidos. Só tinham de varrer a escuridão com suas metralhadoras e não haveria mais nada a fazer, a não ser correr ou ser massacrado.

Mas no solo encharcado era quase impossível mover-se em silêncio. Fizéssemos o que fizéssemos, os pés aderiam à lama e cada passo que dávamos era um chape-chape, chape-chape. E o diabo disso tudo era que o vento tinha parado e, apesar da chuva, era uma noite tranquila. Os sons seriam levados para longe. Houve um momento terrível em que chutei uma lata e pensei que cada fascista a quilômetros de distância deveria ter ouvido. Mas não, nenhum som, nenhum tiro em resposta, nenhum movimento nas linhas fascistas. Arrastávamo-nos para a frente, sempre mais devagar. Não consigo transmitir-lhes o tamanho de meu desejo de chegar lá. Só de chegar à distância de jogar uma bomba, antes que eles nos ouvissem! Numa hora assim, não se sente nem mesmo nenhum pavor, apenas um anseio tremendo e desesperançado de cobrir o terreno interposto. Senti exatamente a mesma coisa que se sente quando nos aproximamos de um animal selvagem; o mesmo desejo agônico de chegar à distância de tiro, a mesma certeza irreal de que é impossível. E como a distância se estendia! Conhecia bem o terreno, mal cobria cento e cinquenta metros e, no entanto, parecia mais de um quilômetro e meio. Quando estamos nos arrastando nesse passo, ficamos conscientes, como as formigas devem ser, das enormes variações do solo; um maravilhoso pedaço de grama aqui, um pedaço maldito de lama pegajosa acolá, os juncos altos e farfalhantes que devem ser evitados, o monte de pedras que quase nos faz perder a esperança, porque parece impossível de ser transposto sem barulho.

Estávamos nos arrastando por tanto tempo que comecei a achar que tínhamos ido para o lado errado. Então, na escuridão, finas linhas paralelas de algo mais negro ficaram tenuamente visíveis. Era o arame externo (os fascistas tinham duas fileiras de arame). Jorge se ajoelhou, remexeu no bolso. Ele estava com nosso único alicate corta-arame. Plic-plic. O material pendente foi afastado com delicadeza para o lado. Esperamos os soldados de trás chegarem mais perto. Pareciam estar fazendo um barulho medonho. Deviam faltar cinquenta metros para o parapeito fascista agora. Seguimos em frente, curvados em dois. Passo furtivo, abaixando o pés tão delicadamente quanto um gato ao se aproximar de um buraco de rato; então, uma pausa para escutar; então, outro passo. Levantei minha cabeça uma vez; em silêncio, Benjamin pôs a mão na minha nuca e empurrou-a para baixo com violência. Eu sabia que o arame interno ficava a menos de vinte metros do parapeito. Parecia-me inconcebível que trinta homens pudessem chegar ali sem serem ouvidos. Nossa respiração era o suficiente para nos denunciar. Contudo, de algum modo, chegamos mesmo lá. O parapeito fascista estava visível agora, uma elevação negra, indistinta, surgindo bem acima de nós. Mais uma vez, Jorge se ajoelhou e remexeu no bolso. Plic-plic. Não havia como cortar o negócio em silêncio.

Aquele era o arame interno, finalmente. Atravessamos de gatinhas e bem mais depressa. Se tivéssemos tempo para fazer a formação agora, estaria tudo bem. Jorge e Benjamin se arrastaram para a direita. Mas os soldados atrás, que estavam espalhados, tiveram de formar uma fila indiana para passar pela brecha estreita no arame e, exatamente neste momento, houve um clarão e um estrondo vindos do parapeito fascista. A sentinela nos ouvira afinal. Jorge posicionou-se em um só joelho e balançou o braço como um jogador de boliche. Bum! A bomba explodiu em algum lugar no parapeito. De imediato, muito mais rápido do que alguém teria imaginado, um rugido de tiros, dez ou vinte fuzis dispararam do parapeito fascista. Estavam esperando por nós, afinal. Por um instante, podia-se ver cada saco de areia na luz clara. Soldados, ainda muito lá atrás, estavam atirando bombas que caíam antes do parapeito. Cada seteira parecia cuspir jatos de fogo. É sempre detestável ser alvo de tiros na escuridão — cada clarão de fuzil parece estar apontado diretamente para você —, mas o pior eram as bombas. Não podemos conceber o horror dessas coisas até vermos uma explodir perto de nós, na escuridão; à luz do dia, há apenas o estrondo da explosão, na escuridão, há também o clarão vermelho e ofuscante. Joguei-me no chão à primeira rajada. Durante todo esse tempo, estivera deitado de lado na lama escorregadia, lutando como um selvagem com o pino de uma bomba. O diabo da coisa não *queria* sair. Finalmente, compreendi que o estava girando na direção errada. Tirei o pino, pus-me de joelhos, arremessei a bomba e me joguei novamente no chão. A bomba explodiu lá do lado direito, fora do parapeito; o pavor estragara minha pontaria. Exatamente neste momento, uma outra bomba explodiu bem na minha frente, tão perto que pude sentir o calor da explosão. Achatei-me no chão e enterrei meu rosto na lama com tanta força que machuquei o pescoço e pensei que estivesse ferido. Através do alarido, ouvi uma voz inglesa atrás de mim dizer calmamente:

— Fui atingido.

A bomba tinha, de fato, ferido várias pessoas ao meu redor, sem me tocar. Pus-me de joelhos e atirei minha segunda bomba. Esqueci onde essa foi parar.

Os fascistas estavam atirando, os nossos, na retaguarda, estavam atirando e eu tinha bastante consciência de estar no meio. Senti a descarga de um tiro e me dei conta de que um soldado estava atirando bem atrás de mim. Levantei-me e gritei com ele:

— Não atire em mim, seu burro desgraçado!

Nesse momento, vi que Benjamin, dez ou quinze metros à minha direita, me fazia sinais com o braço. Corri até ele. Dizia para eu cruzar a linha de seteiras jorrando fogo e, enquanto eu ia, espalmei a mão esquerda na bochecha; um gesto idiota — como se uma mão fosse capaz de impedir uma bala! —, mas eu tinha horror de ser atingido no rosto. Benjamin estava apoiado num joelho com uma espécie de expressão satisfeita e diabólica, atirando cuidadosamente nos clarões dos fuzis, com sua pistola automática. Jorge tinha caído ferido à primeira rajada e estava em algum lugar, fora de nossas vistas. Ajoelhei-me ao lado de Benjamin, tirei o pino da terceira bomba e arremessei-a. Ah! Nenhuma dúvida desta vez. A bomba explodiu dentro do parapeito, no canto, exatamente ao lado do ninho da metralhadora.

O fogo fascista pareceu diminuir muito repentinamente. Benjamin levantou-se de um salto e gritou:

— Em frente! Atacar!

Lançamo-nos na subida curta e íngreme em que ficava o parapeito. Digo "lançar", mas "arrastar" seria a palavra mais correta; o fato é que não se pode correr quando se está encharcado e enlameado da cabeça aos pés, além de carregado com um fuzil pesado, uma baioneta e mais cento e cinquenta cartuchos. Tinha certeza de que haveria um fascista esperando por mim lá em cima. Se atirasse daquela distância, não poderia errar e, no entanto, contava que ele não atirasse, só para tentar me pegar com a baioneta. Parecia sentir antecipadamente a sensação de nossas baionetas se batendo e me perguntava se o braço dele seria mais forte que o meu. Entretanto, não havia nenhum fascista à espera. Com uma vaga sensação de alívio, descobri que era um parapeito baixo e que os sacos de areia davam um bom apoio para os pés. Em geral, são difíceis de cruzar. Tudo do lado de dentro estava em pedaços, vigas atiradas por toda parte e cacos grandes de uralita em todos os lugares. Nossas bombas tinham destruído todas as cabanas e abrigos escavados. E ainda assim não havia vivalma. Pensei que estariam de tocaia em algum lugar subterrâneo e gritei em inglês (não consegui pensar em nada em espanhol na hora):

— Saiam daí! Rendam-se!

Nenhuma resposta. Então, um soldado, uma sombra à meia-luz, pulou do telhado de uma das cabanas arrasadas e saiu em disparada para a esquerda. Corri atrás dele, espetando minha baioneta sem sucesso na escuridão. Quando contornei o lado da cabana, vi um soldado — não sei se era o mesmo soldado que vira antes — fugir pela trincheira de comunicação que levava à outra posição fascista. Devia estar muito perto dele, pois podia vê-lo claramente. Estava com a cabeça descoberta e parecia estar nu, não fosse um cobertor que apertava ao redor dos ombros. Se tivesse atirado, poderia tê-lo despedaçado. Mas, por temor que atirássemos uns nos outros, tínhamos ordens de usar apenas as baionetas quando estivéssemos no parapeito e, em todo caso, nem sequer pensei em atirar. Em vez disso, minha mente recuou vinte anos atrás, para nosso instrutor de boxe na escola, mostrando-me numa pantomima vivaz como ele tinha dado com a baioneta num turco em Dardanelos. Agarrei meu fuzil pela parte mais estreita da soleira e dei estocadas em direção às costas do homem. Ele estava quase fora de meu alcance. Outra estocada: ainda fora de alcance. E por uma pequena distância, continuamos assim, ele correndo pela trincheira, eu no terreno acima, investindo contra suas omoplatas e nunca conseguindo chegar lá — uma lembrança cômica quando a recordo, embora ache que parecia menos cômico para ele.

É claro que ele conhecia o terreno melhor do que eu e logo se livrou de mim. Quando voltei, a posição estava cheia de soldados gritando. O barulho do tiroteio tinha diminuído de alguma forma. Os fascistas ainda estavam vertendo fogo pesado contra nós de três lados, mas vinha de uma distância maior. Tinham sido expulsos, por enquanto. Lembro-me de ter dito, como um oráculo:

— Conseguiremos segurar este lugar por meia hora, não mais.

Não sei por que escolhi meia hora. Olhando para o lado direito do parapeito, podíamos ver inúmeros clarões de fuzis ferindo a escuridão; mas estavam muito distantes, cem ou duzentos metros. Nossa tarefa agora era vasculhar a posição e pilhar qualquer coisa que valesse a pena. Benjamin e alguns outros já estavam escarafunchando entre as ruínas de uma cabana grande ou abrigo, no meio da posição. Benjamin cambaleou animado pelo teto em ruínas, rebocando uma caixa de munição pela alça de corda.

— Camaradas! Munição! Bastante munição aqui!

— Não queremos munição —, disse uma voz. — Queremos fuzis.

Isso era verdade. Metade de nossos fuzis estava emperrada com lama e imprestável. Podíamos limpá-los, mas é perigoso tirar o ferrolho de um fuzil no escuro; deixamos em algum lugar e depois o perdemos. Eu tinha uma lanterninha elétrica que minha esposa conseguira comprar em Barcelona, fora isso, não tínhamos nenhum outro tipo de iluminação. Alguns soldados com bons fuzis iniciaram um tiroteio desconexo contra os clarões na distância. Ninguém ousava atirar rápido demais; mesmo os melhores fuzis eram capazes de emperrar quando esquentavam demais. Éramos dezesseis no parapeito, incluindo um ou dois que estavam feridos. Um grupo de feridos, ingleses e espanhóis, jazia do lado de fora. Patrick O'Hara, um irlandês de Belfast, que tinha algum treinamento em primeiros socorros, ia e vinha com pacotes de bandagens, fazendo curativos nos feridos e, claro, levando tiros toda vez que voltava ao parapeito, apesar de seus gritos indignados de "POUM!".

Começamos a vasculhar a posição. Havia vários soldados mortos pelo chão, mas não parei para examiná-los. Procurava uma metralhadora. Todo o tempo em que estivemos deitados lá fora, perguntara-me vagamente por que ela não disparava. Iluminei com a lanterna o ninho da metralhadora. Amarga decepção! A metralhadora não estava lá. O tripé estava lá e várias caixas de munição e peças sobressalentes, mas a metralhadora havia sumido. Deviam tê-la desaparafusado e carregado, ao primeiro sinal de alarme. Sem dúvida estavam agindo sob ordens, mas era uma coisa estúpida e covarde a se fazer, pois, se tivessem deixado a metralhadora no lugar, poderiam ter-nos chacinado. Ficamos furiosos. Colocáramos corpo e alma na captura de uma metralhadora.

Fuçamos aqui e ali, mas não encontramos nada de muito valor. Havia uma quantidade de bombas fascistas por lá — um tipo de bomba bastante inferior, que detonava ao se puxar um cordão — e coloquei um par delas no bolso, de lembrança. Era impossível não ficar impressionado com a flagrante miséria dos abrigos fascistas. Não se viam nem mesmo os montículos de mudas de roupa, livros, comida, pequenos objetos pessoais que se viam em nossos abrigos; esses pobres conscritos sem salário pareciam não possuir nada além de cobertores e alguns nacos de pão mofado. Lá no outro extremo, havia um pequeno abrigo que ficava um pouco acima do solo, com uma janelinha. Iluminamos com a lanterna pela janela e gritamos de alegria, no mesmo instante. Um objeto cilíndrico num estojo de couro, com cerca de um metro de altura e quinze centímetros de diâmetro, estava encostado na parede. Obviamente, o cano da metralhadora. Demos a volta correndo e entramos pela porta, para descobrir que o objeto no estojo de couro não era uma metralhadora, mas algo que, em nosso exército faminto de armas, era ainda mais precioso. Era um telescópio enorme, com poder de ampliação de pelo menos sessenta ou setenta vezes, com um tripé dobrável. Tais telescópios simplesmente não existiam do nosso lado da linha e eram desesperadoramente necessários. Nós o carregamos para fora em triunfo e o encostamos no parapeito para ser levado depois.

Nesse momento, alguém gritou que os fascistas estavam fechando o cerco. Sem dúvida, o alarido do tiroteio tinha aumentado muito. Mas era óbvio que os fascistas não iriam contra-atacar da direita, o que significava atravessar a terra de ninguém e tomar de assalto o próprio parapeito. Se eles tivessem um pingo de bom senso, iriam nos atacar de dentro da linha. Fiz a volta pelo outro lado dos abrigos. A posição tinha a forma aproximada de uma ferradura, com abrigos no meio, de modo que tínhamos outro parapeito nos dando cobertura à esquerda. Um fogo pesado vinha daquela direção, mas não tinha grande importância. O ponto perigoso era bem em frente, onde não havia nenhuma proteção. Uma saraivada de balas passava um pouco acima de nossas cabeças. Elas deviam vir do outro lado da posição fascista mais para diante da linha; evidentemente os membros da Tropa de Choque não a tinham capturado, afinal. Mas dessa vez o barulho era ensurdecedor. Era o ruflar ininterrupto, como o de tambores, de fuzis em massa, que eu costumava ouvir a uma pequena distância. Essa foi a primeira vez que estive no meio dele. E por agora, claro, o tiroteio se espalhara por quilômetros ao longo da linha. Douglas Thompson, com um braço ferido pendendo inútil ao lado, estava encostado no parapeito e atirava com uma só mão contra os clarões. Alguém cujo fuzil emperrara estava carregando para ele.

Havia quatro ou cinco de nós desse lado. O que devíamos fazer era óbvio. Devíamos arrastar os sacos de areia do parapeito da frente e fazer uma barricada, cruzando o lado desprotegido. E tínhamos de ser rápidos. O tiroteio aumentara, mas eles poderiam diminuí-lo a qualquer momento; pelos clarões em torno, deu para ver que tínhamos cem ou duzentos homens contra nós. Começamos a torcer os sacos de areia para soltá-los, carregando-os vinte metros adiante e despejando-os numa pilha irregular. Era um trabalho desgraçado. Eram sacos de areia grandes, pesando cerca de cinquenta quilos cada e exigiam cada grama de nossa força para soltá-los do lugar; e depois, o saco podre rebentava e a terra úmida cascateava por cima de nós, entrava pelo pescoço e subia pelas mangas. Lembro-me de ter sentido um profundo horror de tudo: do caos, da escuridão, do alarido pavoroso, do escorregar para lá e para cá na lama, dos esforços com os sacos de areia que arrebentavam — todo o tempo estorvado pelo meu fuzil, que eu não ousava deixar em lugar nenhum, com medo de perdê-lo. Até gritei para alguém enquanto cambaleávamos com um saco entre nós:

— Isto é que é a guerra? É uma merda, não?!

De repente, uma sucessão de figuras altas chegaram, pulando sobre o parapeito da frente. Quando se aproximaram, vimos que usavam o uniforme da Tropa de Choque e demos vivas, pensando que eram reforços. Entretanto, só vieram quatro, três alemães e um espanhol. Soubemos depois o que havia acontecido com eles. Não conheciam o terreno e na escuridão foram levados ao lugar errado, onde foram pegos pelo arame fascista e muitos deles foram fuzilados. Esses quatro tinham se perdido, sorte deles. Os alemães não falavam uma palavra de inglês, francês ou espanhol. Com dificuldade e muita gesticulação, explicamos o que estávamos fazendo e conseguimos que nos ajudassem a construir a barricada.

Os fascistas tinham trazido uma metralhadora agora. Podíamos vê-la cuspindo como um busca-pé a cem ou duzentos metros de distância; as balas chegavam até nós com um estalido gélido e regular. Em pouco tempo, tínhamos empilhado sacos de areia suficientes para fazer um parapeito baixo, atrás do qual os poucos soldados deste lado da posição podiam se deitar e atirar. Estava ajoelhado atrás deles. Um projétil de morteiro zuniu acima e explodiu em algum lugar, na terra de ninguém. Este era um outro perigo, mas levaria alguns minutos antes de nos enquadrarem.

Agora que tínhamos terminado de lutar com aqueles sacos de areia abomináveis, não era, de certo modo, uma má diversão; o barulho, a escuridão, os clarões se aproximando, nossos próprios soldados descarregando contra os clarões. Tinha-se até tempo de pensar um pouco. Lembro de ter me perguntado se estava apavorado e ter decidido que não estava. Lá fora, onde provavelmente correra menos perigo, ficara quase doente de pavor. De repente, ouviu-se outro grito dizendo que os fascistas estavam chegando mais perto. Não havia dúvidas sobre isso desta vez, os clarões dos fuzis estavam muito mais próximos. Vi um clarão a menos de vinte metros. Obviamente, estavam fazendo o caminho através da trincheira de comunicação. A vinte metros, estavam a uma distância de fácil bombardeio; havia oito ou nove de nós amontoados, e uma única bomba bem lançada reduziria todos a pedaços. Agachamo-nos, esperando a explosão. O rastilho sibilou, vermelho, enquanto voava pelos ares, mas a bomba falhou. (Pelo menos, um quarto dessas bombas era imprestável). Eu não tinha mais nenhuma bomba, exceto as fascistas, e não tinha certeza de como elas funcionavam. Gritei para os outros para saber se alguém tinha uma bomba para me ceder. Douglas Moyle remexeu no bolso e me passou uma. Atirei-a e joguei-me de bruços. Por um desses golpes de sorte que acontecem mais ou menos uma vez por ano, consegui jogar a bomba quase exatamente no lugar onde o fuzil disparara. Ouvimos o rugido da explosão e depois, instantaneamente, um clamor diabólico de gritos e gemidos. Pegáramos um deles, de qualquer forma; não sei se morreu, mas estava certamente muito ferido. Pobre desgraçado, pobre desgraçado! Sentia uma vaga tristeza, enquanto o ouvia gritar. Mas, no mesmo instante, na luz difusa dos clarões dos fuzis, vi ou imaginei ver uma figura em pé, perto de onde o fuzil tinha disparado. Levantei meu fuzil e abri fogo. Outro grito, mas acho que ainda era o efeito da bomba. Várias outras bombas foram atiradas. Os clarões de fuzil seguintes estavam muito mais distantes, uns cem metros ou mais. Então, fizéramos com que recuassem, pelo menos temporariamente.

Todo mundo começou a xingar e perguntar por que diabo não nos enviavam alguns reforços. Com uma submetralhadora ou vinte homens com fuzis limpos, poderíamos segurar este lugar contra um batalhão. Neste momento, Paddy Donovan, que era o segundo em comando abaixo de Benjamin e tinha sido mandado de volta para receber ordens, saltou por sobre o parapeito fronteiro.

— Ei! Saiam daqui! Todos os soldados, recuar imediatamente!

— O quê?

— Recuar? Sair daqui?

— Por quê?

— Ordens. Voltem para as próprias linhas, mais que depressa.

Todos já estavam saltando sobre o parapeito da frente. Vários estavam lutando com uma pesada caixa de munição. Minha mente voou para o telescópio, que deixara encostado ao parapeito do outro lado da posição. Mas, neste momento, vi que os quatro da Tropa de Choque, agindo, imagino, segundo ordens misteriosas que tinham recebido anteriormente, começaram a correr pela trincheira de comunicação. Levava à outra posição fascista e — se eles chegassem lá — à morte certa. Estavam desaparecendo na escuridão. Corri atrás deles, tentando pensar no espanhol para "recuar"; finalmente, gritei: *"Atrás! Atrás!"*, o que talvez tenha transmitido o sentido correto. O espanhol entendeu e trouxe os outros de volta. Paddy estava esperando no parapeito.

— Vamos, depressa.

— Mas o telescópio!

— F... o telescópio! Benjamin está esperando lá fora.

Saltamos para fora. Paddy afastou o arame para mim. Assim que saímos do abrigo do parapeito fascista, ficamos sob um tiroteio infernal que parecia nos chegar de todas as direções. Parte dele, não tenho dúvidas, vinha de nosso próprio lado, pois todos ao longo da linha estavam atirando. Para qualquer lado que nos virássemos, uma nova corrente de balas passava, varrendo; fomos levados por diferentes caminhos na escuridão, como um rebanho de ovelhas. Não facilitava em nada as coisas o fato de estarmos arrastando uma caixa de munição capturada — uma daquelas caixas que contêm 1.750 cartuchos e pesam cerca de cinquenta quilos —, além de uma caixa de bombas e vários fuzis fascistas. Em poucos minutos, embora a distância de parapeito a parapeito não fosse nem de duzentos metros e a maioria de nós conhecesse o terreno, estávamos completamente perdidos. Vimo-nos escorregando por um campo enlameado, sem saber de nada a não ser das balas vindo de ambos os lados. Não havia lua com que se guiar, mas o céu estava clareando um pouco. Nossas linhas ficavam a leste de Huesca; eu queria ficar onde estávamos até que o primeiro sinal da aurora nos mostrasse qual era o leste e qual era o oeste; mas os outros eram contra. Seguimos escorregando, mudando de direção várias vezes e nos revezando em arrastar a caixa de munição. Finalmente, vimos a linha baixa e plana de um parapeito assomando à nossa frente. Podia ser o nosso ou podia ser o dos fascistas; ninguém tinha a menor ideia de que lado estávamos. Benjamin arrastou-se de bruços através do capim alto e esbranquiçado, até ficar a mais ou menos vinte metros do parapeito e experimentou um desafio. Como resposta, gritaram: "POUM!". Ficamos em pé de um salto, encontramos o caminho ao longo do parapeito, chapinhamos mais uma vez através da vala de irrigação — chape-chape! — e estávamos em segurança.

Kopp esperava dentro do parapeito com alguns espanhóis. O médico e os maqueiros tinham partido. Parecia que todos os feridos tinham sido recolhidos, exceto Jorge e um de nossos próprios soldados, chamado Hiddlestone, que estavam desaparecidos. Kopp andava de um lado para o outro, muito pálido. Até mesmo as dobras gordas de sua nuca estavam pálidas; ele não prestava a menor atenção às balas que fluíam por cima do parapeito e estalavam perto de sua cabeça. A maioria de nós estava agachada atrás do parapeito, protegendo-se. Kopp resmungava:

— Jorge! *Cogño!* Jorge!

E depois, em inglês:

— Se perdemos Jorge, é terríível, terríível!

Jorge era seu amigo pessoal e um dos melhores oficiais. De repente, virou-se para nós e pediu cinco voluntários, dois ingleses e três espanhóis, para ir procurar os desaparecidos. Moyle e eu nos apresentamos, com três espanhóis.

Quando estávamos saindo, os espanhóis sussurraram que estava ficando perigosamente claro. Era verdade mesmo; o céu estava difusamente azul. Havia um barulho tremendo de vozes, vindo do reduto fascista. Evidentemente tinham reocupado o lugar com muito mais força do que antes. Estávamos a sessenta ou setenta metros do parapeito, quando devem nos ter visto ou ouvido, pois mandaram um pesado tiroteio que nos fez cair de bruços. Um deles jogou uma bomba por cima do parapeito — um claro sinal de pânico. Estávamos deitados no capim, esperando uma oportunidade para nos mover, quando ouvimos ou imaginamos ouvir — não tenho dúvida de que foi pura imaginação, mas pareceu bastante real na hora — que as vozes fascistas estavam muito mais próximas.

— Corra! — gritei para Moyle, e pus-me em pé de um salto. E céus, como corri! Pensara antes, durante a noite, que não se podia correr, quando se estava encharcado da cabeça aos pés e carregado com o peso de um fuzil e cartuchos; aprendi, então, que *sempre* se pode correr, quando se imagina que há cinquenta ou cem homens armados atrás de você. Mas se eu podia correr depressa, outros podiam correr mais depressa ainda. Na minha fuga, algo que poderia ser tomado por uma chuva de meteoros passou por mim acelerado. Eram os três espanhóis, que tinham estado à frente. Só pararam quando se encontraram de volta ao nosso próprio parapeito e pude, então, alcançá-los. Na verdade, nossos nervos estavam em frangalhos. Sabia, no entanto, que à meia-luz um homem é invisível, mas cinco são nitidamente visíveis, então voltei sozinho. Consegui chegar ao arame exterior e vasculhei o terreno tão bem quanto pude, que não era tão bem assim, pois tinha de me arrastar de bruços. Não havia sinal nem de Jorge nem de Hiddlestone, então arrastei-me de volta. Soubemos depois que tanto Jorge quanto Hiddlestone tinham sido levados para o posto de socorro bem antes. Jorge estava levemente ferido no ombro. Hiddlestone recebera um ferimento terrível — uma bala que percorreu seu braço esquerdo até em cima, quebrando o osso em vários lugares; enquanto ele jazia impotente no chão, uma bomba explodiu perto dele e arrebentou outras tantas partes de seu corpo. Alegro-me em dizer que ele se recuperou. Mais tarde, contou-me que conseguira distanciar-se um pouco deitado de costas, depois, segurara-se a um espanhol ferido, e os dois, um ajudando o outro, saíram dali.

Estava clareando agora. Por quilômetros ao longo da linha, um tiroteio disperso e inútil reverberava, como a chuva que continua a cair depois da tempestade. Lembro-me do ar desolado de tudo, os lamaçais, os chorões, a água amarela no fundo das trincheiras; e os rostos exaustos dos soldados, com a barba por fazer, raiados de lama e enegrecidos até os olhos pela fumaça. Quando voltei, os três soldados com quem eu dividia o abrigo estavam dormindo a sono solto. Tinham se jogado no chão com todo o equipamento e os fuzis enlameados apertados ao lado. Estava tudo encharcado, tanto dentro quanto fora do abrigo. Depois de muito procurar, consegui juntar pedaços suficientes de madeira seca para acender uma fogueirinha. Então, fumei o charuto que estivera guardando e que, para minha surpresa, não se quebrara durante a noite.

Mais tarde, soubemos que a ação tinha sido um sucesso, como essas coisas costumam ser. Era apenas um ataque para fazer com que os fascistas desviassem tropas do outro lado de Huesca, onde os anarquistas estavam atacando novamente. Achei que os fascistas tinham jogado cem ou duzentos homens no contra-ataque, mas um desertor nos disse depois que foram seiscentos. Acho provável que estivesse mentindo — desertores, por motivos óbvios, muitas vezes tentam agradar. Foi uma pena o telescópio. A lembrança de perder aquele belo item de pilhagem me aborrece até hoje.

7

Os dias ficaram mais quentes e as noites toleravelmente mornas. Numa árvore com pedaços arrancados à bala, na frente de nosso parapeito, grossos cachos de cerejas estavam se formando. Banhar-se no rio deixou de ser uma agonia e tornou-se quase um prazer. Rosas silvestres com botões cor-de-rosa do tamanho de um pires cresciam aqui e ali por sobre os buracos de projéteis ao redor da Torre Fabián. Atrás da linha, encontrávamos camponeses usando rosas silvestres atrás das orelhas. À tardinha, costumavam sair com redes verdes para caçar codornas. Espalha-se a rede por cima do capim e depois deita-se e imita-se o barulho da codorna fêmea. Então, qualquer macho que estiver ouvindo, vem correndo em sua direção e quando está embaixo da rede, joga-se uma pedra para assustá-lo, que o faz pular para cima e ficar preso na rede. Aparentemente, só codornas macho eram apanhadas, o que me pareceu injusto.

Havia uma seção de andaluzes perto de nós, agora. Não sei ao certo como chegaram a este front. A explicação corrente era que tinham fugido de Málaga tão depressa que esqueceram de parar em Valência; mas isso, é claro, vinha dos catalães, que faziam questão de encarar os andaluzes como uma raça de semi-selvagens. Sem dúvida, os andaluzes eram muito ignorantes. Poucos deles, se é que algum, sabiam ler, e pareciam nem sequer saber a única coisa que todo mundo sabe na Espanha — a que partido político pertenciam. Pensavam que eram anarquistas, mas não estavam bem certos; talvez fossem comunistas. Eram homens de aparência rústica, nodosa, camponeses ou trabalhadores dos olivais talvez, com rostos profundamente manchados pelo sol inclemente do extremo sul. Eram muito úteis para nós, pois tinham uma destreza extraordinária para enrolar o ressecado fumo espanhol em cigarros. O fornecimento de cigarros cessara, mas em Monflorite, às vezes, era possível comprar pacotes do tipo mais barato de fumo, que tinha a aparência e a textura muito semelhantes a palhiço picado. O sabor não era ruim, mas era tão seco que mesmo quando se conseguia fazer um cigarro, o fumo imediatamente caía e deixava o cilindro vazio. Os andaluzes, no entanto, conseguiam enrolar cigarros admiráveis e tinham uma técnica especial para enfiar as pontas para dentro.

Dois ingleses deram baixa por insolação. Minhas lembranças marcantes daquela época são do calor do sol do meio-dia e de trabalhar seminu, com os sacos de areia maltratando os ombros, que já estavam esfolados pelo sol; o estrago nas nossas roupas e botas, que estavam literalmente caindo aos pedaços; a luta com a mula que trazia as rações, que nem se importava com tiros de fuzil, mas saía em disparada quando o *schrapnel*[10] explodia no ar; e os mosquitos (já começando a entrar em ação) e os ratos, que eram um incômodo geral e devoravam até mesmo cinturões de couro e cartucheiras. Não acontecia nada, a não ser uma eventual baixa causada por uma eventual bala de um franco-atirador, e o fogo de artilharia esporádico e os ataques aéreos a Huesca. Agora que as árvores estavam cobertas de folhas, construímos plataformas para atiradores, como abrigos de observação de aves, nos choupos que margeavam a linha. Do outro lado de Huesca, os ataques estavam enfraquecendo. Os anarquistas tinham sofrido grandes perdas e não foram bem-sucedidos em cortar totalmente a estrada de Jaca. Conseguiram estabelecer-se perto o bastante, de ambos os lados, para colocar a

---

10 Estilhaços contidos em um tipo de granada. [N. T.]

própria estrada sob a mira das metralhadoras e torná-la intransitável; mas o intervalo tinha um quilômetro de largura e os fascistas tinham construído uma estrada afundada, uma espécie de trincheira enorme, pela qual certo número de caminhões podia ir e vir. Desertores relataram que em Huesca havia munição abundante e muito pouca comida. Mas a cidade, evidentemente, não cairia. É provável que fosse impossível tomá-la com os quinze mil homens mal armados que estavam à disposição. Mais tarde, em julho, o governo trouxe tropas da frente de Madri e concentrou trinta mil soldados em Huesca, com uma quantidade enorme de aviões, mas ainda assim a cidade não caiu.

Quando saímos de licença, completaram-se cento e quinze dias na linha e, na época, este período me pareceu ter sido um dos mais fúteis de toda a minha vida. Ingressara na milícia para lutar contra o fascismo e, até então, não tinha lutado quase nada, tinha simplesmente existido como uma espécie de objeto passivo, sem fazer nada em troca de minhas rações, a não ser sofrer com o frio e a falta de sono. Talvez seja esse o destino da maioria dos soldados na maioria das guerras. Mas agora que posso enxergar esse período de outra perspectiva, não me arrependo dele de todo. Desejaria, na verdade, ter podido servir ao governo espanhol de uma maneira um pouco mais eficaz; mas, de um ponto de vista pessoal — do ponto de vista de meu próprio desenvolvimento — aqueles primeiros três ou quatro meses que passei na linha foram menos fúteis do que pensara, então. Formavam um tipo de interregno em minha vida, bem diferente de qualquer coisa que acontecera antes e talvez de qualquer coisa que viria depois, e ensinaram-me coisas que não poderia ter aprendido de nenhuma outra forma.

A questão essencial é que, durante todo esse tempo, estivera isolado — pois, no front, fica-se quase completamente isolado do mundo lá fora; mesmo do que estava acontecendo em Barcelona, tinha-se apenas uma vaga noção — entre pessoas que poderiam de modo grosseiro, mas não por demais impreciso, ser descritas como revolucionárias. Esse era o resultado do sistema de milícias, que no front de Aragão não fora radicalmente alterado até mais ou menos junho de 1937. As milícias dos trabalhadores, baseadas nos sindicatos e cada uma composta por pessoas com aproximadamente as mesmas opiniões políticas, tiveram o efeito de canalizar para um só lugar todos os sentimentos mais revolucionários do país. Eu tinha caído, mais ou menos por acaso, na única comunidade da Europa ocidental em que era muito mais comum se ter consciência política e descrer no capitalismo do que o contrário. Aqui em Aragão, estava-se entre dezenas de milhares de pessoas, principal mas não inteiramente originárias da classe trabalhadora, todas vivendo no mesmo nível e convivendo em termos de igualdade. Em teoria, era uma igualdade perfeita e, mesmo na prática, não ficava longe disso. Em certo sentido, seria verdadeiro dizer que se antegozava ali o socialismo, ou seja, a atmosfera mental predominante era a do socialismo. Muitos dos temas normais da vida civilizada — esnobismo, cavação de dinheiro, medo do chefe etc. — tinham simplesmente deixado de existir. A divisão de classes comum da sociedade desaparecera numa escala que é quase inimaginável na Inglaterra, corrompida pelo dinheiro. Não havia mais ninguém ali, a não ser nós mesmos e os camponeses, e ninguém era dono de ninguém. É claro que um estado de coisas assim não podia durar. Era simplesmente uma fase temporária e localizada, num imenso jogo que se desenrola em toda a superfície da Terra. Mas durou o bastante para fazer efeito sobre qualquer um que o experimentara. Por mais que tenhamos praguejado na hora, compreendíamos depois que estivéramos em contato com algo estranho e valioso. Estivéramos numa comunidade onde a esperança era mais comum do que a apatia ou o cinismo, onde a palavra "camarada" significava camaradagem e não, como na maioria dos países, tapeação. Respiráramos o ar da igualdade. Estou bem consciente de que, agora, a moda é negar que o socialismo tenha qualquer coisa a ver com a igualdade. Em todos os países do mundo uma tribo imensa de burocratas de partido e professorezinhos maneirosos estão ocupados em "provar" que o socialismo não significa nada mais nada menos do que um capitalismo de Estado planejado, igualmente movido pela apoderação. Mas felizmente também existe uma visão do socialismo bem diferente desta. O que atrai os homens comuns para o socialismo e os deixa com vontade de arriscarem a pele por ele, a "mística" do socialismo, é a ideia de igualdade; para a grande maioria das pessoas o socialismo significa uma sociedade sem classes, ou não significa nada. E foi por isso que esses poucos meses na milícia foram valiosos para mim. Pois as milícias espanholas, enquanto duraram, foram uma espécie de microcosmo de uma sociedade sem classes. Naquela comunidade onde ninguém estava atrás de lucro, onde havia uma escassez de tudo, mas nenhum privilégio e nenhum lamber de botas, tinha-se, talvez, uma previsão incipiente do que seriam os estágios iniciais do socialismo. E, no fim das contas, ao invés de desiludir-me, atraiu-me profundamente. O efeito foi fazer com que meu desejo de ver o socialismo se estabelecer ficasse muito mais intenso do que antes. Em parte, talvez isto se devesse à sorte de estar entre espanhóis que, com sua decência inata e seu matiz anarquista sempre presentes, tornariam até mesmo os estágios iniciais do socialismo toleráveis, se tivessem essa chance.

É claro que na época mal tinha consciência das mudanças que estavam ocorrendo na minha própria mente. Como todos ao meu redor, tinha consciência principalmente do tédio, do calor, do frio, da sujeira, dos piolhos, da privação e do perigo ocasional. É bem diferente agora. Esse período que então me parecera tão fútil e sem acontecimentos é, agora, de grande importância para mim. É tão diferente do resto de minha vida que já adquiriu a qualidade mágica que, via de regra, só pertence às lembranças de anos distantes. Foi abominável enquanto estava acontecendo, mas é um bom terreno para descansar minha mente. Gostaria de poder transmitir-lhes a atmosfera daquela época. Está tudo entranhado em minha mente junto com o frio do inverno, os uniformes mal-amanhados dos milicianos, os rostos ovais espanhóis, o barulho, semelhante a batidas de morse, das metralhadoras, os cheiros de urina e pão apodrecendo, o gosto de lata do cozido de feijão engolido apressadamente em vasilhas sujas.

O período inteiro me acompanha com uma curiosa intensidade. Na memória, revivo incidentes que poderiam parecer mesquinhos demais para serem relembrados. Estou no abrigo em Monte Pocero novamente, na saliência de calcário que serve de leito e o jovem Ramón está roncando com o nariz achatado entre minhas omoplatas. Estou subindo aos trancos a trincheira emporcalhada, através da neblina que se enrosca em mim como vapor frio. Estou a meio caminho de uma fenda na encosta, lutando para manter o equilíbrio e arrancar uma raiz de alecrim silvestre do chão. Bem acima da cabeça algumas balas sem sentido cantam.

Estou deitado, escondido entre pequenos abetos no terreno baixo, a oeste de Monte Trazo, com Kopp e Bob Edwards e três espanhóis. Na montanha cinzenta e nua à nossa direita, uma fileira de fascistas está subindo como formigas. Bem perto, à frente, um toque de corneta soa das linhas fascistas. Kopp me olha e, com um gesto de garoto de escola, faz "fiau!" para o som.

Estou no pátio emporcalhado em La Granja, entre a turba de soldados aglomerados ao redor do caldeirão de cozido, com suas vasilhas de lata. O cozinheiro, gordo e atordoado, serve-os com uma concha. Numa mesa próxima, um homem barbado, com uma imensa pistola automática amarrada ao cinto, parte pães em cinco pedaços. Atrás de mim, uma voz com sotaque *cockney* (Bill Chambers, com quem discuti acirradamente e que depois foi morto nos arredores de Huesca) está cantando:

— Tem uns ratos, ratos, ratos,/ Ratos grandes como gatos,/ Na intendên...

Um projétil passa acima, apitando. Garotos de quinze anos se jogam no chão, de bruços. O cozinheiro se esconde atrás do caldeirão. Todos se levantam com uma expressão envergonhada, quando o projétil mergulha e explode a cem metros de distância.

Estou andando para cima e para baixo da linha das sentinelas, sob os galhos escuros dos choupos. Na vala alagada do lado de fora, os ratos estão patinhando, fazendo tanto barulho quanto lontras. Quando a aurora amarela surge por trás de nós, a sentinela andaluza, embrulhada em sua capa, começa a cantar. Do outro lado da terra de ninguém, a cem ou duzentos metros, pode-se ouvir a sentinela fascista cantando também.

No dia 25 de abril, depois das *mañanas* de sempre, outra seção nos rendeu e devolvemos nossos fuzis, arrumamos nosso equipamento e marchamos de volta a Monflorite. Não lamentei deixar a linha. Os piolhos-de-soldado se multiplicavam em minhas calças muito mais depressa do que podia massacrá-los e, desde o mês passado, não tinha mais nenhuma meia e minhas botas só tinham ainda um pouquinho de sola, de modo que estava caminhando mais ou menos descalço. Queria um banho quente, roupas limpas e uma noite em lençóis, mais apaixonadamente do que é possível querer algo, quando se está vivendo uma vida civilizada normal. Dormimos por algumas horas num celeiro em Monflorite, de madrugada pegamos carona num caminhão, depois o trem das cinco em Barbastro e — tendo a sorte de fazer conexão com um trem veloz em Lérida — chegamos a Barcelona às três da tarde do dia 26. E, depois disso, começou a confusão.

8

DE MANDALAY, na Birmânia superior, pode-se viajar de trem até Maymyo, a principal estação montanhosa da província, à margem do planalto de Shan. É uma experiência muito estranha. Começa-se na atmosfera típica de uma cidade oriental — o sol escaldante, as palmeiras empoeiradas, os cheiros de peixe, temperos e alho, as polpudas frutas tropicais, os enxames de seres humanos de pele escura — e, porque já se está acostumado a isso, carrega-se intacta essa atmosfera, por assim dizer, no vagão do trem. Mentalmente ainda estamos em Mandalay, quando o trem para em Maymyo, a mil e duzentos metros acima do nível do mar. Mas, ao sair do vagão, entramos em um outro hemisfério. De repente, respiramos o ar fresco e doce que poderia ser o da Inglaterra e tudo ao redor é grama verde, samambaias, abetos e mulheres da montanha com bochechas rosadas, vendendo cestas de morangos.

Voltar a Barcelona, depois de três meses e meio no front, fez-me lembrar disso. Havia a mesma mudança abrupta e assustadora de atmosfera. No trem, por todo o caminho até Barcelona, a atmosfera do front persistira; a sujeira, o barulho, o desconforto, as roupas esfarrapadas, o sentimento de privação, camaradagem e igualdade. O trem, já lotado de milicianos quando saiu de Barbastro, foi invadido por mais e mais camponeses em cada estação; camponeses com maços de verduras, com aves assustadas que carregavam de cabeça para baixo, com sacos que pulavam formando arcos e se contorciam pelo chão, que se descobriu estarem cheios de coelhos vivos; e, finalmente, com um respeitável rebanho de ovelhas, o qual foi conduzido para dentro dos compartimentos e socado em cada espaço vazio. Os milicianos berravam canções revolucionárias, que abafavam a algazarra do trem, e soltavam beijos ou acenavam lenços rubro-negros para todas as garotas bonitas ao longo da linha. Garrafas de vinho e de anis, aquela bebida aragonesa asquerosa, passavam de mão em mão. Com os cantis de pele de cabra espanhóis, pode-se esguichar um jato de vinho de um lado a outro do vagão direto na boca de um amigo, o que poupa um bocado de trabalho. Perto de mim, um garoto de quinze anos, com o olho roxo, estava contando histórias sensacionais e, não duvido, totalmente falsas de suas próprias peripécias no front para dois velhos camponeses de pele curtida que o ouviam boquiabertos. Nesse momento, os camponeses desfizeram suas trouxas e nos deram um vinho tinto escuro e pegajoso. Todo mundo estava profundamente feliz, mais feliz do que consigo descrever. Mas, quando o trem rolou por Sabadell e entrou em Barcelona, pisamos numa atmosfera que não era menos estrangeira e hostil a nós e à nossa espécie do que seria a de Paris ou Londres.

Todos que fizeram duas visitas a Barcelona durante a guerra, com intervalos de meses, comentaram sobre as mudanças extraordinárias que aconteceram por lá. E muito curiosamente, se eles foram primeiro em agosto e depois em janeiro, ou, como eu, primeiro em dezembro e depois em abril, o que diziam era sempre o mesmo: que a atmosfera revolucionária tinha desaparecido. Não havia dúvida que, para alguém que estivera lá em agosto, quando o sangue mal secara nas ruas e a milícia estava aquartelada nos pequenos hotéis, Barcelona em dezembro teria parecido burguesa; para mim, recém-chegado da Inglaterra, era o que de mais parecido com uma cidade de trabalhadores eu poderia jamais imaginar. Agora, a maré virara. Mais uma vez, era uma cidade comum, um pouco estiolada e desgastada pela guerra, mas sem nenhum sinal externo de predominância da classe trabalhadora.

A mudança na aparência das massas era estarrecedora. O uniforme da milícia e os macacões azuis tinham quase desaparecido; todos pareciam vestir os finos ternos de verão nos quais os alfaiates espanhóis são especialistas. Homens gordos e prósperos, mulheres elegantes e carros luxuosos estavam por toda parte. (Parecia que ainda não havia carros particulares; no entanto, qualquer um que "fosse alguém" parecia poder dirigir um carro.) Os oficiais do novo Exército Popular, um tipo que mal existia quando deixei Barcelona, pululavam em números surpreendentes. O Exército Popular tinha oficiais na proporção de um para cada dez soldados. Alguns desses oficiais tinham servido nas milícias e foram trazidos de volta do front para treinamento técnico, mas a maioria era de jovens que tinham preferido frequentar a Escola de Guerra a ingressar na milícia. A relação deles com os soldados não era a mesma que se dava em um exército burguês, mas havia uma diferença social definida, expressa na diferença de salário e uniforme. Os soldados usavam um tipo rústico de macacão marrom, os oficiais usavam um uniforme cáqui elegante, com a cintura apertada, como o uniforme dos oficiais do Exército Britânico, só que um pouco mais apertado. Não acho que mais de um entre vinte deles houvesse estado no front, mas todos eles traziam pistolas automáticas penduradas nos cinturões; nós, no front, não conseguíamos obter pistolas por nada desse mundo. Enquanto caminhávamos pela rua, notei que as pessoas olhavam fixamente para nossas roupas sujas. Claro, como todos os soldados que ficam vários meses na linha de frente, éramos uma visão horrível. Estava consciente de parecer um espantalho. Minha jaqueta de couro estava em frangalhos, meu gorro de lã perdera a forma e escorregava continuamente sobre um olho, minhas botas não eram mais do que alguns canos revirados para fora. Todos nós estávamos mais ou menos no mesmo estado e, além disso, estávamos sujos e barbados, então não era surpresa que as pessoas nos olhassem daquele jeito. Mas isso me desencorajou um pouco e me fez ver que algumas coisas estranhas tinham acontecido nos últimos três meses.

Durante os dias que se seguiram, descobri através de inúmeros sinais que minha primeira impressão não estivera errada. Uma mudança profunda ocorrera na cidade. Havia dois fatos que davam o tom a tudo o mais. O primeiro dizia respeito à população civil, as pessoas tinham perdido o interesse na guerra; o outro tinha relação com a velha divisão da sociedade em ricos e pobres, classe alta e classe baixa, a qual estava se reafirmando.

A indiferença geral à guerra era surpreendente e muito repugnante. Horrorizava as pessoas que chegavam a Barcelona de Madri ou mesmo de Valência. Em parte, devia-se a distância de Barcelona das batalhas reais; notei a mesma coisa um mês depois em Tarragona, onde a vida comum de uma sofisticada cidade costeira continuava quase sem perturbações. Mas era significativo que por toda a Espanha o alistamento voluntário tivesse diminuído a partir de janeiro. Na Catalunha, em fevereiro, houve uma onda de entusiasmo com a primeira grande leva do Exército Popular, mas isso não levou a nenhum grande acréscimo no recrutamento. A guerra só tinha seis meses ou perto disso, quando o governo espanhol teve de recorrer ao alistamento, o que seria natural numa guerra convencional, mas parecia anômalo numa guerra civil. Sem dúvida, isso se ligava à decepção em relação às esperanças revolucionárias com as quais a guerra começara. Os membros dos sindicatos que formaram as milícias e expulsaram os fascistas de volta para Saragoça nas primeiras semanas da guerra tinham feito isso, principalmente porque acreditavam estar lutando pelo controle da classe trabalhadora; mas estava ficando cada vez mais óbvio que o controle da classe trabalhadora era uma causa perdida e as pessoas comuns, sobretudo o proletariado urbano, que têm de preencher as fileiras em qualquer guerra, civil ou estrangeira, não poderiam ser culpadas por uma certa apatia. Ninguém queria perder a guerra, mas a maioria estava sobretudo ansiosa que ela terminasse. Notava-se isso onde quer que se fosse. Por toda parte, esbarrava-se no mesmo comentário superficial: "Esta guerra — terrível, não é? Quando vai acabar?".

Os mais politizados estavam mais a par da luta intestina entre anarquistas e comunistas do que da guerra contra Franco. Para as massas, a escassez de comida era a coisa mais importante. Pensava-se no "front" como um lugar mítico e distante no qual jovens desapareciam e do qual ou não voltavam, ou voltavam depois de três ou quatro meses com grandes somas de dinheiro nos bolsos. (Um miliciano geralmente recebia seu salário acumulado quando saía de licença.) Feridos, mesmo quando estavam pulando por aí de muletas, não recebiam qualquer consideração especial. Ser da milícia não estava mais na moda. As lojas, sempre o melhor termômetro do gosto do público, mostravam isso claramente. Logo que cheguei a Barcelona, as lojas, pobres e desmazeladas como estavam, tinham se especializado em equipamentos para milicianos. Casquetes, jaquetas com zíper, cintos Sam Browne,[11] facas de caça, cantis, coldres para revólveres eram colocados em todas as vitrines. Agora, as lojas estavam visivelmente mais bem arrumadas. A guerra tinha sido empurrada para os fundos. Como descobri mais tarde, ao comprar meu equipamento antes de voltar para o front, algumas coisas de que precisávamos desesperadamente no front eram muito difíceis de encontrar.

Enquanto isso, crescia a propaganda sistemática contra as milícias de partido e a favor do Exército Popular. A situação aqui era muito curiosa. Desde fevereiro, todas as Forças Armadas tinham sido teoricamente incorporadas ao Exército Popular, e as milícias teriam sido, no papel, reconstruídas seguindo as linhas do Exército Popular, com soldos diferenciados, patentes publicadas em diário oficial etc. etc. As divisões eram constituídas de "brigadas mistas", que supostamente consistiam, numa parte, em tropas do Exército Popular e, noutra parte, na milícia. Mas as únicas mudanças que haviam realmente ocorrido eram mudanças de nome. As tropas do POUM, por exemplo, anteriormente chamadas de Divisão Lênin,

---

11 Cinturão militar com suporte para revólver e tira adicional cruzada sobre um ombro para sustentar melhor o peso da arma. [N. T.]

eram agora conhecidas como a 29ª Divisão. Até junho, muito poucas tropas do Exército Popular tinham alcançado a frente de Aragão e, como consequência, as milícias foram capazes de manter sua estrutura separada e seu caráter especial. Mas em todas as paredes, agentes do governo tinham rabiscado: "Precisamos de um Exército Popular", e no rádio e na imprensa comunista havia um tom hostil permanente e, às vezes, maléfico contra as milícias, que eram descritas como mal treinadas, indisciplinadas etc. etc.; o Exército Popular era sempre descrito como "heroico". Com base em grande parte dessa propaganda, podia-se derivar a impressão de que havia algo de vergonhoso em ter ido para o front como voluntário e algo de louvável em ser convocado. Durante esse tempo, no entanto, as milícias estavam mantendo a linha de frente, enquanto o Exército Popular estava treinando na retaguarda e este fato tinha de ser apregoado o mínimo possível. Contingentes da milícia voltando ao front não eram mais levados em marcha pelas ruas com tambores batendo e bandeiras tremulando. Eram contrabandeados de trem ou caminhão às cinco horas da manhã. Alguns contingentes do Exército Popular começavam agora a ir para o front e estes, como antes, eram levados em marcha cerimoniosamente pelas ruas; mas até mesmo eles, devido ao declínio geral do interesse pela guerra, deparavam-se, comparativamente, com pouco entusiasmo. O fato de as tropas da milícia serem também, no papel, tropas do Exército Popular, era usado habilmente pela imprensa de propaganda. Qualquer crédito que pudesse haver era automaticamente dado ao Exército Popular, ao passo que todos os fracassos ficavam reservados à milícia. Às vezes, acontecia de as mesmas tropas receberem elogios como integrantes do exército, e críticas como milícia.

Mas, além de tudo isso, havia a mudança assustadora na atmosfera social — uma coisa difícil de conceber, a menos que a tenhamos experimentado de fato. Quando cheguei pela primeira vez a Barcelona, pensei que fosse uma cidade onde as distinções de classe e as grandes diferenças de posses mal existissem. Certamente, era o que parecia. Roupas "finas" eram uma anormalidade, ninguém era subserviente ou aceitava gorjetas, garçons e floristas e engraxates olhavam-nos nos olhos e chamavam-nos de "camarada". Não atinei que isso era sobretudo uma mistura de esperança e camuflagem. A classe trabalhadora acreditava numa revolução que começara, mas que nunca se consolidara, e a burguesia estava assustada e disfarçava-se, temporariamente, como trabalhadores. Nos primeiros meses da revolução, muitos milhares de pessoas deliberadamente vestiram macacões e gritaram slogans revolucionários como uma forma de salvar a pele. Agora as coisas estavam voltando ao normal. Os restaurantes e hotéis finos estavam cheios de gente rica, devorando refeições caras, enquanto para a população da classe trabalhadora os preços dos alimentos tinham subido enormemente, sem nenhum aumento correspondente nos salários. Fora a carestia de tudo, havia a escassez recorrente disso e daquilo, que, é claro, sempre atingia os pobres mais do que os ricos. Os restaurantes e hotéis pareciam ter pouca dificuldade em conseguir o que quer que precisassem, mas nos bairros operários as filas para pão, azeite de oliva e outras necessidades eram de centenas de metros. Anteriormente, em Barcelona, ficara impressionado com a ausência de mendigos; agora, havia inúmeros deles. Do lado de fora das delicatessens no alto das Ramblas, bandos de crianças descalças estavam sempre à espera para se aglomerarem ao redor de quem saísse e clamar por sobras de comida. As formas de discurso "revolucionárias" estavam caindo em desuso. Estranhos raramente se dirigiam a nós por *tú* e *camarada*, agora; era normalmente *señor* e *usted*. *Buenos días* começava a substituir *salud*. Os garçons tinham voltado a usar suas camisas de peitilho engomado e os lojistas eram subservientes como sempre tinham sido. Minha esposa e eu fomos a uma loja de artigos de malha comprar algumas meias. O vendedor curvou-se e esfregou as mãos, como não se faz mais hoje nem na Inglaterra, embora fizessem isso há vinte ou trinta anos. De um modo indireto e furtivo, a prática de dar gorjetas estava voltando. As patrulhas de trabalhadores tinham recebido ordens para serem dissolvidas e as forças policiais do pré-guerra estavam de volta às ruas. Um dos resultados disso era que os cabarés com espetáculos e os bordéis de alta classe, muitos dos quais tinham sido fechados pelas patrulhas de trabalhadores, tinham sido prontamente reabertos.[12] Um exemplo pequeno mas significativo da maneira como tudo estava sendo orientado agora a favor das classes mais ricas podia ser visto na escassez de tabaco. Para as massas, a escassez de tabaco era tão desesperadora que cigarros preenchidos com raiz de alcaçuz estavam sendo vendidos nas ruas. Provei alguns deles uma vez. (Muitas pessoas os provaram uma vez.) Franco ocupava as Canárias, onde todo o fumo espanhol é cultivado; consequentemente, as únicas reservas de tabaco do lado do governo eram as que já existiam antes da guerra. Elas estavam se esgotando de tal forma que as tabacarias passaram a abrir só uma vez por semana. Depois de esperar algumas horas numa fila, podia-se, caso se tivesse sorte, conseguir um pacote de dois gramas de fumo. Teoricamente, o governo não permitia a compra de fumo do exterior, porque isso significava reduzir as reservas de ouro, que tinham de ser mantidas para armamentos e outras necessidades. Na verdade, havia um fornecimento constante de cigarros estrangeiros contrabandeados, das marcas mais caras, Lucky Strike entre outras, que possibilitavam grandes margens de lucro. Podia-se comprar os cigarros contrabandeados abertamente nos hotéis finos e um pouco menos às claras nas ruas, desde que se pudesse pagar dez pesetas (o soldo diário de um miliciano) por um maço. O contrabando existia em benefício dos ricos e, portanto, era tolerado. Caso se tivesse dinheiro o bastante, não havia nada que não se pudesse obter em qualquer

---

12 Dizem que as patrulhas de trabalhadores fecharam 75 por cento dos bordéis. [N. A.] [Na lista de erratas, Orwell anotou: "Não tenho nenhuma prova convincente de que a prostituição tenha diminuído 75 por cento nos primeiros dias da guerra e acredito que os anarquistas agiram sob o princípio de 'coletivizar' os bordéis, não de suprimi-los. Mas havia um impulso contra a prostituição (cartazes etc.) e é fato que o bordel fino e os shows de nudez dos cabarés foram fechados nos primeiros meses da guerra e reabertos, quando a guerra completava cerca de um ano." O texto em francês mantém a nota de rodapé original, sem comentário. (N. E.)]

quantidade, com a possível exceção do pão, que estava racionado de modo mais equitativo. Esse contraste aberto entre riqueza e pobreza teria sido impossível alguns meses antes, quando a classe trabalhadora ainda estava ou parecia estar no controle. Mas não seria justo atribuir isso somente à mudança no poder político. Em parte, era o resultado da vida segura em Barcelona, onde pouco havia para lembrar-nos da guerra, a não ser um eventual ataque aéreo. Todo mundo que tinha estado em Madri dizia que lá era completamente diferente. Em Madri, o perigo geral forçava as pessoas de quase todos os tipos a algum sentimento de camaradagem. Um gorducho comendo codornas, enquanto crianças mendigam por pão, é uma visão repugnante, mas menos provável de se ver quando se está ao alcance do som dos canhões.

Um ou dois dias depois das batalhas de rua, lembro-me de ter passado por uma das ruas elegantes e me deparado com uma confeitaria, com a vitrine cheia de doces e bombons dos tipos mais finos, a preços assombrosos. Era o tipo de loja que se vê em Bond Street ou na Rue de la Paix. E lembro-me de ter sentido um horror e um pasmo difusos que o dinheiro ainda pudesse ser gasto com coisas assim em um país faminto e devastado pela guerra. Mas Deus me livre de querer afetar qualquer superioridade pessoal. Depois de vários meses de desconforto, sentia um desejo voraz por comida e vinhos decentes, coquetéis, cigarros americanos e tudo o mais, e confesso ter me espojado em todos os luxos que meu dinheiro podia comprar. Durante a primeira semana, antes das batalhas de rua começarem, tinha várias preocupações que agiam sobre mim de uma maneira curiosa. Em primeiro lugar, como disse, estava ocupado em me sentir o mais confortável possível. Em segundo, graças ao excesso de bebida e de comida, estive ligeiramente adoentado durante toda aquela semana. Sentia-me um pouco mal, ficava deitado durante a metade do dia, levantava e fazia outra refeição excessiva e depois me sentia mal outra vez. Ao mesmo tempo, estava fazendo negociações secretas para comprar um revólver. Queria desesperadamente um revólver — muito mais útil que um fuzil na guerra de trincheiras —, e eles eram muito difíceis de conseguir. O governo os fornecia a policiais e oficiais do Exército Popular, mas recusava--se a fornecê-los à milícia; tínhamos de comprá-los, ilegalmente, nas lojas secretas dos anarquistas. Depois de um bocado de confusão e aborrecimento, um amigo anarquista conseguiu achar para mim uma pequenina pistola automática vinte e seis milímetros, uma arma miserável, inútil a mais de cinco metros, mas melhor do que nada. Além disso, estava tomando as primeiras providências para deixar a milícia do POUM e entrar em alguma outra unidade que me assegurasse a ida para a frente de Madri.

Dissera a todo mundo já havia muito tempo que deixaria o POUM. Se fosse pelas minhas preferências estritamente pessoais, gostaria de me juntar aos anarquistas. Se me tornasse um membro da CNT, era possível entrar na milícia da FAI, mas me disseram que era mais provável que me mandassem para Teruel do que para Madri. Se eu quisesse ir para Madri, devia ingressar na Coluna Internacional, o que significava conseguir uma recomendação de um membro do Partido Comunista. Procurei um amigo comunista ligado à assistência médica espanhola e expliquei-lhe meu caso. Pareceu-me ansioso para me alistar e me pediu, se possível, para convencer alguns dos outros ingleses do Partido Trabalhista Independente a virem comigo. Se estivesse melhor de saúde, provavelmente teria concordado na mesma hora. É difícil dizer agora que diferença isto teria feito. Muito possivelmente, teria sido mandado para Albacete antes que as batalhas de Barcelona começassem; neste caso, não tendo visto as batalhas de perto, poderia ter aceitado a versão oficial delas como verdadeira. Por outro lado, se tivesse ficado em Barcelona durante as batalhas, sob ordens comunistas, mas ainda com um sentimento de lealdade pessoal para com meus camaradas do POUM, minha posição teria sido insustentável. Mas tinha direito a outra semana de licença e estava muito ansioso em restabelecer minha saúde, antes de voltar para a linha. Também tinha de esperar — o tipo de detalhe que está sempre a decidir o destino das pessoas —, enquanto o sapateiro me fazia um novo par de botas de marcha. (Todo o exército espanhol falhou em conseguir um par de botas grandes o bastante para servirem em mim.) Disse ao meu amigo comunista que tomaria providências definitivas mais tarde. Enquanto isso, queria descansar. Tinha até uma ideia de que nós — eu e minha esposa — poderíamos passar dois ou três dias na praia. Que ideia! A atmosfera política deveria ter me advertido de que este não era o tipo de coisa que se podia fazer naquela época.

Pois, sob o aspecto superficial da cidade, sob o luxo e a crescente pobreza, sob a alegria aparente das ruas, com suas bancas de flores, suas bandeiras multicoloridas, seus cartazes de propaganda e as multidões se aglomerando, havia um sentimento horrível e inequívoco de rivalidade e ódio político. Pessoas de todos os tipos de opinião estavam dizendo como um presságio:

— Daqui a pouco vai haver confusão.

O problema era muito simples e compreensível. Tratava-se do antagonismo entre aqueles que desejavam que a revolução continuasse e os que desejavam reprimi-la ou evitá-la — em última análise, entre anarquistas e comunistas. Politicamente, não havia mais nenhum poder na Catalunha além do psuc e de seus aliados liberais. Mas do outro lado, contra isso, havia a força da cnt, menos bem armada e menos segura do que queria, comparada a seus adversários, mas poderosa por causa do número de filiados e de sua predominância em diversas indústrias-chave. Dado este alinhamento de forças, estávamos fadados a ter problemas. Do ponto de vista do generalato, controlado pelo psuc, a primeira providência, para tornar sua posição segura, era tirar as armas das mãos dos trabalhadores da cnt. Como indiquei anteriormente,[13] as ações para fragmentar as milícias de partido eram no fundo uma manobra em direção ao seu extermínio. Ao mesmo tempo, as forças policiais armadas do pré-guerra, a Guarda Civil, e outras parecidas, tinham sido recolocadas em ação e estavam bem mais reforçadas e armadas. Isso só

---

13 Ver no apêndice I o texto referido, o qual, na edição original, vinha antes, entre os capítulos V e VI. [N. E.]

podia querer dizer uma coisa. A Guarda Civil, em particular, era uma gendarmaria do tipo comum no continente europeu, que por quase todo o século passado atuara como guarda-costas da classe dominante. Enquanto isso, havia-se decretado que todas as armas em posse de particulares deveriam ser entregues. Naturalmente, esta ordem não foi cumprida; estava claro que as armas dos anarquistas só poderiam ser tiradas deles à força. Durante todo esse tempo, houve boatos, sempre vagos e contraditórios por causa da censura aos jornais, sobre a ocorrência de pequenos conflitos por toda a Catalunha. Em diversos lugares, as forças policiais tinham feito ataques aos redutos anarquistas. Em Puigcerdá, na fronteira com a França, um grupo de carabineiros foi enviado para tomar a alfândega, antes controlada pelos anarquistas, e Antônio Martin, um anarquista famoso, foi morto. Incidentes semelhantes ocorreram em Figueras e, acho, em Tarragona. Em Barcelona, houve uma série de tumultos mais ou menos sem confirmação oficial nos subúrbios operários. Membros da CNT e da UGT tinham estado envolvidos nos assassinatos uns dos outros já há algum tempo; em várias ocasiões, aos assassinatos tinham se seguido enterros enormes e provocativos que eram deliberadamente planejados para instigar o ódio político. Um pouco antes, um membro da CNT tinha sido assassinado e a CNT tinha comparecido em peso, com centenas de milhares para seguir o cortejo. No final de abril, pouco depois de eu ter chegado a Barcelona, Roldan, um membro proeminente da UGT foi assassinado, supostamente por alguém da CNT. O governo mandou fechar todas as lojas e encenou uma procissão fúnebre imensa, na maior parte com tropas do Exército Popular, que levava duas horas para passar em um lugar determinado. Da janela do hotel, assisti a ela sem entusiasmo. Era óbvio que o funeral era meramente uma exibição de força; mais um pouco e poderia haver derramamento de sangue. Na mesma noite, eu e minha esposa fomos acordados por uma saraivada de tiros vinda da Praça de Catalunha, a cem ou duzentos metros. Soubemos no dia seguinte que um homem da CNT tinha sido eliminado, supostamente por alguém da UGT. É claro que era nitidamente possível que todos esses assassinatos tivessem sido cometidos por agentes provocadores. Pode-se medir a atitude da imprensa capitalista estrangeira com relação à contenda entre os anarquistas e os comunistas pelo fato de o assassinato de Roldan ter tido ampla divulgação, enquanto o assassinato em resposta a ele era cuidadosamente silenciado.

O primeiro de maio estava chegando e havia boatos sobre uma passeata gigante, na qual tanto a CNT quanto a UGT participariam. Os líderes da CNT, mais moderados que a maioria de seus seguidores, estavam havia tempos trabalhando em prol de uma reconciliação com a UGT. Na verdade, o tom da política deles era tentar incorporar os dois blocos de sindicatos numa única coalizão. A ideia era que as duas devessem marchar unidas e exibir sua solidariedade. Mas, no último instante, a passeata foi cancelada. Era perfeitamente claro que ela só provocaria confusão. Assim, não aconteceu nada no primeiro de maio. Era uma situação estranha. Barcelona, a chamada cidade revolucionária, era provavelmente a única cidade na Europa não fascista que não tinha comemorações naquele dia. Mas confesso que fiquei aliviado. O contingente do Partido Trabalhista Independente deveria marchar na seção do POUM na passeata e todo mundo esperava que houvesse confusão. A última coisa que eu queria era encontrar-me envolvido em algum combate de rua sem sentido. Estar marchando pela rua atrás de bandeiras vermelhas e, de repente, ser abatido por um completo estranho com uma submetralhadora, escondido numa janela qualquer — não é minha ideia de uma forma útil de morrer.

9

Por volta da meia-noite do dia 3 de maio, um amigo, ao cruzar o salão do hotel, me disse de maneira casual:

— Ouvi dizer que tem algum tipo de encrenca na Companhia Telefônica.

Por alguma razão, não prestei atenção àquilo na hora. Naquela tarde, entre três e quatro horas, estava descendo as Ramblas, quando ouvi vários tiros de fuzil atrás de mim. Voltei-me e vi alguns jovens, com fuzis nas mãos e lenços rubro-negros no pescoço, margeando uma rua lateral que partia da Ramblas em direção ao norte. Estavam evidentemente trocando tiros com alguém em uma torre octogonal — uma igreja, acho — que dava uma visão da rua lateral. Pensei no mesmo instante: "Começou!". Mas pensei isso sem nenhum grande sentimento de espanto — há dias, todo mundo esperava que "isso" começasse a qualquer momento. Compreendi que deveria voltar para o hotel imediatamente para ver se minha esposa estava bem. Mas o agrupamento de anarquistas ao redor da entrada da rua lateral estava acenando para as pessoas voltarem e gritando para que não cruzassem a linha de fogo. Mais tiros foram ouvidos. As balas da torre voavam pela rua e uma multidão de pessoas em pânico disparara Ramblas abaixo, para longe do tiroteio; na rua, acima e abaixo, podia-se ouvir o barulho dos lojistas cerrando as portas de aço das vitrines. Vi dois oficiais do Exército Popular recuando com cuidado, de árvore em árvore, com as mãos nos revólveres. À minha frente, a multidão estava acorrendo para a estação do metrô no meio das Ramblas para se proteger. Imediatamente, decidi não segui-la. O resultado poderia ser ficar preso horas lá embaixo.

Neste momento, um médico americano, que estivera comigo no front, correu e me agarrou pelo braço. Estava extremamente agitado.

— Venha, devemos ir para o Hotel Falcón.

O Hotel Falcón era uma espécie de pensão mantida pelo POUM e utilizada sobretudo por milicianos em licença.

— O pessoal do POUM vai se encontrar lá. A confusão está começando. Precisamos ficar unidos.

— Mas o que diabo está acontecendo? — perguntei.

O médico me arrastava pelo braço. Estava agitado demais para me dar uma explicação clara. Parecia que estivera na Praça de Catalunha, quando vários caminhões carregados de guardas de assalto armados dirigiram-se para a Companhia Telefônica, que era operada sobretudo por trabalhadores da CNT, e promoveram um ataque repentino ao local. Depois, alguns anarquistas tinham chegado e houvera um tumulto generalizado. Concluí que a "confusão" anterior, naquele mesmo dia, fora a exigência por parte do governo de que a Companhia Telefônica fosse entregue, o que, é claro, foi recusado.

Enquanto descíamos a rua, um caminhão passou a toda por nós, vindo da direção contrária. Estava repleto de anarquistas segurando fuzis. À frente, um jovem esfarrapado deitara-se numa pilha de colchões, atrás de uma metralhadora. Quando chegamos ao Hotel Falcón, que ficava no início das Ramblas, uma multidão fervilhava no saguão de entrada; tinha muita confusão, ninguém parecia saber o que devíamos fazer e ninguém estava armado, exceto um punhado de membros da Tropa de Choque, que geralmente fazia a segurança do prédio. Dirigi-me ao Comitê Local do POUM, que ficava do outro lado. No andar de cima, na sala onde os milicianos normalmente recebiam o pagamento, outra multidão fervilhava.

Um homem muito bonito, alto e pálido, de cerca de trinta anos, com roupas de civil, tentava restaurar a ordem e distribuía cinturões e caixas de munição de uma pilha, num canto. Parecia que ainda não havia fuzis. O médico tinha desaparecido — creio que já houvesse algumas baixas e que os médicos tivessem sido convocados —, mas outro inglês chegou. Naquele momento, do escritório interno, o homem alto e mais alguns outros chegaram trazendo braçadas de fuzis e distribuindo-os a todos. O outro inglês e eu, como estrangeiros, estávamos sob leve suspeita e, a princípio, ninguém queria nos dar fuzis. Então, um miliciano que eu conhecera no front chegou e me reconheceu; depois disso, deram-nos fuzis e alguns pentes de cartuchos, de modo ainda relutante.

Ouvia-se um som de tiroteio à distância e as ruas estavam completamente vazias de pessoas. Todos diziam que era impossível subir as Ramblas. A Guarda de Assalto tinha invadido prédios em posições privilegiadas e estava abrindo fogo contra todos que passassem. Teria me arriscado para voltar ao hotel, mas havia uma vaga ideia no ar de que o Comitê Local era passível de ser atacado a qualquer momento e era melhor ficarmos de prontidão. Por todo o prédio, nas escadas e na calçada do lado de fora, havia pequenos agrupamentos de pessoas conversando com grande agitação. Ninguém parecia ter uma ideia muito clara do que estava acontecendo. Tudo que pude apurar era que a Guarda de Assalto atacara a Companhia Telefônica e invadira diversos outros lugares estratégicos, que davam uma visão privilegiada dos prédios que pertenciam aos trabalhadores. Havia uma impressão generalizada de que a Guarda de Assalto estava "atrás" da CNT e da classe trabalhadora em geral. Era perceptível que, nesse estágio, ninguém parecia pôr a culpa no governo. As classes mais pobres de Barcelona encaravam a Guarda de Assalto como algo parecido aos *Black and Tans*,[14] e pareciam ter certeza de que eles tinham começado aquele ataque por conta pró-

---

14 Força militar especial, formada na Inglaterra em 1920, para combater levantes na Irlanda. [N. T.]

pria. Assim que me informei sobre o estado de coisas, senti a mente mais apaziguada. A questão estava bastante clara. De um lado, a CNT, do outro lado, a polícia. Não tenho nenhum amor especial pelo "trabalhador" idealizado, do jeito que ele aparece na mente do comunista burguês, mas quando vejo um trabalhador real, de carne e osso, em confronto com seu inimigo natural, o policial, não preciso me perguntar de que lado estou.

Passou-se muito tempo e nada parecia estar acontecendo do nosso lado da cidade. Não me ocorreu que poderia telefonar para o hotel a fim de saber se minha esposa estava bem; dera como certo que a Companhia Telefônica tinha parado de funcionar — embora, de fato, ela só tenha permanecido parada por algumas horas. Parecia haver cerca de trezentas pessoas nos dois prédios. Eram, na maioria, pessoas das classes mais pobres, das ruelas próximas ao cais; havia algumas mulheres entre elas, algumas carregando bebês e uma multidão de meninos maltrapilhos. Imagino que muitos deles não tivessem nenhuma noção do que estava acontecendo e tinham simplesmente corrido para os prédios do POUM em busca de proteção. Havia também alguns milicianos de licença e uns estrangeiros aqui e ali. Até onde pude calcular, tínhamos apenas sessenta fuzis. O escritório no andar de cima estava constantemente sitiado por uma multidão de pessoas, exigindo fuzis e sendo informadas de que não restara mais nenhum. Os milicianos mais jovens, que pareciam encarar a coisa toda como uma espécie de piquenique, estavam rondando por ali na tentativa de engabelar ou roubar fuzis de quem quer que os tivesse. Não demorou muito para que um deles levasse meu fuzil com uma manobra astuta e, imediatamente, sumisse de vista. Assim, fiquei desarmado outra vez, a não ser pela minha pequenina pistola automática, para a qual tinha apenas um pente de balas.

Escureceu, eu estava ficando com fome e, ao que parecia, não havia comida no Falcón. Meu amigo e eu demos uma escapada até o hotel dele, que não ficava longe, para jantar. As ruas estavam absolutamente escuras e vazias, nenhuma alma se movendo, as portas de aço corridas sobre todas as vitrines, mas nada de barricadas ainda. Houve uma grande confusão antes de nos deixarem entrar no hotel, que estava trancado e bloqueado. Quando voltamos, soube que a Companhia Telefônica estava funcionando e fui ao telefone, no escritório do andar de cima, para ligar para minha esposa. Como era comum, não havia lista telefônica no prédio e eu não sabia o número do Hotel Continental; depois de procurar de quarto em quarto por cerca de uma hora, deparei-me com um guia de viagens que trazia o número. Não consegui fazer contato com minha esposa, mas dei um jeito de falar com John McNair, o representante do Partido Trabalhista Independente em Barcelona. Ele me disse que estava tudo bem, ninguém fora atingido e me perguntou se estávamos bem no Comitê Local. Disse que poderíamos estar bem se tivéssemos cigarros. Queria apenas fazer uma piada; no entanto, meia hora depois, McNair apareceu com dois pacotes de Lucky Strike. Enfrentara as ruas no maior breu, percorridas por patrulhas anarquistas que o pararam duas vezes com pistolas apontadas para ele, para examinar seus documentos. Jamais esquecerei este pequeno ato de heroísmo. Ficamos muito contentes com os cigarros.

Colocaram guardas armados na maioria das janelas e na rua, embaixo, um grupo pequeno da Tropa de Choque parava e interrogava os poucos transeuntes. Um carro da patrulha anarquista subiu a rua, de armas em riste. Ao lado do motorista, uma linda garota de cabelos escuros, com cerca de dezoito anos, aninhava uma submetralhadora no colo. Passei um bom tempo vagando pelo prédio, um lugar enorme e sem nexo, do qual era impossível aprender a geografia. Em todos os lugares havia o entulho de sempre: mobília quebrada e papéis rasgados, que pareciam ser os produtos inevitáveis da revolução. Por toda parte, havia pessoas dormindo; em um sofá quebrado, num corredor, duas mulheres pobres, dos lados do cais, roncavam em paz. O lugar tinha sido um teatro de cabaré antes de ser tomado pelo POUM. Havia palcos em vários quartos; em um deles, ficava um desolado piano de cauda. Finalmente, descobri o que procurava — o arsenal. Não sabia como esse caso iria se desenrolar e desejava, ardentemente, uma arma. Ouvira dizer com tanta frequência que todos os partidos rivais, PSUC, POUM e CNT-FAI, igualmente, estavam estocando armas em Barcelona, que não podia acreditar que dois dos principais prédios do POUM contivessem apenas os cinquenta ou sessenta fuzis que eu vira. O quarto que funcionava como arsenal não estava vigiado e tinha apenas uma frágil porta; eu e um outro inglês não tivemos dificuldade em forçá--la. Quando entramos, descobrimos que o que nos haviam dito era verdade — não *havia* mais nenhuma arma. Tudo que encontramos lá foi cerca de duas dúzias de fuzis de pequeno calibre, de um modelo obsoleto, e algumas espingardas, sem nenhum cartucho de nenhum dos dois tipos. Subi até o escritório e perguntei se dispunham de alguma munição para pistolas para nos ceder; não tinham nenhuma. No entanto, havia algumas caixas de bombas, que um dos carros da patrulha anarquista tinha nos trazido. Coloquei duas em uma de minhas cartucheiras. Era um tipo rude de bomba, que detonava ao se esfregar uma espécie de fósforo na parte de cima e bem capaz de explodirem por conta própria.

As pessoas estavam dormindo espalhadas pelo chão. Em um quarto, um bebê chorava, chorava sem parar. Embora já fosse maio, a noite estava fria. Num dos palcos de cabaré, ainda havia cortinas, de modo que rasguei uma com minha faca, enrolei-me nela e ganhei algumas horas de sono. Meu sono foi perturbado, lembro-me, por pensamentos sobre aquelas bombas infames. Elas podiam me jogar pelos ares, se eu rolasse sobre elas com muita força. Às três da manhã, o homem alto e bonito, que parecia estar no comando, acordou-me, deu-me um fuzil e colocou-me de vigia em uma das janelas. Disse-me que Salas, o delegado de polícia responsável pelo ataque à Companhia Telefônica, fora preso. (Na verdade, como soubemos depois, ele fora apenas deposto. Entretanto, a notícia confirmava a impressão generalizada de que a Guarda de Assalto agira sem receber ordens.) Assim que rompeu a aurora, as pessoas no andar de baixo começaram a construir barricadas, uma do lado de fora do Comitê Local e outra do lado de fora do Hotel Falcón.

As ruas de Barcelona são pavimentadas com paralelepípedos, fáceis de se transformarem em um muro e, sob os paralelepípedos, há uma espécie de saibro que é muito bom para encher sacos de areia. A construção daquelas barricadas foi uma visão estranha e maravilhosa; teria oferecido qualquer coisa em troca da possibilidade de fotografá-la. Com o tipo de energia apaixonada que os espanhóis exibem quando estão irremediavelmente decididos a começar um trabalho, longas filas de homens, mulheres e crianças bem pequenas estavam arrancando os paralelepípedos, transportando-os num carrinho de mão que fora encontrado em algum lugar e cambaleando para lá e para cá sob pesados sacos de areia. No umbral do Comitê Local, uma garota judia-alemã, vestindo calças de miliciano cujos botões dos joelhos lhe chegavam aos tornozelos, observava tudo com um sorriso. Em um par de horas, as barricadas atingiam a altura da cabeça, com atiradores posicionados nas seteiras e, atrás de uma barricada, havia uma fogueira acesa onde homens fritavam ovos.

Tinham levado meu fuzil outra vez e parecia não haver nada de útil que se pudesse fazer. Um outro inglês e eu decidimos voltar ao Hotel Continental. Havia muitos tiros à distância, mas, aparentemente, nada nas Ramblas. Na subida, demos uma olhada para dentro do mercado. Umas poucas bancas estavam abertas; elas estavam sitiadas por uma multidão de operários, vindos dos bairros ao sul das Ramblas. Exatamente quando chegamos lá, houve um pesado tiroteio de fuzil do lado de fora, algumas vidraças do telhado se despedaçaram e a multidão foi voando para as saídas dos fundos. No entanto, algumas bancas continuaram abertas; conseguimos tomar uma xícara de café e comprar um naco de queijo de cabra, que enfiei junto com as bombas. Alguns dias depois, fiquei muito satisfeito com esse queijo.

Na esquina onde vira os anarquistas começarem o tiroteio no dia anterior, havia agora uma barricada. O homem atrás dela (era do outro lado da rua) gritou para mim que tivesse cuidado. Membros da Guarda de Assalto na torre da igreja estavam atirando indiscriminadamente em todos que passavam. Fiz uma pausa e, depois, atravessei a abertura na carreira; dito e feito, uma bala passou por mim com um estalido, desconfortavelmente perto. Quando me aproximava do prédio da executiva do POUM, ainda do outro lado da rua, ouvi novos gritos de alerta de alguns membros da Tropa de Choque em pé na entrada — gritos, que na hora, não entendi. Havia árvores e uma banca de jornal entre mim e o prédio (as ruas desse tipo na Espanha possuem um canteiro largo que as corta ao meio), e não conseguia ver para onde estavam apontando. Fui para o Continental, certifiquei-me de que tudo corria bem, lavei o rosto e, depois, voltei para o prédio da executiva (ficava a cerca de cem metros rua abaixo), para receber ordens. Por essa hora, o rugido do tiroteio de rifles e metralhadoras de várias direções era comparável ao alarido de uma batalha. Acabara de encontrar Kopp e perguntava-lhe o que devíamos fazer, quando houve uma série de explosões assustadoras lá embaixo. O alarido estava tão alto que tinha certeza de que deviam estar atirando em nós com algum canhão. Na verdade, eram apenas granadas de mão, que faziam duas vezes o barulho normal, quando explodiam entre prédios de concreto.

Kopp deu uma olhada pela janela, aprumou sua bengala atrás das costas e disse:

— Vamos investigar —, e foi descendo a escada com seu jeito despreocupado de sempre, e eu atrás. Só um pouco para dentro da porta, um grupo da Tropa de Choque rolava bombas pela calçada, como se estivesse jogando boliche. As bombas explodiam a vinte metros de distância com um estrondo pavoroso, de estourar os tímpanos, que se misturava ao barulho dos fuzis. A meio caminho de cruzar a rua, detrás da banca de jornais, uma cabeça — era a cabeça de um miliciano americano que eu conhecia — surgia, e dou minha palavra que era como um coco numa feira. Só mais tarde fui entender o que realmente estava acontecendo. Ao lado do prédio do POUM, havia um café com um hotel por cima, chamado Café Moka. No dia anterior, vinte ou trinta guardas de assalto armados tinham entrado lá e depois, quando o tiroteio começara, tinham tomado, de repente, o prédio e feito uma barricada para eles lá dentro. Presumia-se que tivessem recebido ordens para tomar o café como uma ação preliminar ao ataque aos escritórios do POUM, mais tarde. De manhã cedo, tinham tentado sair, houve troca de tiros e um membro da Tropa de Choque ficou gravemente ferido e um guarda civil foi morto. Os guardas de assalto se refugiaram de novo no café, mas, quando o americano veio descendo a rua, abriram fogo contra ele, embora não estivesse armado. O americano se jogara atrás da banca para se proteger e os membros da Tropa de Choque estavam jogando bombas nos guardas de assalto para fazê-los entrar outra vez.

Kopp compreendeu a cena num relance, abriu caminho à frente e deu um puxão para trás num alemão ruivo da Tropa de Choque, que estava justamente tirando o pino de uma bomba com os dentes. Gritou para todos se afastarem da entrada e nos disse, em várias línguas, que tínhamos de evitar derramamento de sangue. Depois, foi para a calçada e, à vista dos guardas de assalto, tirou sua pistola ostensivamente e colocou-a no chão. Dois oficiais espanhóis da milícia fizeram o mesmo e eles três caminharam, lentamente, até o vão da porta onde os guardas de assalto se comprimiam. Foi uma coisa que eu não teria feito por nenhum dinheiro no mundo. Estavam caminhando, desarmados, em direção a homens que estavam apavorados a ponto de perder o juízo, e com armas carregadas nas mãos. Um guarda civil, em mangas de camisa e lívido de pavor, saiu da porta para parlamentar com Kopp. Ficava apontando para duas bombas não detonadas que continuavam na calçada. Kopp voltou e nos disse que era melhor detonarmos as bombas. Lá na calçada, eram um perigo para qualquer um que passasse. Um membro da Tropa de Choque disparou o fuzil numa das bombas e a explodiu, depois, atirou na outra e errou. Pedi-lhe o fuzil, ajoelhei-me e abri fogo contra a segunda bomba. Também errei, lamento dizer. Foi o único tiro que dei durante os distúrbios. A calçada estava coberta do vidro quebrado do letreiro do Café Moka e dois carros estavam estacionados do lado de fora, um deles, o carro oficial de Kopp, tinha sido crivado de balas, e os vidros despedaçados pela explosão de bombas.

Kopp me levou para o andar de cima e explicou a situação. Tínhamos de defender os prédios do POUM se fossem atacados, mas os líderes tinham dado instruções para que ficássemos na defensiva e não abríssemos fogo, se fosse possível evitá-lo. Exatamente do lado oposto, havia um cinema chamado Poliorama, com um museu por cima e, no alto, bem acima do nível dos telhados em geral, um pequeno observatório com abóbadas geminadas. As abóbadas dominavam a rua e alguns homens posicionados lá com fuzis poderiam evitar qualquer ataque aos prédios do POUM. Os zeladores do cinema eram membros da CNT e nos deixariam ir e vir. Quanto aos guardas de assalto no Café Moka, não haveria problema com eles; não queriam lutar e ficariam bastante satisfeitos, deixando os outros em paz e ficando em paz. Kopp repetiu que as nossas ordens eram para não atirar, a menos que atirassem em nós ou que nossos prédios fossem atacados. Concluí, embora ele não tivesse dito isso, que os líderes do POUM estavam furiosos por terem sidos arrastados para essa situação, mas sentiam que deviam apoiar a CNT.

Já tinham posicionado vigias no observatório. Passei os três dias e as noites seguintes no teto do Poliorama, sem sair, a não ser por breves intervalos, quando escapulia até o hotel, do outro lado, para comer. Não estava em perigo, não sofria com nada além de fome e tédio, ainda assim, foi um dos períodos mais insuportáveis de toda a minha vida. Acho que poucas experiências podem ser mais fastidiosas, mais desencorajadoras ou, por fim, mais arrasadoras para os nervos do que aqueles malditos dias de guerra urbana.

Ficava sentado no telhado, admirando a loucura de tudo aquilo. Das janelinhas do observatório, podia-se enxergar quilômetros ao redor — corredores e mais corredores de prédios altos e esguios, abóbadas de vidro e telhados fantasticamente ondulados com telhas verdes e cor de cobre, brilhantes; para o lado leste, o reluzente mar azul-claro — a primeira visão que tive do mar desde minha chegada à Espanha. E toda a imensa cidade de um milhão de pessoas estava trancafiada numa espécie de inércia violenta, um pesadelo de barulho e imobilidade. As ruas ensolaradas estavam bastante vazias. Não estava acontecendo nada, fora as rajadas de balas vindas de barricadas e janelas protegidas por sacos de areia. Nenhum veículo trafegava pelas ruas; aqui e ali, ao longo das Ramblas, os bondes permaneciam parados no lugar onde os condutores tinham descido, quando o tiroteio começou. E todo esse tempo, o barulho diabólico, ecoando por milhares de edifícios de concreto, continuava sempre, sempre, como uma tempestade tropical. Estalos, disparos, rugidos — às vezes, amortecia com apenas alguns tiros, às vezes, acelerava com uma saraivada ensurdecedora, mas nunca cessava enquanto durasse a luz do dia e, pontualmente, na aurora seguinte, recomeçava.

O que diabo estava acontecendo, quem lutava contra quem, e quem estava ganhando, era, a princípio, muito difícil de descobrir. O povo de Barcelona está tão acostumado a batalhas de rua e tão familiarizado com a geografia local que sabia, por uma espécie de instinto, qual partido político controlaria quais ruas e quais prédios. Um estrangeiro fica numa desvantagem tremenda. Olhando do observatório, podia compreender que a Ramblas, que é uma das ruas principais da cidade, formava uma linha divisória. À direita da Ramblas, os bairros da classe operária eram maciçamente anarquistas; à esquerda, uma batalha confusa era travada por entre as tortuosas ruas laterais, mas, daquele lado, o PSUC e a Guarda de Assalto tinham mais ou menos o controle. Aqui do nosso lado da Ramblas, ao redor da Praça de Catalunha, a posição era tão complicada que teria se tornado inteiramente incompreensível se cada prédio não tivesse desfraldado a bandeira de um partido. O ponto de referência principal aqui era o Hotel Colón, o quartel-general do PSUC, dominando a Praça de Catalunha. Numa janela próxima ao penúltimo "o" do imenso letreiro do "Hotel Colón" que se espalhava pela sua fachada, havia uma metralhadora que poderia varrer a praça com efeito mortal. Cem metros à nossa direita, descendo a Ramblas, a JSU, a liga da juventude do PSUC (correspondente à Liga da Juventude Comunista, na Inglaterra), mantinha uma grande loja de departamentos, cujas janelas reforçadas por sacos de areia fronteavam nosso observatório. Tinham tirado a bandeira vermelha deles e hasteado a bandeira nacional catalã. Na Companhia Telefônica, o ponto de partida de toda a confusão, a bandeira nacional catalã e a bandeira anarquista estavam desfraldadas lado a lado. Algum tipo de compromisso temporário fora firmado por lá, a companhia estava funcionando sem interrupções e não havia tiros vindos do prédio.

Na nossa posição, havia uma paz estranha. No Café Moka, os guardas de assalto tinham baixado as portas de aço e empilhado a mobília para fazer uma barricada. Mais tarde, meia dúzia deles foi para o telhado do lado oposto ao nosso e construiu uma barricada com colchões, sobre a qual penduraram uma bandeira nacional catalã. Mas era óbvio que não tinham nenhuma vontade de começar uma briga. Kopp fizera um acordo claro com eles: se não atirassem em nós, não atiraríamos neles. Ele já tinha se tornado amigo dos guardas de assalto e os tinha visitado várias vezes. Naturalmente, tinham se apossado de todas as bebidas que o café possuía e deram quinze garrafas de cerveja de presente a Kopp. Em troca, Kopp chegou a lhes dar um de nossos fuzis para compensar o que tinham de alguma forma perdido no dia anterior. No entanto, tinha-se um sentimento estranho, ao ficar sentado no telhado. Às vezes, eu ficava apenas entediado com a situação toda, não prestava atenção ao barulho infernal e passava horas lendo uma série de livros da editora Penguin, que, felizmente, comprara alguns dias antes; às vezes, prestava bastante atenção aos homens armados que me observavam a cinquenta metros de distância. Era um pouco como estar nas trincheiras outra vez; várias vezes, peguei-me, pela força do hábito, a me referir aos guardas de assalto como "os fascistas". Havia geralmente seis de nós lá em cima. Posicionamos uma sentinela em cada uma das torres do observatório e o resto sentava-se no telhado de chumbo abaixo, onde não havia nenhuma proteção, exceto uma paliçada de pedra. Tinha total consciência de que os guardas de assalto poderiam receber ordens pelo telefone para abrir fogo a qualquer momento. Concordaram em nos dar um aviso antes de fazê-lo, mas não se tinha certeza de que manteriam o combinado. Só uma vez, entretanto, pareceu que ia começar uma confusão. Um dos guardas de assalto do lado oposto ajoelhou-se e começou a atirar pela barricada. Eu estava de guarda no observatório na hora. Apontei o fuzil para ele e gritei:

— Ei! Não atire em nós!

— O quê?

— Não atire em nós ou atiraremos de volta.

— Não, não! Não estava atirando em vocês. Olhe, lá embaixo!

Ele apontou com o fuzil para uma rua lateral que passava pelos fundos de nosso prédio. Dito e feito, um jovem de macacão azul, com um fuzil nas mãos, havia se escondido na esquina. Evidentemente, tinha acabado de dar um tiro nos guardas de assalto no telhado.

— Estava atirando nele. Ele atirou primeiro. [Acreditei nele.] Não queremos atirar em vocês. Somos apenas trabalhadores como vocês — e fez a saudação antifascista, a qual retribuí. Gritei para ele:

— Vocês ainda têm cerveja sobrando?

— Não, acabou tudo.

No mesmo dia, sem nenhum motivo aparente, um homem do prédio da JSU, mais abaixo na rua, de repente levantou o fuzil e abriu fogo contra mim, quando eu estava debruçado na janela. Talvez eu fosse um alvo tentador. Não revidei. Embora ele estivesse a apenas cem metros de distância, a bala passou tão longe que nem sequer atingiu o teto do observatório. Como sempre, os padrões de pontaria espanhóis me salvaram. Atiraram em mim várias vezes daquele prédio.

A barulheira infernal do tiroteio continuava. Mas até onde podia compreender e até onde pude saber, o tiroteio era defensivo de ambos os lados. As pessoas simplesmente permaneciam nos prédios ou atrás das barricadas e abriam fogo contra as pessoas do lado oposto. A cerca de oitocentos metros de onde estávamos,

126 *George Orwell*

havia uma rua onde alguns dos escritórios principais da CNT e da UGT ficavam quase diretamente de frente um para o outro; daquela direção, o volume do barulho era terrível. Passei por aquela rua um dia depois do fim da batalha e as vidraças das vitrines pareciam peneiras. (A maioria dos comerciantes de Barcelona manda cobrir as vidraças com faixas de papel entrecruzadas, para evitar que elas se estilhacem, ao serem atingidas pelas balas.) Às vezes, o estrépito dos fuzis e dos tiros de metralhadoras era pontuado pela explosão de granadas de mão. E, com longos intervalos, talvez uma dúzia de vezes, ouviam-se pesadas explosões que, naqueles dias, não conseguia entender, pois faziam o barulho de bombas aéreas, mas isso era impossível, já que não havia aviões por ali. Disseram-me depois que agentes provocadores — e era bem possível ser verdade — estavam detonando cargas de explosivos, a fim de aumentar o barulho e o pânico geral. Não havia, entretanto, nenhum fogo de artilharia. Estava prestando atenção nisso, pois se os canhões começassem a disparar, isto significaria que a situação tinha se agravado (a artilharia é o fator determinante em batalhas de rua). Mais tarde, publicaram histórias malucas nos jornais sobre baterias de canhões disparando nas ruas, mas ninguém era capaz de mostrar um prédio que tivesse sido atingido por um projétil. Em todo caso, o som de tiros de canhão era inequívoco para quem estivesse acostumado a ele.

Desde o início, a comida se tornara escassa. Com dificuldade e só quando escurecia (pois os guardas de assalto estavam constantemente atirando sobre as Ramblas) a comida era levada do Hotel Falcón para os quinze ou vinte milicianos que estavam no prédio da executiva do POUM, mas mal dava para servir a todos, e alguns de nós iam fazer as refeições no Hotel Continental, quando isso era possível. O Continental tinha sido "coletivizado" pelo generalato e não, como a maioria dos hotéis, pela CNT ou pela UGT, e era considerado território neutro. Nem bem os tiroteios começaram e o hotel ficou transbordando, com um ajuntamento de pessoas dos mais extraordinários. Havia jornalistas estrangeiros, suspeitos políticos de todas as colorações, um piloto norte-americano a serviço do governo, vários agentes comunistas — inclusive um russo gordo de aparência sinistra, apelidado de Charlie Chan, que diziam ser agente da OGPU, com um revólver e uma bombinha bem-feita enfiados no cós da calça —, algumas famílias de espanhóis abastados que pareciam simpatizantes fascistas, dois ou três homens feridos da Coluna Internacional, um grupo de motoristas de uns enormes caminhões franceses que estavam levando um carregamento de laranjas de volta para a França, quando ficaram presos devido às batalhas, e alguns oficiais do Exército Popular. O Exército Popular, enquanto corporação, permaneceu neutro durante as batalhas, embora alguns soldados escapassem dos quartéis para participar delas individualmente. Na manhã da terça-feira, vi uns dois deles nas barricadas do POUM. No começo, antes que a escassez de comida se tornasse severa e que os jornais começassem a fomentar o ódio, havia uma tendência a considerar a história toda como uma piada. Este é o tipo de coisa que acontece todo ano em Barcelona, diziam as pessoas. George Tioli, um jornalista italiano, grande amigo nosso, chegou com as calças ensopadas de sangue. Tinha saído para ver o que estava acontecendo e parou para prestar socorro a um homem ferido na calçada, quando alguém por brincadeira jogou uma granada nele, que felizmente não o feriu com gravidade. Lembro-me de seu comentário de que os paralelepípedos de Barcelona deviam ser numerados; pouparia um trabalhão na hora de se construírem e demolirem barricadas. E lembro-me de dois homens da Coluna Internacional sentados no meu quarto quando cheguei cansado, com fome e sujo depois de ter passado a noite de sentinela. A atitude deles era completamente neutra. Se fossem bons homens de partido teriam, penso, insistido comigo para que mudasse de lado, ou até mesmo me amarrado e levado as bombas que enchiam meus bolsos; em vez disso, eles simplesmente lamentaram comigo o fato de eu ter de passar minha licença num telhado, fazendo a guarda. A atitude generalizada era: "Isto é apenas um acerto de contas entre os anarquistas e a polícia — não significa nada". Apesar da magnitude das batalhas e do número de baixas, acredito que isso estivesse mais próximo da verdade do que a versão oficial, que apresentava o caso como um levante planejado.

Foi mais ou menos na quarta-feira (5 de maio) que algo pareceu ter mudado. Com as portas e janelas fechadas, as ruas tinham uma aparência terrível. Muito poucos pedestres, empurrados para fora por uma ou outra razão, se arrastavam para lá e para cá, brandindo lenços brancos e, num lugar no meio da Ramblas que não era atingido por balas, alguns homens vendiam jornais aos gritos na rua deserta. Na terça o *Solidaridad Obrera*, o jornal anarquista, descrevera o ataque à Companhia Telefônica como uma "provocação monstruosa" (ou palavras semelhantes), mas, na quarta, mudou o tom e começou a implorar que todos voltassem ao trabalho. Os líderes anarquistas estavam transmitindo pelo rádio a mesma mensagem. O escritório do *La Batalla*, o jornal do POUM, que não tinha proteção, tinha sido invadido e tomado por guardas de assalto mais ou menos na mesma hora que a Companhia Telefônica. No entanto, o jornal continuava sendo impresso e algumas cópias eram distribuídas, de um outro endereço. Conclamava todos a permanecerem nas barricadas. As pessoas tinham opiniões divididas e se perguntavam, inquietas, como diabos aquilo iria terminar. Duvido que alguém tivesse abandonado as barricadas nessa altura, mas todos estavam enjoados das batalhas sem sentido, que obviamente não poderiam levar a nenhuma decisão efetiva, porque ninguém queria que isso acabasse numa guerra civil de grandes proporções, o que poderia significar perder a guerra contra Franco. Ouvi esse receio ser expresso por todos os lados. O que se podia concluir daquilo que as pessoas estavam dizendo na época era que a CNT, de cima a baixo, queria, e quisera desde o início, apenas duas coisas: a devolução da Companhia Telefônica e o desarmamento da odiada Guarda de Assalto. Se o generalato prometesse fazer essas duas coisas e também prometesse pôr um fim à especulação com os alimentos, não havia dúvida de que as barricadas teriam sido demolidas em duas horas. Mas era óbvio que o generalato não ia ceder. Boatos vis estavam circulando. Dizia-se que o governo de Valência estava enviando seis mil homens para ocupar Barcelona e que cinco mil homens de tropas anarquistas e do POUM tinham partido da frente de Aragão para se oporem a eles. Apenas o primeiro desses boatos era verdadeiro. Vigiando da torre do observatório, víamos as formas cinza e baixas dos navios de guerra se aproximando do porto. Douglas Moyle, que tinha sido marinheiro, disse que pareciam contratorpedeiros britânicos, embora só fôssemos confirmar isso mais tarde.

Naquela noite, soubemos que quatrocentos guardas de assalto tinham se rendido na Praça de Espanha e entregado suas armas aos anarquistas; também se insinuava uma notícia de que nos subúrbios (sobretudo nos bairros operários) a CNT estava no comando. Parecia que estávamos ganhando. Mas, na mesma noite, Kopp mandou me chamar e, com uma aparência séria, disse-me que, segundo informações que acabara de receber, o governo estava prestes a proscrever o POUM e declarar guerra contra ele. Fiquei chocado com a notícia. Fora o primeiro vislumbre que tivera da interpretação que seria provavelmente dada a esse caso mais tarde. Previa vagamente que, quando as batalhas terminassem, toda a culpa seria colocada no POUM, que era o partido mais fraco e, portanto, mais adequado para servir de bode expiatório. E, enquanto isso, nossa neutralidade local estava nas últimas. Se o governo declarasse guerra contra nós, não teríamos escolha a não ser nos defendermos e aqui, no prédio da executiva, poderíamos ter certeza de que os guardas de assalto ao lado receberiam ordens para nos atacar. Nossa única chance era atacá-los primeiro. Kopp esperava por ordens ao telefone; se soubéssemos que o POUM estava definitivamente proscrito, deveríamos nos preparar de imediato para tomar o Café Moka.

Lembro-me da longa noite de pesadelo que passamos a fortificar o prédio. Trancamos as portas de aço na entrada da frente e atrás delas construímos uma barricada com lajotas de pedra deixadas por operários que estiveram por lá fazendo uma reforma. Verificamos nosso estoque de armas. Contando os seis fuzis que estavam no telhado do Poliorama do lado oposto, tínhamos vinte e um fuzis, um deles defeituoso, cerca de cinquenta cartuchos de munição para

130 George Orwell

cada fuzil e umas poucas dúzias de bombas; fora isso, nada além de algumas pistolas e revólveres. Cerca de uma dúzia de homens, a maioria alemães, apresentaram-se como voluntários para o ataque ao Café Moka, caso ele se realizasse. Deveríamos atacar começando pelo telhado, em algum momento durante a madrugada, é claro, para pegá-los de surpresa. Eles eram mais numerosos, mas nosso moral estava mais elevado e, sem dúvida, poderíamos tomar o lugar de assalto, embora algumas pessoas fossem ser mortas na ação. Não tínhamos nenhuma comida no prédio, a não ser umas barras de chocolate, e havia um boato circulando de que "eles" cortariam o fornecimento de água. (Ninguém sabia quem eram "eles". Podia ser o governo, que controlava o sistema de distribuição de água, ou podia ser a CNT — ninguém sabia.) Passamos um tempão enchendo cada pia nos banheiros, cada balde que conseguimos achar e, por fim, as quinze garrafas de cerveja, agora vazias, que os guardas de assalto tinham dado a Kopp.

Eu estava num estado de espírito medonho e morto de cansaço depois de sessenta horas sem dormir quase nada. Era tarde da noite. As pessoas estavam dormindo pelo chão atrás da barricada, no andar de baixo. No andar de cima, havia um quartinho, com um sofá que planejáramos usar como um posto de primeiros socorros, embora, nem é preciso dizer, descobríssemos que não havia nem iodo nem bandagens no prédio. Minha esposa tinha vindo do hotel, caso uma enfermeira fosse necessária. Deitei-me no sofá, sentindo que apreciaria uma meia hora de descanso antes do ataque ao Moka, no qual eu seria provavelmente morto. Lembro-me do desconforto intolerável causado pela minha pistola, que estava presa ao meu cinturão e batia no meio de minhas costas. Lembro-me, também, de acordar com um movimento brusco e encontrar minha esposa em pé a meu lado. Estávamos em pleno dia, nada tinha acontecido, o governo não tinha declarado guerra contra o POUM, a água não tinha sido cortada e, fora um tiroteio esporádico nas ruas, estava tudo normal. Minha esposa disse que não teve coragem de me acordar e tinha dormido numa poltrona num dos quartos da frente.

Naquela tarde, houve uma espécie de armistício. O tiroteio cessou e, com rapidez surpreendente, as ruas se encheram de pessoas. Algumas lojas começaram a subir as persianas e o mercado ficou lotado, com uma enorme multidão clamando por comida, embora as bancas estivessem quase vazias. Era patente, no entanto, que os bondes não tinham voltado a circular. Os guardas de assalto ainda estavam atrás das barricadas no Moka; em nenhum dos dois lados os prédios fortificados haviam sido evacuados. Todo mundo andava correndo, tentando comprar comida. E por todos os lados ouviam-se as mesmas perguntas ansiosas: "Você acha que 'isso' acabou?", "Você acha que 'isso' vai recomeçar?". "Isso", as batalhas, era agora encarado então como algum tipo de desastre natural, como um furacão ou um terremoto, que nos atingia a todos e que não tínhamos o poder de terminar. E, dito e feito, quase que imediatamente — imagino que tenham sido algumas horas de trégua, mas pareceram mais minutos do que horas — um súbito espocar de tiros de fuzil, como um aguaceiro de junho, botou todo mundo pra correr; as portas de aço foram encaixadas nas trancas, as ruas ficaram vazias como num passe de mágica, as barricadas povoadas e "isso" recomeçou.

Voltei para o meu posto no telhado, com um sentimento de intenso desgosto e raiva. Quando participamos de acontecimentos como esses, estamos, imagino, numa pequena escala, fazendo história e deveríamos, por direito, sentirmo-nos como personagens históricos. Mas nunca é assim, porque, nessas horas, os detalhes físicos sempre contam mais do que todo o resto. Durante as batalhas, nunca fiz a "análise" correta da situação, que foi feita com tanto desembaraço por jornalistas a centenas de quilômetros de distância. O que mais ocupava meus pensamentos não eram os erros e acertos daquela miserável rusga interna, mas o mero tédio e desconforto de ficar sentado dia e noite naquele telhado insuportável e a fome que ficava cada vez maior — pois, nenhum de nós fizera uma refeição completa desde a segunda-feira. A todo instante passava pela minha cabeça que eu teria de voltar ao front, assim que esse negócio todo

132 *George Orwell*

acabasse. Sentia-me furioso. Ficara cento e quinze dias na linha de frente e voltara para Barcelona ávido por um pouco de descanso e conforto e, em vez disso, tinha de passar meu tempo sentado num telhado do lado oposto aos guardas de assalto, tão entediados quanto eu, que de vez em quando acenavam e me asseguravam de que eram "trabalhadores" (querendo dizer que esperavam que não atirássemos neles), mas que certamente abririam fogo se recebessem ordens para tal. Se isso era História, não parecia. Parecia-se mais a um dos períodos ruins no front, em que havia poucos soldados e que tínhamos de montar guarda durante horas anormais; em vez de sermos heróis, tínhamos somente que ficar a postos, entediados, caindo de sono e completamente desinteressados do porquê de tudo aquilo.

Dentro do hotel, entre a corja heterogênea que na sua maioria nem sequer ousava pôr o nariz para fora, crescia uma atmosfera horrível de suspeita. Várias pessoas tinham sido infectadas pela mania da espionagem e se esgueiravam pelos cantos, sussurrando que todos os demais eram espiões dos comunistas, ou trotskistas, ou anarquistas, ou o que fosse. O agente russo gordo estava abordando todos os refugiados estrangeiros, um por vez, e explicando, de maneira plausível, que aquilo tudo resultava de uma trama anarquista. Observava-o com algum interesse, pois era a primeira vez que via uma pessoa cuja profissão era mentir — a menos que se incluam os jornalistas. Havia algo de repugnante na vida que levava ali, uma paródia do cotidiano de um hotel fino, que se desenrolava por trás das janelas fechadas, por entre o barulho dos tiros de fuzil. O salão de jantar da frente fora abandonado, depois que uma bala tinha atravessado a janela e arrancado o pedaço de uma coluna. Os hóspedes foram enfiados numa sala escura, nos fundos, onde nunca havia mesas suficientes para todos. O número de garçons estava reduzido — alguns deles eram membros da CNT e tinham aderido à greve geral — e tinham deixado de usar as camisas de peitilho engomado por enquanto, mas as refeições ainda estavam sendo servidas com algum vezo cerimonioso. Não havia, entretanto, praticamente nada para comer. Naquela noite de quinta-feira, o prato principal era *uma* sardinha para cada. O hotel não tinha pão havia dias e até mesmo o vinho ficara tão escasso que estávamos bebendo vinhos cada vez mais velhos, a preços cada vez mais elevados. Essa escassez de comida continuou por vários dias, depois que as batalhas terminaram. Três dias mais tarde, lembro-me, minha esposa e eu comemos um pedaço de queijo de cabra sem pão, sem nada para beber, no café da manhã. A única coisa que havia em abundância eram as laranjas. Os motoristas de caminhão franceses traziam grandes quantidades de laranjas para o hotel. Pareciam um bando de valentões; tinham a companhia de algumas garotas espanholas vulgares e de um carregador enorme, de blusa preta. Em qualquer outra época, o esnobe do dono do hotel teria feito o possível para que se sentissem desconfortáveis, ou melhor, teria se recusado a admiti-los ali, mas, naquele momento, eram benquistos porque, ao contrário do resto de nós, tinham um estoque particular de pão que todos estavam tentando filar deles.

Passei aquela derradeira noite no telhado e, no dia seguinte, parecia mesmo que as batalhas estavam chegando ao fim. Acho que não houve muito tiroteio naquele dia — sexta-feira. Ninguém parecia saber ao certo se as tropas de Valência estavam realmente chegando; na verdade, chegaram naquela noite. O governo estava transmitindo mensagens meio apaziguadoras e meio ameaçadoras pelo rádio, pedindo a todos para irem para casa e dizendo que, depois de uma determinada hora, qualquer um que fosse encontrado carregando armas seria preso. Não se prestou muita atenção às transmissões do governo, mas em toda parte as pessoas estavam desaparecendo gradualmente das barricadas. Não tenho dúvidas de que foi sobretudo devido à escassez de comida. De todos os lados, ouvia-se o mesmo comentário: "Não temos mais comida, devemos voltar ao trabalho". Por outro lado, os guardas de assalto, que podiam contar com suas rações enquanto houvesse comida na cidade, puderam permanecer em seus postos. À tarde, as ruas estavam quase normais, embora as barricadas desertas ainda estivessem de pé; as Ramblas estavam apinhadas de gente, as lojas quase todas abertas e — a maior garantia de todas — os bondes, que tinham ficado parados por tanto tempo como blocos congelados, moveram--se com uma sacudidela e começaram a transitar. Os guardas de assalto ainda estavam ocupando o Café Moka e não tinham demolido suas barricadas, mas alguns deles trouxeram cadeiras para fora e sentaram-se na calçada com os fuzis pousados nos joelhos. Pisquei para um deles quando passei e ganhei um sorriso largo, nada hostil; ele me reconhecera, é claro. Lá na Companhia Telefônica, a bandeira anarquista fora retirada e apenas a bandeira catalã tremulava. Isso significava que os trabalhadores tinham sido definitivamente derrotados; compreendi — embora, devido à minha ignorância política, não com tanta clareza quanto deveria — que quando o governo se sentisse mais seguro de si, haveria represálias. Mas, naquele momento, não estava interessado nisso. Tudo que eu sentia era um alívio profundo, porque o alarido diabólico do tiroteio tinha terminado e porque podia comprar alguma comida e ter um pouco de paz e de descanso antes de voltar ao front.

Deve ter sido naquela noite que as tropas de Valência apareceram nas ruas, pela primeira vez. Eram guardas de assalto, uma outra formação semelhante à Guarda de Assalto local, os odiados guardas civis e os carabineiros (isto é, uma formação direcionada essencialmente para o trabalho policial), e eram as tropas da elite da República. De repente, pareciam brotar do chão; eram vistos por toda parte, patrulhando as ruas em grupos de dez — homens altos de uniformes cinzentos ou azuis, com fuzis compridos pendurados ao ombro e uma submetralhadora para cada grupo. Enquanto isso, havia um trabalho delicado a ser feito. Os seis fuzis que tínhamos usado para montar guarda nas torres do observatório ainda estavam por lá e, por bem ou por mal, tínhamos de levá-los de volta ao prédio do POUM. Era apenas uma questão de transportá-los para o outro lado da rua. Faziam parte do arsenal habitual do prédio, mas trazê-los para a rua era contrariar as ordens do governo e, se fôssemos pegos com eles nas mãos, com certeza seríamos presos — pior, os fuzis seriam confiscados. Com apenas vinte e um fuzis no prédio, não podíamos nos dar ao luxo de perder seis. Depois de muita discussão quanto ao melhor método, um garoto espanhol ruivo e eu começamos a contrabandeá-los para fora. Foi bastante fácil enganar as patrulhas da Guarda de Assalto; o perigo eram os guardas de assalto locais no Café Moka, que sabiam bem que tínhamos fuzis no observatório e poderiam botar tudo a perder se nos vissem transportando-os para o outro lado. Cada um de nós tirou parte da roupa e pendurou um fuzil sobre o ombro esquerdo, a coronha debaixo da axila, o cano descendo pela perna da calça. Era um azar que fossem fuzis Mauser longos. Mesmo um homem tão alto quanto eu não consegue levar um Mauser desse tipo na perna da calça sem desconforto. Foi um trabalho insuportável descer as escadas em espiral do observatório com a perna esquerda totalmente enrijecida. Uma vez na rua, descobrimos que a única maneira de nos mover era com extrema lentidão, tão lentamente que não tivéssemos de dobrar os joelhos. Do lado de fora do cinema, vi um grupo de pessoas me olhando fixamente com grande interesse, enquanto eu me arrastava numa velocidade de tartaruga. Com frequência, perguntei-me o que pensaram que havia de errado comigo. Ferido na guerra, talvez. E assim, todos os fuzis foram transportados sem incidentes.

No dia seguinte, a Guarda de Assalto valenciana estava por toda parte, andando pelas ruas como conquistadores. Não havia dúvida de que o governo estava simplesmente fazendo uma exibição de força, a fim de intimidar uma população que ele já sabia não poder mais resistir. Se houvesse qualquer medo real de novas revoltas, a Guarda de Assalto valenciana teria sido mantida no quartel e não espalhada pelas ruas em pequenos grupos. Eram tropas esplêndidas, das melhores que vi na Espanha e, embora suponha que fossem, num certo sentido, "o inimigo", não podia deixar de gostar da aparência delas. Mas foi com uma espécie de espanto que as observei passeando para lá e para cá. Estava acostumado à milícia esfarrapada e mal armada do front de Aragão e não sabia que a República possuía tropas assim. Não era só por causa do porte dos soldados, eram suas armas que mais me impressionavam. Todos estavam armados com fuzis novinhos do tipo conhecido como "fuzil russo" (esses fuzis eram enviados para a Espanha pela União Soviética, mas eram, creio, fabricados nos Estados Unidos). Examinei um deles. Estava longe de ser um fuzil perfeito, mas era consideravelmente melhor do que os velhos e medonhos bacamartes que usávamos no front. Os guardas de assalto valencianos tinham uma submetralhadora para cada dez homens e uma pistola automática cada um; nós, na frente, tínhamos aproximadamente uma metralhadora para cada cinquenta homens e, quanto a pistolas e revólveres, só se podia obtê-los ilegalmente. Na verdade, embora não tivesse percebido isso até agora, acontecia o mesmo por toda parte. Os guardas de assalto e os carabineiros, que não estavam destinados ao front de modo algum, eram mais bem armados e muito mais bem vestidos do que nós. Suspeito que aconteça o mesmo em todas as guerras — sempre o mesmo contraste entre a polícia elegante na retaguarda e os soldados esfarrapados na linha de frente. Em geral, os guardas de assalto se deram muito bem com a população depois dos primeiros um ou dois dias. No primeiro dia, houve alguns problemas, porque alguns deles — agindo de acordo com instruções, suponho — começaram a se comportar de uma maneira provocativa. Grupos deles subiam nos bondes, revistavam os passageiros e, se eles tivessem carteiras de membros da CNT nos bolsos, rasgavam-nas e pisavam em cima. Isso gerou tumultos com anarquistas armados e uma ou duas pessoas foram mortas. Logo, logo, entretanto, os guardas de assalto renunciaram aos seus ares de conquistadores, e as relações se tornaram mais amistosas. Percebia--se que a maioria deles tinha arranjado uma namorada depois de um ou dois dias.

As batalhas de Barcelona tinham fornecido ao governo de Valência a desculpa havia muito esperada para assumir um controle mais integral da Catalunha. As milícias dos trabalhadores deveriam ser desmanteladas e redistribuídas pelo Exército Popular. A bandeira republicana da Espanha estava hasteada por toda Barcelona — a primeira vez que a vi, acho, sem ser numa trincheira fascista.[15] Nos bairros operários, as barricadas estavam sendo demolidas, de modo bastante fragmentário, pois era muito mais fácil construir uma barricada do que recolocar os paralelepípedos. Do lado de fora dos prédios do PSUC, permitiram que as barricadas permanecessem de pé e, de fato, muitas ainda ficaram assim até junho. Os guardas de assalto ainda estavam ocupando pontos estratégicos. Enormes apreensões de armas estavam sendo feitas nos redutos da CNT, embora não tenha dúvida de que muitas tenham escapado à apreensão. O *La Batalla* ainda estava saindo, mas fora censurado a ponto de a primeira página ficar quase que completamente em branco. Os jornais do PSUC não eram censurados e estavam publicando artigos inflamatórios, exigindo a cassação do POUM. Declararam que o POUM era uma organização fascista disfarçada e uma charge, que representava o POUM como uma figura deixando cair uma máscara com a foice e o martelo para revelar um rosto horroroso e maníaco com a suástica, estava circulando por toda a cidade distribuída por agentes do PSUC. Evidentemente, a versão oficial das batalhas de Barcelona já estava decidida: era para figurar como um levante fascista de "quinta coluna", arquitetado apenas pelo POUM.

No hotel, a atmosfera horrível de suspeita e hostilidade aumentou assim que as batalhas tinham terminado. Diante das acusações que estavam sendo atiradas por toda parte, era impossível permanecer neutro. Os Correios tinham voltado a funcionar, os jornais comunistas estrangeiros estavam começando a chegar e suas reportagens sobre as batalhas não eram apenas violentamente parciais, mas, claro, desvairadamente incorretas quanto aos fatos. Acho que alguns dos comunistas presentes, que viram o que de fato estava acontecendo, ficaram consternados por causa da interpretação que estava sendo dada aos acontecimentos, mas tinham de ficar do lado do seus companheiros, claro. Nosso amigo comunista abordou-me uma vez e me perguntou se eu não me transferiria para a Coluna Internacional.

---

15 Ver nota 1 [N. T.]

Fiquei bastante surpreso.

— Seus jornais estão dizendo que sou um fascista — eu disse.

— Sem dúvida, devo ser politicamente suspeito, vindo do POUM.

— Ah, não importa. Afinal, você só estava agindo sob ordens.

Tive de dizer-lhe que, depois de toda aquela situação, não poderia ingressar em nenhuma unidade controlada pelos comunistas. Mais cedo ou mais tarde, isso poderia significar ser usado contra a classe trabalhadora espanhola. Não se podia afirmar quando este tipo de coisa irromperia outra vez e se eu tivesse de usar o meu fuzil de algum modo numa situação assim, eu o usaria a favor da classe trabalhadora e não contra ela. Ele foi muito decente comigo. Mas, dali em diante, toda a atmosfera mudou. Não se podia, como antes, "concordar em discordar" e beber com um homem que era, supostamente, seu opositor político. Houve discussões feias no saguão do hotel. Enquanto isso, as prisões já estavam cheias, transbordando. Depois que as batalhas terminaram, os anarquistas tinham, é claro, soltado seus prisioneiros, mas os guardas de assalto não tinham soltado os deles e a maioria fora jogada na prisão e mantida lá sem julgamento, em muitos casos durante meses a fio. Como sempre, pessoas completamente inocentes estavam sendo presas, devido aos desmandos da polícia. Mencionei antes que Douglas Thompson fora ferido mais ou menos no começo de abril. Depois, perdemos o contato com ele, como geralmente acontece quando um homem é ferido, pois os feridos são com frequência removidos de um hospital para outro. Na verdade, ele ficara no hospital de Tarragona e fora enviado de volta a Barcelona, por volta da época em que as batalhas começaram. Na manhã da terça-feira, encontrei-o na rua, bastante desnorteado pelo tiroteio que grassava ao redor. Fez a pergunta que todo mundo fazia:

— Diabos, o que está acontecendo?

Expliquei o melhor que pude. Thompson disse imediatamente:

— Vou ficar fora dessa. Meu braço ainda está ruim. Vou voltar para o meu hotel e ficar lá.

Voltou para o hotel, mas infelizmente (como é importante em luta de rua entender a geografia local!) era um hotel numa parte da cidade controlada pelos guardas de assalto. O local foi invadido e Thompson foi preso, atirado na prisão e mantido lá por oito dias, numa cela tão abarrotada que não havia espaço para se deitar. Houve muitos casos semelhantes. Inúmeros estrangeiros com registros políticos duvidosos estavam em fuga, com a polícia na cola e com medo constante de serem denunciados. Era pior para os italianos e alemães, que não tinham passaportes e eram, em geral, procurados pela polícia secreta em seus próprios países. Se fossem presos, poderiam ser deportados para a França, o que poderia significar serem enviados de volta para a Itália ou a Alemanha, onde sabia Deus que horrores os aguardavam. Uma ou duas mulheres estrangeiras regularizaram às pressas sua situação, ao "casar" com espanhóis. Lembro-me da expressão de vergonha e miséria no rosto de uma pobre garota, quando a encontrei acidentalmente, ao sair do quarto de um homem. Estava claro que não era sua amante, mas sem dúvida ela achou que eu havia pensado isso. Tinha-se todo o tempo a odiosa impressão de que alguém, que até então fora seu amigo, poderia denunciá-lo para a polícia secreta. O longo pesadelo da luta, do barulho, da falta de comida e de sono, a mistura de tensão e tédio de ficar sentado no telhado, perguntando-me se no minuto seguinte seria atingido ou obrigado a atirar em alguém, deixara meus nervos à flor da pele. Cheguei ao ponto em que, toda vez que uma porta batia, apanhava a pistola. Na manhã de sábado, houve um ruído de tiros do lado de fora e todo mundo gritou: "Está começando outra vez!". Corri para a rua para descobrir que era apenas alguns guardas de assalto atirando num cachorro louco. Ninguém que esteve em Barcelona então, ou durante os meses seguintes, esquecerá a atmosfera horrível produzida pelo medo, a suspeita, o ódio, os jornais censurados, as cadeias entupidas, as imensas filas de comida e os bandos de homens armados circulando.

Tentei dar uma ideia do que era estar no meio das batalhas de Barcelona; todavia, não acho que tenha conseguido transmitir muito da estranheza daquela época. Uma das coisas que se agarram à minha mente quando recordo essa época são os contatos casuais que se fazia na época, os vislumbres repentinos de não combatentes para quem a coisa toda era simplesmente um tumulto sem sentido. Lembro-me de uma mulher elegantemente vestida que vi passeando nas Ramblas, com uma cesta de compras pendurada no braço e conduzindo um *poodle* branco, enquanto os fuzis espocavam e rugiam a uma ou duas ruas de distância. É possível que fosse surda. E o homem que vi atravessar correndo a Praça de Catalunha totalmente vazia, brandindo um lenço branco em cada mão. E o grande grupo de pessoas, todas vestidas de negro, que ficava tentando atravessar a Praça de Catalunha, e nunca conseguia. Toda vez que emergiam da rua lateral, na esquina, os atiradores do PSUC, no Hotel Colón, abriam fogo e os mandavam de volta — não sei por que, pois estavam obviamente desarmados. Creio até hoje que era um grupo indo para um enterro. E o homenzinho que desempenhava o papel de zelador do museu em cima do Poliorama e que parecia encarar a situação toda como um evento social. Estava tão satisfeito de ter um inglês a visitá-lo — os ingleses eram tão *simpáticos*,[16] dizia. Esperava que viéssemos todos visitá-lo outra vez, quando a confusão terminasse; de fato, fui mesmo visitá-lo. E o outro homenzinho, protegendo-se num vão de entrada, que sacudia a cabeça de maneira satisfeita em direção ao tiroteio infernal na Praça de Catalunha e dizia (como se estivesse fazendo uma observação sobre a beleza da manhã):

— Então, estamos no dezenove de julho outra vez!

E as pessoas na sapataria, onde estavam confeccionando minhas botas de marcha. Fui lá antes das batalhas, depois que terminaram e, por uns poucos minutos, durante o curto armistício de 5 de maio. Era uma loja cara e os lojistas eram da UGT e talvez fossem membros do PSUC — em todo caso, estavam politicamente do lado oposto e sabiam que eu servia no POUM. Porém, a atitude deles

---

16   Em espanhol, no original. [N. T.]

era totalmente indiferente: "Uma pena esse tipo de coisa, não é? É tão ruim para os negócios. Que pena que não acabe! Como se não bastasse esse tipo de coisa no front! etc. etc.". Devia haver uma grande quantidade de pessoas, talvez a maioria dos habitantes de Barcelona, que encarava a coisa toda sem um pingo de interesse ou com tanto interesse quanto teria num ataque aéreo.

Neste capítulo, descrevi apenas minhas experiências pessoais. No Apêndice II, devo discutir, o melhor que puder, as questões mais amplas — o que de fato aconteceu e quais os resultados, quais foram os erros e acertos da situação e quem foi, se é que alguém foi, responsável. Tanto capital político foi angariado com as batalhas de Barcelona que é importante tentar ter uma visão equilibrada delas. Uma quantidade imensa de textos, o bastante para encher muitos livros, já foram escritos sobre o assunto e não acho que exagere se disser que noventa e nove por cento deles são falsos. Quase todos os relatos publicados pelos jornais na época foram fabricados por jornalistas à distância. E não eram apenas incorretos quanto aos fatos, mas intencionalmente enganosos. Como sempre, permitiu-se que apenas um lado da questão chegasse a um público mais amplo. Como todos que estiveram em Barcelona na época, vi apenas o que estava acontecendo nas proximidades, mas vi e ouvi o bastante para ser capaz de derrubar muitas das mentiras que circularam.

10

Deve ter sido três dias depois que as batalhas de Barcelona terminaram que voltamos para o front. Depois da luta — mais especificamente, depois da troca de insultos nos jornais — ficou difícil pensar nesta guerra da mesma maneira totalmente ingênua e idealista de antes. Imagino que não exista ninguém que tenha passado mais do que umas poucas semanas na Espanha sem ficar, em alguma medida, desiludido. Veio-me à mente o correspondente de um jornal que eu havia encontrado no meu primeiro dia em Barcelona e que me dissera: "Esta guerra é uma negociata igualzinha às outras". A observação me chocou profundamente e, na época, estávamos em dezembro, não acreditei que fosse verdade; não é verdade nem mesmo agora, em maio; mas pouco a pouco se tornava mais verdadeira. Toda guerra, de fato, sofre de uma espécie de degradação progressiva a cada mês que passa, porque coisas como a liberdade individual e uma imprensa confiável simplesmente não são compatíveis com a eficiência militar.

Nesse momento era possível tentar adivinhar o que aconteceria. Era fácil perceber que o governo de Caballero cairia e seria substituído por um governo mais à direita, com uma influência comunista mais forte (isso aconteceu uma ou duas semanas depois), que estaria determinado a romper o poder dos sindicatos de uma vez por todas. E posteriormente, quando Franco fosse derrotado —

e deixando de lado os enormes problemas levantados pela reconstrução da Espanha —, o prognóstico não era cor-de-rosa. Quanto ao palavrório da imprensa sobre esta ser uma "guerra da democracia", isso era pura conversa fiada. Ninguém em seu juízo perfeito imaginaria que havia qualquer esperança de democracia, mesmo como compreendemos o termo na Inglaterra ou na França, em um país tão dividido e exaurido como a Espanha estaria, quando a guerra acabasse. Teria de ser uma ditadura e estava claro que a oportunidade para uma ditadura da classe trabalhadora havia passado. Isso queria dizer que o movimento geral seria em direção a algum tipo de fascismo. Fascismo chamado, sem dúvida, por qualquer outro nome mais cortês e — porque esta era a Espanha — mais humano e menos eficiente do que suas variantes alemã e italiana. As únicas alternativas eram uma ditadura infinitamente pior que a de Franco ou, sempre uma possibilidade, que a guerra acabasse com a Espanha dividida seja pelas suas fronteiras atuais ou por zonas econômicas.

De qualquer maneira que se olhasse para isso, era uma visão deprimente. Mas não se concluía daí que não valesse a pena lutar pelo governo contra o fascismo mais escancarado e desenvolvido de Franco e Hitler. Quaisquer que fossem os erros do governo do pós-guerra, o regime de Franco certamente seria pior. Para os trabalhadores — o proletariado urbano — faria, no final, muito pouca diferença quem ganhasse, mas a Espanha era antes de tudo um país agrícola, e os camponeses, quase certamente, se beneficiariam de uma vitória do governo. Pelo menos algumas das terras confiscadas permaneceriam em posse deles e, neste caso, as terras que foram ocupadas por Franco seriam distribuídas, e a servidão virtual que existia em algumas partes da Espanha provavelmente não seria restaurada. O governo no comando, ao fim da guerra, seria em todo caso anticlerical e antifeudal. Manteria a Igreja sob controle, pelo menos por algum tempo, e modernizaria o país — construindo estradas, por exemplo, e promovendo a educação e a saúde pública; alguma coisa nesta direção tinha sido feita mesmo durante a guerra. Franco, por outro lado, embora não fosse mero fantoche da Itália ou da Alemanha, estava ligado aos grandes senhores feudais e representava uma reação clérico-militar tacanha. A Frente Popular podia ser uma fraude, mas Franco era um anacronismo. Apenas os milionários ou os românticos queriam que ele vencesse.

Além disso, havia a questão do prestígio internacional do fascismo, que há um ou dois anos vinha me assombrando como um pesadelo. Desde 1930, os fascistas tinham obtido todas as vitórias; já era hora de serem derrotados, nem importava mais por quem. Se conseguíssemos expulsar Franco e seus mercenários estrangeiros para o mar, seria um progresso imenso na situação mundial, mesmo se a Espanha emergisse numa ditadura sufocante, com todos os seus melhores homens na prisão. Somente por isso valeria a pena ganhar a guerra.

Era assim que eu via as coisas naquela época. Devo dizer que agora tenho o governo de Negrín em mais alta conta do que quando ele tomou posse. Manteve a luta, muito difícil, com uma coragem esplêndida e mostrou mais tolerância política do que se esperava. Mas ainda acredito que — a menos que a Espanha se divida, com consequências imprevisíveis — a tendência do governo do pós-guerra deverá ser fascista. Mais uma vez, reitero esta opinião e me arrisco a que o tempo faça comigo o que faz com a maioria dos profetas.

Tínhamos acabado de chegar ao front, quando soubemos que Bob Smillie, na viagem de volta à Inglaterra, tinha sido preso na fronteira, levado a Valência e jogado na cadeia. Smillie estivera na Espanha em outubro passado. Trabalhara durante vários meses no escritório do POUM e, depois, ingressara na milícia, quando outros membros do Partido Trabalhista Independente chegaram, tendo concordado em servir três meses na frente, antes de voltar para a Inglaterra para participar de uma excursão de propaganda. Demorou algum tempo até descobrirmos por que fora preso. Estava sendo mantido *incomunicado*[17], de modo que nem mesmo um ad-

---

17 Em espanhol, no original. [N. T.]

vogado podia visitá-lo. Na Espanha não há — na prática, ao menos — *habeas corpus* e você pode permanecer na prisão por meses a fio sem ser sequer acusado, quanto mais julgado. Finalmente, soubemos através de um prisioneiro libertado que Smillie fora preso por "portar armas". As "armas", como eu por acaso sabia, eram duas granadas de mão do tipo primitivo usado no começo da guerra, que ele estava levando para casa para exibir em suas palestras, junto com fragmentos de projéteis e outras lembranças. Suas cargas e detonadores tinham sido retirados — eram meros cilindros de aço, completamente inofensivos. Era óbvio que aquilo fora apenas um pretexto e que ele tinha sido preso por causa de sua conhecida ligação com o POUM. As batalhas de Barcelona tinham acabado de terminar e as autoridades estavam, naquele momento, extremamente ansiosas em não permitir que alguém que estivesse em posição de contradizer a versão oficial saísse da Espanha. O resultado era que as pessoas podiam ser presas na fronteira sob pretextos mais ou menos frívolos. Era bem possível que a intenção, no começo, fosse apenas deter Smillie por alguns dias. Mas o problema é que na Espanha, uma vez que se esteja na prisão, geralmente fica-se por lá, com ou sem julgamento.

Ainda estávamos em Huesca, mas tinham nos posicionado mais à direita, do lado oposto do reduto fascista que fora capturado temporariamente algumas semanas antes. Atuava agora como *teniente* — que corresponde, acho, a segundo-tenente no Exército Britânico —, no comando de cerca de trinta soldados, ingleses e espanhóis. Tinham enviado meu nome para uma patente permanente; que eu a obtivesse era duvidoso. Antes, os oficiais da milícia tinham se recusado a aceitar patentes permanentes porque significavam um soldo extra e entravam em conflito com as ideias igualitárias da milícia, mas agora eram obrigados a aceitar. Benjamin já tinha sido promovido a capitão e Kopp estava a caminho de ser promovido a major. O governo não podia, é claro, prescindir dos oficiais da milícia, mas não alçava nenhum deles a uma patente mais alta do que a de major, presumivelmente para manter os postos mais altos para os oficiais do Exército Regular e para os novos oficiais da Escola de Guerra. O resultado disso era que em nossa divisão, a 29ª, e sem dúvida em muitas outras, tínhamos a seguinte situação temporária e esquisita: o comandante da divisão, os comandantes das brigadas e os comandantes dos batalhões eram todos majores.

Não estava acontecendo muita coisa no front. A batalha em torno da estrada de Jaca extinguira-se e não recomeçaria até meados de junho. Na nossa posição, o problema principal eram os franco-atiradores. As trincheiras fascistas ficavam a mais de cento e cinquenta metros de distância, mas num terreno mais alto e em dois de nossos lados, nossa linha formando um ângulo reto saliente. A quina daquela saliência era um lugar perigoso; onde sempre havia um número significativo de baixas causadas pelos franco-atiradores. De quando em quando, os fascistas abriam fogo contra nós com uma granada de fuzil ou outra arma semelhante. Era uma explosão medonha — amedrontadora, porque não se podia ouvi-la a tempo de se esquivar —, mas não era de fato perigosa; o buraco que abria no chão não era maior do que uma banheira. As noites estavam agradavelmente tépidas, os dias pegando fogo, os mosquitos começavam a incomodar e, apesar das roupas limpas que trouxemos de Barcelona, ficamos infestados de piolhos quase imediatamente. Lá nos pomares desertos, na terra de ninguém, as cerejas embranqueciam nas árvores. Durante dois dias, choveu torrencialmente, os abrigos ficaram inundados e o parapeito cedeu um palmo; depois disso, passamos mais dias cavando o barro pegajoso com as miseráveis pás espanholas, que não têm cabos e entortam como colheres de lata.

Prometeram-nos um morteiro para a companhia; esperava por ele ansiosamente. À noite, patrulhávamos como sempre — era mais perigoso do que antes, porque as trincheiras fascistas estavam mais bem equipadas e eles estavam mais alertas; espalharam latas nas imediações externas de seu arame e costumavam abrir fogo com as metralhadoras, quando ouviam um ruído. Durante o dia, ficávamos de franco-atiradores na terra de ninguém. Arrastando-se por cem metros, podia-se chegar a uma vala, escondida por capins altos, de onde se via uma brecha no parapeito fascista. Forjáramos um apoio para fuzil na vala. Se esperássemos tempo bastante, geralmente víamos uma figura vestida de cáqui esgueirar-se apressadamente pela brecha. Dei vários tiros. Não sei se atingi alguém — é muito improvável; sou um atirador muito ruim com um fuzil. Mas era bem divertido, os fascistas não sabiam de onde vinham os tiros e tinha certeza de que pegaria um deles mais cedo ou mais tarde. Mas foi o dia da caça — um franco-atirador fascista me pegou. Estava há cerca de dez dias na frente quando aconteceu. Toda a experiência de ser atingido por uma bala é muito interessante e acho que vale a pena descrevê-la em detalhes.

Foi na quina do parapeito, às cinco horas da manhã. Esta era sempre uma hora perigosa, porque a aurora surgia às nossas costas e se mostrássemos a cabeça acima do parapeito ela ficava claramente delineada contra o céu. Estava conversando com as sentinelas, preparando-me para a troca de guarda. De repente, exatamente no meio do que dizia, senti — é muito difícil descrever o que senti, embora me lembre com a máxima intensidade.

Era a sensação, digamos, de estar *no centro* de uma explosão. Tive a impressão de ter ouvido um grande estrondo e visto um clarão de luz ofuscante ao meu redor. Senti um choque tremendo — nenhuma dor, apenas um choque violento, como o de um terminal elétrico; junto com isso, uma sensação de fraqueza profunda, um sentimento de ter sido golpeado e reduzido a nada. Os sacos de areia à minha frente recuaram a uma distância imensa. Imagino que se sinta o mesmo ao ser atingido por um raio. Soube imediatamente que fora atingido, mas, por causa do barulho e do clarão aparentes, pensei que fora um fuzil por perto que disparara acidentalmente e me acertara. Tudo isso aconteceu num espaço de tempo muito menor do que um segundo. No instante seguinte, meus joelhos fraquejaram e caí, com a cabeça batendo no chão com uma pancada que, para meu alívio, não doeu. Tinha uma sensação aturdida e anestesiada, a consciência de estar gravemente ferido, mas sem nenhuma dor no sentido comum.

A sentinela americana com quem estivera conversando deu um passo à frente.

— Nossa! Você está ferido?

As pessoas se aglomeraram à minha volta. Houve a confusão de sempre.

— Levantem-no! Onde ele está ferido? Abram sua camisa! etc. etc.

O norte-americano pediu uma faca para abrir minha camisa. Sabia que tinha uma no meu bolso e tentei tirá-la, mas descobri que meu braço direito estava paralisado. Não sentindo dor, senti uma satisfação vaga. Isso deve agradar a minha esposa, pensei; ela sempre quis que eu fosse ferido, pois isso me salvaria de ser morto, quando a grande batalha chegasse. Só então ocorreu-me a curiosidade de saber onde fora atingido e com que gravidade; não conseguia sentir nada, mas tinha consciência de que a bala me acertara em algum lugar na frente do corpo. Quando tentei falar, descobri que não tinha voz, só um guincho fraco, mas na segunda tentativa, consegui perguntar onde fora atingido. Na garganta, disseram. Harry Webb, nosso maqueiro, trouxera uma bandagem e uma das garrafinhas de álcool que nos davam para curativos em campanha. Quando me levantaram, um bocado de sangue jorrou de minha boca e ouvi um espanhol atrás de mim dizer que a bala tinha atravessado meu pescoço. Senti o álcool, que normalmente arde como o diabo, molhando a ferida com um frescor agradável.

Deitaram-me novamente, enquanto alguém buscava uma maca. Assim que soube que a bala atravessara meu pescoço, dei por certo que estava perdido. Nunca ouvira falar de um homem ou animal que levasse uma bala bem no meio do pescoço e sobrevivesse. O sangue escorria pelo canto de minha boca. "A artéria se foi", pensei. Perguntava-me quanto tempo se dura depois que a carótida é seccionada; poucos minutos, provavelmente. Tudo estava muito embaçado. Devem ter-se passado uns dois minutos durante os quais admiti que tinha morrido. E isso também foi interessante — quer dizer, é interessante saber quais seriam seus pensamentos numa hora dessas. Meu primeiro pensamento, bem convencional, foi para a minha mulher. O segundo foi um ressentimento violento por ter de abandonar este mundo que, no fim das contas, me cabia tão bem. Tive tempo para sentir isso intensamente. O azar estúpido deixava-me furioso. A falta de sentido daquilo! Ser derrubado, nem sequer numa batalha, mas num canto fedido de trincheira, graças a um instante de descuido! Também pensei no homem que me atingira — perguntei-me como ele era, se era um espanhol ou um estrangeiro, se sabia que me pegara e assim por diante. Não conseguia sentir qualquer ressentimento contra ele. Refletia que se ele era um fascista, eu o teria matado se pudesse, mas que se ele fosse feito prisioneiro e trazido diante de mim nesse momento, eu simplesmente o cumprimentaria pela boa pontaria. Pode ser, no entanto, que se estivermos morrendo de verdade, nossos pensamentos sejam bem diferentes.

Tinham acabado de me colocar na maca, quando meu braço paralisado voltou à vida e começou a doer terrivelmente. Na hora, pensei que o tivesse quebrado ao cair; mas a dor me reassegurava, pois sabia que as sensações não ficam mais agudas quando se está morrendo. Comecei a me sentir mais normal e a ter pena dos quatro pobres-diabos que estavam suando e escorregando com a maca nos ombros. A ambulância ficava a uns dois quilômetros de distância e o caminho era péssimo, por cima de trilhas esburacadas e escorregadias. Sabia a dureza que era, pois ajudara a carregar um ferido para baixo há um ou dois dias. As folhas dos choupos-brancos que, em alguns lugares, margeavam nossa trincheira, roçaram meu rosto; pensei em como era bom estar vivo num mundo onde havia choupos-brancos. Mas durante todo esse tempo a dor em meu braço era medonha, fazendo-me soltar palavrões e depois tentar não soltar palavrões, porque toda vez que respirava com força, o sangue borbulhava para fora da boca.

O médico refez o curativo, deu-me uma injeção de morfina e me mandou para Sietamo. Os hospitais de Sietamo foram feitos às pressas com cabanas de madeira onde os feridos, via de regra, ficavam apenas algumas horas antes de serem enviados para Barbastro ou Lérida. Estava dopado com morfina, mas ainda com muita dor, praticamente incapaz de me mexer e engolindo sangue constantemente. Era típico dos métodos hospitalares espanhóis que, enquanto me encontrava nesse estado, a enfermeira sem treinamento tentasse empurrar a refeição hospitalar costumeira — uma refeição enorme, com sopa, ovos, um cozido gorduroso e coisas assim — pela minha goela abaixo e pareceu surpresa quando me recusei a comer. Pedi um cigarro, mas esse era um dos períodos da escassez de fumo e não havia um cigarro sequer ali. Naquele momento, dois camaradas que obtiveram permissão para sair da linha por algumas horas apareceram ao lado de minha cama.

— Oi! Está vivo, hein? Que bom. Queremos seu relógio, o revólver e a lanterna elétrica. E sua faca, se você tiver uma.

Foram embora com todas as minhas posses portáteis. Sempre acontecia isso quando um soldado era ferido — tudo o que possuía era imediatamente dividido; totalmente correto, pois relógios, revólveres e assim por diante eram preciosos no front e, se fossem levados ao longo da linha na bagagem de um soldado ferido, com certeza seriam roubados em algum lugar pelo caminho.

À noitinha, doentes e feridos suficientes para encher algumas ambulâncias tinham chegado e nos mandaram para Barbastro. Que viagem! Costumava-se dizer que nesta guerra a pessoa se recuperava se fosse ferida nas extremidades, mas sempre morria de uma ferida no abdômen. Agora entendia o porquê. Ninguém que estivesse propenso a sangramentos internos poderia sobreviver àqueles quilômetros de solavancos, por estradas de terra batida que tinham sido despedaçadas por caminhões pesados e jamais consertadas desde o começo da guerra. Pá, bum, uuupa! Levou-me de volta à infância e a uma coisa tenebrosa chamada *Wiggle-Woggle* na Feira de White City.[18] Tinham esquecido de nos amarrar nas macas.

---

18   Feira nipo-britânica de 1910 realizada no bairro de White City, em Londres, onde foi construída pela primeira vez a montanha-russa chamada *Wiggle-woggle*. [N. T.]

Tinha força bastante no braço esquerdo para me segurar, mas um pobre desgraçado foi atirado ao chão e sofreu agonias que só Deus sabe. Um outro, que podia caminhar e estava sentado num canto da ambulância, vomitou por toda parte. O hospital em Barbastro estava lotado, os leitos tão próximos uns dos outros que quase se tocavam. Na manhã seguinte, puseram alguns de nós no trem-hospital e enviaram-nos para Lérida.

Fiquei cinco ou seis dias em Lérida. Era um hospital grande, com doentes, feridos e pacientes civis comuns mais ou menos misturados. Alguns homens na enfermaria tinham feridas horrorosas. No leito ao lado do meu, tinha um jovem de cabelos pretos que sofria de uma doença qualquer e tomava um remédio que fazia sua urina ficar verde, da cor de esmeralda. Seu urinol era uma das atrações da enfermaria. Um comunista holandês que falava minha língua, sabendo que havia um inglês no hospital, fez amizade comigo e me trouxe jornais ingleses. Tinha sido ferido gravemente na luta de outubro, tinha dado um jeito de ficar no hospital de Lérida e casara-se com uma das enfermeiras. Graças à ferida, uma de suas pernas tinha se atrofiado até ficar quase da grossura de meu braço. Dois milicianos de folga, que conhecera na minha primeira semana no front, vieram visitar um amigo ferido e me reconheceram. Eram garotos de uns dezoito anos. Ficaram em pé ao lado da cama, desconcertados, tentando pensar em alguma coisa para dizer e, então, como uma forma de demonstrar que lamentavam que estivesse ferido, de repente, tiraram todo o fumo dos bolsos, deram para mim e fugiram antes que eu pudesse devolvê-lo. Tipicamente espanhol! Soube depois que não se conseguia comprar fumo em nenhum lugar da cidade e o que tinham me dado era a ração de uma semana.

Alguns dias depois, pude me levantar e caminhar com o braço numa tipóia. Por alguma razão, doía muito mais quando ficava solto. Também sentia, na ocasião, um bocado de dor por dentro, onde me machucara ao cair, e minha voz desaparecera quase que por completo. Mas nunca senti dor, um pouco que fosse, na própria ferida da bala. Parece que é geralmente assim. O choque tremendo de uma bala impede a sensação no local; um fragmento de projétil ou bomba, que é pontudo e geralmente atinge a pessoa com menos intensidade, provavelmente doeria como o diabo. Havia um jardim agradável no hospital e, nele, uma piscina com peixes dourados e alguns peixinhos cinza-escuros — alburnetes, acho. Ficava sentado, observando-os durante horas. A maneira como as coisas eram feitas em Lérida me forneceu uma visão do sistema hospitalar do front de Aragão — se era o mesmo nos outros fronts, não sei. Em alguns pontos, os hospitais eram muito bons. Os médicos eram competentes e parecia não faltarem remédios ou equipamento. Mas havia duas falhas graves, devido às quais, não tenho dúvidas, centenas ou milhares de homens que poderiam ter sido salvos morreram.

Uma era o fato de todos os hospitais em todos os lugares próximos à linha de frente serem usados mais ou menos como postos de triagem de feridos. O resultado disso era que não se conseguia qualquer tratamento, a menos que se estivesse tão ferido que a remoção fosse impossível. Na teoria, a maior parte dos feridos era mandada direto para Barcelona ou Tarragona, mas, por causa da falta de transporte, levava uma semana ou dez dias para chegar lá. Eram mantidos esperando em Sietamo, Barbastro, Monzon, Lérida e demais cidades e, enquanto isso, não obtinham qualquer tratamento, fora uma ocasional troca de curativo; às vezes, nem isso. Homens com terríveis feridas de projéteis, ossos esmagados e coisas assim, eram embrulhados numa espécie de estojo feito de bandagens e gesso de Paris; uma descrição da ferida era anotada a lápis do lado de fora e, normalmente, o estojo não era retirado até que o sujeito chegasse a Barcelona ou Tarragona, dez dias depois. Era quase impossível fazer com que examinassem a ferida no caminho; os poucos médicos não conseguiam dar conta do trabalho e simplesmente passavam depressa pelos leitos, dizendo:

— Sim, sim, vão cuidar de você em Barcelona.

Havia sempre boatos de um trem-hospital partindo para Barcelona *mañana*. A outra falha era a falta de enfermeiras competentes. Aparentemente, não havia nenhuma oferta de enfermeiras formadas na Espanha, talvez porque antes da guerra este trabalho fosse feito sobretudo por freiras. Não tenho nenhuma queixa contra as enfermeiras espanholas, sempre me trataram com a maior gentileza, mas não há dúvida de que eram terrivelmente ignorantes. Todas elas sabiam medir a temperatura e algumas sabiam fazer curativos, mas era só. O resultado era que os homens que estavam muito mal para cuidarem de si mesmos eram, com frequência, vergonhosamente negligenciados. As enfermeiras podiam deixar que um homem ficasse constipado uma semana inteira e raramente banhavam os que estavam fracos demais para se lavarem sozinhos. Lembro-me de um pobre-diabo com um braço esmagado, contando-me que passara três semanas sem lavar o rosto. Até mesmo os leitos não eram trocados, por dias a fio. A comida em todos os hospitais era muito boa — boa demais, na verdade. Muito mais na Espanha do que em qualquer outro lugar, parecia ser a tradição estufar as pessoas com comida pesada. Em Lérida, as refeições eram formidáveis. O café da manhã, por volta das seis, consistia em sopa, um omelete, cozido, pão, vinho branco e café, e o almoço era ainda mais farto — isso numa época em que a população civil estava seriamente desnutrida. Os espanhóis pareciam não aceitar algo como um regime alimentar leve. Dão a mesma comida para os doentes e para os sãos — sempre o mesmo preparado rico e gorduroso, com tudo ensopado em azeite de oliva.

Numa manhã, anunciaram que os homens da minha enfermaria seriam mandados para Barcelona naquele dia. Consegui enviar um telegrama para minha esposa, dizendo-lhe que estava chegando e logo nos colocaram em alguns ônibus e nos levaram para a estação. Só quando o trem já estava para sair, um empregado do hospital que viajava conosco deixou escapar casualmente que não estávamos mais indo para Barcelona, mas para Tarragona. Imagino que o maquinista tenha mudado de ideia. "Só na Espanha!", pensei. Mas também era bem espanhol que concordassem em segurar o trem, enquanto eu passava outro telegrama, e mais espanhol ainda que o telegrama nunca chegasse.

Colocaram-nos em vagões comuns de terceira classe, com assentos de madeira, e muitos dos homens estavam gravemente feridos — tinham deixado o leito pela primeira vez naquela manhã. Não demorou muito, com o calor e os solavancos, metade deles entrou num estado de colapso e vários vomitaram no chão. O empregado do hospital tecia seu caminho por entre as formas semelhantes a cadáveres que se espalhavam por toda parte, carregando um cantil grande de pele de cabra cheio d'água, que ele espirrava numa boca aqui e noutra acolá. A água era medonha; ainda me lembro do gosto. Chegamos a Tarragona com o sol se pondo. A linha corre ao longo da costa, a curta distância do mar. Quando nosso trem entrou na estação, um trem de soldados, cheio de homens da Coluna Internacional, estava partindo e uma porção de pessoas acenava para eles da ponte. Era um trem muito comprido, lotado de soldados a ponto de explodir, com canhões de campanha amarrados nos vagões abertos e mais soldados apinhados em torno dos canhões. Lembro-me com uma nitidez especial do espetáculo daquele trem, passando à luz amarela do entardecer; janela após janela cheia de rostos morenos e sorridentes, os canos compridos, inclinados, dos canhões, os lenços vermelhos esvoaçando — tudo isso deslizando devagar por nós, emoldurado por um mar azul-turquesa.

— *Extranjeros* — alguém falou. — São italianos.

Óbvio que eram italianos. Nenhum outro povo poderia ter se agrupado de maneira tão pitoresca, nem retribuído os acenos da multidão com tanta graça — uma graça que não diminuía em nada pelo fato de metade dos homens estar bebendo vinho da boca das garrafas. Soubemos depois que eram parte das tropas que obtiveram a grande vitória em Guadalajara em março; tinham estado de folga e estavam sendo transferidos para o front de Aragão. Temo que a maioria deles tenha morrido em Huesca, apenas algumas semanas depois. Os homens que estavam bem o bastante para ficar em pé tinham caminhado pelo vagão para saudar os italianos, enquanto passavam. Uma muleta acenou pela janela; braços enfaixados faziam a saudação comunista. Parecia um quadro de guerra alegórico: o trem lotado de homens recém-chegados, deslizando orgulhosamente pela linha; os homens mutilados, deslocando-se lentamente para a estação e, durante todo o tempo, os canhões nos vagões abertos fazendo nosso coração pular como os canhões sempre fazem, e revivendo aquele sentimento pernicioso, tão difícil de ser eliminado, de que a guerra *é* gloriosa, afinal.

O hospital em Tarragona era muito grande e estava lotado de feridos de todas as linhas de frente. Que feridas víamos por lá! Havia uma maneira de tratar algumas feridas que imagino que estivesse de acordo com a prática médica mais atualizada, mas era particularmente horrível de se ver. Era para se deixar a ferida completamente aberta e sem bandagens, mas protegida das moscas por uma tela de musselina de seda, estendida sobre arames. Debaixo da musselina, podia-se ver o vermelho gelatinoso da ferida semicurada. Havia um homem ferido no rosto e na garganta, cuja cabeça estava dentro de uma espécie de capacete esférico de musselina de seda; sua boca ficava fechada e ele respirava através de um tubinho colocado entre os lábios. Pobre-diabo, parecia tão solitário, vagando para lá e para cá, olhando-nos através de sua gaiola de musselina e incapacitado de falar. Fiquei dois ou três dias em Tarragona. Minhas forças retornavam e um dia, bem devagar, consegui caminhar até a praia. Era estranho ver a vida à beira-mar seguindo seu curso quase normal; os cafés elegantes ao longo do passeio e a rechonchuda burguesia local banhando-se e bronzeando-se em espreguiçadeiras, como se não houvesse nenhuma guerra a um pouco mais de mil quilômetros dali. No entanto, aconteceu-me de ver um banhista afogar-se, o que pareceria impossível naquele mar raso e morno.

Finalmente, oito ou nove dias depois de deixar a frente, minha ferida foi examinada. No consultório onde os casos recém-chegados eram examinados, médicos com tesouras enormes retalhavam as couraças de gesso, nas quais os homens com costelas, clavículas e outras partes estraçalhadas tinham sido encaixotados nos postos de triagem atrás da linha; saindo do buraco do pescoço de uma couraça enorme e desajeitada, via-se um rosto ansioso e sujo, coberto por uma barba de uma semana. O médico, um homem enérgico e vistoso de cerca de trinta anos, sentou-me numa cadeira, agarrou minha língua com um pedaço de gaze áspera, puxou-a para fora até onde era possível, enfiou um espelho de dentista pela minha garganta e me disse para dizer "Eeeh!" Depois de fazer isso até que minha língua sangrasse e meus olhos se enchessem de água, disse-me que uma corda vocal estava paralisada.

— Quando vou recuperar a minha voz? — perguntei.

— Sua voz? Ah, você nunca recuperará a sua voz — ele disse, animado.

Mas, no fim das contas, ele estava errado. Durante cerca de dois meses, não conseguia ir além de um sussurro, mas depois minha voz voltou subitamente ao normal, uma corda vocal "compensara" a perda da outra. A dor no braço fora provocada pela bala, que rompera uma porção de nervos atrás do pescoço. Era uma dor penetrante como uma nevralgia e continuou a doer por um mês, principalmente à noite, de modo que eu não conseguia dormir muito. Os dedos da mão direita também estavam semiparalisados. Mesmo agora, cinco meses depois, meu indicador ainda está dormente — um efeito esquisito para uma ferida no pescoço.

A ferida era uma pequena curiosidade e diversos médicos a examinaram expressando sua admiração estalando ruidosamente suas línguas: "*Que suerte! Que suerte!*". Um deles me disse, com um ar de autoridade, que a bala não atingira a artéria por "cerca de um milímetro". Não sei como ele sabia. Todos que conheci nessa época — médicos, enfermeiras, *praticantes* ou pacientes — fizeram questão de me dizer que um homem que é atingido por uma bala no pescoço e sobrevive é a criatura mais sortuda que existe. Não pude deixar de pensar que seria mais sortudo se não tivesse sido atingido de jeito nenhum.

11

EM BARCELONA, durante aquelas últimas semanas todas que passei lá, havia no ar um sentimento perverso singular — uma atmosfera de suspeita, medo, incerteza e ódio velado. As batalhas de maio tinham deixado sequelas permanentes. Com a queda do governo de Caballero, os comunistas tinham chegado definitivamente ao poder, a responsabilidade pela ordem interna fora transferida para os ministros comunistas, e ninguém duvidava de que fossem esmagar seus adversários políticos, tão logo tivessem a menor chance. Não estava acontecendo nada por enquanto, eu mesmo não tinha nem sequer uma ideia formada do que iria acontecer e, no entanto, havia um sentimento vago e contínuo de perigo, uma consciência de que algo ruim estava por vir. Por menos que se estivesse conspirando, a atmosfera o forçava a sentir-se como um conspirador. Parecia que passávamos o tempo inteiro sussurrando pelos cantos em cafés, nos perguntando se a pessoa na mesa ao lado era um espião da polícia.

Boatos sinistros de todos os tipos estavam circulando graças à censura da imprensa. Um deles era que o governo de Negrín-Prieto planejava fazer concessões para pôr fim à guerra. Na época, estive inclinado a acreditar nisso, pois os fascistas estavam avançando sobre Bilbao e o governo não estava fazendo nada de visível para impedir isso. Bandeiras bascas eram exibidas por toda a cidade, garotas chacoalhavam caixas de coleta nos cafés e havia as transmissões radiofônicas de sempre sobre os "heróicos defensores", mas os bascos não estavam obtendo qualquer ajuda efetiva. Ficava-se tentado a acreditar que o governo estava fazendo jogo duplo. Mais tarde, os acontecimentos provaram que eu estava inteiramente enganado nesse caso, mas parece provável que Bilbao pudesse ter sido salva se tivessem mostrado um pouco mais de força. Uma ofensiva no front de Aragão, até mesmo uma que não fosse bem-sucedida, teria forçado Franco a desviar parte de seu exército; do jeito que foi, o governo não esboçou qualquer ofensiva até ser tarde demais — na verdade, até mais ou menos a hora da queda de Bilbao. A CNT estava distribuindo uma enorme quantidade de panfletos nos quais se lia: "Fiquem alerta!" e insinuando que "um certo partido" (querendo dizer os comunistas) estava tramando um golpe de Estado. Havia também um medo generalizado de que a Catalunha fosse ser invadida. Antes, quando voltamos ao front, tinha visto as defesas poderosas que estavam sendo construídas a quilômetros e quilômetros atrás da linha de frente, e os novos abrigos à prova de bombas sendo cavados por toda Barcelona. Vivíamos aos sobressaltos por causa dos alarmes de ataques aéreos e marítimos; quase sempre eram alarmes falsos, mas toda vez que as sirenas soavam, as luzes permaneciam apagadas em toda a cidade por horas a fio, e os mais medrosos mergulhavam nos porões. As cadeias ainda estavam apinhadas de prisioneiros deixados lá pelas batalhas de maio, e outros — sempre, é claro, anarquistas e partidários do POUM — estavam desaparecendo nas cadeias, pouco a pouco. Até onde se podia descobrir, ninguém jamais foi julgado ou até mesmo acusado — nem mesmo acusado de algo tão explícito quanto "trotskismo"; era-se simplesmente atirado na cadeia e mantido lá, geralmente *incomunicado*. Bob Smillie ainda estava na cadeia em Valência. Não conseguimos descobrir nada. Só o que sabíamos era que nem o representante local do Partido Trabalhista Independente, nem o advogado que fora contratado, tinham permissão para vê-lo. Estrangeiros da Coluna Internacional e de outras milícias iam para a cadeia em números cada vez maiores. Geralmente eram presos como desertores. Era típico da situação geral que ninguém soubesse ao certo se um miliciano era um voluntário ou um soldado regular. Alguns meses antes, qualquer um que ingressasse nas milícias ouviria que era um voluntário e que poderia, se desejasse, conseguir os documentos de dispensa a qualquer hora, quando fosse a época de sua licença. Agora parecia que o governo havia mudado de ideia, um miliciano era um soldado regular e tido como desertor se tentasse ir para casa. Mas mesmo quanto a isso, ninguém parecia ter certeza. Em algumas partes do front, as autoridades ainda estavam emitindo dispensas. Na fronteira, elas às vezes eram reconhecidas, às vezes, não; se não, você era prontamente atirado na cadeia. Mais tarde, o número de "desertores" estrangeiros na cadeia subiu para centenas, mas a maioria deles era repatriada, quando se fazia um estardalhaço em seus próprios países.

Bandos de guardas de assalto valencianos perambulavam por toda parte nas ruas, a Guarda de Assalto ainda estava ocupando cafés e outros prédios em locais estratégicos e muitos dos prédios do psuc ainda estavam protegidos por sacos de areia e barricadas. Em vários pontos da cidade havia postos controlados por carabineiros ou guardas de assalto que paravam os transeuntes e exigiam seus documentos. Fui advertido por todo mundo para não mostrar minha carteira de miliciano do poum, mas só mostrar meu passaporte e o cartão do hospital. Até mesmo ser conhecido como alguém que servira na milícia do poum era vagamente perigoso. Milicianos do poum que estavam feridos ou de licença eram penalizados das maneiras mais mesquinhas — dificultava-se a retirada do pagamento deles, por exemplo. O *La Batalla* ainda aparecia, mas estava quase totalmente censurado, e o *Solidaridad* e os outros jornais anarquistas também estavam sob forte censura. Havia uma nova regra dizendo que as partes censuradas do jornal não podiam ficar em branco, mas deviam ser preenchidas com outros assuntos; como resultado, era frequentemente impossível dizer o que fora cortado.

A escassez de comida, que flutuava durante a guerra, estava em um de seus piores momentos. O pão escasseava e os tipos mais baratos eram adulterados com arroz; o pão que os soldados recebiam no quartel era uma coisa medonha, parecia betume. Leite e açúcar eram muito raros e o fumo quase não existia, a não ser pelos caros cigarros contrabandeados. Havia uma escassez aguda de azeite de oliva, que os espanhóis usam para uma meia-dúzia de finalidades diferentes. As filas de mulheres esperando para comprar azeite eram controladas por guardas de assalto montados, que às vezes se divertiam fazendo os cavalos voltarem de costas para dentro das filas, tentando fazer com que pisassem nos pés das mulheres. Um incômodo menor da época era a falta de troco miúdo. A prata havia sido recolhida e até então não houvera emissão de novas moedas, de forma que não havia nada entre a moeda de dez centavos e a nota de duas pesetas e meia, e todas as notas abaixo de dez pesetas eram muito raras.[19] Para as pessoas mais pobres isso significava uma piora da escassez de alimentos. Uma mulher com apenas uma nota de dez pesetas nas mãos poderia esperar por horas numa fila do lado de fora de uma mercearia e, depois, não ser capaz de comprar nada, porque o merceeiro não tinha troco e ela não podia se dar ao luxo de gastar todo esse dinheiro.

Não é fácil transmitir a atmosfera de pesadelo daquela época — a apreensão peculiar produzida por boatos que estavam sempre mudando, pelos jornais censurados e pela presença constante de homens armados. Não é fácil transmiti-la, porque, no momento, a coisa essencial para uma atmosfera assim não existe na Inglaterra. Na Inglaterra, a intolerância política ainda não é um dado corriqueiro. Há a perseguição política mesquinha; se eu fosse um mineiro, não me importaria de ser conhecido pelo chefe como comunista; mas o "bom homem de partido", o gangster-gramofone da política continental[20], ainda é uma raridade, e a noção de "liquidar"

---

19 O valor de compra da peseta era de cerca de *fourpence*. [Cerca de 1,5 centavos de libra em moeda decimal. [N. E.]]

20 Em *The Road to Wigan Pier* (1937), Orwell usa quase a mesma expressão para descrever os comissários bolcheviques, como "metade gangsters, metade gramofones". [N. T.]

ou "eliminar" todos que por acaso discordem de você ainda não parece natural. Parecia natural até demais em Barcelona. Os "stalinistas" estavam no comando e, portanto, era lógico que todo "trotskista" estivesse em perigo. A coisa que todos temiam era algo que, afinal, não aconteceu — uma nova irrupção das batalhas de rua, que, como antes, seria imputada ao POUM e aos anarquistas. Houve momentos em que me peguei ouvindo os primeiros tiros. Era como se alguma enorme inteligência do mal estivesse pairando sobre a cidade. Todo mundo notava isso e comentava. E era esquisita a forma como todos se expressavam, quase com as mesmas palavras: "A atmosfera desse lugar é horrível. É como estar num asilo de loucos". Mas talvez não deva dizer *todos*. Alguns dos visitantes ingleses que borboletearam rapidamente pela Espanha, de um hotel para outro, pareceram não notar que havia algo errado com a atmosfera geral. Vejo que a duquesa de Atholl escreve assim (*Sunday Express*, 17 de outubro de 1937):

> Estive em Valência, Madri e Barcelona... prevalecia a mais perfeita ordem em todas as três cidades, sem qualquer demonstração de força. Todos os hotéis nos quais me hospedei eram não apenas "normais" e "decentes", mas extremamente confortáveis também, apesar da escassez de manteiga e café.

É uma peculiaridade dos viajantes ingleses não acreditarem realmente na existência de nada, do lado de fora dos hotéis elegantes. Espero que tenham arranjado alguma manteiga para a duquesa de Atholl.

Estava no Sanatório Maurín, um dos sanatórios administrados pelo POUM. Era no subúrbio perto de Tibidabo, a montanha de formato curioso que se levanta abruptamente atrás de Barcelona e que, tradicionalmente, supõem ser o monte do qual Satanás mostrou a Jesus os países da Terra (daí seu nome)[21]. A casa pertenceu

---

21 "Tibidabo", do latim *tibi dabo*, "te darei". [N. T.]

anteriormente a algum burguês rico e foi confiscada na época da revolução. A maioria dos homens ali tinham ficado inválidos na linha ou tinham sofrido algum ferimento que os incapacitara em caráter permanente — membros amputados e assim por diante. Havia vários outros ingleses por lá: Williams, com uma perna avariada, e Stafford Cottman, um garoto de dezoito anos, que foi enviado de volta das trincheiras com suspeita de tuberculose, e Arthur Clinton, cujo braço direito estraçalhado ainda estava amarrado a uma daquelas enormes geringonças de arame, apelidadas de aeroplanos, que estavam sendo usadas nos hospitais espanhóis. Minha esposa ainda estava no Hotel Continental e eu ia normalmente a Barcelona durante o dia. Pela manhã, costumava passar no Hospital Geral para o tratamento elétrico de meu braço. Era um negócio esquisito — uma série de choques elétricos como picadas, que faziam com que vários conjuntos de músculos se contraíssem para cima e para baixo —, mas parecia dar algum resultado; o movimento dos dedos retornou e a dor diminuiu um pouco. Nós dois decidimos que a melhor coisa que podíamos fazer era voltar para a Inglaterra assim que possível. Eu estava extremamente fraco, sem voz, aparentemente para sempre, e os médicos me disseram que, na melhor das hipóteses, demoraria meses até que estivesse em condições de lutar outra vez. Tinha de começar a ganhar algum dinheiro mais cedo ou mais tarde, e não parecia haver muito sentido ficar na Espanha e comer a comida que era tão necessária para outras pessoas. Porém, minhas motivações eram sobretudo egoístas. Tinha um desejo arrebatador de ir para longe de tudo aquilo; para longe da horrível atmosfera de suspeita e ódio políticos, das ruas apinhadas de homens armados, dos ataques aéreos, trincheiras, metralhadoras, bondes estridentes, chá sem leite, comida oleosa e escassez de cigarros — de tudo que aprendera a associar com a Espanha.

Os médicos do Hospital Geral atestaram que estava incapacitado, mas para conseguir minha dispensa eu tinha de me apresentar a uma junta médica de um dos hospitais perto do front e, depois, ir a Sietamo para carimbar meus documentos no quartel-general da milícia do POUM. Kopp tinha acabado de voltar do front, cheio de júbilo. Acabara de participar de uma ação e dizia que Huesca seria tomada afinal. O governo trouxera tropas da frente de Madri e estavam concentrando trinta mil homens, com uma enorme quantidade de aviões. Os italianos que eu vira subindo a linha de Tarragona tinham atacado a estrada de Jaca, mas tiveram pesadas baixas e perderam dois tanques. Entretanto, a cidade estava prestes a cair, dizia Kopp. (Que pena! Não caiu. O ataque foi uma bagunça medonha e não levou a nada, além de uma orgia de mentiras nos jornais.) Enquanto isso, Kopp tinha de ir a Valência para uma entrevista com o ministro da Guerra. Ele tinha uma carta do general Pozas, agora comandando o Exército do Leste — a carta de sempre, descrevendo Kopp como uma "pessoa de total confiança" e recomendando-o para um posto especial na seção de engenharia (Kopp fora engenheiro na vida civil). Ele partiu para Valência no mesmo dia em que parti para Sietamo — 15 de junho.

Passaram-se cinco dias antes que eu voltasse a Barcelona. Um caminhão lotado de homens alcançou Sietamo à meia-noite e, assim que cheguei ao quartel-general do POUM, colocaram-nos em fila e começaram a distribuir fuzis e cartuchos, antes mesmo de anotar nossos nomes. Parecia que o ataque estava começando e era provável que precisassem de reservas a qualquer momento. Tinha o cartão do hospital no bolso, mas não seria capaz de recusar a ir com os outros. Deitei-me no chão com uma caixa de cartuchos como travesseiro e um sentimento de profundo desânimo. Ser ferido estragara meus nervos por algum tempo — acho que isso geralmente acontece —, e a possibilidade de ficar sob fogo me aterrorizava de um modo horrível. No entanto, houve um pouco de *mañana*, como sempre. Não fomos chamados afinal e, na manhã seguinte, mostrei meu cartão do hospital e fui atrás de minha dispensa. Isso significou uma série de viagens confusas e cansativas. Como sempre, empurravam você de lá para cá, de hospital a hospital — Sietamo, Barbastro, Monzon, depois de volta a Sietamo, para conseguir carimbar minha dispensa, depois, descendo a linha de novo via Barbastro e Lérida. Além disso, a convergência de tropas em Huesca tinha monopolizado todo o transporte e desorganizado tudo. Lembro-me de ter dormido em lugares estranhos — uma vez num leito de hospital, outra numa vala, num banco muito estreito do qual caí no meio da noite e também numa espécie de pensão municipal em Barbastro. Logo que deixávamos a estrada de ferro, não havia como viajar, a não ser pegando caronas em caminhões ao acaso. Tinha-se de esperar na estrada durante horas, às vezes três ou quatros horas seguidas, com bandos de camponeses desconsolados, que carregavam trouxas cheias de patos e coelhos, acenando para um caminhão atrás do outro. Quando, finalmente, se encontrava um caminhão que não estivesse totalmente lotado de gente, pães ou caixas de munição, os sacolejos pelas estradas infames reduziam a gente a uma papa. Nenhum cavalo nunca me jogou tão alto como aqueles caminhões. A única maneira de viajar era nos apertarmos e agarrarmos uns aos outros. Para minha humilhação, descobri que não conseguia subir num caminhão sem ser ajudado.

Dormi uma noite no hospital de Monzon, onde fui me apresentar à junta médica. No leito ao lado do meu, havia um guarda de assalto, ferido no olho esquerdo. Ele foi simpático e me deu cigarros. Eu disse: "Em Barcelona, estaríamos atirando um contra o outro", e rimos disso. Era estranho como o humor geral parecia mudar quando nos aproximávamos da linha de frente. Todo, ou quase todo, o ódio vicioso dos partidos políticos evaporava. Durante todo o tempo em que estive no front, não me lembro de nenhum partidário do PSUC ter me tratado uma vez sequer com hostilidade, porque eu era do POUM. Esse tipo de coisa era próprio de Barcelona ou de outros lugares ainda mais distantes da guerra. Havia uma grande quantidade de guardas de assalto em Sietamo. Tinham sido enviados de Barcelona para participar do ataque a Huesca. A Guarda de Assalto era uma corporação não direcionada originalmente para a frente de batalha e muitos deles nunca tinham estado sob fogo antes. Lá em Barcelona, eles eram os senhores das ruas, mas aqui em cima eram *quintos* (recrutas) e se enturmavam com os garotos de quinze anos da milícia, que estavam há meses na linha de frente.

No hospital de Monzon, o médico fez o negócio de puxar a língua e enfiar o espelho como sempre, garantiu-me da mesma maneira animada dos outros que jamais recuperaria minha voz e assinou o atestado. Enquanto esperava para ser examinado, estava acontecendo no consultório uma operação medonha sem anestesia — por que sem anestesia, não sei. Demorou, e demorou muito, grito após grito, e, quando entrei, havia cadeiras atiradas pelos cantos e, no chão, poças de sangue e urina.

Os detalhes daquela última viagem destacam-se na minha mente com uma estranha clareza. Estava num estado de espírito diferente, um estado mais observador do que meses antes. Tinha pegado minha dispensa, carimbada com o selo da 29ª Divisão, e o atestado médico no qual me declaravam "inútil". Estava livre para voltar para a Inglaterra; consequentemente, sentia-me apto, quase que pela primeira vez, a olhar para a Espanha. Tinha de aguardar um dia em Barbastro, pois só havia um trem por dia. Antes, vira Barbastro rapidamente e me pareceu mais um região de guerra — um lugar cinzento, lamacento e frio, cheio de rugidos de caminhões e tropas maltrapilhas. Pareceu-me estranhamente diferente agora. Passeando por lá, dei-me conta das agradáveis ruas tortuosas, das velhas pontes de pedra, das lojas de vinho com enormes barris, da altura de um homem, que porejavam, e das intrigantes lojas semissubterrâneas, onde homens fabricavam rodas de carroças, punhais, colheres de pau e cantis de pele de cabra. Observei um homem fazendo um cantil de pele de cabra e descobri com grande interesse o que nunca soubera antes, que são feitos com a pele por dentro e o pêlo não é retirado, de modo que se bebe, na verdade, pêlo de cabra destilado. Bebera neles durante meses sem saber disso. E, por trás da cidade, havia um rio raso cor verde-jade e, levantando-se dele, um penhasco de pedra perpendicular, com casas construídas dentro da pedra, de modo que da janela de um quarto podia-se cuspir direto na água trezentos metros abaixo. Um sem-número de pombas vivia em buracos no penhasco. E em Lérida, havia prédios velhos arruinados em cujas cornijas milhares e milhares de andorinhas construíam ninhos, de modo que, a uma pequena distância, o desenho dos ninhos incrustados parecia uma moldura florida do período rococó. Era estranho como, durante seis meses, não tive olhos para tais coisas. Com os documentos de dispensa no bolso, senti-me como um ser humano outra vez e, também, um pouco como um turista. Quase que pela primeira vez me senti de fato na Espanha, num país que sempre quis visitar. Nas ruelas tranquilas de Lérida e Barbastro, pareceu-me que obtinha um relance momentâneo, uma espécie de rumor longínquo da Espanha que habita a imaginação de todo mundo. Serras brancas, rebanhos de cabras, masmorras da Inquisição, palácios mouros, fileiras negras de mulas serpenteando as encostas, oliveiras cinzentas e bosques de limoeiros, moças com mantilhas negras, os vinhos de Málaga e Alicante, catedrais, cardeais, touradas, ciganos, serenatas — em suma, a Espanha. De toda a Europa, era o país que mais ocupara minha imaginação. Parecia uma pena que quando, finalmente, conseguira chegar aqui, vira apenas esse canto do nordeste, no meio de uma guerra confusa e, na maior parte do tempo, durante o inverno.

Era tarde quando cheguei a Barcelona e não havia táxis. Não adiantava tentar ir para o Sanatório Maurín, que ficava logo na saída da cidade, então dirigi-me ao Hotel Continental, parando para jantar no caminho. Lembro-me da conversa que tive com um garçom paternal sobre as jarras de carvalho atadas com cobre, nas quais serviam o vinho. Disse que gostaria de comprar algumas delas para levar de volta a Inglaterra. O garçom foi solícito.

— Sim, bonitas, não? Mas impossíveis de comprar hoje em dia. Ninguém as fabrica mais, ninguém fabrica mais nada. Esta guerra, que coisa lamentável!

Concordamos sobre a guerra ser uma coisa lamentável. Mais uma vez, senti-me como um turista. O garçom me perguntou delicadamente se gostara da Espanha; se voltaria. Oh, sim, voltaria à

Espanha. O tom pacífico dessa conversa perdura em minha memória por causa do que aconteceu imediatamente depois.

Quando cheguei ao hotel, minha esposa estava sentada no saguão. Levantou-se e veio em minha direção, de um jeito que me impressionou por ser muito despreocupado; então, ela pôs um braço em volta de meu pescoço e, com um sorriso meigo, para ser visto pelas outras pessoas no saguão, sussurrou no meu ouvido:

— *Dê o fora!*

— O quê?

— Dê o fora daqui *já!*

— O quê?

— Não fique aí parado! Você tem de sair depressa!

— O quê? Por quê? O que você quer dizer com isso?

Ela me pegou pelo braço e foi logo me conduzindo para a escada. A meio caminho, encontramos um francês — não darei seu nome, pois, embora não tivesse relação alguma com o POUM, mostrou-se muito nosso amigo durante todas as dificuldades. Ele me olhou com um ar preocupado.

— Ouça! Você não deve vir aqui. Saia depressa e esconda-se, antes que eles chamem a polícia.

E veja só! No pé da escada, um dos funcionários do hotel, que era membro do POUM (fato ignorado pela gerência, imagino), escapuliu furtivamente do elevador e me disse num inglês estropiado para dar o fora. Mesmo assim, não entendia o que tinha acontecido.

— O que quer dizer tudo isso, diabos? — disse, assim que chegamos à calçada.

— Você não *soube?*

— Não. Soube o quê? Não soube de nada.

— O POUM foi cassado. Confiscaram todos os prédios. Praticamente todo mundo está preso. E dizem que já estão fuzilando pessoas.

Então era isso. Tínhamos de arranjar algum lugar para conversar. Todos os cafés nas Ramblas estavam apinhados de policiais, mas encontramos um, tranquilo, numa rua lateral. Minha esposa me explicou o que acontecera enquanto eu estivera fora.

No dia 15 de junho, a polícia, de repente, prendera Andrés Nin em seu escritório e, na mesma noite, invadira o Hotel Falcón e prendera todas as pessoas que estavam lá, a maioria milicianos de licença. O lugar foi transformado imediatamente numa prisão e, em muito pouco tempo, estava cheio até a tampa com prisioneiros de todos os tipos. No dia seguinte, o POUM foi declarado uma organização ilegal e todos os seus escritórios, bancas de livros, sanatórios, centros do Socorro Vermelho e assim por diante, foram confiscados. Enquanto isso, a polícia estava prendendo todos em que conseguisse pôr as mãos e que soubesse terem qualquer ligação com o POUM. Em um ou dois dias, todos ou quase todos os quarenta membros do Comitê Executivo estavam na prisão. Era possível que um ou dois tivessem fugido para a clandestinidade, mas a polícia adotara o truque (amplamente utilizado por ambos os lados nessa guerra) de pegar a mulher de um homem como refém se ele desaparecesse. Não havia meios de descobrir quantas pessoas tinham sido presas. Minha mulher ouviu dizer que foram cerca de quatrocentas só em Barcelona. Tenho pensado, desde então, que mesmo naquela época a quantidade deva ter sido maior. E as pessoas mais incríveis estavam sendo presas. Em alguns casos, a polícia chegou ao cúmulo de arrastar milicianos feridos para fora dos hospitais.

Era tudo profundamente desanimador. O que afinal significava tudo isso? Podia compreender a cassação do POUM, mas estavam prendendo as pessoas para quê? Para nada, até onde se podia perceber. Aparentemente, a cassação do POUM tinha um efeito retroativo; o POUM agora era ilegal e, portanto, aquele que tivesse pertencido a ele antes estava violando a lei. Como sempre, nenhuma das pessoas presas fora indiciada. Enquanto isso, porém, nos jornais comunistas de Valência a história de uma enorme "trama fascista" se alastrava como fogo. Falava-se de comunicação via rádio com o inimigo, documentos assinados com tinta invisível etc., etc. Tratarei dessa história em mais detalhes no Apêndice II. Era significativo que isso só aparecesse nos jornais de Valência; acho que tenho razão em dizer que não havia uma única palavra sobre isso, ou sobre a cassação do POUM, em qualquer um dos jornais de Barcelona, fossem comunistas, anarquistas ou republicanos. Não soubemos da natureza concreta das acusações contra os líderes do POUM através de nenhum jornal espanhol, mas somente quando os jornais ingleses chegaram a Barcelona um ou dois dias depois. O que não poderíamos saber naquela época era que o governo não era responsável pela acusação de traição e espionagem, e que os membros do governo mais tarde a repudiariam. Só sabíamos vagamente que os líderes do POUM e, presumivelmente, todo o resto de nós, eram acusados de serem financiados pelos fascistas. E os boatos já estavam circulando de que as pessoas estavam sendo fuziladas em segredo nas prisões. Havia um bocado de exagero nisso, mas certamente aconteceram alguns casos e não há nenhuma dúvida de que aconteceu no caso de Nin. Depois de sua prisão, Nin foi transferido para Valência e, de lá, para Madri, e já no dia 21 de junho chegou a Barcelona o boato de que fora fuzilado. Mais tarde, o boato tomou uma forma mais definida: Nin fora fuzilado na prisão pela polícia secreta e seu corpo despejado na rua. Essa história provinha de várias fontes, incluindo Frederico Montsenys, um ex-membro do governo. Daquele dia até hoje nunca mais se ouviu falar de Nin vivo outra vez. Quando, mais tarde, o governo foi questionado por delegados de vários países, saíram pela tangente e disseram apenas que Nin tinha desaparecido e que não sabiam nada sobre seu paradeiro. Alguns jornais inventaram que ele tinha fugido para território fascista. Nenhuma prova surgiu para corroborar isso e Irujo, o ministro da Justiça, declarou depois que a agência de notícias Espagne falsificara seu comunicado oficial.[22] Em todo caso, é muito improvável que um preso político da importância de Nin tivesse a chance de escapar. A não ser que ele apareça vivo, acho que devemos admitir que ele foi assassinado na prisão.

As histórias de prisões prosseguiam sem parar, estendendo-se por meses, até que o número de prisioneiros políticos, descontan-

---

22   Ver os relatórios da delegação Maxton. [no apêndice II. [N. E.]]

do-se os fascistas, subiu aos milhares. Uma coisa patente era a autonomia dos postos mais baixos da polícia. Muitas das prisões eram abertamente ilegais e várias pessoas, cuja liberdade fora ordenada pelo chefe da polícia, eram presas novamente na porta da cadeia e levadas para "prisões secretas". Um caso típico foi o de Kurt Landau e sua esposa. Eles foram presos no dia 17 de junho e Landau "desapareceu" imediatamente. Cinco meses depois, sua esposa ainda estava presa, sem ser julgada e sem notícias do marido. Ela iniciou uma greve de fome, após o ministério da Justiça mandar um comunicado assegurando-a de que o marido estava morto. Um pouco mais tarde, ela foi libertada, para ser presa novamente quase que de imediato e atirada na cadeia outra vez. Era patente que a polícia parecia completamente indiferente quanto ao efeito que suas ações poderiam produzir sobre a guerra. Estavam sempre prontos a prender oficiais militares em postos importantes, sem permissão alguma. Perto do fim de junho, José Rovira, o comandante-geral da 29ª Divisão, foi preso em algum lugar próximo à linha de frente por um grupo de policiais, que foram enviados de Barcelona. Seus homens mandaram uma delegação para protestar no ministério da Guerra. Soube-se que nem o ministro da Guerra nem Ortega, o chefe da polícia, tinham sido informados da prisão de Rovira. De tudo isso, o detalhe que me fica entalado na garganta, embora talvez não seja de grande importância, é que todas as notícias sobre o que estava acontecendo eram escamoteadas das tropas no front. Como vocês podem perceber, nem eu nem mais ninguém no front soube de nada sobre a cassação do POUM. Todos os quartéis-generais da milícia do POUM, centros do Socorro Vermelho, e assim por diante, estavam funcionando como sempre, e até tão tarde quanto 20 de junho e tão longe na linha quanto Lérida, a apenas cento e sessenta quilômetros de Barcelona, ninguém tinha ouvido falar do que estava acontecendo. Tudo que se referia a isso era mantido fora dos jornais de Barcelona (os jornais de Valência, que estavam publicando as histórias de espionagem, não chegavam ao front de Aragão), e, sem dúvida, uma razão para prender todos os milicianos do POUM

LUTANDO NA ESPANHA *171*

de licença em Barcelona era impedir que voltassem ao front com as notícias. O destacamento com o qual eu subira a linha no dia 15 de junho deve ter sido um dos últimos a partir. Ainda estou intrigado sem saber como a coisa foi mantida em segredo, pois os caminhões de suprimentos e assim por diante continuaram passando de lá para cá; mas não havia dúvida de que *fora* mantida em segredo, e, como ouvi desde então de muitas outras pessoas, os soldados na linha de frente não souberam de nada até vários dias depois. O motivo disso tudo é bastante claro. O ataque a Huesca estava começando, a milícia do POUM ainda era uma unidade separada e, provavelmente, temia-se que, se os soldados soubessem o que estava acontecendo, eles se recusassem a lutar. Na verdade, nada disso aconteceu quando as notícias chegaram. Nos dias intermediários, um grande número de soldados deve ter morrido sem sequer saber que os jornais na retaguarda estavam chamando-os de fascistas. Esse tipo de coisa é um tanto difícil de perdoar. Sei que era a política corriqueira impedir que más notícias chegassem às tropas e talvez, como regra geral, isso seja justificável. Mas é uma questão diferente enviar soldados para a batalha e nem mesmo dizer-lhes que, às suas costas, seu partido está sendo cassado, seus líderes acusados de traição e seus amigos e parentes jogados na cadeia.

Minha esposa começou a me contar o que acontecera com vários amigos nossos. Alguns ingleses e alguns outros estrangeiros tinham cruzado a fronteira. Williams e Stafford Cottman não tinham sido presos quando o sanatório Maurín fora vasculhado pela polícia e estavam se escondendo em alguma parte. O mesmo se dava com John McNair, que estivera na França e retornara à Espanha depois que o POUM fora declarado ilegal — uma coisa precipitada, mas ele não pensou em ficar em segurança, enquanto seus companheiros estavam em perigo. Quanto ao resto, era simplesmente o relato de "pegaram fulano e beltrano" e "pegaram beltrano e sicrano". Parecia que tinham "pegado" quase todo mundo. Fiquei pasmo ao saber que também tinham "pegado" George Kopp.

— O quê! Kopp? Pensei que ele estivesse em Valência.

Tudo indicava que Kopp voltara a Barcelona; ele trazia uma carta do ministro da Guerra para o coronel no comando das operações de engenharia da frente oriental. Ele sabia que o POUM tinha sido cassado, é claro, mas provavelmente não lhe ocorreu que a polícia seria tão tola a ponto de prendê-lo no momento em que estava a caminho da frente numa missão militar de urgência. Ele tinha ido ao Hotel Continental buscar sua bagagem; minha esposa estava fora na hora e os funcionários do hotel deram um jeito de detê-lo com alguma história falsa, enquanto telefonavam para a polícia. Admito que fiquei com raiva, quando soube da prisão de Kopp. Era meu amigo pessoal, eu servira sob seu comando durante meses, estivera sob fogo com ele e conhecia sua história. Era um homem que tinha sacrificado tudo — família, nacionalidade, modo de vida — simplesmente para vir à Espanha e lutar contra o fascismo. Ao deixar a Bélgica sem permissão e ingressar em um exército estrangeiro, enquanto fazia parte da reserva do exército belga e, antes disso, ao ajudar a fabricar munições ilegalmente para o governo da Espanha, ele acumulara anos de prisão para si mesmo, se algum dia voltasse ao seu país. Ele esteve na linha de frente desde outubro de 1936, progrediu de miliciano a major, esteve em ação não sei quantas vezes e foi ferido uma vez. Durante a confusão de maio, como eu mesmo vira, impediu uma batalha localizada e provavelmente salvou dez ou vinte vidas. E tudo que podiam fazer em retribuição era jogá-lo na cadeia. É uma perda de tempo ficar com raiva, mas a estupidez perversa desse tipo de coisa realmente acaba com a paciência de qualquer um.

Enquanto isso, não tinham "pegado" minha esposa. Embora ela tivesse permanecido no Continental, a polícia não tinha feito nada para prendê-la. Era bem óbvio que estava sendo usada como isca. Umas duas noites antes, entretanto, nas primeiras horas da madrugada, seis policiais à paisana invadiram nosso quarto no hotel e o revistaram. Confiscaram cada pedaço de papel que possuíamos, exceto, felizmente, nossos passaportes e talão de cheques. Levaram meus diários, todos os nossos livros, todos os recortes de jornais que vinham se acumulando havia meses (pergunto-me com frequência que utilidade aqueles recortes teriam para eles), todas as minhas lembranças da guerra e todas as nossas cartas. (Incidentalmente, levaram uma quantidade de cartas que eu recebera de leitores. Algumas delas não tinham sido respondidas e é claro que não tenho os endereços. Se alguém que me escreveu sobre meu último livro e não obteve resposta por acaso ler estas linhas, por favor aceite isso como um pedido de desculpas.) Soube depois que a polícia também havia confiscado vários pertences que eu tinha deixado no sanatório Maurín. Carregaram até uma trouxa de roupa suja. Talvez pensassem que contivesse mensagens em tinta invisível.

De todo modo, era óbvio que seria mais seguro para minha esposa ficar no hotel, por enquanto. Se ela tentasse fugir, eles sairiam atrás dela imediatamente. Quanto a mim, teria de partir imediatamente para a clandestinidade. Essa perspectiva me revoltava. Apesar das inúmeras prisões, era impossível para mim acreditar que eu estivesse em perigo. Nada parecia fazer sentido. Recusava-me a levar a sério essa investida idiota tanto quanto aquela que havia levado Kopp à cadeia. Ficava me repetindo: mas por que alguém vai querer me prender? O que foi que eu fiz? Nem mesmo era militante do POUM. Com certeza, empunhara armas durante as batalhas de maio, assim como aproximadamente quarenta ou cinquenta mil pessoas. Além disso, estava terrivelmente necessitado de uma boa noite de sono. Queria me arriscar a voltar para o hotel. Minha esposa não admitia nem ouvir falar nisso. Pacientemente, explicou-me o estado de coisas. Não interessava o que eu fizera ou não fizera. Isso não era uma recolha de criminosos; era simplesmente um reinado de terror. Eu não era culpado de nenhum ato em particular, mas era culpado de "trotskismo". O fato de ter servido na milícia do POUM já era o bastante para me meter na prisão. Não adiantava se agarrar à noção inglesa de que se está a salvo na medida em que se obedece à lei. Na prática, a lei era o que a polícia decidisse que fosse. A única coisa a fazer era se esconder e ocultar o fato de que eu tivera qualquer coisa a ver com o POUM. Examinamos os documentos que eu levava. Minha esposa me fez rasgar a carteira de miliciano, que tinha POUM impresso em letras grandes, assim como uma foto de um grupo de milicianos com uma bandeira do POUM ao fundo; isso era o tipo de coisa que fazia com que você fosse preso nesses tempos. No entanto, tive de ficar com os documentos da dispensa. Até mesmo eles eram um perigo, pois apresentavam o selo da 29ª Divisão e a polícia provavelmente saberia que a 29ª Divisão era o POUM; mas, sem eles, eu poderia ser preso como desertor.

Nós só tínhamos de pensar agora em sair da Espanha. Não fazia sentido ficar lá sabendo que mais cedo ou mais tarde seríamos presos. Para falar a verdade, nós dois gostaríamos muito de ficar, só para ver o que ia acontecer. Mas eu supunha que as prisões espanholas deviam ser lugares repugnantes (de fato, eram muito pior do que imaginara), e, uma vez na prisão, você nunca saberia quando sairia e eu estava num estado de saúde desgraçado, sem contar a minha dor no braço. Combinamos de nos encontrar no dia seguinte no Consulado Britânico, para onde Cottman e McNair também estavam indo. Era provável que demorassem alguns dias para colocar nossos passaportes em ordem. Antes de sair da Espanha, tinha-se de carimbar o passaporte em três lugares diferentes — pelo chefe da polícia, pelo cônsul francês e pelas autoridades de imigração catalãs. O chefe da polícia era o perigo, é claro. Mas talvez o cônsul britânico pudesse ajeitar as coisas, sem deixar que soubessem que tínhamos qualquer coisa a ver com o POUM. Obviamente, devia haver uma lista de "trotskistas" estrangeiros suspeitos e, muito provavelmente, nossos nomes estariam nela, mas com sorte poderíamos chegar à fronteira antes da lista. Com certeza haveria um bocado de embaraços e *mañanas*. Felizmente, esta era a Espanha e não a Alemanha. A polícia secreta da Espanha tinha algo do espírito da Gestapo, mas muito pouco de sua competência.

Despedimo-nos assim. Minha esposa voltou para o hotel e eu fiquei vagando pela escuridão, até achar um lugar para dormir. Lembro-me de me sentir mal-humorado e aborrecido. Desejara tanto uma noite numa cama! Não havia lugar nenhum onde eu pu-

LUTANDO NA ESPANHA *175*

desse ir, nenhuma casa onde me refugiar. O POUM praticamente não tinha nenhuma organização clandestina. Sem dúvida, os líderes sempre tinham se dado conta de que o partido poderia ser cassado, mas jamais esperariam uma caça às bruxas generalizada dessa natureza. Era tão pouco esperada, na verdade, que continuaram a fazer as reformas nos prédios do POUM (entre outras coisas, estavam construindo um cinema no prédio da executiva, que antes fora um banco) até o dia de sua cassação. Consequentemente, os pontos de encontro e esconderijos, que todo partido revolucionário deveria possuir como algo inquestionável, não existiam. Só Deus sabe quantas pessoas — pessoas cujas casas tinham sofrido batidas policiais — estavam dormindo nas ruas naquela noite. Eu passei cinco dias em viagens cansativas, dormindo em lugares inacreditáveis, meu braço doía danadamente e, agora, esses imbecis estavam me perseguindo para lá e para cá e eu tinha de dormir no chão outra vez. Esta era a distância que meus pensamentos podiam percorrer. Não fiz nenhuma das reflexões políticas corretas. Nunca faço quando as coisas estão acontecendo. Parece que isso sempre acontece quando me envolvo em guerra ou política — não tenho consciência de nada, a não ser do desconforto físico e de um desejo profundo de que essa maluquice desgraçada acabe. Posteriormente, consigo perceber a importância dos acontecimentos, mas, enquanto estão ocorrendo, simplesmente quero estar fora deles — um traço ignóbil, talvez.

Andei um bocado e encontrei-me em alguma parte próxima ao Hospital Geral. Queria um lugar onde pudesse me deitar, sem que algum policial xereta me encontrasse e exigisse meus documentos. Tentei um abrigo antiaéreo, mas era recém-cavado e estava minando água. Depois, cheguei às ruínas de uma igreja que fora pilhada e queimada na revolução. Era uma simples casca, quatro paredes sem teto, contornando montes de entulho. Na semiescuridão, fucei um pouco e encontrei uma espécie de oco onde poderia me deitar. Pedaços de alvenaria quebrada não são nada bons como cama, mas, felizmente, era uma noite quente e consegui várias horas de sono.

12

O PIOR DE SER PROCURADO pela polícia numa cidade como Barcelona é que tudo abre muito tarde. Quando se dorme ao relento, sempre se acorda de madrugada e nenhum dos cafés de Barcelona abre muito antes das nove. Demorou horas até que eu pudesse conseguir comprar uma xícara de café ou fazer a barba. Parecia estranho, na barbearia, ver o cartaz anarquista ainda na parede, explicando que as gorjetas eram proibidas. "A Revolução rompeu nossas correntes", dizia o cartaz. Tive vontade de dizer aos barbeiros que suas correntes logo estariam de volta outra vez, se não tomassem cuidado.

Caminhei de volta para o centro da cidade. As bandeiras vermelhas, por cima dos prédios do POUM, tinham sido arrancadas, bandeiras republicanas tremulavam em seu lugar e grupos de guardas de assalto armados perambulavam pelas entradas dos prédios. No centro do Socorro Vermelho da Praça de Catalunha, a polícia se divertira, quebrando a maioria das janelas. As bancas de livros do POUM tinham sido esvaziadas e no quadro de avisos mais abaixo nas Ramblas fora colada uma charge anti-POUM — a que mostrava a máscara e a cara fascista por baixo. Lá embaixo, ao pé das Ramblas, perto do cais, deparei-me com uma cena estranha; uma fileira de milicianos, ainda maltrapilhos e enlameados do front, esparramados, exaustos, nas cadeiras colocadas ali para os engraxates. Sabia quem eram — na verdade, reconheci um deles. Eram milicianos do POUM que tinham chegado da linha no dia anterior, para saber que o POUM fora cassado e tinham tido de passar a noite nas ruas, porque a polícia tinha vasculhado suas casas. Qualquer miliciano do POUM que retornasse a Barcelona por essa época podia escolher entre ir direto esconder-se e ir para a cadeia — uma recepção nada agradável, depois de três ou quatro meses na linha.

Era uma situação estranha a que vivíamos. À noite, éramos fugitivos sendo caçados, mas durante o dia podíamos levar uma vida quase normal. Toda casa conhecida como pouso de simpatizantes do POUM estava — ou em todo caso, poderia estar — sob observação e era impossível ir para um hotel ou pensão, porque fora decretado que, à chegada de um estranho, o responsável pelo hotel deveria informar a polícia imediatamente. Na prática, isso significava passar a noite ao relento. Durante o dia, por outro lado, numa cidade do tamanho de Barcelona, estava-se relativamente a salvo. As ruas estavam apinhadas de guardas de assalto locais e valencianos, carabineiros e policiais comuns, além de Deus sabe quantos espiões à paisana; ainda assim, eles não podiam parar todo mundo que passava e, se você parecesse normal, poderia escapar sem ser notado. Era aconselhável evitar perambular pelos prédios do POUM e ir a cafés e restaurantes onde os garçons o conhecessem de vista. Passei muito tempo naquele dia, e no seguinte, em um dos banhos públicos. Ocorreu-me que era uma boa maneira de matar o tempo e não dar na vista. Infelizmente, a mesma ideia ocorreu a muita gente e, alguns dias depois — depois que saí de Barcelona — a polícia deu uma batida nos banhos públicos e prendeu uma porção de "trotskistas" — como vieram ao mundo.

Na metade da subida das Ramblas, encontrei um dos feridos do Sanatório Maurín. Trocamos a espécie de piscadela invisível que as pessoas estavam trocando nessa época e conseguimos, de uma maneira discreta, nos encontrar num café mais adiante. Ele escapou de ser preso quando houve a batida no Maurín, mas, como os outros, fora expulso para a rua. Estava em mangas de camisa — tivera de fugir sem o paletó — e não tinha dinheiro nenhum. Descreveu como um dos guardas de assalto arrancara da parede o grande retrato a cores de Maurín e o chutara até fazê-lo em pedaços. Maurín (um dos fundadores do POUM) estava preso nas mãos dos fascistas e, naquela época, acreditava-se que fora fuzilado por eles.

Encontrei minha esposa no Consulado Britânico às dez horas. McNair e Cottman apareceram logo depois. A primeira coisa que me contaram foi que Bob Smillie estava morto. Morrera na prisão em Valência — de que, ninguém sabia ao certo. Tinha sido enterrado imediatamente e o representante do Partido Trabalhista Independente no local, David Murray, não obteve permissão para ver o corpo.

Claro que supusemos de imediato que Smillie fora fuzilado. Era o que todo mundo acreditava na época, mas desde esse tempo tenho pensado que eu podia estar enganado. Mais tarde, disseram que uma apendicite tinha sido a causa da morte e soubemos depois, através de um outro prisioneiro que fora libertado, que Smillie com certeza estivera doente na prisão. Então, talvez a história da apendicite fosse verdadeira. A recusa em deixar que Murray visse o corpo podia ser pura maldade, somente. Contudo, não posso deixar de dizer que Bob Smillie tinha apenas vinte e dois anos e, fisicamente, era uma das pessoas mais fortes que eu já tinha conhecido. Foi ele, acho, a única pessoa que conheci, inglesa ou espanhola, que passou três meses nas trincheiras sem ficar doente nem um dia. Pessoas tão resistentes assim geralmente não morrem de apendicite se são cuidadas adequadamente. Mas quando se sabia o que eram as cadeias espanholas — as cadeias improvisadas para presos políticos —, entendia-se quais eram as chances de um homem doente conseguir a atenção adequada. As cadeias eram lugares que só poderiam ser descritos pela palavra masmorra. Na Inglaterra, teríamos de voltar ao século XVIII para encontrar algo comparável. As pessoas eram encarceradas em pequenas celas, onde mal havia espaço para se deitarem e, com frequência, eram mantidas em porões e outros lugares escuros. Isso não se dava como medida temporária — havia casos de pessoas mantidas por quatro ou cinco meses quase sem ver a luz do dia. E eram alimentadas com a dieta imunda e insuficiente de dois pratos de sopa e dois pedaços de pão por dia. (Alguns meses depois, entretanto, parece que a comida melhorou um pouco.) Não estou exagerando; pergunte a qualquer um que tenha ficado preso na Espanha. Obtive relatos sobre as cadeias espanholas de várias fontes distintas e eles se ajustam bem demais para serem desacreditados; além disso, eu mesmo dei uma olhada numa cadeia espanhola. Um outro amigo inglês, que foi preso depois, escreveu que suas experiências na cadeia "fazem com que o caso de Smillie seja mais fácil de entender". A morte de Smillie não é algo que eu possa facilmente perdoar. Aqui estava este rapaz de talento e coragem, que renunciara à carreira na universidade de Glasgow, para vir lutar contra o fascismo e que, como vi por mim mesmo, fizera seu trabalho na frente de batalha com vontade e coragem irrepecháveis. E tudo que conseguiram fazer com ele foi jogá-lo na cadeia e deixá-lo morrer como um animal abandonado. Sei que no meio de uma guerra enorme e sangrenta não adianta fazer muita confusão por causa de uma única morte. Uma bomba jogada de um avião numa rua cheia causa mais sofrimento do que um bocado de perseguição política. Mas o que me enraivece acerca de uma morte é a sua completa falta de sentido. Ser morto numa batalha — sim, é o que se espera; mas ser jogado na cadeia, sem nem uma ofensa imaginária sequer, mas simplesmente devido a um rancor estúpido e cego, e, depois, ser deixado morrer na solidão — essa é uma outra questão. Não consigo enxergar como esse tipo de coisa — e não se trata, no caso de Smillie, de um caso excepcional — contribuía para a vitória.

Minha esposa e eu visitamos Kopp naquela tarde. Permitiam que se visitassem prisioneiros que não estivessem *incomunicado*, embora fosse mais seguro não fazer isso mais do que uma ou duas vezes. A polícia observava as pessoas que iam e vinham e se você visitasse as cadeias com muita frequência, rotulavam-no amigo dos "trotskistas" e provavelmente acabava na cadeia. Isso já tinha acontecido com muitas pessoas.

Kopp não estava *incomunicado*, e conseguimos uma licença para visitá-lo sem dificuldade. Enquanto nos conduziam através das portas de aço da cadeia, um miliciano espanhol que eu conhecera no front estava sendo levado para fora entre dois guardas de assalto. Seu olho encontrou o meu; de novo a piscadela fantasma. E a primeira pessoa que vi lá dentro foi um miliciano norte-americano que partira para casa alguns dias antes; seus documentos estavam em ordem, mas prenderam-no na fronteira assim mesmo, provavelmente porque ele ainda estava usando os culotes de veludo *côtelé* e era, portanto, identificável como um miliciano. Cruzamos um pelo outro como se fôssemos completos desconhecidos. Foi horrível. Conhecia-o havia meses, dividira um abrigo com ele, ele ajudara a me carregar para baixo da linha quando eu fui ferido; mas era a única coisa que se podia fazer. Os guardas vestidos de azul estavam bisbilhotando por toda parte. Seria fatal reconhecer pessoas demais.

A chamada cadeia era, na verdade, o piso térreo de uma loja. Em duas salas, cada qual medindo cerca de seis metros quadrados, perto de cem pessoas estavam encarceradas. O lugar tinha a verdadeira aparência do *Newgate Calendar* do século XVIII,[23] com sua sujeira bolorenta, seu amontoado de corpos humanos, sua falta de mobília — só o piso de pedra nua, um banco e alguns cobertores esfarrapados — e sua luz sombria, pois as persianas de aço tinham sido abaixadas por sobre as janelas. Nas paredes encardidas, slogans revolucionários — "*Visca* POUM!", "*Viva la Revolución!*" e assim por diante — tinham sido rabiscados. O lugar vinha sendo usado como um depósito de prisioneiros políticos fazia meses. Havia uma barulheira ensurdecedora de vozes. Era a hora da visita e o lugar estava tão lotado de pessoas que era difícil se mexer. Quase todas eram parte da população mais pobre da classe trabalhadora. Viam-se mulheres desfazendo míseros pacotes de comida, que tinham

---

23 Série de publicações iniciadas por volta de 1770, nas quais se descreviam a vida, os crimes, julgamentos, torturas e execuções de criminosos recolhidos à famosa prisão londrina de Newgate. [N. T.]

trazido para seus companheiros presos. Havia vários dos feridos do Sanatório Maurín entre os prisioneiros. Dois deles tinham as pernas amputadas; um foi trazido para a prisão sem a sua muleta e estava pulando num pé só. Havia também um garoto de não mais do que doze anos; estavam prendendo até crianças, aparentemente. O lugar tinha o fedor brutal que sempre se consegue quando pessoas são encarceradas juntas, aos montes, sem as instalações sanitárias adequadas.

Kopp abriu caminho através da multidão para nos encontrar. Seu rosto rechonchudo e de cor fresca parecia o mesmo de sempre e, naquele lugar imundo, ele mantivera seu uniforme limpo e tinha até dado um jeito de se barbear. Havia um outro oficial com o uniforme do Exército Popular entre os prisioneiros. Ele e Kopp deram-se continência, enquanto se esforçavam para passar um pelo outro; o gesto era patético, de certo modo. Kopp parecia de excelente humor.

— Bem, imagino que deveremos ser todos fuzilados — disse, alegremente.

A palavra "fuzilado" me deu uma espécie de arrepio. Uma bala entrara em meu próprio corpo recentemente e a sensação ainda estava fresca na minha memória; não é agradável pensar que isso acontecerá com todos os seus conhecidos. Naquela época, tinha certeza de que todas as pessoas importantes do POUM, Kopp entre elas, *seriam* fuziladas. O primeiro boato sobre a morte de Nin acabara de correr e sabíamos que o POUM estava sendo acusado de traição e espionagem. Tudo apontava para um enorme julgamento de fachada, seguido por um massacre dos principais "trotskistas". É uma coisa terrível ver seu amigo na cadeia e saber-se impotente para ajudá-lo. Pois não havia nada que se pudesse fazer; inútil até apelar para as autoridades belgas, pois Kopp transgredira a lei de seu próprio país ao vir para cá. Tive de deixar a maior parte da conversa a cargo de minha esposa; com meu guincho de voz não conseguia me fazer ouvir naquele alarido. Kopp nos contava sobre os amigos que fizera entre os prisioneiros, sobre os guardas, alguns dos quais eram bons sujeitos, mas outros não, pois maltratavam e batiam nos prisioneiros mais fracos, e sobre a comida, que era uma "lavagem de porco". Felizmente, tínhamos tido a ideia de trazer um pacote de comida, e cigarros também. Então Kopp começou a nos contar sobre os documentos que tiraram dele, quando foi preso. Entre eles, havia a carta do ministro da Guerra, endereçada ao coronel no comando das operações de engenharia do Exército do Leste. A polícia a confiscara e recusara-se a devolvê-la; diziam que estava no escritório do chefe da polícia. Podia fazer uma enorme diferença, se fosse recuperada.

Percebi imediatamente a importância que isso poderia ter. Uma carta oficial daquele tipo, levando uma recomendação do ministro da Guerra e do general Pozas, poderia estabelecer a *bona fides* de Kopp. Mas o problema era provar que a carta existia; se fosse aberta no escritório do chefe da polícia, podíamos ter certeza de que um ou outro dedo-duro a destruiria. Só havia uma pessoa que poderia talvez recuperá-la, e era o oficial para quem fora endereçada. Kopp já pensara nisso e tinha escrito uma carta que queria que eu levasse para fora da cadeia e a enviasse. Mas era obviamente mais rápido e mais seguro ir em pessoa. Deixei minha esposa com Kopp, corri lá para fora e, depois de muita procura, consegui um táxi. Sabia que o tempo era tudo. Eram cinco e meia agora, o coronel provavelmente sairia de seu escritório às seis e amanhã só Deus sabe onde a carta poderia estar — destruída, talvez, ou perdida em algum lugar no caos de documentos em que estava, presumivelmente, sendo empilhada, à medida que um suspeito atrás do outro era preso. O escritório do coronel era no Departamento da Guerra lá embaixo, perto do cais. Enquanto me apressava em subir as escadas, o guarda de assalto de prontidão na porta me barrou o caminho com sua baioneta comprida e exigiu meus "documentos". Sacudi meu cartão de dispensa para ele; evidentemente, ele não sabia ler e me deixou passar, impressionado pelo mistério vago dos "documentos". Lá dentro, o lugar era um prédio superpovoado, enorme e complicado, funcionando ao redor de um pátio central, com centenas de escri-

LUTANDO NA ESPANHA *183*

tórios em cada andar; e, como essa era a Espanha, ninguém tinha a menor ideia de onde era o escritório que eu estava procurando. Ficava repetindo: "*El coronel, jefe de ingenieros, Ejército de Este!*". As pessoas sorriam e davam de ombros, graciosamente. Todos que tinham uma opinião me mandavam numa direção diferente; subindo essas escadas, descendo aquelas, ao longo de passagens intermináveis que davam em becos sem saída. E o tempo passando. Tinha a mais estranha sensação de estar num pesadelo: correndo para cima e para baixo de lances de escada, as pessoas misteriosas indo e vindo, os relances através de portas abertas de escritórios caóticos, com papéis espalhados por toda parte e máquinas de escrever funcionando; e o tempo passando e uma vida, talvez, em jogo.

Entretanto, cheguei lá a tempo e, um tanto surpreso, fui atendido. Não vi o coronel, mas seu ajudante de ordens ou secretário, um oficialzinho franzino, de uniforme elegante, com olhos grandes e vesgos, veio entrevistar-me na antessala. Comecei a despejar minha história. Viera a pedido de meu oficial superior, major Jorge Kopp, que seguia para o front numa missão urgente e fora preso por engano. A carta para o coronel era de natureza confidencial e deveria ser recuperada sem demora. Eu servira com Kopp durante meses, ele era um oficial do mais alto caráter, obviamente sua prisão fora um engano, a polícia o confundira com outra pessoa etc. etc. etc. Fiquei insistindo sobre a urgência da missão de Kopp para o front, sabendo que este era o argumento mais forte. Mas devia parecer uma história estranha, no meu espanhol vil, que escorregava para o francês a cada aperto. O pior era que a minha voz quase desaparecera de vez e só com um esforço violento eu era capaz de produzir uma espécie de grasnido. Estava apavorado, com medo que sumisse completamente e o oficialzinho ficasse cansado de tentar me ouvir. Fico me perguntando o que ele achou que estava errado com a minha voz — se ele pensou que eu estava bêbado ou simplesmente sofrendo com uma consciência culpada.

No entanto, ele me ouviu pacientemente, balançou a cabeça muitas e muitas vezes, e assentiu com prudência ao que eu dizia.

Sim, parecia que podia ter havido algum engano. Estava claro que a questão deveria ser examinada. *Mañana* — protestei. Não *mañana*! A questão era urgente; Kopp já era esperado na frente de batalha. Novamente, o oficial pareceu concordar. Então, veio a pergunta que eu temia:

— Este major Kopp, em que força servia?

A palavra terrível teve de sair:

— Na milícia do POUM.

— POUM!

Desejaria poder transmitir o impacto do susto em sua voz. Vocês devem se lembrar de como o POUM era encarado naquele momento. A onda de terror da espionagem atingira o ponto máximo; provavelmente, todos os bons republicanos acreditaram mesmo, por um ou dois dias, que o POUM era uma enorme organização espiã, sustentada pelos alemães. Ter de dizer uma coisa dessas para um oficial do Exército Popular era como entrar no Clube da Cavalaria imediatamente depois do susto da Carta Vermelha[24] e anunciar que você era comunista. Seus olhos escuros se moveram obliquamente através do meu rosto. Outra pausa longa, depois ele disse, devagar:

— E você diz que serviu com ele no front. Então você também estava servindo na milícia do POUM?

— Sim.

Ele se virou e mergulhou na sala do coronel. Eu podia ouvir uma conversa agitada. "Acabou", pensei. Nunca vamos obter a carta de Kopp de volta. Além disso, tive de confessar que eu mesmo estivera no POUM e, sem dúvida, eles chamariam a polícia e me prenderiam, só para acrescentar mais um trotskista ao grupo. Nesse momento, entretanto, o oficial reapareceu, colocando seu quepe e sinalizando, com ar severo, para que eu o seguisse. Íamos para o

---

24 Carta de outubro de 1924 do presidente do Comintern, Grigory Zinoviev, a Ramsay MacDonald, primeiro-ministro de um governo minoritário liderado pelo Partido Trabalhista, conclamando os comunistas britânicos a promoverem a revolução. Descoberta pelo serviço secreto, a "carta vermelha" foi publicada quatro dias antes das eleições, causando a derrota de MacDonald e do partido. [N. T.]

escritório do chefe da polícia. Era uma tirada longa, vinte minutos de caminhada. O oficialzinho marchava rigidamente na frente, com passo militar. Não trocamos uma única palavra durante todo o percurso. Quando chegamos ao escritório do chefe da polícia, uma multidão de canalhas com as caras mais horrendas, obviamente dedos-duros da polícia, informantes e espiões de todos os tipos, estava por ali, do lado de fora da porta. O oficialzinho entrou; houve uma conversa longa, acalorada. Podiam-se ouvir vozes furiosamente levantadas; imaginava gestos violentos, dar de ombros, bater de punhos na mesa. Evidentemente, a polícia se recusava a entregar a carta. Finalmente, entretanto, o oficial emergiu, enrubescido, mas carregando um grande envelope oficial. Era a carta de Kopp. Conseguíramos uma pequenina vitória, que, no decorrer dos acontecimentos, não fez a menor diferença. A carta foi entregue com presteza, mas os superiores militares de Kopp foram incapazes de tirá-lo da cadeia.

O oficial me prometeu que a carta seria entregue.

— Mas, e Kopp? — eu disse. — Nós não poderíamos libertá-lo?

Ele deu de ombros. Isto era uma outra questão. Não sabiam por que Kopp fora preso. Ele só podia me dizer que as investigações apropriadas seriam feitas. Não havia mais nada a dizer; era hora de partir. Nós dois nos inclinamos levemente. E então aconteceu algo estranho e comovente. O oficialzinho hesitou por um instante, então deu um passo e apertou minha mão.

Não sei se consigo expressar quanto aquela ação me tocou. Parece algo pequeno, mas não era. Deve-se compreender qual era o sentimento da época — a atmosfera horrível de suspeita e ódio, as mentiras e os boatos circulando por toda parte, os cartazes gritando dos tapumes que eu, e todo mundo parecido comigo, era um espião fascista. E você deve se lembrar que estávamos em pé do lado de fora do escritório do chefe da polícia, na frente daquela gangue imunda de leva e traz e agentes provocadores, qualquer um deles podia saber que você era "procurado" pela polícia. Era como apertar em público a mão de um alemão durante a Primeira Grande Guerra.

Imagino que ele decidira de algum modo que eu não era, de fato, um espião fascista; ainda assim, foi bondade dele o aperto de mão.

Registro isso, por mais trivial que possa parecer, porque é, de alguma forma, típico da Espanha — dos lampejos de magnanimidade que se obtêm dos espanhóis nas piores circunstâncias. Tenho as lembranças mais terríveis da Espanha, mas tenho muito poucas lembranças desagradáveis dos espanhóis. Somente duas vezes lembro-me de ter ficado seriamente com raiva de um espanhol e, em cada ocasião, quando me recordo, acredito que eu mesmo estivesse errado. Eles possuem, não há dúvida, uma generosidade, uma espécie de nobreza, que não pertence, na verdade, ao século xx. É isso que faz com que tenhamos esperança de que, na Espanha, até mesmo o fascismo possa assumir uma forma comparativamente mais frouxa e suportável. Poucos espanhóis possuem a eficiência e a consistência abomináveis que um Estado totalitário moderno precisa. Houve uma ilustraçãozinha estranha deste fato algumas noites antes, quando a polícia revistou o quarto de minha esposa. Na realidade, aquela revista foi um negócio muito interessante e queria tê-la presenciado, embora fosse melhor não o ter feito, pois poderia não ter mantido a calma.

A polícia conduziu a revista no conhecido estilo da OGPU ou da Gestapo. Nas primeiras horas da manhã, bateram na porta e seis homens marcharam para dentro, acenderam a luz e, imediatamente, assumiram várias posições no quarto, obviamente combinadas de antemão. Então eles revistaram os dois cômodos (havia um banheiro anexo) com uma meticulosidade inconcebível. Auscultaram as paredes, levantaram os capachos, examinaram o chão, apalparam as cortinas, cutucaram debaixo da banheira e do aquecedor, esvaziaram cada gaveta e mala e apalparam cada peça de roupa e a seguraram contra a luz. Apreenderam todos os papéis, inclusive o conteúdo das cestas de papéis e todos os nossos livros, ainda por cima. Ficaram excitadíssimos ao descobrirem que possuíamos uma tradução francesa de *Mein Kampf* de Hitler. Se aquele fosse o único livro que tivessem encontrado, nosso destino estaria selado. É óbvio que uma pessoa que lê *Mein Kampf* deve ser fascista. No instante seguinte, entretanto, acharam uma cópia do panfleto stalinista, "Maneiras de liquidar trotskistas e outros agentes duplos", o que os acalmou, de algum modo. Numa gaveta, havia uma quantidade de pacotes de papéis para cigarros. Desmancharam todos os pacotes e examinaram cada papel separadamente, no caso de haver mensagens escritas neles. Ao todo, passaram quase duas horas nesse trabalho. Contudo, durante todo esse tempo, eles *nunca revistaram a cama*. Minha esposa estava deitada na cama o tempo todo; obviamente, poderia haver meia dúzia de submetralhadoras debaixo do colchão, para não falar de uma biblioteca de documentos trotskistas debaixo do travesseiro. Contudo, os detetives não fizeram menção de tocar na cama, nem sequer olharam embaixo. Não posso acreditar que esta seja uma característica comum à rotina da OGPU. Deve-se lembrar que a polícia estava quase que inteiramente sob comando comunista e esses homens eram, provavelmente, eles próprios membros do Partido Comunista. Mas também eram espanhóis, e tirar uma mulher da cama já era um pouco demais para eles. Esta parte do trabalho foi abandonada em silêncio, tornando toda a revista sem sentido.

Naquela noite, McNair, Cottman e eu dormimos numa grama alta, à beira de uma construção abandonada. Foi uma noite fria para a época do ano e ninguém dormiu muito. Lembro-me das horas longas e sombrias, vagando à toa, antes de poder conseguir uma xícara de café. Pela primeira vez desde que cheguei a Barcelona, fui dar uma olhada na catedral — uma catedral moderna e um dos prédios mais horrorosos do mundo. Tem quatro torres guarnecidas de ameias, com exatamente a mesma forma de garrafas de vinho branco do Reno. Ao contrário da maior parte das igrejas de Barcelona, ela não foi danificada durante a revolução — foi poupada por causa de seu "valor artístico", disseram as pessoas. Acho que os anarquistas demonstraram mau gosto ao não explodi-la quando tiveram a chance, embora tenham pendurado uma faixa rubro-negra entre as torres. Naquela tarde, minha esposa e eu fomos visitar Kopp pela última vez. Não havia nada que pudéssemos fazer por ele, absolutamente nada, a não ser dizer adeus e deixar dinheiro com amigos espanhóis, que poderiam levar-lhe comida e cigarros. Um pouco mais tarde, no entanto, depois de termos deixado Barcelona, ele foi colocado *incomunicado* e nem mesmo comida podia ser-lhe enviada. Naquela noite, descendo as Ramblas, passamos pelo Café Moka, que os guardas de assalto ainda mantinham sob custódia. Num impulso, entrei e falei com dois deles que estavam encostados no balcão, com os fuzis pendurados ao ombro. Perguntei-lhes se sabiam quais companheiros tinham estado em serviço ali na época das batalhas de maio. Não sabiam e, com a vagueza espanhola de sempre, não sabiam como se poderia saber. Disse que meu amigo Jorge Kopp estava na cadeia e que talvez fosse julgado por algo relativo às batalhas de maio; que os homens que estiveram em serviço ali sabiam que ele tinha impedido a luta e salvara algumas de suas vidas; eles tinham de se apresentar e dar provas a esse respeito. Um dos homens com quem eu falava era um sujeito obtuso, com um ar pesadão, que ficava balançando a cabeça, porque não conseguia ouvir minha voz em meio ao alarido do trânsito. Mas o outro era diferente. Disse que ouviu alguns de seus companheiros falar da atitude de Kopp; Kopp era *buen chico* (um bom sujeito). Mas eu sabia, naquele momento mesmo, que era tudo inútil. Se Kopp fosse algum dia julgado, seria, como em todos os julgamentos desse tipo, com base em provas forjadas. Se ele foi fuzilado (e temo que isso seja bem possível), este será seu epitáfio: o *buen chico* do pobre guarda de assalto, que era parte de um sistema sujo, mas que permaneceu ser humano o bastante para reconhecer uma atitude decente, quando se deparava com uma.

Era uma existência extraordinária, insana, a que estávamos levando. À noite, éramos criminosos, mas, durante o dia, éramos prósperos turistas ingleses — esta era a nossa pose, de qualquer forma. Mesmo depois de uma noite ao relento, uma barba feita, um banho e uma engraxada nos sapatos faziam maravilhas pela nossa aparência. A coisa mais segura no momento era parecer o mais burguês possível. Frequentávamos o bairro residencial chique da cidade, onde nossos rostos não eram conhecidos, íamos a restaurantes caros e éramos muito ingleses com os garçons. Pela primeira vez em minha vida, dei para escrever coisas nas paredes. Os corredores de vários restaurantes elegantes tinham *"Visca* POUM" rabiscado neles, do maior tamanho que eu pudesse escrever. Durante todo esse tempo, embora tecnicamente me escondendo, não conseguia me sentir em perigo. A coisa toda parecia absurda demais. Eu tinha a crença inglesa inerradicável de que "eles" não podem prendê-lo, a menos que você tenha transgredido a lei. É uma crença perigosíssima durante um *pogrom* político. Tinham expedido um mandato para a prisão de McNair e havia a possibilidade de o resto de nós estar na lista também. As prisões, batidas e revistas da polícia continuavam sem parar; praticamente todo mundo que conhecíamos, com a exceção daqueles ainda no front, estava na cadeia nessa época. A polícia estava até mesmo subindo nos navios franceses que periodicamente levavam refugiados e capturando suspeitos de serem "trotskistas".

Graças à gentileza do cônsul britânico, que deve ter passado por maus bocados naquela semana, conseguimos colocar nossos passaportes em ordem. Quanto mais depressa partíssemos, melhor. Havia um trem que deveria partir para Port Bou às sete e meia da noite e poderíamos, normalmente, esperar que partisse mais ou menos às oito e meia. Combinamos que minha esposa pedisse um táxi com antecedência e depois fizesse as malas, pagasse a conta e deixasse o hotel no último instante possível. Se ela chamasse muito a atenção das pessoas do hotel, com certeza chamariam a polícia. Cheguei à estação perto das sete para descobrir que o trem já partira — saíra às dez para as sete. O maquinista mudara de ideia, como sempre. Felizmente, conseguimos avisar minha esposa a tempo. Tinha um outro trem na manhã seguinte, cedo. McNair, Cottman e eu jantamos num restaurantezinho próximo à estação e, com perguntas cuidadosas, descobrimos que o dono era membro da CNT e simpatizou conosco. Alugou-nos um quarto com três camas e esqueceu de avisar a polícia. Foi a primeira vez em cinco noites que pude tirar a roupa para dormir.

Na manhã seguinte, minha esposa escapuliu do hotel com sucesso. O trem saiu com cerca de uma hora de atraso. Preenchi o tempo escrevendo uma longa carta ao ministério da Guerra, falando sobre o caso de Kopp — que sem dúvida ele fora preso por engano, que ele era necessário com urgência na frente, que inúmeras pessoas testemunhariam que ele era inocente de qualquer delito etc. etc. Fico me perguntando se alguém leu aquela carta, escrita em folhas arrancadas de um caderno, numa caligrafia vacilante (meus dedos ainda estavam parcialmente paralisados) e num espanhol ainda mais vacilante. Em todo caso, nem esta carta nem qualquer outra coisa teve resultado. Enquanto escrevo, seis meses depois dos acontecimentos, Kopp (se ele não foi fuzilado) ainda está na cadeia, sem ser acusado ou julgado. No começo, recebemos duas ou três cartas dele, levadas às escondidas por prisioneiros libertados e enviadas da França. Todas contavam a mesma história — aprisionamento em antros escuros e imundos, comida ruim e insuficiente, enfermidades graves, devido às condições do cárcere, e recusa de cuidados médicos. Tudo isso me foi confirmado por várias outras fontes, inglesas e francesas. Mais recentemente, ele desapareceu numa das "prisões secretas" com as quais parece impossível obter qualquer tipo de comunicação. O caso dele é o caso de dezenas ou centenas de estrangeiros, e ninguém sabe quantos milhares de espanhóis.

No fim, cruzamos a fronteira sem incidentes. O trem tinha primeira classe e um vagão-restaurante, o primeiro que vira na Espanha. Até recentemente, havia apenas uma classe nos trens da Catalunha. Dois detetives percorreram o trem, anotando os nomes dos estrangeiros, mas, quando nos viram no vagão-restaurante, deixaram-se convencer de que éramos respeitáveis. Era estranho como tudo mudara. Há apenas seis meses, quando os anarquistas reinavam, parecer um proletário era o que o tornava respeitável. No caminho, descendo de Perpignan a Cerbères, um comerciante francês no meu vagão me dissera com toda a solenidade:

— O Senhor não deve entrar na Espanha com essa aparência. Tire o colarinho e a gravata. Eles os arrancarão fora em Barcelona.

Ele estava exagerando, mas isso mostrava como a Catalunha era vista. Na fronteira, os guardas anarquistas tinham mandado um francês e sua esposa, elegantemente vestidos, voltarem, somente — acho — porque pareciam burgueses demais. Agora, era o contrário; parecer burguês era a única salvação. No registro de passaportes, procuraram nossos nomes num fichário de suspeitos, mas, graças à ineficiência da polícia, os nossos não estavam listados, nem mesmo o de McNair. Fomos revistados da cabeça aos pés, mas não possuíamos nada que nos incriminasse, exceto meus documentos de dispensa e os carabineiros que nos revistaram não sabiam que a 29ª Divisão era do POUM. Assim, escapulimos pela barreira e, apenas seis meses depois, eu estava em solo francês outra vez. Meus únicos suvenires da Espanha eram um cantil de pele de cabra e uma daquelas pequeninas lamparinas de ferro, nas quais os camponeses de Aragão queimam azeite de oliva — lamparinas quase exatamente do mesmo formato das lamparinas de terracota que os romanos usavam há dois mil anos —, que eu apanhara em alguma cabana arruinada e que tinha, de algum modo, se prendido à minha bagagem.

No fim das contas, aconteceu que não tínhamos partido cedo demais. O primeiro jornal que vimos anunciava a prisão de McNair por espionagem. As autoridades espanholas tinham sido um pouco precipitadas ao anunciar isso. Felizmente, o "trotskismo" não está sujeito à extradição.

Fico pensando qual é a primeira ação adequada, quando se vem de um país em guerra e se põe os pés em solo pacífico. A minha foi correr até um quiosque de tabaco e comprar tantos charutos e cigarros quanto eu pudesse enfiar nos meus bolsos. Depois, fomos todos a um bufê e tomamos uma xícara de chá, o primeiro chá com leite fresco que bebíamos em muitos meses. Demorou vários dias até que eu conseguisse me acostumar com a ideia de que era possível comprar cigarros a hora que se quisesse. Eu sempre esperava ver as portas das tabacarias fechadas e o cartaz proibitivo *No hay tabaco* na janela.

McNair e Cottman estavam seguindo para Paris. Minha esposa e eu descemos do trem em Banylus, a primeira estação linha acima, com vontade de descansar. Não fomos nada bem recebidos em Banylus, quando descobriram que vínhamos de Barcelona. Várias vezes vi-me envolvido na mesma conversa:

— O senhor vem da Espanha? De que lado estava lutando? No do governo? Ah! — e depois uma frieza acentuada.

A cidadezinha parecia unanimemente franquista, sem dúvida por causa dos diversos refugiados espanhóis fascistas que chegavam lá de tempos em tempos. O garçom do café que eu frequentava era um espanhol franquista e costumava me lançar olhares carrancudos ao me servir um aperitivo. Era o oposto em Perpignan, que estava repleta de partidários do governo e onde todas as diferentes facções conspiravam umas contra as outras quase como em Barcelona. Havia um café em que a palavra "POUM" imediatamente atraía amigos franceses e sorrisos do garçom.

Acho que passamos três dias em Banylus. Foi um período estranhamente inquieto. Nessa tranquila cidade pesqueira, distante de bombas, metralhadoras, filas de comida, propaganda e intriga, deveríamos ter-nos sentido profundamente gratos e aliviados. Não sentimos nada semelhante. As coisas que víramos na Espanha não se dissiparam e entraram em perspectiva agora que estávamos longe delas; ao invés disso, correram ao nosso encontro e estavam muito mais vivas que antes. Pensávamos, falávamos, sonhávamos incessantemente com a Espanha. Fazia meses que nos dizíamos que "quando saíssemos da Espanha", iríamos para algum lugar às margens do Mediterrâneo e ficaríamos quietos por um tempo e talvez pescássemos um pouco; mas, agora que estávamos aqui, tudo era uma grande chatice e uma decepção. Fazia frio, um vento persistente soprava do mar, a água estava turva e encapelada, ao redor da borda do porto uma escuma de cinzas, rolhas e tripas de peixe borbulhava contra as pedras. Parece loucura, mas a coisa que nós dois mais queríamos era voltar para a Espanha. Embora não fosse fazer bem a ninguém, pudesse até nos causar sérios danos, nós dois desejávamos ter ficado presos junto com os outros. Imagino que fracassei ao transmitir só um pouco do que aqueles meses na Espanha significaram para mim. Registrei alguns dos acontecimentos externos, mas não posso registrar o sentimento que deixaram em mim. Está tudo misturado a paisagens, cheiros e sons que não podem ser transmitidos pela escrita: o cheiro das trincheiras, as auroras na montanha se espalhando por distâncias inconcebíveis, o estalar gelado das balas, o rugido e o clarão das bombas; a luz clara e fria das manhãs em Barcelona e o bater de botas no pátio do quartel em dezembro, quando as pessoas ainda acreditavam na revolução; e as filas de comida e as bandeiras rubro-negras e os rostos dos milicianos espanhóis; acima de tudo, os rostos dos milicianos — homens que conheci na linha e que estão agora espalhados Deus sabe onde, alguns mortos em batalhas, alguns mutilados, alguns na prisão — a maioria deles, espero, ainda vivos e a salvo. Boa sorte para todos eles; espero que ganhem sua guerra e expulsem todos os estrangeiros da Espanha, alemães, russos e italianos igualmente. Esta guerra, na qual desempenhei um papel tão ineficaz, deixou-me lembranças que são, em sua maioria, más e, todavia, não desejaria tê-las perdido. Quando se tem um vislumbre de um desastre assim — e como quer que termine, a guerra espanhola terá sido um desastre aterrador, mesmo sem contar a mortandade e o sofrimento físico —, o resultado não é, necessariamente, desilusão e ceticismo. Curiosamente, a experiência toda não me deixou com menos, mas com mais fé na decência dos seres humanos. E espero que este relato que fiz não seja dos mais enganadores. Acredito que numa questão como esta ninguém é, ou pode ser, inteiramente verdadeiro. É difícil ter certeza de qualquer coisa, exceto do que se vê com os próprios olhos e, consciente ou inconscientemente, todo mundo escreve como um partidário. Caso eu não tenha dito isso em alguma parte antes neste livro, direi agora: cuidado com o meu partidarismo, meus enganos sobre os fatos e a distorção inevitável causada por ter visto apenas uma parte dos acontecimentos. E tenha cuidado exatamente com essas mesmas coisas quando ler qualquer outro livro sobre esse período da guerra espanhola.

Por causa do sentimento de que devíamos estar fazendo alguma coisa, embora na verdade não houvesse nada que pudéssemos fazer, partimos de Banyuls mais cedo do que pretendíamos. A cada milha que se avançava em direção ao norte, a França ficava mais verde e macia. Para longe das montanhas e das vinhas, de volta à pradaria e aos olmos. Quando passei por Paris a caminho da Espanha, pareceu-me decaída e sombria, muito diferente da Paris que conhecera oito anos antes, quando a vida era barata e não se ouvia falar de Hitler. Metade dos cafés que eu conhecia estava fechada por falta de fregueses e todos estavam obcecados pelo alto custo de vida e pelo medo da guerra. Agora, depois da pobre Espanha, até Paris parecia alegre e próspera. E a Exposição estava a todo o vapor, embora eu tenha conseguido evitar visitá-la.

E depois, a Inglaterra — o sul da Inglaterra, provavelmente a paisagem mais insinuante do mundo. É difícil, quando se passa por ali, principalmente quando estamos nos recuperando pacificamente do enjoo do mar sentados nas almofadas aveludadas do vagão, acreditar que algo esteja realmente acontecendo em algum lugar. Terremotos no Japão, fome na China, revoluções no México? Não se preocupe, o leite estará na sua porta amanhã de manhã, o *New Statesman* sairá na sexta-feira. As cidades industriais ficavam muito longe, um borrão de fumaça e miséria escondido pela curva da superfície da terra. Aqui embaixo ainda era a Inglaterra que eu conheci em minha infância: os trilhos da ferrovia sufocados por flores silvestres, os prados profundos onde os grandes cavalos brilhantes pastam e meditam, os riachos vagarosos ladeados por salgueiros, as superfícies verdes dos olmos, as esporinhas nos jardins dos chalés; e, depois, a enorme vastidão pacífica dos arredores de Londres, as barcaças no rio lamacento, as ruas familiares, os cartazes anunciando partidas de críquete e casamentos reais, os homens de chapéu-coco, os pombos na Trafalgar Square, os ônibus vermelhos, os policiais azuis — todos dormindo o sono profundo, profundo, da Inglaterra, do qual eu às vezes temo que jamais acordaremos, até que sejamos arrancados dele pelo rugido das bombas.

APÊNDICE I

No início,[25] ignorara o lado político da guerra e foi só por essa época que ele começou a impor-se à minha atenção. Se você não está interessado nos horrores da política partidária, por favor, pule; estou tentando manter os trechos políticos desta narrativa em capítulos separados, exatamente com esse propósito. Mas, ao mesmo tempo, seria bastante impossível escrever sobre a guerra da Espanha de um ângulo puramente militar. Foi, acima de tudo, uma guerra política. Nenhum acontecimento, pelo menos durante o primeiro ano, é inteligível, a menos que se tenha alguma noção da luta interpartidária que estava sendo travada por trás das fileiras do governo.

Quando cheguei à Espanha, e durante algum tempo, não só a situação política não me interessava, como eu não tinha consciência dela. Sabia que havia um guerra declarada, mas não fazia ideia do tipo de guerra. Se você me perguntasse por que ingressara na milícia, responderia: "Para lutar contra o fascismo", e se você me perguntasse *pelo que* eu estava lutando, responderia: "Pela decência geral". Aceitara a versão *News Chronicle-New Statesman* da guerra como defesa da civilização contra a insurreição maníaca de um

---

25 Tratava-se este apêndice, na primeira edição, do capítulo v, que ficava entre os capítulos iv e v desta edição. Foi posto aqui a pedido de Orwell. [N. E.]

exército de coronéis Blimp,[26] financiados por Hitler. A atmosfera revolucionária de Barcelona me atraíra profundamente, mas eu não procurei entendê-la. Quanto ao caleidoscópio de partidos políticos e sindicatos, com seus nomes cansativos — PSUC, POUM, FAI, CNT, UGT, JCI, JSU, AIT —, tudo isso só me deixava mais exasperado. À primeira vista, parecia que a Espanha estava sofrendo de uma praga de siglas. Sabia que estava servindo em algo chamado POUM (ingressara na milícia do POUM e não em outra qualquer, porque cheguei com documentos do Partido Trabalhista Independente), mas não percebi que havia sérias divergências entre os partidos políticos. Em Monte Pocero, quando apontaram para a posição à nossa esquerda e disseram: "Aqueles são socialistas" (querendo dizer que eram do PSUC), fiquei confuso e disse: "Não somos todos socialistas?". Achava uma idiotice o fato de pessoas lutando por suas vidas *terem* partidos diferentes; minha atitude era: "Por que não deixamos de lado toda essa bobagem política e continuamos com a guerra?". Claro que esta era a atitude "antifascista" correta, disseminada cuidadosamente pelos jornais ingleses, em grande parte com o intuito de impedir que as pessoas compreendessem a verdadeira natureza do conflito. Mas na Espanha, sobretudo na Catalunha, era uma atitude que ninguém podia ou conseguia manter indefinidamente. Todos, mesmo contra a vontade, acabavam tomando partido mais cedo ou mais tarde. Pois, mesmo que não ligássemos para os partidos políticos e suas "linhas" conflitantes, era patente que nosso próprio destino estava envolvido nisso. Como milicianos, éramos soldados contra Franco, mas também éramos peões numa enorme batalha que estava sendo travada entre duas teorias políticas. Quando surrupiei lenha na encosta e me perguntei se isso era realmente uma guerra ou se o *News Chronicle* a tinha inventado, quando escapei das metralhadoras comunistas nos levantes de Barcelona,

---

26 Personagem do cartunista David Low (1891-1963), o coronel Blimp servia para satirizar as opiniões reacionárias da classe dominante britânica dos anos 1930 e 1940. [N. T.]

quando, finalmente, fugi da Espanha com a polícia nos meus calcanhares — todas essas coisas aconteceram comigo porque estava servindo na milícia do POUM e não na do PSUC. Eis o tamanho da diferença entre duas siglas!

Para compreender o alinhamento de forças do lado do governo, deve-se recordar como a guerra começou. Quando as lutas explodiram em 18 de julho, é provável que cada antifascista da Europa tenha sentido um sopro de esperança. Pois aqui afinal, aparentemente, a democracia estava fazendo frente ao fascismo. Havia anos que os chamados países democráticos rendiam-se pouco a pouco ao fascismo. Permitiram que os japoneses fizessem o que bem entendessem na Manchúria. Hitler tomara o poder e partira para o massacre indiscriminado de seus opositores políticos. Mussolini bombardeara os abissínios, enquanto cinquenta e três nações (acho que foram cinquenta e três) emitiam ruídos piedosos, discretamente. Mas quando Franco tentou destituir um moderado governo de esquerda, o povo da Espanha, contra todas as expectativas, levantou-se contra ele. Parecia — era possível que fosse — a virada da maré.

Mas havia vários pontos que escapavam à compreensão geral. Para começar, Franco não era, estritamente falando, comparável a Hitler ou Mussolini. Sua ascensão devia-se a um motim militar apoiado pela aristocracia e pela Igreja e, sobretudo no começo, era mais uma tentativa de restaurar o feudalismo do que de impor o fascismo. Isso significava que Franco tinha contra si não apenas a classe trabalhadora, mas também vários setores da burguesia liberal — exatamente as pessoas que apoiavam o fascismo quando ele surgia na sua forma mais moderna. Mais importante ainda era o fato de a classe trabalhadora espanhola não resistir a Franco, como poderíamos pensar na Inglaterra, em nome da "democracia" e do *status quo*; sua resistência era acompanhada — poder-se-ia dizer que ela consistia — de um levante revolucionário explícito. A terra foi confiscada pelos camponeses; muitas fábricas e a maior parte do transporte foram confiscadas pelos sindicatos; igrejas foram destruídas e padres expulsos ou mortos. O *Daily Mail*, em meio à aclamação do

198 *George Orwell*

clero católico, pôde transformar Franco num patriota, alguém capaz de libertar seu país da horda de "vermelhos" demoníacos.

Nos primeiros meses da guerra, o verdadeiro opositor de Franco não era propriamente o governo, mas os sindicatos. Assim que o levante começou, os trabalhadores organizados das cidades reagiram, convocando uma greve geral e logo exigindo — e, depois de alguma luta, obtendo — armas dos arsenais públicos. Se eles não tivessem agido espontânea e mais ou menos independentemente, é bem possível que Franco nunca tivesse encontrado resistência. É claro que não pode haver certezas quanto a isso, mas há ao menos alguns motivos para se pensar assim. O governo não fizera nenhuma tentativa, ou muito poucas, de impedir o levante, que fora previsto havia um bom tempo, e quando a confusão começou, sua atitude foi fraca e hesitante, tanto assim que a Espanha teve, de fato, três primeiros-ministros num só dia.[27] Além do mais, o único passo que poderia resolver imediatamente a situação, o municiamento dos trabalhadores, só foi dado a contragosto e em resposta ao violento clamor popular. Seja como for, as armas foram distribuídas e nas grandes cidades do leste da Espanha os fascistas foram derrotados por um esforço imenso, sobretudo da classe trabalhadora, ajudada por parte das Forças Armadas (Guarda de Assalto etc.) que permaneceram fiéis. Foi o tipo de esforço que, provavelmente, só poderia ter sido feito por pessoas que estavam lutando com intenções revolucionárias — isto é, que acreditavam estar lutando por algo melhor do que o *status quo*. Nos vários centros da revolta, estima-se que três mil pessoas morreram nas ruas num só dia. Homens e mulheres armados apenas com bananas de dinamite atravessavam praças abertas e atacavam edifícios de pedra defendidos por soldados treinados e com metralhadoras. Ninhos de metralhadoras que os fascistas colocaram em pontos estratégicos foram esmagados por táxis, investindo contra eles a uma velocidade de noventa quilômetros por

---

27 Quiroga, Barrios e Giral. Os dois primeiros se recusaram a distribuir armas para os sindicatos. [N.A.]

hora. Mesmo que não se tivesse ouvido falar nada do confisco da terra pelos camponeses, do estabelecimento de sovietes locais etc., seria difícil acreditar que os anarquistas e os socialistas, que eram a espinha dorsal da resistência, estivessem fazendo esse tipo de coisa para preservar a democracia burguesa que, sobretudo na visão dos anarquistas, não passava de uma máquina de falcatruas.

Enquanto isso, os trabalhadores tinham armas nas mãos e, neste estágio, recusavam-se a devolvê-las. (Até mesmo um ano depois, foi computado que os anarcossindicalistas da Catalunha possuíam trinta mil fuzis.) As propriedades dos grandes donos de terra fascistas foram confiscadas pelos camponeses em muitos lugares. Junto com a coletivização da indústria e do transporte, houve uma tentativa de estabelecer os rudimentos de um governo dos trabalhadores por meio de comitês regionais, patrulhas de trabalhadores para substituir as velhas forças policiais pró-capitalistas, milícias de trabalhadores fundadas nos sindicatos e assim por diante. É claro que o processo não foi uniforme e que foi mais longe na Catalunha do que em outros lugares. Houve áreas nas quais as instituições de governo locais permaneceram quase intocadas, e outras onde se mantiveram lado a lado com os comitês revolucionários. Em alguns lugares, estabeleceram-se comunas anarquistas independentes e algumas delas sobreviveram até quase um ano depois, quando foram violentamente suprimidas pelo governo. Na Catalunha, nos primeiros meses, grande parte da força real estava nas mãos dos anarcossindicalistas, que controlavam a maioria das indústrias-chave. O que aconteceu na Espanha foi, de fato, não apenas uma guerra civil, mas o começo de uma revolução. Foi este fato que a imprensa antifascista fora da Espanha tratou de esconder. A questão foi limitada a "fascismo *versus* democracia"; e o aspecto revolucionário, encoberto tanto quanto possível. Na Inglaterra, onde a imprensa é mais centralizada e o público mais facilmente manipulável do que em outras partes, apenas duas versões da guerra da Espanha tiveram uma publicidade que valha a pena mencionar: a versão da direita, dos patriotas cristãos contra os bolcheviques sedentos de sangue; e a versão da esquerda, dos cavalheiros republicanos sufocando uma revolta militar. A questão central foi abafada com sucesso.

Havia várias razões para isso. Para começar, mentiras assustadoras sobre atrocidades circularam pela imprensa pró-fascista, e propagandistas bem-intencionados sem dúvida acharam que estavam ajudando o governo espanhol ao negarem que a Espanha tinha "virado vermelha". Mas a razão principal era a seguinte: exceto os grupos revolucionários que existem em todos os países, o mundo inteiro estava determinado a impedir a revolução na Espanha. Em especial o Partido Comunista, com a União Soviética por trás, jogara todo o seu peso contra a revolução. A tese comunista era que a revolução, nesse estágio, seria fatal, e que o que deveria ser almejado na Espanha não era o controle dos trabalhadores, mas a democracia burguesa. Nem é preciso dizer por que a opinião capitalista "liberal" seguiu a mesma linha. Capital estrangeiro fora investido pesadamente na Espanha. A Empresa de Transportes de Barcelona (Barcelona Traction Company), por exemplo, tinha dez milhões de capital britânico investidos; e os sindicatos tinham confiscado todos os meios de transporte na Catalunha. Se a revolução fosse adiante, haveria muito pouca ou nenhuma compensação; se a república capitalista prevalecesse, os investimentos estrangeiros estariam a salvo. E já que a revolução devia ser esmagada, fingir que ela não acontecera simplificava muito as coisas. Nesse sentido, a importância real de cada acontecimento podia ser encoberta: toda vez que os sindicatos cediam poder ao governo central, isto era retratado como um passo necessário para a reorganização militar. A situação que se produziu era curiosa ao extremo. Fora da Espanha, poucas pessoas entenderam que houve uma revolução; dentro da Espanha, ninguém duvidava disso. Até mesmo os jornais do PSUC, controlados pelos comunistas e relativamente comprometidos com uma política antirrevolucionária, falavam sobre "nossa gloriosa revolução". Enquanto isso, a imprensa comunista nos países estrangeiros alardeava que não havia sinal de revolução em lugar nenhum; o confisco das fábricas, o estabelecimento de comitês de trabalhadores etc.

não tinham acontecido — ou, por outro lado, tinham acontecido, mas "não tinham nenhuma importância política". De acordo com a edição de 6 de agosto de 1936 do *Daily Worker*, aqueles que afirmavam que o povo espanhol estava lutando por uma revolução social, ou por outra coisa diferente da democracia burguesa, eram "canalhas mentirosos descarados". Por outro lado, Juan López, membro do governo de Valência, declarou em fevereiro de 1937 que "o povo espanhol está derramando seu sangue, não pela república democrática e sua constituição de papel, mas por... uma revolução". Assim, parecia que entre os canalhas mentirosos descarados incluíam-se os membros do governo pelo qual nos mandavam lutar. Alguns dos jornais estrangeiros antifascistas chegavam ao ponto de publicar mentiras piedosas sobre as igrejas só serem atacadas quando eram usadas como fortalezas fascistas. Na verdade, as igrejas estavam sendo pilhadas por toda parte e era de se esperar, pois era público e notório que a igreja espanhola fazia parte da falcatrua capitalista. Em seis meses na Espanha, só vi duas igrejas incólumes, e até mais ou menos julho de 1937, nenhuma igreja tinha permissão para reabrir ou celebrar cultos, a não ser uma ou duas igrejas protestantes em Madri.

Mas, afinal, era apenas o começo de uma revolução, não a coisa toda. Mesmo quando os trabalhadores, com certeza na Catalunha, e possivelmente em outros lugares, tiveram poder para tanto, eles não derrubaram ou substituíram inteiramente o governo. É óbvio que não podiam fazê-lo enquanto Franco batia no portão e setores da classe média estavam do lado dele. O país se encontrava numa situação de transição que poderia tanto se desenvolver na direção do socialismo quanto ser revertida para uma república capitalista comum. Os camponeses tinham a posse da maior parte da terra e provavelmente a manteriam, a menos que Franco ganhasse; todas as grandes indústrias tinham sido coletivizadas, mas se permaneceriam coletivizadas ou se o capitalismo seria reintroduzido, dependeria no fim do grupo que obtivesse o poder. No começo, tanto o governo central quanto o generalato da Catalunha (o governo semiautônomo catalão) poderiam seguramente ser tomados como representantes da classe trabalhadora. O governo era comandado por Caballero, um socialista de esquerda, e tinha ministros que representavam a UGT (sindicatos socialistas) e a CNT (grupos sindicalistas controlados pelos anarquistas). O generalato catalão foi por um tempo virtualmente suplantado por um Comitê de Defesa Antifascista,[28] composto sobretudo por delegados dos sindicatos. Mais tarde, o Comitê de Defesa foi dissolvido e o generalato foi reconstituído, a fim de representar os sindicatos e os diversos partidos de esquerda. Mas cada rearrumação subsequente do governo foi um movimento em direção à direita. Primeiro, o POUM foi expulso do generalato; seis meses depois Caballero foi substituído pelo socialista de direita Negrín. Pouco depois, a CNT foi eliminada do governo; depois a UGT; depois, a CNT foi posta para fora do generalato; finalmente, um ano depois do início da guerra e da revolução, restou um governo inteiramente composto de socialistas de direita, liberais e comunistas.

A virada geral para a direita data de outubro-novembro de 1936, quando a União Soviética começou a fornecer armas para o governo, e o poder começou a passar dos anarquistas para os comunistas. Exceto a Rússia e o México, nenhum outro país teve a decência de vir em socorro do governo espanhol, e o México, por motivos óbvios, não podia fornecer armas em grandes quantidades. Consequentemente, os russos ficaram em posição de ditar os termos. Há muito pouca dúvida de que os termos eram, em suma, estes: "Impeçam a revolução ou não terão armas", e que a primeira ação contra os elementos revolucionários, a expulsão do POUM do generalato catalão, foi executada sob ordens da União Soviética. Negaram que qualquer pressão tivesse sido exercida pelo governo russo, mas tal argumento não tem grande importância, pois os

---

28   Comitê Central de Milícias Antifascistas. Os delegados eram escolhidos de acordo com a proporção de membros de suas organizações. Nove delegados representavam os sindicatos, três os partidos liberais catalães e dois os vários partidos marxistas (POUM, comunistas e outros). [N.A.]

partidos comunistas de todos os países podiam ser vistos como executantes da política russa e não há como negar que o Partido Comunista foi o principal agente, primeiro contra o POUM, depois contra os anarquistas e contra o setor socialista de Caballero; de um modo geral, contra qualquer política revolucionária. Uma vez que a União Soviética havia intervindo, o triunfo do Partido Comunista estava garantido. Para começar, a gratidão à Rússia pelas armas e pelo fato de o Partido Comunista, principalmente desde a chegada das Brigadas Internacionais, parecer capaz de ganhar a guerra, aumentou enormemente o prestígio comunista. Em segundo lugar, as armas russas eram fornecidas através do Partido Comunista e dos partidos a ele aliados, que tomavam cuidado para que o menor número possível chegasse aos seus opositores políticos.[29] Em terceiro lugar, ao proclamarem uma política não revolucionária, os comunistas conseguiram reunir todos aqueles que os extremistas tinham assustado. Foi fácil, por exemplo, incitar os camponeses mais ricos contra a política de coletivização dos anarquistas. Houve um crescimento enorme de adesões ao partido e o influxo vinha quase todo da classe média — comerciantes, funcionários, oficiais do exército, camponeses afluentes etc. etc. A guerra era fundamentalmente uma luta triangular. A luta contra Franco tinha de continuar, mas o objetivo do governo era ao mesmo tempo reaver o poder que ainda permanecia nas mãos dos sindicatos. Isso foi feito através de uma série de pequenas medidas — uma política de alfinetadas, como alguém a chamou — e, em geral, de maneira muito inteligente. Não houve nenhuma medida geral ou claramente contrarrevolucionária e, até maio de 1937, o uso da força quase não foi necessário. Os trabalhadores sempre podiam ser dominados com um argumento, cuja obviedade quase desobriga enunciá-lo: "A menos que vocês façam isto, aquilo e aquilo outro, perderemos a guerra". Em cada

---

29   Essa era a razão de haver tão poucas armas russas no front de Aragão, onde as tropas eram predominantemente anarquistas. Até abril de 1937, a única arma russa que eu vi – excetuando os aviões que podiam ou não ser russos – foi uma solitária submetralhadora. [N.A.]

caso, o que se exigia, por razões militares, era a entrega de algo que os trabalhadores tinham ganhado sozinhos em 1936. Tal argumento não poderia falhar, porque perder a guerra era a última coisa que os partidos revolucionários queriam; se perdessem a guerra, democracia e revolução, socialismo e anarquismo se tornariam palavras sem sentido. Os anarquistas, o único partido revolucionário que era grande o bastante para fazer diferença, viram-se obrigados a abrir mão de um ponto após o outro. O processo de coletivização foi posto em xeque, os comitês regionais eliminados, as patrulhas de trabalhadores abolidas e as forças policiais de antes da guerra, amplamente reforçadas e muito fortemente armadas, foram restauradas e diversas indústrias-chave, que tinham ficado sob controle dos sindicatos, foram retomadas pelo governo (o confisco da Companhia Telefônica de Barcelona, que ocasionou as lutas de maio, foi um incidente neste processo). Finalmente, o mais importante de tudo, as milícias dos trabalhadores, fundadas nos sindicatos, foram gradualmente desmanteladas e redistribuídas entre o novo Exército Popular, um exército "apolítico" de linha semiburguesa, com uma folha de pagamento desigual, uma casta oficial privilegiada etc. etc. Nessas circunstâncias especiais, esse era o passo realmente decisivo; na Catalunha só se deu depois, porque lá os partidos revolucionários eram mais fortes. Obviamente, a única garantia que os trabalhadores poderiam ter para conservar suas conquistas era manter parte das Forças Armadas sob seu controle. Como sempre, o desmanche das milícias foi feito em nome da eficiência militar; e ninguém podia negar que uma completa reorganização militar era necessária. Teria sido bem possível, entretanto, reorganizar as milícias e torná-las mais eficientes, mesmo sob controle direto dos sindicatos; o motivo principal da mudança era garantir que os anarquistas não possuíssem um exército próprio. Além do mais, o espírito democrático das milícias as tornava campo fértil para a propagação de ideias revolucionárias. Os comunistas sabiam bem disso e investiam implacável e incessantemente contra o POUM e o princípio anarquista de pagamento igual para todas as patentes.

Um "aburguesamento" geral, uma destruição deliberada do espírito igualitário dos primeiros meses da revolução estava em curso. Tudo aconteceu tão depressa que as pessoas que fizeram visitas sucessivas à Espanha com intervalos de poucos meses disseram que mal parecia estarem visitando o mesmo país; o que parecera na superfície e por um breve momento ser um Estado dos trabalhadores estava se transformando à vista de todos numa democracia burguesa comum, com a divisão normal entre ricos e pobres. No outono de 1937, o "socialista" Negrín declarava em discursos públicos que "respeitamos a propriedade privada", e os membros das Cortes[30] que no início da guerra tiveram que fugir do país, porque eram suspeitos de serem simpatizantes do fascismo, estavam voltando para a Espanha.

O processo todo é fácil de entender se nos lembrarmos que ele provém da aliança temporária que o fascismo, sob certos aspectos, impõe ao burguês e ao trabalhador. Essa aliança, conhecida como Frente Popular, é, em sua essência, uma aliança entre inimigos, e parece provável que sempre termine com um dos parceiros engolindo o outro. A única característica inesperada na situação espanhola — e que fora da Espanha causou um enorme mal-entendido — é que, entre os partidos do lado do governo, os comunistas não se situavam à extrema esquerda, mas à extrema direita. Na verdade, isso não deveria causar surpresa, porque as táticas dos partidos comunistas em outros lugares, principalmente na França, deixaram claro que o comunismo oficial devia ser encarado, ao menos por enquanto, como uma força antirrevolucionária. Toda a política do Comintern está subordinada agora (o que é desculpável, considerando-se a situação mundial) à defesa da União Soviética, que depende de um sistema de alianças militares. Especialmente, sua aliança com a França, um país capitalista-imperialista. A aliança pouco serve à Rússia, a menos que o capitalismo francês seja forte; portanto, a política comunista na França tem de ser antirrevolucionária. Isso

---

30   As câmaras do Congresso e o Senado. [N. T.]

significa não apenas que os comunistas franceses marcham agora atrás da bandeira tricolor e cantam a Marselhesa, mas, o que é ainda mais importante, que eles tiveram de abandonar toda a agitação efetiva nas colônias francesas. Faz menos de três anos que Thorez, o secretário do Partido Comunista Francês, declarou que os trabalhadores franceses jamais deveriam lutar contra seus camaradas alemães;[31] hoje, ele é um dos patriotas mais empedernidos da França. A chave para o comportamento do partido comunista em qualquer país é a relação militar daquele país, real ou potencial, com a União Soviética. Na Inglaterra, por exemplo, a posição ainda é incerta, daí porque o Partido Comunista Inglês ainda é hostil ao governo nacional e ostensivamente contrário ao rearmamento. Se, no entanto, a Grã-Bretanha fizer uma aliança militar com a União Soviética, o Partido Comunista Inglês, como o Partido Comunista Francês, terá como única escolha tornar-se bom patriota e imperialista. Já há sinais premonitórios disso. Na Espanha, a "linha" comunista foi sem dúvida influenciada pelo fato de a França, aliada da Rússia, poder se opor com firmeza a um vizinho revolucionário e mover céus e terra para impedir a libertação do Marrocos espanhol. O *Daily Mail*, com seus relatos sobre a revolução vermelha financiada por Moscou, estava até mais freneticamente errado do que de costume. Na realidade, foram os comunistas, mais do que todos os outros, que impediram a revolução na Espanha. Mais tarde, quando as forças de direita já tinham pleno controle, os comunistas se mostraram dispostos a irem mais fundo do que os liberais na caçada aos líderes revolucionários.[32]

Tentei esboçar o curso geral da revolução espanhola durante o primeiro ano, porque isso facilita a compreensão de qualquer outro momento. Mas não quero insinuar que em fevereiro eu tivesse todas as opiniões implícitas no que disse acima. Para começar, as

---

31 Na câmara dos deputados, em março de 1935. [N.A.]
32 Para o melhor relato sobre a atuação dos partidos governistas, ver *The spanish cockpit* de Franz Borkenau. Este é de longe o livro mais competente que já apareceu sobre a guerra da Espanha. [N.A.]

coisas que mais me abriram os olhos ainda não tinham acontecido e, além disso, minhas simpatias eram um tanto diferentes do que são agora. Em parte, isto se dava porque o lado político da guerra me aborrecia, e eu reagia naturalmente contra o que mais escutava — isto é, o ponto de vista do POUM e do Partido Trabalhista Independente. Os ingleses com quem eu convivia eram, na maioria, membros do Partido Trabalhista Independente, havia alguns do PC, e quase todos eles eram mais politizados do que eu. Durante semanas a fio, no período em que não acontecia nada ao redor de Huesca, encontrei-me no meio de uma discussão política interminável. No celeiro fedorento e cheio de correntes de ar onde estávamos alojados, no negrume sufocante dos abrigos cavados na encosta, atrás do parapeito nas gélidas madrugadas, as "linhas" conflitantes do partido eram debatidas sem parar. Entre os espanhóis, dava-se o mesmo, e a maioria dos jornais que víamos fazia da rixa interpartidária seu assunto principal. A pessoa tinha de ser surda ou idiota para não formar uma ideia da posição dos diversos partidos.

Do ponto de vista da teoria política, só havia três partidos importantes: o PSUC, o POUM e o CNT-FAI, vagamente descrito como anarquista. Abordarei o PSUC primeiro, como o mais importante. Foi o partido que triunfou afinal e, mesmo nessa época, estava numa curva visivelmente ascendente.

É preciso explicar que quando falamos na "linha" do PSUC, na verdade falamos na "linha" do Partido Comunista. O PSUC era o partido socialista da Catalunha; tinha sido formado no começo da guerra, a partir da fusão de vários partidos marxistas, inclusive o Partido Comunista catalão, mais tarde ficou totalmente sob controle comunista e estava filiado à Terceira Internacional. Em outros lugares da Espanha, não tinha acontecido nenhuma unificação formal entre socialistas e comunistas, mas o ponto de vista comunista e o socialista de direita podiam passar por idênticos. Grosseiramente falando, o PSUC era a organização política da UGT, dos sindicatos socialistas. O número de filiados a esses sindicatos em toda a Espanha chegava a um milhão e meio. Incluíam muitos setores

208 *George Orwell*

dos trabalhadores manuais, mas desde a deflagração da guerra tinham inchado devido ao afluxo de membros da classe média, pois, nos primeiros dias da revolução, todo mundo achou que era bom ingressar ou na UGT ou na CNT. Os dois blocos de sindicatos se sobrepunham, mas, dos dois, a CNT era, de modo mais explícito, uma organização da classe trabalhadora. O PSUC era, portanto, um partido, em parte, dos trabalhadores e, em parte, da pequena burguesia — comerciantes, funcionários e camponeses mais abastados.

A "linha" do PSUC, que era divulgada através da imprensa comunista e pró-comunista em todo o mundo, era mais ou menos a seguinte: "Neste momento, só nos interessa ganhar a guerra; sem uma vitória na guerra, todo o resto não tem sentido. Portanto, este não é o momento de se falar em levar a revolução adiante. Não podemos nos arriscar a alienar os camponeses, ao forçá-los à coletivização, nem podemos nos arriscar a amedrontar as classes médias que estão lutando ao nosso lado. Acima de tudo, em nome da eficiência, devemos nos livrar do caos revolucionário. Devemos ter um governo central forte no lugar dos comitês regionais e devemos ter um exército corretamente treinado e plenamente militarizado sob um comando unificado. Agarrar-se a fragmentos de controle dos trabalhadores e papaguear expressões revolucionárias é pior do que ser inútil, não é simplesmente obstruir, mas é ser até mesmo contrarrevolucionário, porque isso leva a divisões que podem ser usadas contra nós pelos fascistas. Neste estágio, não estamos lutando pela ditadura do proletariado, estamos lutando pela democracia parlamentarista. Quem quer que tente transformar a guerra civil numa revolução social está jogando do lado dos fascistas e é, na prática, se não na intenção, um traidor".

A "linha" do POUM diferia disso em todos os pontos, exceto, claro, o da importância de ganhar a guerra. O POUM era um desses partidos comunistas dissidentes que têm surgido em muitos países nos últimos anos, como resultado de uma oposição ao "stalinismo", isto é, à mudança, real ou aparente, da política comunista. Era composto, em parte, de ex-comunistas e, em parte, de um partido mais antigo, a Liga dos Trabalhadores e Camponeses. Em termos numéricos, era um partido pequeno,[33] sem muita influência fora da Catalunha, cuja principal característica era conter uma proporção inusitadamente alta de membros politicamente conscientes. Na Catalunha, seu reduto principal era Lérida. Ele não representava nenhum bloco de sindicatos. Os milicianos do POUM eram, na maioria, membros da CNT, mas os verdadeiros membros do partido pertenciam em geral à UGT. Era, entretanto, apenas na CNT que o POUM tinha alguma influência. A "linha" do POUM era mais ou menos a seguinte: "É bobagem falar em opor-se ao fascismo com a 'democracia' burguesa. A 'democracia' burguesa é apenas um outro nome para o capitalismo, do mesmo modo que o fascismo; lutar contra o fascismo em nome da 'democracia' é lutar contra uma primeira forma de capitalismo, em nome de uma segunda que é capaz de se transformar na primeira a qualquer momento. A única verdadeira alternativa ao fascismo é o controle dos trabalhadores. Se estabelecermos qualquer objetivo menor do que este, ou daremos a vitória a Franco ou, na melhor das hipóteses, deixaremos o fascismo entrar pela porta dos fundos. Enquanto isso, os trabalhadores devem se agarrar a cada retalho do que conquistaram; se cederem qualquer coisa para o governo semiburguês, podem esperar que serão enganados. As milícias e as forças policiais dos trabalhadores devem ser preservadas em sua forma atual e devemos resistir a qualquer esforço de 'aburguesamento' delas. Se os trabalhadores não controlarem as Forças Armadas, as Forças Armadas controlarão os trabalhadores. A guerra e a revolução são inseparáveis".

O ponto de vista anarquista é mais difícil de ser definido. Em todo caso, o vago termo "anarquistas" é empregado para cobrir uma

---

33 Os números de filiação do POUM eram dados como sendo os seguintes: em julho de 1936, 10 mil; em dezembro de 1936, 70 mil; em junho de 1937, 40 mil. Mas esses números são de fontes do POUM; uma estimativa contrária provavelmente os dividiria por quatro. A única coisa que se pode dizer com certeza sobre filiações de partidos políticos espanhóis é que cada partido superestimava seus próprios números. [N.A.]

multidão de pessoas de opiniões muito divergentes. O imenso bloco de sindicatos que formava a CNT, com cerca de dois milhões de membros ao todo, tinha como órgão político a FAI (Federación Anarquista Ibérica), uma verdadeira organização anarquista. Mas mesmo os membros da FAI, embora tivessem, como talvez todos os espanhóis tenham, umas tintas de filosofia anarquista, não eram necessariamente anarquistas em sentido estrito. Principalmente desde o início da guerra, eles tinham caminhado em direção a um socialismo comum, porque as circunstâncias os tinham forçado a participar de uma administração centralizada e até mesmo a romper com todos os seus princípios, ao entrar no governo. No entanto, eles se diferenciavam basicamente dos comunistas tanto que, como o POUM, tinham como objetivo o controle dos trabalhadores e não uma democracia parlamentarista. Aceitavam o slogan do POUM: "A guerra e a revolução são inseparáveis", embora fossem menos dogmáticos a esse respeito. Grosseiramente falando, a CNT-FAI era a favor de: controle direto sobre as indústrias, exercido pelos trabalhadores nelas engajados, como as de transportes, têxteis etc.; governo formado por comitês regionais e resistência a qualquer forma de autoritarismo centralizado; hostilidade inflexível à burguesia e à Igreja. O último ponto, embora fosse o menos preciso, era o mais importante. Os anarquistas se opunham à maioria dos chamados revolucionários na medida em que, embora seus princípios fossem bastante vagos, seu ódio aos privilégios e à injustiça era perfeitamente genuíno. Em termos filosóficos, comunismo e anarquismo estão em campos opostos. Na prática — isto é, na forma de sociedade que almejam —, a diferença é sobretudo de ênfase, mas é totalmente irreconciliável. A ênfase comunista é sempre na centralização e na eficiência, a anarquista na liberdade e na igualdade. O anarquismo é profundamente enraizado na Espanha e é provável que sobreviva ao comunismo, quando a influência russa se retirar. Durante os dois primeiros meses da guerra, foram os anarquistas, mais do que todos, que salvaram a situação, e muito mais tarde, a milícia anarquista, apesar de toda

LUTANDO NA ESPANHA 211

a indisciplina, tinha reconhecidamente os melhores combatentes entre as forças unicamente espanholas. Mais ou menos a partir de fevereiro de 1937, os anarquistas e o POUM podiam ser, até certo ponto, confundidos. Se os anarquistas, o POUM e os socialistas de esquerda tivessem tido discernimento para se unirem, no início, e pressionarem por uma política realista, a história da guerra poderia ter sido diferente. Mas, no período inicial, quando os partidos revolucionários pareciam ter o jogo nas mãos, isso foi impossível. Entre anarquistas e socialistas, havia ciúmes antigos, o POUM, como os marxistas, era cético quanto ao anarquismo, enquanto que do ponto de vista puramente anarquista o "trotskismo" do POUM não era muito melhor do que o "stalinismo" dos comunistas. Entretanto, a tática comunista tendia a impulsionar a aproximação dos dois partidos. Quando o POUM se juntou à desastrosa luta de maio em Barcelona, foi sobretudo pelo instinto de apoiar a CNT e, mais tarde, quando foi cassado, os anarquistas foram os únicos que ousaram levantar a voz em sua defesa.

Então, *grosso modo*, o alinhamento de forças era esse. De um lado a CNT-FAI, o POUM e um setor dos socialistas, a favor do controle dos trabalhadores; do outro, os socialistas de direita, os liberais e os comunistas, a favor de um governo centralizado e de um exército militarizado.

É fácil perceber porque, nessa época, eu preferia o ponto de vista comunista ao do POUM. Os comunistas tinham uma ação política definida, uma política evidentemente melhor do ponto de vista do bom senso, que só enxerga alguns meses à frente E, certamente, a política do dia a dia do POUM, sua propaganda e tudo mais eram indescritivelmente ruins; deve ter sido assim, caso contrário eles teriam tido condições de atrair uma massa muito maior de seguidores. O que arrematava tudo era que os comunistas — assim me parecia — estavam levando a guerra adiante, enquanto nós e os anarquistas permanecíamos imóveis. Este era um sentimento geral, na época. Os comunistas tinham ganhado poder e um número considerável de filiados, em parte por apelarem para as classes médias contra os revolucionários, mas também porque eram os únicos que pareciam capazes de ganhar a guerra. As armas russas e a magnífica defesa de Madri por tropas majoritariamente sob comando comunista fizeram dos comunistas os heróis da Espanha. Como alguém disse, cada avião russo que voava sobre nossa cabeça era propaganda comunista. O purismo revolucionário do POUM, embora eu percebesse sua lógica, parecia-me bastante fútil. Afinal, a única coisa que importava era ganhar a guerra.

Enquanto isso, a diabólica rixa interpartidária continuava em jornais, panfletos, cartazes, livros — por toda parte. Nessa época, os jornais que lia com mais frequência eram os jornais do POUM, *La Batalla* e *Adelante*, e suas queixas incessantes contra o "contrarrevolucionário" PSUC soavam pedantes e cansativas para mim. Depois, quando estudei a imprensa comunista e a do PSUC mais de perto, compreendi que o POUM quase não tinha defeitos, se comparado a seus adversários. Fora todo o resto, eles tinham oportunidades muito menores. Ao contrário dos comunistas, eles não tinham influência em nenhuma imprensa de fora de seu próprio país e, dentro da Espanha, estavam em enorme desvantagem, porque a censura da imprensa estava principalmente sob controle comunista, o que significava que os jornais do POUM estavam sujeitos a serem fechados ou multados caso dissessem algo que considerassem prejudicial. Também é justo para com o POUM dizer que, embora pregassem sermões infinitos sobre a revolução e citassem Lênin *ad nauseam*, eles não condescendiam com difamações pessoais. Eles também mantinham suas polêmicas restritas sobretudo a artigos jornalísticos. Seus grandes cartazes coloridos, para um público mais amplo (cartazes são importantes na Espanha, com grande parte da população analfabeta), não atacavam partidos rivais, mas eram simplesmente antifascistas ou abstratamente revolucionários; do mesmo modo que as músicas que os milicianos cantavam. Os ataques comunistas eram coisa bem diferente. Terei de lidar com alguns deles mais adiante neste livro. Aqui, posso apenas dar uma indicação sucinta da linha de ataque comunista.

LUTANDO NA ESPANHA 213

Na superfície, a contenda entre os comunistas e o POUM dizia respeito a táticas. O POUM era a favor da revolução imediata, os comunistas não. Até aqui tudo bem; há muito a dizer sobre os dois lados. Além do mais, os comunistas argumentavam que a propaganda do POUM dividia e enfraquecia as forças do governo e, dessa maneira, colocava a guerra em perigo; mais uma vez, embora não concorde no final, pode-se defender bem este ponto. Mas aqui entra a peculiaridade da tática comunista. Tímida a princípio, depois bem mais enfaticamente, eles começaram a afirmar que o POUM estava dividindo as forças do governo, não por falta de capacidade crítica, mas com um plano deliberado. O POUM foi considerado nada mais do que um grupo de fascistas disfarçados, pagos por Franco e Hitler, que estavam insistindo numa política pseudorrevolucionária como um meio de ajudar a causa fascista. Isto implicava que milhares de membros da classe trabalhadora, inclusive oito ou dez mil soldados que estavam congelando nas trincheiras da linha de frente e centenas de estrangeiros que tinham vindo para a Espanha para lutar contra o fascismo, sacrificando com frequência sua subsistência e sua nacionalidade ao fazê-lo, eram simplesmente traidores financiados pelo inimigo. E essa história foi espalhada por toda a Espanha por meio de cartazes etc., e repetida sem parar na imprensa comunista e pró-comunista de todo o mundo. Eu poderia encher meia dúzia de livros com citações, se quisesse reuni-las.

Então era isso o que estavam dizendo de nós: que éramos trotskistas, fascistas, traidores, assassinos, covardes, espiões e assim por diante. Admito que não era nada agradável, principalmente quando se pensava em algumas das pessoas responsáveis por isso. Não é nada bonito ver um garoto espanhol de quinze anos sendo levado numa maca, com o rosto pálido e aturdido, olhando por entre os cobertores, e pensar nas pessoas finas em Londres e Paris que estavam escrevendo panfletos para provar que aquele garoto era um fascista disfarçado. Uma das características mais terríveis da guerra é que toda a propaganda de guerra, toda a gritaria e as mentiras e o ódio vêm invariavelmente de pessoas que não estão lutando. Os milicianos do PSUC que conheci na linha de frente, os comunistas da Brigada Internacional que eu encontrava de vez em quando, nunca me chamaram de trotskista ou de traidor; deixavam esse tipo de coisa para os jornalistas na retaguarda. As pessoas que escreviam panfletos contra nós e nos vilipendiavam nos jornais ficavam todas a salvo em casa ou, no máximo, nas redações dos jornais em Valência, a centenas de quilômetros das balas e da lama. E, fora as difamações da rixa interpartidária, todo o material corriqueiro da guerra, os exageros, a grandiloquência, o aviltamento do inimigo — tudo isso era feito, como sempre, por pessoas que não estavam lutando e que, em muitos casos, prefeririam sair correndo em disparada a lutar. Um dos efeitos mais melancólicos dessa guerra foi o de me ensinar que a imprensa de esquerda é, até a última linha, tão espúria e desonesta quanto a de direita.[34] Tenho o sentimento sincero de que do nosso lado — o lado do governo — essa guerra era diferente das guerras comuns, das guerras imperialistas; mas, pela natureza da propaganda de guerra, nunca poderíamos ter adivinhado isso. A luta mal tinha começado quando os jornais de direita e de esquerda mergulharam simultaneamente na mesma cloaca de insultos. Todos nos lembramos do cartaz do *Daily Mail*: "VERMELHOS CRUCIFICAM FREIRAS", enquanto para o *Daily Worker* a Legião Estrangeira de Franco era "composta de assassinos, aliciadores de mulheres, drogados e o rebotalho de todos os países europeus". Até mesmo o *New Statesman*, em outubro de 1937, nos brindava com histórias sobre barricadas fascistas feitas com os corpos de crianças vivas (material bastante inapropriado para a construção de barricadas), e o sr. Arthur Bryant declarava que "serrar as pernas de comerciantes conservadores" era "coisa corriqueira" na Espanha legalista. As pessoas que escrevem esse tipo de coisa nunca lutam; talvez acreditem que escrever seja um sucedâneo de lutar. Acontece o mesmo em to-

---

34   Gostaria de abrir uma exceção para o *Manchester Guardian*. Por causa deste livro, tive de consultar os arquivos de um bocado de jornais ingleses. Dos nossos jornais de maior circulação, o *Manchester Guardian* é o único que me inspira um crescente respeito pela sua honestidade. [N.A.]

das as guerras; os soldados fazem a guerra, os jornalistas fazem a gritaria e nenhum patriota de verdade jamais se aproxima da trincheira da linha de frente, a menos que seja na mais rápida das visitas de propaganda. Às vezes, é reconfortante para mim pensar que os aviões estejam modificando as condições da guerra. Talvez, quando a próxima grande guerra vier, possamos ver algo sem precedentes em toda a história: um jingo com um buraco de bala.

No que diz respeito à imprensa, esta guerra era uma balbúrdia como todas as outras. Mas tinha a seguinte diferença: enquanto os jornalistas geralmente guardam suas piores injúrias para o inimigo, neste caso, com o passar do tempo, os comunistas e os membros do POUM começaram a escrever com mais amargura um sobre o outro do que sobre os fascistas. No entanto, naquela época eu não conseguia me convencer a levar isso a sério. A rixa interpartidária era perturbadora e até mesmo repugnante, mas me parecia uma briga doméstica. Não acreditava que fosse modificar alguma coisa ou que houvesse qualquer diferença verdadeiramente irreconciliável. Percebia que os comunistas e os liberais se opunham de forma categórica à continuidade da revolução, mas não que eles podiam ser capazes de revertê-la.

Havia um bom motivo para isso. Todo esse tempo eu estava no front e, no front, a atmosfera social e política não mudara. Deixei Barcelona no início de janeiro e só saí de licença no fim de abril; todo esse tempo — na verdade, até depois —, na faixa de Aragão, controlada pelas tropas anarquistas e do POUM, as mesmas condições se mantiveram, pelo menos externamente. A atmosfera revolucionária permanecia a mesma de quando cheguei. General e cabo, camponês e miliciano ainda se tratavam como iguais; todos recebiam o mesmo soldo, vestiam as mesmas roupas, comiam a mesma comida e chamavam uns aos outros de "camarada" e tratavam-se por "tu"; não havia a classe dos chefes, nem a classe dos lacaios, nem mendigos, nem prostitutas, nem advogados, nem padres, nem lamber de botas, nem continências. Eu respirava o ar da igualdade, e era simplório o bastante para achar que ele existia por toda a Espanha. Não me dava conta de que, mais ou menos por acaso, encontrava-me isolado dentro do setor mais revolucionário de toda a classe trabalhadora espanhola.

Então, quando meus camaradas mais politizados do que eu disseram-me que não se podia ter uma atitude puramente militar em relação à guerra e que a escolha era entre a revolução e o fascismo, senti vontade de rir deles. No geral, eu aceitava o ponto de vista comunista, que se resumia a dizer: "Não podemos falar de revolução até ganharmos a guerra"; e não o do POUM, que se resumia a dizer: "Devemos ir adiante ou teremos de retroceder". Quando, mais tarde, cheguei à conclusão que o POUM tinha razão ou, pelo menos, tinha mais razão que os comunistas, não foi de modo algum com base em argumentos teóricos. No papel, a causa comunista era boa; o problema era que o comportamento efetivo deles tornava difícil de acreditar que estivessem defendendo sua causa de boa-fé. O slogan repetido à exaustão: "Primeiro a guerra, depois a revolução", embora sensibilizasse o miliciano médio do PSUC, que achava honestamente que a revolução poderia continuar depois que a guerra estivesse ganha, era conversa fiada. Os comunistas não estavam lutando para adiar a revolução espanhola até um momento mais apropriado, mas para se certificarem de que ela jamais aconteceria. Isso se tornou cada vez mais óbvio à medida que o tempo passava, que o poder era tirado cada vez mais das mãos da classe trabalhadora e que cada vez mais revolucionários de todas as tendências eram jogados na prisão. Cada medida era tomada em nome da necessidade militar, porque este pretexto era, por assim dizer, feito sob encomenda, mas o efeito consistia em retirar os trabalhadores da posição vantajosa e colocá-los numa posição em que, quando a guerra terminasse, fosse impossível resistir à volta do capitalismo. Por favor, notem bem que não estou dizendo nada contra os comunistas das fileiras, menos ainda contra os milhares de comunistas que morreram heroicamente ao redor de Madri. Mas esses não eram os homens que dirigiam a política do partido. Quanto às pessoas mais graduadas, era inconcebível que não estivessem agindo de olhos abertos.

Mas, afinal, valia a pena ganhar a guerra mesmo que perdêssemos a revolução. E, por fim, cheguei a duvidar se, em longo prazo, a política comunista pretendia a vitória. Muito pouca gente parece ter refletido sobre o fato de que uma política diferente pode ser apropriada para períodos diferentes da guerra. Os anarquistas provavelmente salvaram a situação nos dois primeiros meses, mas eram incapazes de organizar a resistência além de um certo ponto; os comunistas provavelmente salvaram a situação em outubro-dezembro, mas ganhar a guerra de uma vez por todas era outra questão. Na Inglaterra, a política de guerra comunista foi aceita sem questionamentos, porque muito poucas críticas tiveram permissão de serem escritas e porque sua linha geral — eliminar o caos revolucionário, acelerar a produção, militarizar o exército — soava realista e eficaz. Vale a pena apontar sua fraqueza interna.

Para conter todas as tendências revolucionárias e dar a mais comum das aparências à guerra, era necessário desperdiçar as oportunidades estratégicas que de fato existiam. Descrevi como estávamos armados, ou desarmados, no front de Aragão. Não há muita dúvida de que as armas eram deliberadamente retidas, para impedir que um grande número delas caísse nas mãos dos anarquistas, que poderiam usá-las depois com fins revolucionários. Em consequência disso, a grande ofensiva de Aragão que teria feito Franco recuar de Bilbao e, talvez de Madri, nunca aconteceu. Mas essa era uma questão menor. O mais importante era, uma vez que a guerra fosse reduzida a uma "guerra pela democracia", que se tornaria impossível fazer qualquer apelo de larga escala para se obter a ajuda da classe trabalhadora estrangeira. Se encararmos os fatos de frente, teremos de admitir que a classe trabalhadora do resto do mundo observou a guerra da Espanha com indiferença. Dezenas de milhares de indivíduos vieram lutar, mas as dezenas de milhões por trás deles permaneceram apáticos. Durante o primeiro ano da guerra, imagina-se que todo o público britânico tenha contribuído para vários fundos de "ajuda à Espanha", com cerca de quase meio milhão de dólares — provavelmente menos da metade do que gastavam numa única semana indo ao cinema. A maneira pela qual a classe trabalhadora nos países democráticos poderia ter efetivamente ajudado seus camaradas espanhóis era através de ações engajadas — greves e boicotes. Nada parecido sequer se esboçou. Os líderes trabalhistas e comunistas de todas as partes declararam que era inimaginável; e sem dúvida tinham razão, já que também estavam gritando a plenos pulmões que a Espanha "vermelha" não era "vermelha". Desde 1914-18, "guerra pela democracia" tinha um toque sinistro. Há muitos anos que os próprios comunistas ensinavam aos trabalhadores militantes de todos os países que "democracia" era um nome bem-educado para capitalismo. Dizer primeiro: "A democracia é um embuste" e depois: "Lutem pela democracia!", não é uma boa tática. Se, com o imenso prestígio da Rússia Soviética por trás deles, tivessem apelado para os trabalhadores do mundo, não em nome de uma "Espanha democrática", mas de uma "Espanha revolucionária", é difícil de acreditar que não tivessem obtido uma resposta.

No entanto, o importante mesmo era que com uma política não revolucionária era difícil, se não impossível, atacar a retaguarda de Franco. Por volta do verão de 1937, Franco controlava uma população maior do que a controlada pelo governo — muito maior, se contarmos as colônias — com, mais ou menos, o mesmo efetivo. Como todo mundo sabe, com uma população hostil às suas costas, é impossível manter um exército em campo sem um outro efetivo, das mesmas proporções, para vigiar as comunicações, impedir sabotagens etc. Mas não havia, evidentemente, nenhum movimento popular de verdade na retaguarda de Franco. Era inconcebível que as pessoas em seu território, que os trabalhadores das cidades e os camponeses mais pobres, gostassem ou quisessem Franco, mas, a cada oscilação para a direita, a superioridade do governo se tornava menos aparente. O que resume tudo é o caso do Marrocos. Por que não havia nenhum levante no Marrocos? Franco estava tentando estabelecer uma ditadura infame e os marroquinos, de fato, preferiam o ditador ao governo da Frente Popular! Na verdade, nenhuma tentativa de fomentar um levante no Marrocos foi feita, porque fazer isso significava emprestar um caráter revolucionário à guerra. A primeira providência, para convencer os marroquinos da boa-fé do governo, teria sido proclamar a independência do Marrocos. E pode-se imaginar como os franceses iriam gostar disso! A melhor oportunidade estratégica da guerra foi lançada fora na esperança vã de aplacar o capitalismo da França e da Grã-Bretanha. A política comunista era reduzir a guerra a uma guerra comum, não revolucionária e isso deixava o governo em forte desvantagem. Pois uma guerra desse tipo tem de ser vencida por meios mecânicos, isto é, em última análise, por fornecimentos ilimitados de armas; e o maior doador de armas do governo, a União Soviética, estava em grande desvantagem geográfica, em comparação à Itália e à Alemanha. Talvez o slogan do POUM e dos anarquistas, "A guerra e a revolução são inseparáveis", fosse menos utópico do que parecia.

Expus minhas razões de achar que a política antirrevolucionária comunista estava errada; mas, no que diz respeito ao efeito dela na guerra, espero que minhas ideias não estejam certas. Espero mil vezes que estejam erradas. Desejaria ver esta guerra vencida de qualquer maneira. E é claro que ainda não é possível dizer o que pode acontecer. O governo pode oscilar para a esquerda de novo, os marroquinos podem se rebelar por conta própria, a Inglaterra pode resolver desbancar a Itália, não há como saber. Deixo as opiniões registradas e o tempo mostrará quanto eu estava certo ou errado.

Mas, em fevereiro de 1937, não via as coisas sob essa luz. Estava cansado da inércia do front de Aragão e, sobretudo, consciente de que não tinha feito minha parte corretamente na luta. Pensava no cartaz de recrutamento em Barcelona que perguntava, peremptório, aos transeuntes: "O que *você* fez pela democracia?", e sentia que só poderia responder: "Peguei minhas rações". Quando ingressei na milícia, prometi a mim mesmo matar um fascista — afinal de contas, se cada um de nós matasse um, logo estariam extintos —, e ainda não tinha matado ninguém, mal tinha tido uma chance de fazer isso. E é claro que queria ir para Madri. Todos no exército, quaisquer que fossem suas opiniões políticas, sempre queriam ir para Madri. Isto provavelmente implicaria entrar para a Coluna Internacional, pois o POUM agora tinha muito poucas tropas em Madri e os anarquistas menos do que antes.

No momento, claro, tínhamos de ficar onde estávamos, mas eu dizia a todo mundo que quando saísse de licença deveria, se possível, entrar para a Coluna Internacional, o que implicava ficar sob comando comunista. Várias pessoas tentaram me dissuadir, mas ninguém tentou interferir. É justo dizer que havia muito pouca caça aos hereges no POUM, talvez não o bastante, considerando-se as circunstâncias; a menos que fosse um pró-fascista, ninguém era penalizado por sustentar opiniões políticas erradas. Passei muito do meu tempo na milícia a criticar amargamente a "linha" do POUM, mas nunca tive problemas com isso. Não havia sequer pressão para que nos tornássemos membros do partido, embora ache que a maioria dos milicianos tenha feito isso. Eu mesmo nunca ingressei no partido — algo que lamentei muito depois, quando o POUM foi cassado.

APÊNDICE II

SE VOCÊ NÃO ESTÁ INTERESSADO[35] na controvérsia política nem na horda de partidos e subpartidos com seus nomes confusos (bem parecidos a nomes de generais numa guerra chinesa), por favor, pule. É um horror ter de entrar em detalhes da polêmica interpartidária; é como mergulhar numa cloaca. Mas é preciso tentar estabelecer a verdade, tanto quanto for possível. Essa briga sórdida, numa cidade distante, é mais importante do que pode parecer à primeira vista.

Jamais se fará um relato completamente isento e correto das batalhas de Barcelona porque os registros necessários não existem. Os futuros historiadores não terão nada em que se basear, a não ser uma montanha de acusações e propaganda partidária. Eu mesmo tenho poucos dados, além do que vi com meus próprios olhos e do que soube através de outras testemunhas oculares, que acredito serem confiáveis. Posso, no entanto, refutar algumas das mentiras mais flagrantes e ajudar a colocar o caso sob outra perspectiva.

Em primeiro lugar, o que realmente aconteceu?

Desde há algum tempo, existia uma tensão por toda a Catalunha. Em capítulos anteriores, fiz alguns relatos do conflito entre

---

35 Anteriormente capítulo XI da primeira edição – que ficava entre os capítulos IX e X desta edição, foi transformado em apêndice, a pedido de Orwell –, precedido pelo parágrafo final do capítulo X da primeira edição (capítulo IX desta edição). [N. E.]

comunistas e anarquistas. Por volta de maio de 1937, os acontecimentos chegaram a um ponto em que era inevitável explodir algum tipo violento de revolta. A causa imediata de atrito foi a ordem do governo para a entrega das armas particulares, coincidindo com a decisão de implantar uma força policial "apolítica", fortemente armada, da qual os membros dos sindicatos seriam excluídos. O sentido disso era óbvio para todos. E era óbvio também que a próxima medida seria a tomada de algumas das indústrias-chave controladas pela CNT. Acrescente-se a isso um certo grau de ressentimento entre as classes trabalhadoras, por causa do crescente contraste entre a riqueza e a pobreza, e o sentimento vago e generalizado de que a revolução tinha sido sabotada. Muitas pessoas ficaram agradavelmente surpresas quando não houve distúrbios no Primeiro de Maio. No dia 3 de maio, o governo decidiu tomar a Companhia Telefônica, que estava sendo operada desde o começo da guerra, principalmente por trabalhadores da CNT. Foi alegado que ela estava sendo mal administrada e que as ligações oficiais estavam sendo grampeadas. Salas, o chefe da polícia (que poderia ou não estar excedendo-se às ordens), mandou três caminhões cheios de guardas de assalto armados para ocupar o prédio, enquanto as ruas do lado de fora eram evacuadas por policiais armados, usando roupas civis. Mais ou menos ao mesmo tempo, grupos de guardas de assalto ocuparam vários outros prédios em pontos estratégicos. Qualquer que tivesse sido a verdadeira intenção, havia uma crença generalizada de que este era o sinal para o ataque geral dos guardas de assalto e do PSUC (comunistas e socialistas) à CNT. A notícia que correu a cidade foi a de que os prédios dos trabalhadores estavam sendo atacados, anarquistas armados apareceram nas ruas, o trabalho cessou, e as batalhas irromperam imediatamente. Naquela noite e na manhã seguinte, foram construídas barricadas por toda a cidade e não houve pausa nas batalhas até a manhã de 6 de maio. A luta foi, entretanto, na maior parte defensiva, dos dois lados. Prédios foram sitiados, mas, até onde sei, nenhum foi invadido e não houve emprego de artilharia. Em linhas gerais, as forças CNT-FAI-POUM ocuparam os subúrbios da classe trabalhadora e as forças policiais armadas e o PSUC tomaram a porção oficial e central da cidade. No dia 6 de maio houve um armistício, mas as batalhas logo irromperam outra vez, provavelmente por causa das tentativas prematuras da Guarda de Assalto de desarmar os trabalhadores da CNT. Na manhã seguinte, no entanto, as pessoas começaram a deixar as barricadas por conta própria. Até mais ou menos a noite de 5 de maio, a CNT levara a melhor e uma grande quantidade de guardas de assalto se rendera. Mas não havia nenhuma liderança amplamente aceita e nenhum plano estabelecido — na verdade, até onde se podia perceber, nenhum plano, a não ser uma determinação vaga de resistir à Guarda de Assalto. Os líderes da CNT uniram-se aos da UGT para implorar a todos que voltassem ao trabalho; acima de tudo, começava a faltar comida. Nessas circunstâncias, ninguém estava suficientemente seguro sobre a situação para continuar lutando. Na tarde de 7 de maio, as condições estavam quase normalizadas. Naquela noite, seis mil guardas de assalto, enviados de Valência, chegaram e controlaram a cidade. O governo expediu uma ordem para a entrega de todas as armas, exceto as de posse das forças regulares e, durante alguns dias, grandes quantidades de armas foram confiscadas. As baixas, durante as batalhas, foram declaradas oficialmente como sendo de quatrocentos mortos e cerca de mil feridos. É possível que quatrocentos mortos seja um exagero, mas como não há meios de verificar esse número, devemos aceitá-lo como correto.

Em segundo lugar, vejamos os efeitos posteriores às batalhas. Obviamente, é impossível dizer, com qualquer grau de certeza, quais foram. Não há indícios de que a insurreição tivesse qualquer efeito direto sobre o curso da guerra, embora fosse evidente que teria, caso tivesse continuado por mais uns dias. Fizeram disso a desculpa para colocar a Catalunha sob o controle direto de Valência, para acelerar o desmantelamento das milícias e para cassar o POUM e, sem dúvida, isso também deu sua contribuição à destituição do governo de Caballero. Mas não há dúvida de que essas coisas teriam acontecido de qualquer maneira. A verdadeira questão é saber se os trabalhadores da CNT, que foram para as ruas, ganharam ou perderam ao irem à luta nessa ocasião. É um mero jogo de adivinhação, mas minha opinião pessoal é que eles ganharam mais do que perderam. O confisco da Companhia Telefônica de Barcelona foi simplesmente um incidente num longo processo. Desde o ano anterior, o poder direto vinha sendo gradualmente retirado das mãos dos sindicatos e o movimento geral era de afastamento da classe trabalhadora do comando, em direção a um comando centralizado, que levasse a um capitalismo de Estado ou, possivelmente, à reintrodução do capitalismo privado. O fato de ter havido resistência nesse ponto provavelmente desacelerou o processo. Um ano depois do início da guerra, os trabalhadores catalães tinham perdido muito de seu poder, mas sua posição ainda era comparativamente favorável. Poderia ser muito menos favorável se eles tivessem deixado claro que se dobrariam a qualquer tipo de provocação. Há situações em que é melhor lutar e ser derrotado do que não lutar de jeito nenhum.

Em terceiro lugar, qual o propósito, se é que havia algum, que estava por trás da revolta? Foi algum tipo de golpe de Estado ou uma tentativa de revolução? Tinha por objetivo derrubar o governo? Foi, de algum modo, orquestrado?

Minha opinião pessoal é a de que, se houve algum preparo para a luta, foi apenas porque de algum modo todos a esperavam. Não havia sinal de qualquer plano estabelecido em nenhum dos dois lados. Do lado anarquista a ação foi, quase que com certeza, espontânea, pois o caso esteve sobretudo nas mãos dos subalternos. As pessoas foram para as ruas e seus líderes políticos as seguiram com relutância ou não as seguiram de modo algum. As únicas pessoas que *"falaram"* sobre um esforço revolucionário foram os Amigos de Durruti, um pequeno grupo extremista dentro da FAI, e o POUM. Mas estavam novamente seguindo, e não liderando. Os Amigos de Durruti distribuíram uma espécie de panfleto revolucionário, mas isso só apareceu no dia 5 de maio e não pode ser considerado como estopim da luta, que começara por conta própria dois dias antes. Os líderes oficiais da CNT repudiaram a situação toda desde o início. Havia inúmeras razões para isso. Para começar, o fato de a CNT ainda ter representação no governo e no generalato assegurava que seus líderes seriam mais conservadores do que os seguidores. Em segundo lugar, o objetivo principal dos líderes da CNT era formar uma aliança com a UGT e a luta poderia aumentar a cisão entre elas, pelo menos naquele momento. Em terceiro lugar — embora isso não fosse do conhecimento de muitos à época — os líderes anarquistas temiam que, se as coisas fossem além de um determinado ponto e os trabalhadores se apossassem da cidade, como pareciam ter condições de fazer no 5 de maio, houvesse intervenção estrangeira. Um cruzador e dois contratorpedeiros britânicos tinham se aproximado do porto e, sem dúvida, havia outros navios de guerra não muito longe. Os jornais ingleses divulgaram que aqueles navios estavam se dirigindo a Barcelona "para proteger interesses britânicos", mas, na verdade, não tomaram nenhuma medida nesse sentido; isto é, não desembarcaram nenhum soldado ou levaram qualquer refugiado. Não pode haver certeza quanto a isso, mas era pelo menos muito provável que o governo britânico, que não levantara um dedo para salvar o governo espanhol de Franco, interviria bem depressa para salvá-lo da classe trabalhadora.

Os líderes do POUM não repudiaram a situação, na verdade, encorajaram seus seguidores a permanecer nas barricadas e até mesmo aprovaram (no *La Batalla*, de 6 de maio) o panfleto extremista distribuído pelos Amigos de Durruti. (Há muita incerteza a respeito deste panfleto, do qual ninguém agora parece ser capaz de apresentar uma cópia.) Em alguns dos jornais estrangeiros, foi descrito como um "cartaz incendiário", "colado" por toda a cidade. Certamente, não havia um cartaz assim. Depois de comparar vários relatos, posso dizer que o panfleto conclamava: a) à formação de um conselho revolucionário (*Junta*); b) ao fuzilamento dos responsáveis pelo ataque à Companhia Telefônica; c) ao desarmamento da Guarda de Assalto. Também há incertezas quanto ao grau de concordância expresso pelo *La Batalla* em relação ao panfleto. Eu mesmo não vi nem o panfleto nem o *La Batalla* daquele dia. O único folheto que vi durante as batalhas foi o distribuído por um pequeno grupo de trotskistas ("bolcheviques-leninistas"), no dia 4 de maio, no qual se dizia simplesmente: "Todos para as barricadas — greve geral de todas as indústrias, exceto as de guerra". (Em outras palavras, ele meramente incitava ao que já estava acontecendo.) Mas, na verdade, a atitude dos líderes do POUM era hesitante. Eles não eram favoráveis a insurreições até que a guerra contra Franco fosse ganha; por outro lado, os trabalhadores tinham saído às ruas e os líderes do POUM seguiam a pedante linha marxista, segundo a qual, quando os trabalhadores estão nas ruas, é dever dos partidos revolucionários acompanhá-los. Daí que, apesar de proferir slogans revolucionários sobre o "renascimento do espírito do 19 de julho" e assim por diante, eles faziam o que podiam para restringir a ação dos trabalhadores à defensiva. Nunca, por exemplo, ordenaram um ataque a qualquer prédio; ordenaram simplesmente que seus seguidores permanecessem em guarda e, como mencionei no capítulo 9, não atirassem, enquanto isso pudesse ser evitado. O *La Batalla* também publicou instruções, no sentido de que nenhuma tropa deveria abandonar o front.[36] Até onde se pode avaliar a questão, devo dizer que a responsabilidade do POUM chega ao ponto de ter exortado todos a permanecerem nas barricadas e, provavelmente, de ter convencido alguns membros a permanecerem por mais tempo do que permaneceriam sem tal exortação. Os que tinham contato pessoal com os líderes do POUM na época (eu mesmo não tinha) disseram-me que estavam, na verdade, consternados com o negócio todo, mas sentiam que precisavam se associar a ele. Posteriormente, é claro, isso rendeu o capital político de sempre. Gorkin, um dos líderes do POUM, até falou depois dos "gloriosos dias de maio". Do ponto de vista da propaganda, esta deve ter sido a linha acerta-

---

36   Um número recente do *Inprecor* afirma exatamente o contrário, que o *La Batalla* mandou que as tropas do POUM abandonassem o front! Essa questão pode ser facilmente resolvida, verificando-se o *La Batalla* da data citada. [N. A.]

da; certamente, o POUM aumentou o número de filiados durante o breve período antes da cassação. Em termos táticos, foi provavelmente um erro dar aval ao panfleto dos Amigos de Durruti, que era uma organização muito pequena e quase sempre hostil ao POUM. Levando em consideração a agitação generalizada e as coisas que eram ditas dos dois lados, o panfleto não implicava, com efeito, nada além de "permaneçam nas barricadas", mas ao parecer aprová-lo, enquanto o jornal anarquista *Solidaridad Obrera* o repudiava, os líderes do POUM facilitaram para que a imprensa comunista dissesse, posteriormente, que as batalhas foram um tipo de insurreição arquitetada apenas pelo POUM. No entanto, é certo que a imprensa comunista diria isso de qualquer forma. Não era nada comparado às acusações que foram feitas tanto antes quanto depois, baseadas em indícios mais frágeis. Os líderes da CNT tampouco se beneficiaram por terem uma atitude mais cautelosa; foram louvados pela lealdade, mas foram defenestrados do governo e do generalato, assim que surgiu a oportunidade.

Até onde se podia julgar algo, com base no que as pessoas estavam falando na época, não havia nenhuma intenção revolucionária autêntica em parte alguma. As pessoas atrás das barricadas eram trabalhadores comuns da CNT, com uns poucos trabalhadores da UGT entre eles, e o que estavam tentando fazer era menos derrubar o governo do que resistir ao que consideravam, errada ou acertadamente, um ataque por parte da polícia. A ação deles foi, em sua essência, defensiva e duvido que devesse ser descrita, como o foi em quase todos os jornais estrangeiros, como um "levante". Um levante implica uma ação agressiva e um plano definido. Foi, mais exatamente, um tumulto — um tumulto bastante sangrento, porque os dois lados dispunham de armas de fogo e estavam dispostos a usá-las.

Mas e as intenções do outro lado? Se não foi um golpe de Estado anarquista, foi talvez um golpe de Estado comunista — um esforço planejado para esmagar o poder da CNT de uma só vez?

Não acredito que tenha sido, embora algumas acontecimentos sugiram isso. É significativo que algo muito semelhante (a ocupação da Companhia Telefônica pela polícia, agindo sob ordens de Barcelona) tenha ocorrido em Tarragona dois dias depois. E em Barcelona, a invasão da Companhia Telefônica não foi um ato isolado. Em várias partes da cidade, bandos de guardas de assalto locais e adeptos do PSUC ocuparam prédios em pontos estratégicos, se não exatamente antes das batalhas começarem, com surpreendente presteza. No entanto, é preciso lembrar que essas coisas estavam ocorrendo na Espanha, não na Inglaterra. Barcelona é uma cidade com uma longa história de batalhas de rua. Em lugares assim, as coisas acontecem depressa, as facções já estão prontas, todo mundo conhece a geografia local e, quando as armas começam a disparar, as pessoas assumem seus postos quase como num exercício de treinamento contra incêndio. Pode-se presumir que os responsáveis pela ocupação da Companhia Telefônica esperassem confusão — embora não na escala do que de fato aconteceu — e tivessem se preparado para enfrentá-la. Mas isso não implica que estivessem planejando um ataque geral à CNT. Há duas razões que me levam a acreditar que nenhuma facção tenha se preparado para uma luta em larga escala. Em primeiro lugar, nenhum dos lados trouxe tropas para Barcelona de antemão. A luta era apenas entre os que já estavam em Barcelona, sobretudo civis e policiais; em segundo, a comida tornou-se escassa quase que imediatamente. Qualquer um que tenha servido na Espanha sabe que a única operação de guerra que os espanhóis realizam realmente bem é a de alimentar suas tropas. É muito improvável que eles não tivessem estocado comida de antemão, caso tivessem previsto uma ou duas semanas de batalhas de rua e uma greve geral.

Finalmente, quanto aos erros e acertos da situação.

Muita poeira foi espalhada pela imprensa antifascista, mas, como sempre, só um lado do caso foi ouvido. Isso resultou na versão de que as batalhas de Barcelona tinham sido uma insurreição de anarquistas e trotskistas desleais, que "apunhalaram o governo espanhol pelas costas" e assim por diante. A questão não era assim tão simples. Sem dúvida, quando se está em guerra com um inimigo mortal, é melhor não começar a brigar entre si; mas vale a pena lembrar que só se inicia uma briga com dois, e que as pessoas não começam a construir barricadas, a menos que tenham sofrido algo que considerem uma provocação.

A confusão resultou, naturalmente, da ordem do governo para que os anarquistas entregassem suas armas. Na imprensa inglesa, isso foi traduzido em termos ingleses e ganhou a seguinte forma: que se precisava desesperadamente de armas no front de Aragão e que elas não podiam ser enviadas para lá, porque os antipatrióticos anarquistas as estavam escondendo. Apresentar as coisas dessa forma significava ignorar o que estava ocorrendo na Espanha. Todos sabiam que tanto os anarquistas quanto o PSUC estavam armazenando armas e, quando as batalhas começaram em Barcelona, isso ficou ainda mais claro; os dois lados tinham armas em abundância. Os anarquistas tinham plena consciência de que, mesmo que eles entregassem suas armas, o PSUC, a principal força política na Catalunha, não entregaria as suas; e, de fato, foi isso o que aconteceu quando as batalhas terminaram. Nesse meio-tempo, havia, bastante visíveis nas ruas, armas em grandes quantidades, que seriam muito bem-vindas no front, mas que eram retidas pelas forças policiais "apolíticas" na retaguarda. E, por baixo disso, havia a diferença irreconciliável entre comunistas e anarquistas, que era capaz de levar a algum tipo de disputa mais cedo ou mais tarde. Desde o começo da guerra, o Partido Comunista Espanhol tinha aumentado muitíssimo seus quadros e tomado conta da maior parte do poder político, e haviam chegado à Espanha milhares de comunistas estrangeiros, muitos dos quais estavam expressando abertamente sua intenção de "liquidar" o anarquismo, assim que se ganhasse a guerra contra Franco. Em tais circunstâncias, não se podia esperar que os anarquistas devolvessem suas armas, obtidas no verão de 1936.

A ocupação da Companhia Telefônica foi simplesmente o estopim de uma bomba que já existia. Talvez seja possível conceber que os responsáveis imaginaram que aquilo não fosse desencadear problemas. Dizem que Companys, o presidente catalão, declarou às gargalhadas, alguns dias antes, que os anarquistas aguentariam qualquer coisa.[37] Mas, com certeza, não foi um ato refletido. Desde alguns meses, vinha ocorrendo uma série de conflitos armados entre comunistas e anarquistas em várias partes da Espanha. A Catalunha e principalmente Barcelona estavam num estado de tensão que já levara a brigas de rua, assassinatos e assim por diante. De repente, correu pela cidade a notícia de que homens armados estavam atacando os prédios que os trabalhadores tinham capturado nas batalhas de julho e aos quais devotavam um grande valor sentimental. Deve-se lembrar que a Guarda Civil não era adorada pela classe trabalhadora. Durante as gerações anteriores *La guardia* tinha sido apenas um apêndice dos proprietários e chefes, e os guardas civis eram duplamente odiados, porque eram suspeitos, muito justamente, de demonstrarem uma lealdade muito duvidosa contra os fascistas.[38] É provável que a emoção que levou as pessoas para as ruas nas primeiras horas fosse muito semelhante à emoção que as levou a resistir aos generais rebeldes no começo da guerra. É claro que se pode argumentar que os trabalhadores da CNT deveriam ter entregado a Companhia Telefônica sem protestar. A opinião de cada um aqui será dirigida por sua atitude em relação à questão do governo centralizado e do comando da classe trabalhadora. Talvez seja mais relevante dizer o seguinte: "Sim, muito provavelmente a

---

37   *New Statesman* (14 de maio). [N. A.]

38   No início da guerra, a Guarda Civil aliara-se em toda parte com o partido mais forte. Em várias ocasiões, mais tarde na guerra, por exemplo em Santander, a Guarda Civil local passou em peso para o lado dos fascistas. [Orwell originalmente confundiu a Guarda de Assalto em Barcelona com a Guarda Civil, e pensou que as tropas trazidas de Valência pertencessem à Guarda de Assalto. Em sua lista de Errata, ele pediu que "Civil" fosse substituído por "de Assalto" nos capítulos originais X e XI (agora, XI e apêndice II). Mas, ele também desejava deixar claro que a Guarda Civil era odiada. Satisfazer seus desejos apresenta alguns problemas textuais. Detalhes sobre como foram resolvidos são dados em "Uma nota sobre o texto". Basta anotar aqui que neste caso mantivemos "Civil"; em outros, para evitar confusão, o que ele chamara primeiro de Guarda Civil foi substituído por Guarda de Assalto "local" e aquela que chegou a Barcelona substituída por Guarda de Assalto "valenciana". [N. E.]

CNT tinha razão. Mas, afinal, tinha uma guerra acontecendo e eles não tinham nada que começar uma briga atrás das linhas". Concordo inteiramente com isso. Todo conflito interno poderia ajudar Franco. Mas, na verdade, o que precipitou as batalhas? O governo poderia ou não ter o direito de confiscar a Companhia Telefônica; a questão é que, naquelas circunstâncias, isso estava fadado a gerar uma luta. Foi uma provocação, na verdade um gesto que dizia presumivelmente: "Seu poder está no fim — estamos nos apossando dele". Não era de bom senso esperar outra coisa, a não ser resistência. Se ponderarmos bem, devemos compreender que a culpa não poderia ser atribuída — não numa questão deste tipo — inteiramente a um só lado. Essa versão unilateral foi aceita apenas porque os partidos revolucionários espanhóis não possuíam nenhum esteio na imprensa estrangeira. Na inglesa, em especial, teríamos de procurar durante um bom tempo antes de encontrar qualquer referência favorável, em qualquer período da guerra, aos anarquistas espanhóis. Eles foram sistematicamente aviltados e, como sei por experiência própria, é quase impossível conseguir que alguém imprima qualquer coisa em sua defesa.

Tenho tentado escrever de maneira objetiva sobre as batalhas de Barcelona, embora seja óbvio que ninguém possa ser completamente objetivo nesse tipo de questão. Somos quase que obrigados a tomar partido e por isso deve ficar bem claro qual partido tomei. Mais ainda, devo ter inevitavelmente cometido erros factuais, não apenas aqui, mas em outras partes desta narrativa. É muito difícil escrever com acuidade sobre a guerra espanhola, por causa da falta de documentos que não sejam propaganda. Advirto todos quanto às minhas preferências, e advirto também quanto aos meus erros. Ainda assim, tenho feito o melhor que posso para ser honesto. Mas é visível que o relato que faço é completamente diferente do que apareceu na imprensa estrangeira e, sobretudo, na comunista. É preciso examinar a versão comunista, porque foi publicada em todo o mundo, tem sido suplementada a intervalos desde então e é, provavelmente, a mais amplamente aceita.

Na imprensa comunista e pró-comunista, toda a culpa pelas batalhas de Barcelona foi jogada no POUM. O caso foi apresentado, não como uma revolta espontânea, mas como uma insurreição deliberada contra o governo, planejada e arquitetada apenas pelo POUM, com a ajuda de uns poucos "incontroláveis" mal dirigidos. Mais do que isso, era definitivamente uma conspiração fascista, executada sob ordens fascistas com a ideia de começar uma guerra civil na retaguarda e, assim, paralisar o governo. O POUM era a "quinta coluna de Franco" — uma organização "trotskista", trabalhando em conjunto com os fascistas. Segundo o *Daily Worker*, de 11 de maio:

> Os agentes alemães e italianos que afluíam a Barcelona ostensivamente para "preparar" o notório "Congresso da Quarta Internacional" tinham uma grande tarefa. Era a seguinte: iam — com a cooperação dos trotskistas locais — preparar uma situação de desordem e derramamento de sangue, na qual seria possível para os alemães e os italianos declararem que estariam "incapacitados para exercer o controle naval das costas catalãs com eficiência, por causa da desordem que grassava em Barcelona" e estariam, portanto, "incapacitados para fazer outra coisa que não desembarcar tropas em Barcelona".
>
> Em outras palavras, o que estava sendo preparado era uma situação na qual os governos alemão e italiano poderiam desembarcar soldados ou fuzileiros navais abertamente nas costas catalãs, declarando que o fizeram "para preservar a ordem"...
>
> O instrumento para tudo isso estava pronto nas mãos dos alemães e italianos, na forma de uma organização trotskista conhecida como POUM.
>
> O POUM, atuando em conjunto com elementos criminosos bem conhecidos e com algumas outras pessoas equivocadas de organizações anarquistas, planejou, organizou e liderou o ataque na retaguarda, precisamente cronometrado para coincidir com o ataque no front de Bilbao [...].

Mais adiante no artigo, as batalhas de Barcelona se tornam "o ataque do POUM" e, em outro artigo no mesmo jornal, declara-se que não há "nenhuma dúvida de que seja na porta do POUM que a responsabilidade pelo derramamento de sangue na Catalunha deva ser colocada". O *Inprecor* de 29 de maio declara que aqueles que construíram barricadas em Barcelona eram "apenas membros do POUM, organizados por este partido para aquele fim".

Poderia citar muito mais, mas isso já é claro o bastante. O POUM era totalmente responsável e agia sob ordens fascistas. Daqui a pouco, transcreverei mais trechos de reportagens que apareceram na imprensa comunista; será possível perceber que são tão contraditórios, a ponto de serem completamente sem valor. Mas, antes de fazê-lo, vale a pena indicar várias razões *a priori* do porquê de essa versão das batalhas de maio como um levante fascista arquitetado pelo POUM beirar o inacreditável.

Primeiro. O POUM não tinha nem os quadros nem a influência para provocar desordens daquela magnitude. Tinha menos poder ainda para convocar uma greve geral. Era uma organização política sem nenhuma base nos sindicatos e não seria mais capaz de produzir uma greve por toda Barcelona do que (digamos) o Partido Comunista Inglês seria de produzir uma greve geral em Glasgow. Como disse antes, a atitude dos líderes do POUM pode ter ajudado a prolongar a luta em alguma medida, mas não poderia tê-la originado, mesmo que quisesse.

Segundo. A suposta trama fascista baseia-se em afirmações sem fundamento e todos os indícios apontam em outra direção. Diziam que o plano previa que os governos italiano e alemão desembarcassem tropas na Catalunha; mas nenhum navio de tropas alemão ou italiano se aproximou da costa. Quanto ao "Congresso da Quarta Internacional" e aos "agentes alemães e italianos", isso é puro mito. Até onde sei, não houve sequer conversas sobre um Congresso da Quarta Internacional. Havia planos vagos para um Congresso do POUM e de partidos-irmãos (o Trabalhista inglês, o Social Democrata alemão, entre outros); isso tinha sido acertado a princípio para julho — dois meses depois — e nenhum delegado ainda tinha sequer chegado. Os "agentes alemães e italianos" não existem fora das páginas do *Daily Worker*. De resto, qualquer um que cruzou a fronteira naquela época sabe que não era tão fácil "afluir" para dentro ou para fora da Espanha.

Terceiro. Não aconteceu nada nem em Lérida, o principal reduto do POUM, nem no front. É óbvio que se os líderes do POUM tivessem desejado ajudar os fascistas, teriam mandado sua milícia sair da linha de frente e deixar os fascistas entrarem. Mas nada disso foi feito ou sugerido. Nem quaisquer soldados a mais foram trazidos da linha de frente de antemão, embora fosse bastante fácil contrabandear, digamos, mil ou dois mil homens de volta a Barcelona sob pretextos diversos. E não houve nenhuma tentativa de sabotagem indireta no front. O transporte de comida, munição e tudo mais continuou como sempre; verifiquei isso em uma investigação posterior. Acima de tudo, um levante planejado do tipo sugerido teria exigido meses de preparação, propaganda subversiva dentro da milícia e assim por diante. Mas não havia nem sinal nem rumor sobre nada disso. O fato de a milícia no front não ter desempenhado nenhum papel no "levante" deveria ser convincente. Se o POUM estivesse mesmo planejando um golpe de Estado, é inconcebível que não tivesse usado os cerca de dez mil homens armados que constituíam sua única força de ataque.

Ficará suficientemente claro, a partir daí, que a tese comunista de um "levante" do POUM sob ordens fascistas baseia-se nada mais nada menos do que na falta de qualquer prova. Acrescentarei mais algumas passagens da imprensa comunista. Os relatos comunistas do incidente inicial, a invasão da Companhia Telefônica, são elucidativos; não coincidem em nada, exceto em pôr a culpa nos adversários. É notório que nos jornais comunistas ingleses a culpa seja imputada primeiro aos anarquistas e só mais tarde ao POUM. Há uma razão relativamente óbvia para isso. Nem todo mundo na Inglaterra tinha ouvido falar em "trotskismo", enquanto todo falante de inglês estremece à menção do nome "anarquista". Basta dizer uma vez que "anarquistas" estão implicados, e a atmosfera correta de preconceito se estabelece; depois, a culpa pode ser transferida para os "trotskistas" com segurança. O *Daily Worker* de 6 de maio começa assim: "Um bando minoritário de anarquistas, na segunda e terça-feira, ocupou e tentou se estabelecer nos prédios da Telefônica e dos Telégrafos e começou a atirar nas ruas".

Não há nada como começar com uma reversão de papéis. A Guarda de Assalto local ataca um prédio ocupado pela CNT; então, a CNT é apresentada atacando seu próprio prédio — atacando a si própria, na verdade. Por outro lado, o *Daily Worker* de 11 de maio afirma: "O ministro da segurança pública da esquerda catalã, Aiguade, e o comissário-geral da ordem pública da União Socialista, Rodrigue Salas, enviaram a polícia republicana armada para o prédio da Telefônica para desarmar os empregados de lá, a maioria dos quais são membros dos sindicatos da CNT".

Isto não parece se coadunar muito bem com a primeira afirmação; todavia, o *Daily Worker* não contém nenhuma retificação quanto à primeira afirmação. O *Daily Worker*, ainda de 11 de maio, afirma que os panfletos dos Amigos de Durruti, que foram repudiados pela CNT, apareceram nos dias 4 e 5 de maio, durante as batalhas. O *Inprecor* de 22 de maio afirma que eles apareceram no dia 3 de maio, *antes* das batalhas e acrescenta que "em vista desses fatos" (a aparição de diversos panfletos): "A polícia, liderada pelo diretor da polícia em pessoa, ocupou a Companhia Telefônica Central na tarde de 3 de maio. A polícia recebeu tiros, enquanto cumpria sua tarefa. Este foi o sinal para os provocadores começarem a provocar brigas por toda a cidade".

E aqui está o *Inprecor*, de 29 de maio: "Às três horas da tarde, o comissário de Segurança Pública, Camarada Salas, foi à Companhia Telefônica, que na noite anterior tinha sido ocupada por cinquenta membros do POUM e vários elementos incontroláveis".

Isso parece muito curioso. A ocupação da Companhia Telefônica por cinquenta membros do POUM é o que se pode chamar de uma situação pitoresca e era de se esperar que alguém a tivesse percebido na época. Contudo, parece que só foi descoberta três ou quatro semanas depois. Em outro número do *Inprecor*, os cinquen-

236 *George Orwell*

ta membros do POUM tornam-se cinquenta milicianos do POUM. Seria difícil acumular mais contradições do que as contidas nessas poucas passagens. Numa hora, a CNT ataca a Companhia Telefônica, na outra, está sendo atacada; um panfleto aparece antes da ocupação da Companhia Telefônica e é a causa dela ou, ao contrário, aparece depois e é o resultado dela; as pessoas na Companhia Telefônica são, alternadamente, membros da CNT e membros do POUM — e por aí vai. E, num número ainda mais tardio do *Daily Worker*, de 3 de junho, o sr. J. R. Campbell informa que o governo só ocupou a Companhia Telefônica, porque as barricadas já tinham sido erguidas!

Por motivos de espaço, peguei apenas as reportagens sobre um incidente, mas as mesmas discrepâncias perpassam todos os relatos da imprensa comunista. Além disso, há diversas afirmações que são pura invenção. Eis, por exemplo, um trecho tirado do *Daily Worker*, de 7 de maio, e dado como algo emitido pela embaixada espanhola em Paris: "Um traço significativo da insurreição foi que a velha bandeira monarquista apareceu pendurada na varanda de várias casas em Barcelona, sem dúvida na crença de que aqueles que participaram do levante tinham se tornado os donos da situação".

O *Daily Worker* provavelmente imprimiu esta afirmação de boa--fé, mas os responsáveis por ela na Embaixada Espanhola devem ter mentido de maneira bastante deliberada. Qualquer espanhol compreenderia melhor a situação interna. Uma bandeira monarquista em Barcelona! Era a única coisa que poderia unir as facções em guerra num instante. Até os comunistas foram obrigados a sorrir, quando leram sobre isso. Acontece o mesmo com as reportagens dos diversos jornais comunistas sobre as armas supostamente usadas pelo POUM durante o "levante". Seriam críveis somente se não soubéssemos nada de nada sobre os fatos. No *Daily Worker* de 17 de maio, o sr. Frank Pitcairn afirma: "Havia, na verdade, todos os tipos de armas com eles naquela afronta. Havia as armas que vinham roubando há meses e escondendo, e havia armas como tanques, que tinham roubado do quartel bem no início do levante. É claro que ainda estão de posse de grande número de metralhadoras e vários milhares de fuzis".

Em 29 de maio, o *Inprecor* também afirmava: "No dia 3 de maio, o POUM tinha à disposição algumas dúzias de metralhadoras e vários milhares de fuzis. [...] Na Praça de Espanha, os trotskistas puseram em ação baterias de canhões de 75 mm, que estavam destinados ao front de Aragão e que a milícia havia ocultado cuidadosamente em suas instalações".

O sr. Pitcairn não nos diz como nem quando ficou claro que o POUM possuía grande número de metralhadoras e vários milhares de fuzis. Fiz uma estimativa das armas que estavam em três dos principais prédios do POUM — cerca de oitenta fuzis, algumas bombas e nenhuma metralhadora; isto é, o suficiente para os guardas armados que, na época, todos os partidos políticos mantinham em seus prédios. Parece estranho que, depois, quando o POUM foi cassado e todos os seus prédios confiscados, esses milhares de armas nunca tenham vindo à tona; principalmente, os tanques e peças de artilharia, que não são o tipo de coisa que possa ser escondido numa chaminé. Mas o que é revelador nas duas afirmações anteriores é a ignorância completa que demonstram quanto às circunstâncias locais. Segundo o sr. Pitcairn, o POUM roubou tanques "do quartel". Ele não nos diz de qual quartel. Os milicianos do POUM que estavam em Barcelona (comparativamente poucos na época, pois o recrutamento direto para as milícias de partido havia cessado) dividiam o quartel Lênin com um número bem maior de tropas do Exército Popular. O sr. Pitcairn nos pede para acreditar, portanto, que o POUM roubou tanques com a conivência do Exército Popular. Dá-se o mesmo com as "instalações" nas quais os canhões de 75 mm estavam escondidos. Não há menção de onde eram as tais "instalações". Aquelas baterias de canhões, disparando a partir da Praça de Espanha, apareceram em muitas reportagens, mas acho que podemos dizer com certeza que nunca existiram. Como mencionei antes, não ouvi nenhum fogo de artilharia durante as batalhas, embora a Praça de Espanha ficasse a apenas um quilômetro e meio de distância. Alguns dias depois, examinei a Praça de Espanha e não consegui encontrar nenhum prédio com marcas de projéteis. E uma testemunha ocular que esteve naquela vizinhança durante toda a luta declarou que nenhum canhão jamais apareceu por lá. (Incidentalmente, a história dos canhões roubados deve ter sido originada por Antonov-Ovseenko, o cônsul-geral russo. Ele, em todo caso, comunicou-a a um conhecido jornalista inglês, o qual em seguida a transmitiu de boa-fé a um semanário. Antonov-Ovseenko foi, desde então, "expurgado". Quanto isso afetaria sua credibilidade, não sei.) A verdade é, claro, que essas histórias sobre tanques, peças de artilharia e assim por diante só foram inventadas porque de outra forma ficaria difícil conciliar a escala das batalhas de Barcelona com os pequenos números do POUM. Era preciso sustentar que o POUM era inteiramente responsável pelas batalhas; também era preciso sustentar que era um partido insignificante sem seguidores e com "apenas uns poucos milhares de membros", segundo o *Inprecor*. A única esperança de fazer com que ambas as afirmações fossem verossímeis era fingir que o POUM tinha todas as armas de um exército moderno e mecanizado.

É impossível ler as reportagens da imprensa comunista sem se dar conta de que são conscientemente dirigidas a um público que ignora os fatos e não têm outro propósito a não ser fomentar preconceito. Daí, por exemplo, afirmações como as do sr. Pitcairn, no *Daily Worker* de 11 de maio, dizendo que o "levante" foi reprimido pelo Exército Popular. A ideia, aqui, é dar aos de fora a impressão de que toda a Catalunha estava unida contra os "trotskistas". Mas o Exército Popular permaneceu neutro durante as batalhas; todo mundo em Barcelona sabia disso e é difícil acreditar que o sr. Pitcairn não o soubesse também. Ou ainda, o malabarismo, na imprensa comunista, com os números de mortos e feridos, com o objetivo de exagerar a escala das desordens. Díaz, o secretário-geral do Partido Comunista Espanhol, amplamente citado na imprensa comunista, forneceu os números de novecentos mortos e dois mil e quinhentos feridos. O ministro da Propaganda catalão, que mal se podia supor que os subestimasse, forneceu os números de quatrocentos mortos e mil feridos. O Partido Comunista duplicou a aposta e acrescentou mais algumas centenas para dar sorte.

Os jornais capitalistas estrangeiros, em geral, botaram a culpa das batalhas nos anarquistas, mas alguns seguiram a linha comunista. Um desses foi o inglês *News Chronicle*, cujo correspondente, o sr. John Langdon-Davies, estava em Barcelona na época. Cito trechos de seu artigo abaixo:

Uma revolta trotskista

Isto não foi uma insurreição anarquista. É um *putsch* frustrado do "trotskista" POUM, agindo através de suas organizações controladas, os "Amigos de Durruti" e a Juventude Libertária. [...].

A tragédia começou na segunda-feira à tarde, quando o governo enviou policiais armados ao prédio da Telefônica para desarmar os trabalhadores de lá, em sua maioria homens da CNT. Irregularidades graves no funcionamento já eram um escândalo havia algum tempo. Uma grande multidão se juntou na Praça de Catalunha do lado de fora, enquanto os homens da CNT resistiam, recuando de andar em andar até o topo do edifício. [...] O incidente foi muito obscuro, mas espalharam a notícia de que o governo saíra à caça dos anarquistas. As ruas se encheram de homens armados. [...] Ao cair da noite, todos os centros de trabalhadores e prédios do governo tinham barricadas e, às dez horas, as primeiras rajadas foram disparadas e as primeiras ambulâncias começaram a soar suas sirenes pelas ruas. De madrugada, toda a Barcelona estava sob fogo. [...] Com o passar do dia e os mortos chegando a mais de mil, podia-se ter uma ideia do que estava acontecendo. A anarquista CNT e a socialista UGT não estavam tecnicamente "nas ruas". Até quando permanecessem atrás das barricadas, estariam simplesmente esperando e observando, numa atitude que incluía o direito de atirar em qualquer coisa armada em rua aberta. [...] rajadas generalizadas eram invariavelmente agravadas pelos *pacos* — homens solitários escondidos, geralmente fascistas, atirando de telhados em nada específico, mas fazendo de tudo para aumentar o pânico geral. [...] Por volta da noite de quarta-feira, no entanto, começou a ficar claro quem estava por trás da revolta. Todos os muros exibiam um cartaz incendiário clamando por revolução imediata e pelo fuzilamento dos líderes republicanos e socialistas. Era assinado pelos "Amigos de Durruti". Na quinta-feira de manhã, os anarquistas negaram prontamente qualquer conhecimento ou solidariedade para com aquilo, mas o *La Batalla*, o jornal do POUM, republicou o documento com o maior dos elogios. Barcelona, a primeira cidade da Espanha, foi mergulhada num banho de sangue por agentes provocadores, usando essa organização subversiva.

Isso não coincide muito bem com as versões comunistas que citei anteriormente, mas se vê que, mesmo como está, ela se contradiz. Primeiro, a situação é descrita como "uma revolta trotskista", depois, mostra-se que resultou de uma invasão ao prédio da Telefônica e da crença geral de que o governo estava "à caça" dos anarquistas. A cidade está cheia de barricadas e tanto a CNT quanto a UGT estão atrás das barricadas; dois dias depois, o incendiário cartaz (na verdade, um panfleto) aparece e declara-se que isso, por implicação, deu início à coisa toda — o efeito precedendo a causa. Mas há uma deturpação muito grave aqui. O sr. Langdon-Davies descreve os Amigos de Durruti e a Juventude Libertária como sendo "organizações controladas" pelo POUM. As duas eram organizações anarquistas e não tinham qualquer conexão com o POUM. A Juventude Libertária era a liga jovem dos anarquistas, correspondente à JSU do PSUC etc. Os Amigos de Durruti eram uma pequena organização dentro da FAI e eram, em geral, amargamente hostis ao POUM. Até onde pude descobrir, não havia ninguém que fosse membro dos dois. Seria mais ou menos de igual teor de verdade dizer que a Liga Socialista era uma "organização controlada" pelo Partido Liberal Inglês. O sr. Langdon-Davies não tinha conhecimento disso? Se não tinha, deveria ter escrito com mais cuidado sobre um assunto tão complexo.

Não estou duvidando da boa-fé do sr. Langdon-Davies; mas sabe-se que ele partiu de Barcelona assim que as batalhas terminaram, isto é, na hora em que poderia ter começado investigações sérias e, ao longo de sua reportagem, há sinais claros de que aceitou a versão oficial de uma "revolta trotskista", sem averiguação suficiente. Isto fica óbvio até mesmo na passagem que citei. "Ao cair da noite", as barricadas são construídas e, "às dez horas", as primeiras rajadas são disparadas. Estas não são palavras de uma testemunha ocular. A partir disso, seria possível concluir que é natural esperar que seu inimigo construa uma barricada antes de começar a atirar nele. A impressão que se tem é que se passaram algumas horas entre a construção das barricadas e os disparos das primeiras rajadas; enquanto — obviamente — foi ao contrário. Eu e muitos outros vimos as primeiras rajadas serem disparadas no começo da tarde. Ainda mais, há os homens solitários, "geralmente fascistas", que atiram dos telhados. O sr. Langdon-Davies não explica como soube que esses homens eram fascistas. Presume-se que ele não subiu aos telhados e lhes perguntou. Está simplesmente repetindo o que lhe disseram e, como encaixa na versão oficial, não o questiona. E, de fato, ele indica uma fonte provável de muitas de suas informações ao fazer uma referência incauta ao ministro da Propaganda, no início do artigo. Os jornalistas estrangeiros na Espanha ficavam desesperançadamente à mercê do Ministério da Propaganda, embora pudéssemos pensar que o próprio nome desse ministério bastasse como advertência. O ministro da Propaganda era, claro, tão passível de fazer um relato objetivo das batalhas de Barcelona quanto, digamos, o falecido Lord Carson[39] teria sido de fazer um relato objetivo do levante de 1916, em Dublin.

Dei razões para se pensar que a versão comunista das batalhas de Barcelona não pode ser levada a sério. Além disso, devo dizer algo a respeito da acusação geral de que o POUM era uma organização fascista secreta, financiada por Franco e Hitler.

---

39   Edward Carson (1854-1935), líder político irlandês. [N. T.]

Essa acusação foi repetida muitas e muitas vezes na imprensa comunista, principalmente a partir de 1937. Fazia parte do esforço mundial do Partido Comunista oficial contra o "trotskismo", do qual se pensava que o POUM era o representante na Espanha. O "trotskismo", segundo o *Frente Rojo* (o jornal comunista de Valência), "não é uma doutrina política. O trotskismo é uma organização capitalista oficial, um bando terrorista fascista ocupado em perpetrar crimes e sabotagens contra o povo". O POUM era uma organização "trotskista" aliada aos fascistas e parte da "Quinta Coluna de Franco". Mas era evidente desde o início que nenhum indício foi produzido para sustentar esta acusação; a coisa foi simplesmente declarada com um ar de autoridade. E o ataque foi feito com o máximo de difamação e total irresponsabilidade quanto aos efeitos que pudesse ter sobre a guerra. Comparada à tarefa de difamar o POUM, a traição de segredos militares parece ter sido considerada por muitos escritores comunistas como algo sem importância. Em um número de fevereiro do *Daily Worker*, por exemplo, permitiram que uma escritora, Winifred Bates, afirmasse que o POUM tinha apenas metade das tropas que fingia ter em sua seção do front. Isso não era verdade, mas presumia-se que a escritora acreditasse que fosse verdade. Ela e o *Daily Worker* mostravam-se bastante dispostos, portanto, a transmitir ao inimigo uma das informações mais importantes que pode ser transmitida através de uma coluna de jornal. No *New Republic*, o sr. Ralph Bates afirmou que as tropas do POUM estavam "jogando futebol com os fascistas na terra de ninguém" numa época em que, na verdade, as tropas do POUM estavam sofrendo pesadas baixas e muitos amigos meus foram mortos e feridos. Mais uma vez, havia a charge perniciosa que circulou amplamente, primeiro em Madri e depois em Barcelona, representando o POUM deixando cair uma máscara com a foice e o martelo e revelando outra, marcada com a suástica. Se o governo não estivesse virtualmente sob controle comunista, nunca teria permitido que algo assim circulasse em tempos de guerra. Foi um golpe deliberado no moral, não apenas da milícia do POUM, mas de todos os outros que se encontrassem por perto; pois não é nada encorajador ouvir dizer que as tropas ao seu lado na linha são traidoras. Na verdade, duvido que os insultos empilhados sobre eles na retaguarda tenham, de fato, tido o efeito de desmoralizar a milícia do POUM. Mas, com certeza, foram calculados para consegui-lo, e os responsáveis por isso devem responder por terem colocado o ódio político acima da unidade antifascista.

A acusação contra o POUM resumia-se ao seguinte: que uma organização de alguns milhares de pessoas, quase todas da classe trabalhadora, além de inúmeros ajudantes e simpatizantes estrangeiros, a maioria refugiados de países fascistas, e milhares de milicianos, era simplesmente uma vasta organização espiã, financiada pelos fascistas. A coisa toda ia de encontro ao senso comum, e apenas a história anterior do POUM bastava para torná-la inacreditável. Todos os líderes do POUM tinham histórias revolucionárias. Alguns deles tinham participado da revolta de 1934,[40] e a maioria deles tinha sido presa por atividades socialistas durante o governo Lerroux ou durante a monarquia. Em 1936, seu líder, Joaquín Maurín, foi um dos deputados que advertiu nas Cortes sobre o golpe iminente de Franco. Algum tempo depois do início da guerra, ele foi preso pelos fascistas, enquanto tentava organizar a resistência na retaguarda de Franco. Quando o golpe começou, o POUM desempenhou um papel de destaque na resistência a ele e, em Madri principalmente, muitos de seus membros foram mortos nas batalhas de rua. Foi uma das primeiras organizações a formar colunas de milícia na Catalunha e em Madri. Parece quase impossível explicar essas ações como ações de um partido financiado pelos fascistas. Um partido financiado pelos fascistas teria simplesmente juntado-se ao outro lado.

Nem havia sinal algum de atividades pró-fascistas durante a guerra. É discutível — embora eu não concorde — que, ao pressionar por uma política mais revolucionária, o POUM dividiu as forças

---

40 Insurreição iniciada por uma greve de mineiros nas Astúrias e duramente reprimida por Franco. [N. T.]

do governo e, assim, ajudou os fascistas. Acho que qualquer governo do tipo reformista consideraria o POUM um incômodo. Mas isso é uma coisa bem diferente de traição direta. Não há como explicar por que, se o POUM era mesmo uma organização fascista, sua milícia permanecera leal. Lá estavam oito ou dez mil soldados, mantendo partes importantes da linha de frente durante as condições intoleráveis do inverno de 1936-1937. Muitos deles estavam nas trincheiras há quatro ou cinco meses direto. É difícil entender por que eles simplesmente não abandonaram a linha ou passaram para o inimigo. Estava sempre em seu poder fazê-lo e, às vezes, o efeito poderia ter sido decisivo. No entanto, continuaram a lutar e foi pouco depois de o POUM ter sido cassado como partido político, quando o acontecimento era novidade na cabeça de todo mundo, que a milícia — ainda não redistribuída no Exército Popular — participou do ataque sangrento ao leste de Huesca, em que vários milhares de homens foram mortos em um ou dois dias. No mínimo, seriam esperadas uma confraternização com o inimigo e uma deserção geral. Mas, como mencionei antes, o número de deserções era excepcionalmente pequeno. Mais uma vez era de se esperar propaganda pró-fascista, "derrotismo" e assim por diante. No entanto, não havia nenhum sinal de qualquer coisa desse tipo. Obviamente, deve ter havido espiões fascistas e agentes provocadores no POUM; eles existem em todos os partidos de esquerda, mas não há indícios de que havia mais deles lá do que em qualquer outro.

É verdade que alguns dos ataques na imprensa comunista afirmavam, com bastante relutância, que apenas os líderes do POUM eram pagos pelos fascistas e não os soldados rasos. Mas isso era uma mera tentativa de separar os soldados rasos de seus líderes. A natureza da acusação insinuava que os militantes comuns, os milicianos e assim por diante, estavam todos juntos na conspiração; pois era óbvio que se Nin, Gorkin e os outros eram realmente pagos pelos fascistas, era mais provável que isso fosse do conhecimento de seus seguidores, pois estavam em contato com eles, do que de jornalistas em Londres, Paris e Nova York. E, em todo caso, quando o POUM foi cassado, a polícia secreta controlada pelos comunistas agiu segundo o pressuposto de que todos eram igualmente culpados e prendeu todo mundo ligado ao POUM que pôde agarrar, incluindo até mesmo homens feridos, enfermeiras, esposas de militantes do POUM e, em alguns casos, até crianças.

Por fim, entre 15 e 16 de junho, o POUM foi cassado e declarado ilegal. Este foi um dos primeiros atos do governo de Negrín, que assumira o poder em maio. Quando o comitê executivo do POUM foi jogado na prisão, a imprensa comunista produziu o que pretendia ser a descoberta de uma enorme conspiração fascista. Durante um tempo, a imprensa comunista do mundo inteiro inflamou-se com esse tipo de coisa. Como o *Daily Worker* de 21 de junho, resumindo vários jornais comunistas espanhóis:

Trotskistas espanhóis conspiram com Franco

Em seguida à prisão de um grande número de líderes trotskistas em Barcelona e noutros lugares [...], ficaram conhecidos, durante o fim de semana, os detalhes de um dos mais espantosos feitos de espionagem já conhecidos em tempos de guerra, e a revelação mais horrenda de traição trotskista até hoje. [...] Documentos em posse da polícia, juntamente com a confissão completa de nada menos do que 200 pessoas presas, provam [...].

O que essas revelações "provavam" era que os líderes do POUM estavam transmitindo segredos militares para o general Franco por rádio, estavam em contato com Berlim e estavam agindo em colaboração com a organização secreta fascista em Madri. Além disso, havia detalhes sensacionais sobre mensagens secretas em tinta invisível, um documento misterioso assinado com a letra N (no lugar de Nin), e assim por diante.

Mas o desfecho foi o seguinte: seis meses depois do acontecimento, enquanto escrevo, a maioria dos líderes do POUM ainda estão presos, mas nunca foram levados a julgamento e as acusa-

246 *George Orwell*

ções de comunicação com Franco por rádio etc. nunca foram sequer formuladas. Se fossem realmente culpados de espionagem, teriam sido julgados e fuzilados em uma semana, como tantos espiões fascistas foram anteriormente. Mas nem um pedaço de prova foi jamais produzido, a não ser as afirmações sem fundamento na imprensa comunista. Quanto às duzentas "confissões completas", que, se tivessem existido, teriam sido suficientes para condenar qualquer um, nunca mais se ouviu falar nelas. Eram, na verdade, duzentas obras da imaginação de alguém.

E ainda mais, a maioria dos membros do governo espanhol negou-se a crer nas acusações contra o POUM. Recentemente o gabinete decidiu-se, por cinco a dois, em favor de soltar os presos políticos antifascistas; os dois contra foram os ministros comunistas. Em agosto, uma delegação internacional liderada por James Mexton, membro do parlamento britânico, foi à Espanha investigar as acusações contra o POUM e o desaparecimento de Andrés Nin. Prieto, o ministro da Defesa, Irujo, o ministro da Justiça, Zugazagoitia, o ministro do Interior, Ortega y Gasset, o procurador-geral, Prat García e outros, todos repudiaram qualquer crença de que os líderes do POUM fossem culpados de espionagem. Irujo acrescentou que tinha examinado o dossiê do caso e que nenhuma das chamadas provas resistiriam a uma investigação, e que o documento supostamente assinado por Nin era "sem valor", isto é, era uma falsificação. Prieto considerou os líderes do POUM responsáveis pelas batalhas de maio em Barcelona, mas refutou a ideia de que fossem espiões fascistas. "O que é mais grave", acrescentou, "é que a prisão de líderes do POUM não foi decidida pelo governo e que a polícia realizou tais prisões por conta própria. Os responsáveis não são os chefes da polícia, mas sua *entourage*, que está infiltrada de comunistas, como sempre." Ele citou outros casos de prisões ilegais por parte da polícia. Irujo, igualmente, declarou que a polícia tinha se tornado "quase independente" e estava, na verdade, sob o comando de elementos comunistas estrangeiros. Prieto insinuou para a delegação, de modo bem geral, que o governo não poderia dar-se ao luxo de ofender o Partido Comunista, enquanto os russos estivessem fornecendo armas. Quando uma outra delegação, liderada por John McGovern, também membro do parlamento britânico, foi à Espanha em dezembro, eles obtiveram praticamente as mesmas respostas de antes e Zugazagoitia, o ministro do Interior, repetiu a insinuação de Prieto em termos até mais explícitos. "Recebemos ajuda da Rússia e tivemos de permitir certas ações de que não gostamos." Como um exemplo da autonomia da polícia, é interessante saber que mesmo com uma ordem assinada pelo diretor das penitenciárias e pelo ministro da Justiça, McGovern e outros não conseguiram obter permissão para entrar em uma das "prisões secretas" mantidas pelo Partido Comunista em Barcelona.[41]

Acho que é o bastante para esclarecer a questão. A acusação de espionagem contra o POUM baseou-se somente em artigos da imprensa comunista e nas atividades da polícia secreta controlada pelos comunistas. Os líderes do POUM e centenas ou milhares de seguidores ainda estão nas prisões e faz seis meses que a imprensa comunista continua a bradar pela execução dos "traidores". Mas Negrín e os outros mantiveram a cabeça no lugar e se recusaram a pôr em prática um massacre indiscriminado de "trotskistas". Levando-se em conta a pressão feita sobre eles, tem-se de reconhecer o grande mérito deles por terem feito isso. Entretanto, em vista do que foi citado anteriormente, torna-se muito difícil de acreditar que o POUM fosse de fato uma organização espiã fascista, a menos que também se creia que Maxton, McGovern, Prieto, Irujo, Zugazagoitia e todo o resto fossem pagos pelos fascistas.

Finalmente, quanto à acusação de que o POUM era "trotskista". Esta palavra é atirada agora a torto e a direito, cada vez com mais liberdade, e é usada de uma maneira extremamente enganosa e, com frequência, com a intenção de enganar. Vale a pena parar

---

41 Para as reportagens sobre as duas delegações, ver *Le Populaire* (7 de setembro), *La Flèche* (18 de setembro), o Relatório da Delegação Maxon, publicado pelo *Independent News* (219 Rue Saint-Denis, Paris) e o panfleto de McGovern, *Terror in Spain*. [N. A.]

para defini-la. A palavra "trotskista" é usada com três significados distintos. *Primeiro*: alguém que, como Trotsky, defende a "revolução mundial" em oposição ao "socialismo em um só país". Numa acepção mais ampla, um extremista revolucionário. *Segundo*: um membro da organização real, liderada por Trotsky. *Terceiro*: um fascista disfarçado, posando de revolucionário, que pratica sabotagens na União Soviética, mas, em geral, atua para dividir e enfraquecer as forças de esquerda.

No primeiro sentido, o POUM poderia provavelmente ser descrito como trotskista. Assim como o Partido Trabalhista Independente inglês, o Partido Social Democrata alemão, a esquerda socialista francesa e assim por diante. Mas o POUM não tinha ligação alguma com Trotsky ou com a organização trotskista ("bolchevique-leninista"). Quando a guerra começou, os trotskistas estrangeiros que vieram para a Espanha (quinze ou vinte deles) trabalharam no início para o POUM, como o partido mais próximo de seu ponto de vista, mas sem se filiarem a ele; mais tarde, Trotsky mandou que seus seguidores atacassem a política do POUM e os trotskistas foram expulsos dos escritórios do partido, embora alguns tenham permanecido na milícia. Nin, o líder do POUM depois da captura de Maurín pelos fascistas, tinha sido secretário de Trotsky, mas deixara-o havia alguns anos e formara o POUM, reunindo vários comunistas de oposição com membros de um outro partido, a Liga de Trabalhadores e Camponeses. A antiga associação de Nin com Trotsky tem sido usada na imprensa comunista para mostrar que o POUM era de fato trotskista. Seguindo a mesma linha de raciocínio, seria possível mostrar que o Partido Comunista Inglês é na verdade uma organização fascista, por causa da antiga associação do sr. John Strachey com sir Oswald Mosley.[42]

---

42   Sir Oswald Mosley fundou o New Party em 1931, com o apoio de John Strachey. No ano seguinte, ao voltar da Itália onde conhecera Mussolini, Mosley substituiu o New Party pela British Union of Fascists (União Britânica dos Fascistas). Strachey rompeu com ele, foi deputado pelo Partido Trabalhista inglês e crítico ferrenho do fascismo na Europa. [N. T.]

De acordo com a segunda definição, a única em que o sentido da palavra trotskista é definido com exatidão, o POUM certamente não era trotskista. É importante fazer essa distinção, porque é dado como certo pela maioria dos comunistas que um trotskista de acordo com a segunda definição é invariavelmente um trotskista no sentido da terceira, isto é, que a organização trotskista inteira é simplesmente uma máquina de espionagem fascista. O "trotskismo" só chegou ao conhecimento do público no tempo dos julgamentos por sabotagem russos, e chamar um homem de trotskista é praticamente equivalente a chamá-lo de assassino, agente provocador etc. Mas, ao mesmo tempo, qualquer um que critique a política comunista de um ponto de vista de esquerda é passível de ser denunciado como trotskista. Estabelece-se então que todos que professem um extremismo revolucionário são financiados pelos fascistas?

Na prática isto ocorre ou não de acordo com a conveniência local. Quando Maxton foi à Espanha com a delegação mencionada acima, o *Verdad*, o *Frente Rojo* e outros jornais comunistas espanhóis imediatamente o denunciaram como um "trotskista-fascista", espião da Gestapo e assim por diante. Contudo, os comunistas ingleses tiveram o cuidado de não repetir essa acusação. Na imprensa comunista inglesa, Maxton torna-se apenas um "inimigo reacionário da classe trabalhadora", o que é convenientemente vago. A razão, é claro, deve-se simplesmente às várias lições amargas que produziram na imprensa comunista inglesa um pavor generalizado da lei contra crimes de calúnia e difamação. O fato de a acusação não ser repetida em um país onde poderia ter de ser provada é confissão suficiente de que se trata de uma mentira.

Pode parecer que discuti as acusações contra o POUM numa extensão muito maior do que a necessária. Comparado às misérias imensas de uma guerra civil, esse tipo de contenda intestina entre partidos, com suas inevitáveis injustiças e acusações falsas, pode parecer trivial. Não é bem assim. Acredito que difamações e campanhas de imprensa desse tipo, bem como os hábitos mentais que indicam, são capazes de causar danos mortais à causa antifascista.

Qualquer um que tenha dado uma olhada no assunto sabe que a tática comunista de lidar com opositores políticos por meio de acusações fabricadas não é nada nova. Hoje em dia, a palavra-chave é "trotskista-fascista"; ontem era "social-fascista". Há apenas seis ou sete anos os julgamentos de Estado russos "provaram" que os líderes da Segunda Internacional, incluindo, por exemplo, Léon Blum e membros proeminentes do Partido Trabalhista Inglês, estavam tramando uma conspiração para a invasão militar da União Soviética. Hoje, no entanto, os comunistas franceses estão muito satisfeitos em aceitar Blum como líder, e os comunistas ingleses estão movendo céus e terra para ingressarem no Partido Trabalhista. Duvido que esse tipo de coisa seja recompensado, mesmo de um ponto de vista sectário. E, enquanto isso, não há nenhuma dúvida possível quanto ao ódio e à divergência que a acusação de "trotskista-fascista" está causando. Comunistas das bases do partido, em todas as partes, são desviados para uma caça às bruxas sem sentido, para ir atrás de "trotskistas"; e partidos do tipo do POUM são forçados a voltarem à posição estéril de meros partidos anticomunistas. Já há o começo de uma cisão perigosa no movimento mundial da classe trabalhadora. Mais algumas difamações contra socialistas incondicionais, mais algumas armações como as acusações contra o POUM e a cisão pode-se tornar irreconciliável. A única esperança é manter a controvérsia política num plano em que discussões exaustivas sejam possíveis. Entre os comunistas e aqueles que se posicionam ou afirmam se posicionarem à esquerda deles, há uma diferença real. Os comunistas sustentam que o fascismo pode ser derrotado através de uma aliança com setores da classe capitalista (a Frente Popular); seus opositores sustentam que esta manobra simplesmente fornece ao fascismo novos campos para reprodução. A questão tem de ser resolvida; tomar a decisão errada pode nos fazer desembarcar em séculos de semiescravidão. Mas, na medida em que nenhum argumento seja apresentado, a não ser um grito de "Trotskista-fascista!", a discussão não poderá sequer começar. Seria impossível para mim, por exemplo, debater os erros e acertos das batalhas de Barcelona com um membro do Partido Comunista, porque nenhum comunista — quer dizer, nenhum comunista "dos bons" — poderia admitir que fiz um relato verdadeiro dos fatos. Se seguisse a "linha" de seu partido conscienciosamente, teria de afirmar que eu estava mentindo ou, na melhor das hipóteses, que eu estava irremediavelmente enganado e que qualquer um que tivesse dado uma olhada nas manchetes do *Daily Worker* a mais de mil quilômetros de distância dos acontecimentos sabia mais sobre o que tinha acontecido em Barcelona do que eu. Em tais circunstâncias não pode haver argumentação; não se pode chegar ao mínimo de acordo necessário. Qual é o propósito de dizer que homens como Maxton são financiados pelos fascistas? Somente o de fazer com que qualquer discussão séria seja impossível. É como se no meio de um campeonato de xadrez um dos competidores, de repente, começasse a gritar que o outro é culpado de bigamia ou de um incêndio criminoso. O que está de fato em questão permanece intocado. A difamação não resolve nada.

RECORDANDO A GUERRA CIVIL ESPANHOLA

1

EM PRIMEIRO LUGAR, as memórias físicas, os sons, os cheiros e as superfícies das coisas.

É curioso que me lembre, mais vividamente do que de qualquer coisa que veio depois na guerra da Espanha, da semana do chamado treinamento que fizemos, antes de sermos mandados para o front — o imenso quartel da cavalaria em Barcelona, com seus estábulos cheios de correntes de ar e pátios com paralelepípedos, o frio gelado da bomba onde nos lavávamos, as refeições nojentas, toleradas graças às vasilhas de vinho, as milicianas de calças compridas cortando lenha e a chamada de manhã cedo, na qual meu prosaico nome inglês produzia uma espécie de interlúdio cômico entre os mais ressonantes nomes espanhóis, Manuel Gonzalez, Pedro Aguilar, Ramon Fenellosa, Roque Ballaster, Jaime Domenech, Sebastian Viltron, Ramon Nuvo Bosch. Nomeio esses homens em especial, porque me lembro do rosto de todos eles. Exceto dois que eram da arraia-miúda e, sem dúvida, já se tornaram bons falangistas, é provável que todos eles tenham morrido. Sei que dois deles estão mortos. O mais velho teria cerca de vinte e cinco anos, o mais novo, dezesseis.

Uma das experiências essenciais da guerra é nunca ser capaz de fugir dos cheiros repugnantes de origem humana. Latrinas são um assunto dos mais batidos na literatura sobre a guerra e não as mencionaria se as latrinas de nosso quartel não tivessem contribuído com seu quinhão necessário para perfurar minhas próprias ilusões sobre a guerra civil espanhola. O tipo latino de latrina, no qual você tem de se acocorar, é ruim demais, mesmo a melhor delas, mas essas eram feitas de alguma espécie de pedra polida tão escorregadia que o máximo que se podia fazer era não se desequilibrar. Além do mais, estavam sempre entupidas. Ora, tenho muitas outras coisas repugnantes na memória, mas creio que foram essas latrinas que primeiro me despertaram o pensamento que se tornaria recorrente: "Aqui estamos nós, soldados de um exército revolucionário, defendendo a democracia contra o fascismo, lutando numa guerra que *é sobre* algo e o detalhe de nossas vidas é justamente tão sórdido e degradante quanto poderia ser numa prisão, para não falar num exército burguês". Muitas outras coisas reforçaram esta impressão, mais tarde; por exemplo, o tédio e a fome canina da vida nas trincheiras, as briguinhas miseráveis por restos de comida, as discussões mesquinhas, irritantes, que pessoas exaustas por falta de sono entretêm.

O horror essencial da vida no exército (quem quer que tenha sido soldado saberá o que quero dizer por horror essencial da vida no exército) mal é afetado pela natureza da guerra que se esteja, por acaso, lutando. A disciplina, por exemplo, é basicamente a mesma em todos os exércitos. As ordens têm de ser obedecidas e impostas através de punições se necessário, a relação entre oficial e soldado tem de ser uma relação entre superior e inferior. A imagem da guerra apresentada em livros como *Nada de novo no front*[1] é substancial-

---

1 Romance baseado nas experiências das tropas alemãs da linha de frente das trincheiras na Primeira Guerra Mundial, foi escrito por Erich Maria Remarque e publicado como *Im Neue Westen nichts Neue* em 1929. Foi imediatamente traduzido para o inglês por A. W. Wheen e publicado no mesmo ano. Ainda é encontrado, numa nova tradução. Há um filme baseado nele, de 1930 (estrelado por Lew Ayres e Louis Wolheim). Foi censurado na Grã-Bretanha, porque considerado muito pavoroso (em especial uma cena em que aparecia um rato; se Orwell a tivesse visto, ficaria particularmente impressionado, dada sua aversão a ratos). [N. E.]

mente verdadeira. Balas machucam, cadáveres fedem, soldados sob fogo ficam frequentemente com tanto medo que mijam nas calças. É verdade que a origem social da qual provém um exército dará o tom para o treinamento, a tática e a eficiência geral, e também que a consciência de estar certo pode incrementar o moral, embora isso afete mais a população civil do que as tropas. (As pessoas se esquecem de que um soldado em qualquer parte perto do front está, geralmente, com fome, ou medo, ou frio demais, ou, acima de tudo, cansado o bastante para se preocupar com as origens políticas da guerra.) Mas as leis da natureza não são suspensas nem para um exército "vermelho" nem para um "branco". Um piolho é um piolho e uma bomba é uma bomba, mesmo se a causa pela qual se luta é, por acaso, uma causa justa.

Por que vale a pena assinalar algo tão óbvio? Porque o grosso da *intelligentsia* britânica e americana não tinha, evidentemente, consciência disso então, e nem tem agora. Nossa memória é curta hoje em dia, mas recordemos um pouco, escavemos os arquivos do *New Masses*[2] ou do *Daily Worker*, e espiemos de leve a porcaria romântica fomentadora de guerra que nossos esquerdistas estavam despejando naquela época. Todas as velhas expressões bolorentas! E a ausência total de imaginação! O sangue-frio com que Londres encarou o bombardeio de Madri! E aqui não estou sequer me preocupando com os contrapropagandistas de direita, os Lunns, Garvins *et hoc genus*; deles nem é preciso falar. Mas aqui estavam as mesmíssimas pessoas que, durante vinte anos, tinham vaiado e escarnecido a "glória" da guerra, as histórias de atrocidades, o patriotismo, até mesmo a coragem física, saindo-se com coisas que, com a alteração de alguns nomes, podiam ter sido encaixadas no *Daily Mail* de 1918. Se tinha uma coisa com a qual a *intelligentsia* britânica era comprometida, era sua versão desmascaradora, a teoria de que toda guerra é feita somente de corpos e latrinas e

---

2 Semanário norte-americano dedicado à literatura proletária. Foi publicado de 1926 a 1948. [N. E.]

nunca dá bons resultados. Bem, as mesmas pessoas que em 1933 disfarçavam seus risinhos compassivos quando você dizia que, em determinadas circunstâncias, lutaria por seu país, em 1937 estavam denunciando como um trotskista-fascista qualquer um que sugerisse que as reportagens sobre homens recém-feridos, clamando para voltarem à luta, pudessem ser exageradas. E a *intelligentsia* de esquerda deu sua volta de cento e oitenta graus: de "A guerra é o inferno" para "A guerra é gloriosa", não apenas sem nenhum senso de incongruência, mas quase sem nenhum estágio intermediário. Mais tarde, a maioria deles faria outras transições igualmente violentas. Deve haver um número bem grande de pessoas, uma espécie de núcleo central da *intelligentsia*, que aprovou a declaração "Rei e Pátria"[3] em 1935, bradou por uma "linha dura contra a Alemanha" em 1937, apoiou a Convenção Popular em 1940 e está exigindo uma Segunda Frente agora.[4]

No que diz respeito às massas, as extraordinárias mudanças de opinião que acontecem hoje em dia, as emoções que podem ser ligadas e desligadas como uma lâmpada, são o resultado da hipnose dos jornais e do rádio. Na *intelligentsia*, devo dizer que resultam mais do dinheiro e da simples segurança pessoal. Num dado momento, podem ser "pró-guerra" ou "antiguerra", mas em ambos os casos não possuem nenhuma imagem realista da guerra em suas mentes. Quando se entusiasmaram com a guerra da Espanha, sabiam, é claro, que pessoas estavam morrendo e que morrer é desagradável, mas sentiam que, para um soldado do Exército Republicano Espanhol, a experiência da guerra, de algum modo, não era degradante. De alguma forma, as latrinas fediam menos, a disciplina era menos maçante. Basta dar uma olhada no *New Statesman* para ver que

---

3 Foi em 1933 – e não em 1935 – o debate na Oxford Union Society que aprovou a famosa moção: "Esta casa não lutará em nenhuma circunstância pelo rei e pela pátria", dando origem a várias sociedades pacifistas na Grã-Bretanha. [N. T.]

4 A moção da Oxford Union em 1935, apoiando a recusa a se lutar "pelo rei e pela pátria", deu início a uma série de reivindicações para que a Grã-Bretanha se abstivesse de investidas militares ou nelas se engajasse. [N. E.]

acreditavam nisso; baboseira exatamente igual está sendo escrita agora sobre o Exército Vermelho. Tornamo-nos civilizados demais para compreender o óbvio. Pois a verdade é muito simples. Para sobreviver, muitas vezes você tem de lutar, e para lutar, você tem de se sujar. A guerra é má, e muitas vezes é o mal menor. Aqueles que empunham a espada perecem pela espada, e aqueles que não empunham a espada, perecem com doenças malcheirosas. O fato de que valha a pena escrever uma platitude dessas demonstra o que anos de capitalismo financeiro fizeram por nós.

2

COM RELAÇÃO AO QUE ACABO DE DIZER, uma nota sobre as atrocidades.

Tenho poucas provas diretas de atrocidades na guerra civil espanhola. Sei que algumas foram cometidas por republicanos, e muito mais (ainda continuam) pelos fascistas. Mas o que me impressionou então, e tem me impressionado desde então, é que se crê ou se descrê nas atrocidades somente com base na preferência política. Todo mundo crê nas atrocidades do inimigo e descrê nas atrocidades daqueles que estão do seu lado, sem nem sequer se incomodar em examinar as provas. Recentemente, fiz uma tabela das atrocidades durante o período de 1918 até o presente; nunca houve um ano em que não ocorressem atrocidades num lugar ou noutro, e mal houve um único caso em que a esquerda e a direita acreditassem nas mesmas histórias simultaneamente. E, mais estranho ainda, a qualquer momento a situação pode se reverter e a história da atrocidade provada e comprovada de ontem pode se tornar uma mentira ridícula, simplesmente porque a paisagem política mudou.

Na guerra atual, estamos na situação curiosa de nossa "campanha de atrocidades" ter sido feita, em grande parte, antes de a guerra começar, e feita sobretudo pela esquerda, pelas pessoas que normalmente se orgulham de sua incredulidade. No mesmo período, a direita, os traficantes de atrocidades de 1914-1918, estavam de olhos fixos na Alemanha nazista e se recusando terminantemente a ver qualquer mal nela. Então, tão logo a guerra irrompeu, foram os pró-nazistas de ontem que repetiram as histórias de horror, enquanto os antinazistas se encontraram, de repente, duvidando de que a Gestapo realmente existisse. Nem foi esse o único resultado do pacto russo-alemão. Foi, em parte, porque antes da guerra, a esquerda tinha erroneamente acreditado que a Grã-Bretanha e a Alemanha nunca lutariam e era, portanto, capaz de ser antialemã e antibritânica ao mesmo tempo; em parte também, porque a propaganda oficial de guerra, com sua hipocrisia e farisaísmo repugnantes, sempre tende a fazer com que as pessoas simpatizem com o inimigo. Parte do preço que pagamos pelas mentiras veiculadas de forma sistemática entre 1914 e 1917 foi a exagerada reação pró-alemã que se seguiu. De 1918 a 1933, era-se vaiado em círculos de esquerda, caso se sugerisse que a Alemanha carregava uma fração sequer da responsabilidade pela guerra. Em todas as denúncias contra o Tratado de Versalhes que escutei durante aqueles anos, não acho que tenha jamais ouvido a pergunta "O que teria acontecido se a Alemanha tivesse ganhado?" ser sequer mencionada, que dirá discutida. Da mesma forma também com as atrocidades. A verdade, sente-se, torna-se inverdade quando o inimigo a expressa. Recentemente notei que as mesmas pessoas que engoliam toda e qualquer história de horror sobre os Japoneses em Nanquim, em 1937, recusavam-se a acreditar exatamente nas mesmas histórias sobre Hong Kong, em 1942. Havia até mesmo a tendência a achar que as atrocidades de Nanquim tinham se tornado, por assim dizer, inverdades retrospectivamente, porque o governo britânico agora chamava atenção sobre elas.

Mas, infelizmente, a verdade sobre as atrocidades é muito pior do que serem alvo de mentiras e transformadas em propaganda. A verdade é que elas acontecem. O fato, muitas vezes aduzido como uma razão para o ceticismo, de que as mesmas histórias de horror aparecem guerra após guerra, simplesmente faz com que elas sejam mais passíveis de serem verdadeiras. Evidentemente, são fantasias muito difundidas e a guerra fornece uma oportunidade para colocá-las em prática. Também, embora tenha deixado de estar na moda dizer isso, não resta muita dúvida de que aqueles que podemos chamar, *grosso modo*, de "brancos" cometam muito mais e piores atrocidades do que os "vermelhos". Não há a menor dúvida, por exemplo, sobre o comportamento dos japoneses na China. Nem há muita dúvida sobre as longas histórias de ultrajes fascistas durante os últimos dez anos na Europa. O volume de testemunhos é enorme, e uma porcentagem respeitável deles vem da imprensa e das rádios alemãs. Essas coisas realmente aconteceram, isto é o que importa. Aconteceram, apesar de Lord Halifax[5] ter dito que aconteceram. Os estupros e matanças em cidades chinesas, as torturas nos porões da Gestapo, os velhos professores judeus atirados em cloacas, os refugiados sendo metralhados ao longo das estradas espanholas — todas elas aconteceram, e não aconteceram menos porque o *Daily Telegraph*, de repente, soube delas, com cinco anos de atraso.

---

5   Membro do Partido Conservador, Lord Halifax (1881-1959) foi Secretário de Assuntos Estrangeiros de 1938 a 1940. [N. T.]

3

Duas lembranças, a primeira não prova nada em especial; a segunda, creio, fornece-nos uma certa compreensão da atmosfera do período revolucionário:

Numa madrugada, um outro soldado e eu tínhamos saído bem cedo para ficar atirando, escondidos, nos fascistas nas trincheiras fora de Huesca. A linha deles e a nossa, aqui, ficavam a trezentos metros uma da outra, distância na qual nossos fuzis velhos não atiravam com precisão alguma, mas esgueirando-se para um local a cerca de cem metros da trincheira fascista, podia-se, caso se tivesse sorte, acertar um tiro em alguém, através de uma brecha no parapeito. Infelizmente, o terreno intermediário era um campo de beterrabas plano, sem nenhuma cobertura, a não ser algumas valas, e era preciso atravessá-lo enquanto ainda estivesse escuro e voltar logo depois da aurora, antes que ficasse claro demais. Dessa vez, nenhum fascista apareceu e ficamos muito tempo e fomos surpreendidos pela aurora. Estávamos numa vala, mas atrás de nós havia duzentos metros de terreno plano, com cobertura que mal dava para esconder um coelho. Ainda estávamos tentando ganhar coragem para dar uma corrida até lá, quando ouvimos uma comoção e um apitaço na trincheira fascista. Alguns de nossos aviões estavam se aproximando. Nesse instante, um soldado, provavelmente levando uma mensagem para um oficial, pulou da trincheira e correu pelo topo do parapeito, bem à nossa vista. Estava meio vestido e segurava as calças com as duas mãos, enquanto corria. Contive-me para não atirar nele. É verdade que tenho má pontaria e seria improvável que acertasse um homem correndo a cem metros, e também estava pensando, sobretudo, em como voltar para a nossa trincheira, enquanto os fascistas prestavam atenção nos aviões. Ainda assim, não atirei, em parte, por causa do detalhe das calças. Tinha vindo aqui para atirar em "fascistas"; mas um homem que está segurando as calças não é um "fascista", é, visivelmente, um semelhante, parecido conosco, e isso nos tira a vontade de atirar nele.

O que esse incidente demonstra? Nada de mais, porque é o tipo de coisa que acontece o tempo inteiro em todas as guerras. O outro é diferente. Não imagino que ao contá-lo possa torná-lo emocionante para quem o lê, mas peço-lhes que acreditem que foi emocionante para mim, como um incidente característico da atmosfera moral de um momento particular no tempo.

Um dos recrutas que se juntaram a nós, enquanto eu estava no quartel, era um rapaz com ar selvagem, da periferia de Barcelona. Estava maltrapilho e descalço. Era também extremamente escuro (sangue árabe, acho), e fazia gestos que não se vê geralmente um europeu fazer; um em especial — o braço esticado, a palma da mão na vertical — era um gesto característico dos índios. Um dia um pacote de charutos, que ainda se podia comprar bem barato naquela época, foi roubado do meu beliche. Fui muito tolo ao contar isso ao oficial, e um dos malandros a que já me referi prontamente se apresentou e disse, mentindo deslavadamente, que vinte e cinco pesetas tinham sido roubadas de seu beliche. Por alguma razão, o oficial decidiu imediatamente que o rapaz de tez morena era o ladrão. Eram muito duros com roubos na milícia e, teoricamente, alguém poderia ser fuzilado por isso. O coitado do rapaz deixou-se levar para a sala de guarda para ser revistado. O que mais me impressionou foi que ele mal tentou protestar inocência. No fatalismo de sua atitude, podia-se perceber a pobreza desesperada em que crescera. O oficial ordenou que ele tirasse a roupa. Com uma humildade, que foi horrível para mim, ele se despiu e suas roupas foram revistadas. É claro que nem os charutos nem o dinheiro estavam lá; na verdade, ele não os roubara. O mais doloroso de tudo foi que ele não pareceu nem um pouco menos envergonhado, depois que sua inocência foi comprovada. Naquela noite, levei-o ao cinema e dei-lhe conhaque e chocolate. Mas isso também foi horrível — quero dizer, a tentativa de apagar uma injúria com dinheiro. Por alguns minutos, eu tinha quase acreditado que ele fosse um ladrão e isso não se poderia apagar.

Bem, algumas semanas depois, no front, tive problemas com um dos soldados em meu setor. Nessa época, eu era um *cabo*[6] no comando de doze homens. Era uma guerra estática, terrivelmente fria, e o que dava mais trabalho era conseguir que as sentinelas ficassem acordadas em seus postos. Um dia, de repente, um soldado recusou-se a ir para um determinado posto, que dizia, muito corretamente, estar exposto ao fogo inimigo. Ele era uma criatura frágil e o agarrei e comecei a arrastá-lo até seu posto. Isto acirrou os ânimos dos outros contra mim, pois os espanhóis, acho eu, se ressentem mais ao serem tocados do que nós. Na mesma hora, fui rodeado por um círculo de soldados, gritando: "Fascista! Fascista! Deixe o homem em paz! Este não é um exército burguês! Fascista!...". O melhor que pude, em meu espanhol ruim, foi gritar que as ordens tinham de ser obedecidas e a confusão cresceu e se tornou uma daquelas discussões intermináveis, por meio das quais a disciplina é gradualmente forjada nos exércitos revolucionários. Alguns diziam que eu estava certo, outros diziam que eu estava errado. Mas a questão é que quem ficou do meu lado, com mais ardor do que todos os outros, foi o rapaz de tez morena. Assim que ele percebeu o que estava acontecendo, pulou no meio da roda e começou a me defender apaixonadamente. Com seu estranho e selvagem gesto indígena, ele ficava exclamando: "Ele é o melhor cabo que nós temos!" (*No hay cabo como el.*) Mais tarde, ele requereu licença para mudar para a minha seção.

---

6   Em espanhol no original, seguido da tradução inglesa (*corporal*). [N. T.]

Por que este incidente é tocante para mim? Porque em quaisquer circunstâncias normais teria sido impossível restabelecer bons sentimentos entre mim e esse rapaz. A acusação implícita de roubo não teria sido melhorada, provavelmente seria de algum modo piorada, pelos meus esforços compensatórios. Um dos efeitos da vida civilizada e segura é uma sensibilidade imensamente exacerbada, que torna todas as emoções primárias um tanto quanto repugnantes. A generosidade é tão dolorosa quanto a mesquinhez, a gratidão tão odiosa quanto a ingratidão. Mas na Espanha de 1936, não estávamos vivendo em uma época normal. Era uma época em que sentimentos e gestos generosos eram mais fáceis do que são comumente. Poderia contar uma dúzia de incidentes semelhantes, difíceis de serem expressados, mas que ficaram entranhados em minha mente junto com a atmosfera especial da época, as roupas mal-amanhadas e os cartazes revolucionários alegremente coloridos, a utilização universal da palavra "camarada", as baladas antifascistas impressas em papel ordinário e vendidas a um centavo, as expressões como "solidariedade proletária internacional", pateticamente repetidas por homens ignorantes, que acreditavam que elas significassem alguma coisa. Você poderia ter simpatia por alguém e manter-se do seu lado durante uma discussão depois de ter sido ignominiosamente revistado na sua presença, em busca de bens que você supostamente roubara dele? Não, não poderia; mas seria possível, caso ambos tivessem passado por alguma experiência emocionalmente ampliadora. Isso é um dos subprodutos da revolução, embora, nesse caso, fosse apenas o começo de uma revolução, e obviamente predestinada ao fracasso.

4

A LUTA PELO PODER entre os partidos republicanos espanhóis é uma coisa triste, distante, que não tenho a menor vontade de retomar agora. Apenas a menciono, a fim de dizer: não acredite em nada, ou quase nada, do que você lê sobre os acontecimentos que dizem respeito aos bastidores do governo. É tudo, qualquer que seja a fonte, propaganda partidária — quer dizer, mentira. A verdade geral sobre a guerra é bastante simples. A burguesia espanhola viu sua chance de esmagar o movimento operário e agarrou-a, ajudada pelos nazistas e pelas forças de reação em todo o mundo. É duvidoso que algo além disso seja estabelecido.

Lembro-me de ter dito uma vez a Arthur Koestler: "A História parou em 1936", ao que ele assentiu, numa compreensão imediata. Estávamos os dois pensando no totalitarismo em geral, mas, mais especificamente, na guerra civil espanhola. Cedo na vida, notei que nenhum acontecimento é narrado corretamente num jornal, mas na Espanha, pela primeira vez, vi reportagens jornalísticas que não guardavam nenhuma relação com os fatos, nem mesmo a relação implícita numa mentira corriqueira. Vi grandes batalhas narradas, onde não houve nenhuma luta; e um silêncio completo, onde centenas de homens morreram. Vi contingentes que tinham lutado bravamente serem denunciados como covardes e traidores, e outros, que nunca tinham visto um tiro ser disparado, serem louvados como heróis de vitórias imaginárias; e vi jornais em Londres vendendo essas mentiras no varejo, e intelectuais empenhados em construir superestruturas emocionais sobre eventos que nunca aconteceram. Vi, na verdade, a história ser escrita não em termos do que aconteceu, mas do que deveria ter acontecido, segundo as diversas "linhas partidárias". Mas de certo modo, por mais horrível que fosse, não tinha importância. Dizia respeito apenas às questões secundárias, a saber, a luta pelo poder no Comintern e nos partidos espanhóis de esquerda, e os esforços do governo russo para impedir a revolução na Espanha. No entanto, a imagem geral da guerra que o governo espanhol apresentou ao mundo não era uma inverdade. As questões principais eram as que ele disse que eram. Mas, quanto aos fascistas e seus financiadores, como poderiam ter chegado tão perto da verdade? Como poderiam de alguma forma mencionar seus objetivos reais? Sua versão da guerra era pura fantasia e, naquelas circunstâncias, não poderia ter sido diferente.

A única via de propaganda aberta para os nazistas e fascistas era a de representarem-se como patriotas cristãos, salvando a Espanha de uma ditadura russa. Isto incluía fingir que a vida na Espanha do governo era apenas um longo massacre (vide o *Catholic Herald* ou o *Daily Mail* — mas esses eram brincadeira de criança se comparados à imprensa fascista do continente), e incluía exagerar enormemente a escala da intervenção russa. Da imensa pirâmide de mentiras que a imprensa reacionária e católica de todo o mundo construiu, deixe-me tirar um só exemplo — a presença, na Espanha, de um exército russo. Todos os partidários devotos de Franco acreditavam nisso; estimativas de suas tropas chegavam a quase meio milhão. Ora, não havia nenhum exército russo na Espanha. Pode ter havido um punhado de pilotos e outros técnicos, algumas centenas no máximo, mas um exército não havia. Alguns milhares de estrangeiros que lutaram na Espanha, para não falar dos milhões de espanhóis, foram testemunhas disso. Bem, seu testemunho não causava impressão alguma nos propagandistas de Franco, nenhum dos quais pusera o pé na Espanha do governo. Simultaneamente, essas pessoas se recusavam de maneira absoluta a admitir o fato da intervenção italiana e alemã, ao mesmo tempo em que as imprensas italiana e alemã se gabavam abertamente das façanhas de seus "legionários". Preferi mencionar apenas um exemplo, mas, na verdade, toda a propaganda fascista sobre a guerra era nesse nível.

Esse tipo de coisa é aterrorizante para mim, porque sempre me dá a sensação de que o próprio conceito de verdade objetiva está desaparecendo do mundo. Afinal, há possibilidades de que essas mentiras, ou em todo caso mentiras semelhantes, passem para a história. Como a história da guerra civil espanhola será escrita? Se Franco continuar no poder, pessoas nomeadas por ele escreverão os livros de história e (para ser fiel ao exemplo escolhido) aquele exército russo que nunca existiu se tornará um fato histórico e gerações de estudantes aprenderão sobre ele, a partir daí. Mas suponha que o fascismo seja finalmente derrotado e algum tipo de governo democrático se restabeleça na Espanha num futuro razoavelmente próximo; mesmo então, como é que a história da guerra será escrita? Que tipo de arquivo Franco deixará para trás? Suponha até mesmo que os arquivos mantidos pelo governo atual sejam recuperáveis — mesmo assim, como uma história verdadeira da guerra será escrita? Pois, como já sublinhei, o governo também lidava amplamente com mentiras. Do ângulo antifascista, seria possível escrever uma história verdadeira da guerra em termos gerais, mas seria uma história parcial, em cujos pontos secundários não se pode confiar. Ainda assim, no final das contas, *algum* tipo de história será escrito e, depois que aqueles que de fato se lembrarem da guerra estiverem mortos, será universalmente aceita. Então, para todos os efeitos práticos, a mentira terá se tornado verdade.

Sei que é moda dizer que boa parte da história oficial é mentira, de qualquer forma. Estou disposto a acreditar que a história é, em sua maior parte, incorreta e tendenciosa, mas o que é peculiar a nossa época é o abandono da ideia de que a história *pudesse* ser escrita com base na verdade. No passado, as pessoas mentiam deliberadamente ou enfeitavam inconscientemente o que escreviam ou esforçavam-se para chegar à verdade, sabendo muito bem que deveriam cometer vários erros; mas, em cada caso, acreditavam que aqueles "fatos" tinham existido e eram, em maior ou menor grau, passíveis de serem descobertos. E na prática, havia sempre um conjunto considerável de fatos sobre os quais quase todo mundo estaria de acordo. Se procurarmos a história da última guerra, por exemplo, na Enciclopédia Britânica, descobriremos que uma quantidade respeitável de material é tirada de fontes alemãs. Um historiador britânico e um historiador alemão discordariam profundamente sobre muitas coisas, até mesmo sobre princípios fundamentais, mas ainda haveria aquele conjunto de, por assim dizer, fatos neutros sobre os quais nenhum dos dois contestaria seriamente o outro. É apenas essa base de concordância comum, com a implicação de que os seres humanos são todos uma única espécie de animal, que o totalitarismo destrói. A teoria nazista na verdade nega, explicitamente, que algo como "a verdade" exista. Não há, por exemplo, nada como a "ciência". Há apenas a "ciência alemã", a "ciência judia" etc. O objetivo implícito nessa linha de raciocínio é um mundo de pesadelo, no qual o Líder, ou alguma panelinha do poder, controla não só o futuro mas *o passado*. Se o Líder diz de tal ou qual evento: "Nunca aconteceu", bem, então, nunca aconteceu. Se ele diz que dois e dois são cinco — bem, dois e dois são cinco. Esta perspectiva me assusta muito mais do que bombas — e, depois de nossas experiências dos últimos anos, esta não é uma afirmação frívola.

Mas talvez seja infantil ou mórbido se aterrorizar com visões de um futuro totalitário? Antes de desconsiderar o mundo totalitário como um pesadelo que não pode se tornar realidade, lembre-se apenas de que em 1925 o mundo de hoje teria parecido um pesadelo que não poderia se realizar. Contra este cambiante mundo fantasmagórico em que preto pode ser branco, o tempo de ontem e o de amanhã podem ser alterados por decreto, há na verdade apenas duas salvaguardas. Uma é que não importa quanto se negue a verdade, a verdade continua a existir, por assim dizer, pelas costas, e, consequentemente, não se pode violá-la de maneira a prejudicar a eficiência militar. A outra é que, enquanto algumas partes da terra não forem conquistadas, a tradição liberal pode se manter viva. Deixe o fascismo, ou talvez até mesmo uma combinação de vários fascismos, conquistar o mundo todo e essas duas condições não mais existirão. Nós na Inglaterra subestimamos o perigo desse tipo de coisa, porque as nossas tradições e a nossa segurança anterior nos deram uma crença sentimental de que tudo dá certo no final e a coisa que mais se teme nunca acontece de verdade. Alimentados por centenas de anos com uma literatura em que o "justo" invariavelmente triunfa no último capítulo, acreditamos meio instintivamente que o mal sempre derrota a si mesmo, a longo prazo. O pacifismo, por exemplo, funda-se amplamente nesta crença. Não enfrente o mal e ele, de algum jeito, se autodestruirá. Mas por que deveria? Quais os indícios de que o faça? E qual é o exemplo de um Estado moderno e industrializado entrando em colapso, a menos que seja conquistado de fora por forças militares?

Levemos em consideração, por exemplo, a reinstituição da escravidão. Quem poderia ter imaginado há vinte anos que a escravidão voltaria à Europa? Bem, a escravidão foi restabelecida debaixo de nosso nariz. Os campos de trabalhos forçados por toda a Europa e África do Norte, onde poloneses, russos, judeus e presos políticos de todas as raças labutam na construção de estradas ou na drenagem de pântanos em troca de míseras rações, são escravidão pura e simples. O máximo que se pode dizer é que a compra e venda de escravos por particulares ainda não é permitida. Em alguns casos — o desmantelamento de famílias, por exemplo —, as condições são provavelmente piores do que eram nas das plantações de algodão americanas. Não há motivo para achar que esse estado de coisas vá mudar, enquanto qualquer dominação totalitária perdurar. Não apreendemos todas as suas implicações, porque, de nossa maneira mística, sentimos que um regime fundado na escravidão *deve* entrar em colapso. Mas vale a pena comparar a duração dos impérios escravocratas da antiguidade com a de qualquer Estado moderno. As civilizações fundadas na escravidão duraram por períodos muito longos, chegando a quatro mil anos. Quando penso na antiguidade, o detalhe que me assusta é que aquelas centenas de milhões de escravos, em cujas costas a civilização repousava geração após geração, não deixaram atrás de si nenhum registro. Não sabemos nem mesmo seus nomes. Em toda a história grega e romana, quantos nomes de escravos você conhece? Posso pensar em dois, ou talvez três. Um é Spartacus e o outro é Epictetus. Também, na sala romana do Museu Britânico, há um jarro de vidro com o nome do artesão inscrito no fundo: *"Felix fecit"*. Tenho uma imagem mental do pobre Felix (um gaulês de cabelos vermelhos e uma coleira de metal ao redor do pescoço), mas, na realidade, ele pode não ter sido um escravo; assim, há apenas dois escravos cujos nomes eu indiscutivelmente conheço e provavelmente poucas pessoas possam lembrar-se de mais algum. O resto desapareceu no mais completo silêncio.

5

A ESPINHA DORSAL da resistência a Franco era a classe trabalhadora espanhola, principalmente os membros de sindicatos urbanos. Em longo prazo — é importante lembrar que é apenas a longo prazo —, a classe trabalhadora permanece como o mais confiável inimigo do fascismo, simplesmente porque a classe trabalhadora está na situação de quem ganha mais com uma reconstrução decente da sociedade. Ao contrário de outras classes e categorias, ela não pode ser permanentemente subornada.

Dizer isso não é idealizar a classe trabalhadora. Na longa luta que se seguiu à revolução russa, os trabalhadores manuais é que foram derrotados, e é impossível não achar que foi por sua própria culpa. Época após época, em um país após o outro, os movimentos organizados da classe trabalhadora têm sido esmagados com uma violência aberta e ilegal e seus camaradas estrangeiros, ligados a eles por uma solidariedade teórica, têm simplesmente observado sem fazer nada; e por baixo disso, causa secreta de muitas traições, esconde-se o fato de que entre trabalhadores brancos e negros não há nem mesmo solidariedade da boca pra fora. Quem pode acreditar no proletariado internacional, com consciência de classe, depois dos acontecimentos dos últimos dez anos? Para a classe trabalhadora britânica, o massacre de seus camaradas em Viena, Berlim, Madri, ou qualquer outro lugar possível, parecia menos interessante e menos importante do que o jogo de futebol de ontem. Entretanto, isso não muda o fato de a classe trabalhadora continuar lutando contra o fascismo, depois que os outros tenham se submetido a ele. Uma característica da conquista nazista da França foram as deserções entre a *intelligentsia*, inclusive parte da *intelligentsia* política de esquerda. A *intelligentsia* são as pessoas que gritam mais alto contra o fascismo e, no entanto, uma porção respeitável delas desmorona e logo se torna derrotista, quando chega a hora do aperto. Enxergam muito longe para ver a sorte voltar-se contra elas e, além disso, podem ser subornadas — pois é evidente que os nazistas acham que vale a pena subornar intelectuais. Com a classe trabalhadora é o contrário. Ignorantes demais para perceber o truque que os está enganando, eles engolem facilmente as promessas do fascismo, contudo, mais cedo ou mais tarde, sempre retomam a luta. Precisam fazer isso, porque, nos próprios corpos, sempre descobrem que as promessas do fascismo não podem ser cumpridas. Para ganhar a classe trabalhadora em caráter permanente, os fascistas teriam que elevar o nível geral de vida, o que são incapazes e provavelmente não têm vontade de fazer. A luta da classe trabalhadora é como o crescimento de uma planta. A planta é burra e cega, mas sabe o suficiente para ficar pressionando para cima em direção à luz, e continuará fazendo isso, a despeito de inúmeras decepções. Pelo que os trabalhadores estão lutando? Simplesmente por uma vida decente, que têm cada vez mais consciência de ser tecnicamente possível. Sua consciência desse objetivo sofre altos e baixos. Na Espanha, durante um período, as pessoas agiram conscientemente, movendo-se em direção a um objetivo que queriam alcançar e acreditavam poder alcançar. Era responsável pelo sentimento curiosamente esperançoso que a vida na Espanha do governo tinha, durante os primeiros meses da guerra. As pessoas comuns sabiam na pele que a República era sua amiga e que Franco era seu inimigo. Sabiam que estavam certas, porque estavam lutando por algo que o mundo devia a elas e era capaz de lhes dar.

Temos de nos lembrar disso para ver a guerra da Espanha em sua verdadeira perspectiva. Quando se pensa na crueldade, miséria e futilidade da guerra — e nesse caso em particular, nas intrigas, perseguições, mentiras e mal-entendidos — há sempre a tentação de se dizer: "Um lado é tão ruim quanto o outro. Sou neutro". Na prática, porém, não se pode ser neutro, e é difícil existir uma guerra em que não faz diferença quem seja o vencedor. Quase sempre, um lado defende, em maior ou menor grau, o progresso; o outro, em maior ou menor grau, a reação. O ódio que a república espanhola despertava em milionários, duques, cardeais, *playboys*, coronéis Blimp e por aí vai, seria suficiente para nos mostrar como se dividia o terreno. Em sua essência, era uma luta de classes. Se tivesse sido ganha, a causa das pessoas comuns em todos os lugares sairia fortalecida. Mas não foi, e os coletores de dividendos em todo o mundo esfregaram as mãos. Esta era a verdadeira questão; todo o resto era espuma na superfície.

6

O RESULTADO DA GUERRA DA ESPANHA foi definido em Londres, Paris, Roma, Berlim — em todo caso, não na Espanha. Depois do verão de 1937, os que tinham olhos para ver compreenderam que o governo não poderia ganhar a guerra, a menos que houvesse uma mudança profunda na conjuntura internacional e, ao decidir continuar lutando, Negrín e os outros podem ter sido influenciados parcialmente pela expectativa de que a guerra mundial, que na verdade eclodiu em 1939, chegasse em 1938. A tão alardeada desunião do lado do governo não foi a principal causa da derrota. As milícias do governo foram organizadas às pressas, mal armadas e destituídas de imaginação do ponto de vista militar, mas teria sido assim se um acordo político total tivesse existido desde o começo. No início da guerra, o operário espanhol médio não sabia sequer atirar com um fuzil (nunca houve serviço militar obrigatório na Espanha) e o pacifismo tradicional da esquerda tornou-se uma grande desvantagem. Os milhares de estrangeiros que serviram na Espanha formaram uma boa infantaria, mas havia muito poucos especialistas de qualquer tipo entre eles. A tese trotskista de que a guerra poderia ter sido ganha se a revolução não tivesse sido sabotada era provavelmente falsa. Nacionalizar fábricas, demolir igrejas e publicar manifestos revolucionários não teriam tornado os exércitos mais eficientes. Os fascistas venceram, porque eram mais fortes; tinham armas mais modernas e os outros, não. Nenhuma estratégia política poderia contrabalançar isso.

O mais desconcertante da guerra espanhola foi o comportamento das grandes potências. A guerra foi de fato vencida para Franco pelos alemães e italianos, cujos motivos eram bastante óbvios. Os motivos da França e da Grã-Bretanha são menos fáceis de entender. Em 1936, estava claro para todo mundo que se a Grã-Bretanha apenas ajudasse o governo espanhol, com alguns milhões de libras em armas, Franco ruiria e a estratégia alemã seria gravemente desarticulada. Naquela época, não era preciso ser clarividente para prever que uma guerra entre a Grã-Bretanha e a Alemanha se aproximava; podia-se até prever que viria em um ou dois anos. No entanto, da maneira mais mesquinha, covarde e hipócrita, a classe dominante britânica fez tudo que pôde para entregar a Espanha a Franco e aos nazistas. Por quê? Porque eram pró-fascistas, era a resposta óbvia. Sem dúvida que eram e ainda assim, quando chegou a hora de pôr as cartas na mesa, escolheram enfrentar a Alemanha. Ainda permanece muito incerto qual o tipo de plano que seguiam ao apoiar Franco, e pode ser que não tivessem plano algum. Se a classe dominante britânica é perversa ou meramente estúpida é uma das questões de nosso tempo mais difíceis de resolver e, em certos momentos, uma questão muito importante. Quanto aos russos, seus motivos na guerra espanhola são completamente inescrutáveis. Tinham, como os rosa[7] acreditavam, intervindo na Espanha para defender a democracia e barrar os nazistas? Então, por que intervieram numa escala tão acanhada e, por fim, deixaram a Espanha em apuros? Ou intervieram, como afirmavam os católicos, para fomentar a revolução na Espanha? Então, por que fizeram tudo que estava a seu alcance para esmagar os movimentos revolucionários espanhóis, defender a propriedade privada e entregar o poder à classe média, e não à classe trabalhadora? Ou intervieram, como os trotskistas sugeriram, simplesmente para *impedir* uma re-

---

7   Simpatizantes do comunismo. [N. T.]

volução espanhola? Então, por que não apoiaram Franco? Na verdade, suas ações são mais facilmente explicadas se supormos que estavam agindo com base em vários motivos contraditórios. Acredito que no futuro teremos a impressão de que a política externa de Stalin, em vez de ser tão diabolicamente sagaz como afirmam que é, foi meramente oportunista e estúpida. Mas, em todo caso, a guerra civil espanhola demonstrou que os nazistas sabiam o que estavam fazendo e seus opositores, não. A guerra foi travada num baixo nível técnico e sua maior estratégia era muito simples. O lado que tivesse armas, venceria. Os nazistas e os italianos deram armas para seus amigos fascistas espanhóis, e as democracias ocidentais e os russos não deram armas para aqueles que deviam ser seus amigos. Assim, a república espanhola pereceu, tendo "obtido o que não fazia falta a nenhuma república".

Se foi certo incitar, como todos os esquerdistas de outros países sem dúvida fizeram, os espanhóis a continuar lutando, quando não poderiam vencer, é uma questão difícil de responder. Eu mesmo acho que foi certo, porque acredito que é melhor, mesmo do ponto de vista da sobrevivência, lutar e ser vencido do que se render sem lutar. Os efeitos sobre a grande estratégia de luta contra o fascismo ainda não podem ser medidos. Os exércitos maltrapilhos e sem armas da república resistiram durante dois anos e meio, o que foi sem dúvida mais tempo do que seus inimigos esperavam. Mas se isso desarticulou a programação fascista ou se, por outro lado, simplesmente adiou a guerra maior e deu mais tempo aos nazistas para colocar sua máquina de guerra no ponto, ainda permanece incerto.

7

Nunca penso na guerra espanhola sem que duas lembranças me venham à mente. Uma é da enfermaria do hospital em Lérida e das vozes muito tristes dos milicianos feridos, cantando alguma música cujo refrão terminava assim:

> *Una resolución,*
> *Luchar hast' al fin!*

Bem, eles lutaram mesmo até o fim. Durante os últimos dezoito meses da guerra, os exércitos republicanos devem ter lutado quase sem cigarros e com pouquíssimo de sua preciosa comida. Mesmo quando deixei a Espanha, em meados de 1937, a carne e o pão eram escassos, o fumo era raro, o café e o açúcar quase inacessíveis.

A outra lembrança é a de um miliciano italiano que apertou minha mão na sala da guarda, no dia em que ingressei na milícia. Escrevi sobre este homem no começo de meu livro sobre a guerra espanhola e não quero repetir o que disse ali. Quando me lembro — ah, tão vividamente! — de seu uniforme mal-amanhado e de seu rosto inocente, patético e feroz, as complexas questões paralelas da guerra parecem desaparecer e vejo claramente que, em todo caso, não havia nenhuma dúvida quanto a quem tinha razão. Apesar da política do poder e das mentiras da imprensa, a questão central da guerra era a tentativa de um povo como aquele ganhar uma vida decente, que sabiam ser um direito de nascença. É difícil pensar no provável fim de um homem daqueles, sem muita amargura. Já que o encontrei no quartel Lênin, era provável que fosse um trotskista ou um anarquista e, nas condições peculiares de nossa época, quando pessoas desse tipo não são assassinadas pela Gestapo, são normalmente assassinadas pela GPU.[8] Mas isso não afeta as questões de longo prazo. O rosto desse homem, que vi por apenas um ou dois minutos, permanece comigo como uma espécie de lembrança visual do que a guerra realmente significava. Simboliza para mim a flor da classe trabalhadora europeia, perseguida pela polícia de todos os países, pessoas que vão lotar as valas comuns dos campos de batalha espanhóis e estão agora, atingindo a soma de vários milhões, apodrecendo nos campos de trabalhos forçados.

Quando se pensa em todas as pessoas que apóiam ou apoiaram o fascismo, fica-se impressionado com sua diversidade. Que turma! Pense num programa que em alguma medida, durante um período, pôde juntar Hitler, Pétain, Montagu Norman, Pavelitch, Juan March, William Randolph Hearst, Streicher, Buchman, Ezra Pound, Juan March, Cocteau, Thyssen, Father Coughlin, o Mufti de Jerusalém,[9] Arnold Lunn, Antonescu, Spengler, Beverly Nichols, Lady Houston e Marinetti, todos num mesmo barco! Mas a solução é de fato muito simples. São pessoas, todas elas, com algo a perder, ou pessoas que almejam uma sociedade hierárquica e temem a perspectiva de um mundo de seres humanos livres e iguais. Por trás de todo o estardalhaço sobre uma Rússia "sem Deus" e sobre o "materialismo" da classe

---

8   Polícia secreta da União Soviética. [N. T.]

9   Mohammed Amin al-Husseini (1893-1974), Mufti de Jerusalém desde 1921. Foi preso em 1937 por instigar tumultos anti-semitas. Fugiu e, mais tarde, fez transmissões de rádio para os nazistas de Berlim e fomentou a deportação de judeus para campos de concentração. Foi acusado de vários crimes de guerra, mas encontrou refúgio primeiro no Egito, e depois, na Palestina. Seis mil mulçumanos bósnios que formaram a Divisão SS Handzar da Iugoslávia em 1943 para lutar pelos nazistas o encaravam como seu líder espiritual. Um "Mufti" é um advogado do cânone mulçumano. [N. E.]

trabalhadora, encontra-se a simples intenção dos que têm dinheiro ou privilégios de se agarrarem a eles. Idem para, embora contenha uma verdade parcial, todo o discurso sobre a inutilidade de uma reconstrução social que não seja acompanhada por uma "mudança no coração". Os crentes, do papa aos iogues da Califórnia,[10] são excelentes, quando se trata de uma "mudança no coração",[11] muito mais tranquilizadora do ponto de vista deles do que uma mudança no sistema econômico. Pétain atribui a queda da França ao "amor ao prazer" das pessoas comuns. Enxerga-se isso na perspectiva certa quando se para para pensar sobre quanto prazer a vida de um camponês ou a vida de um trabalhador francês comum conteria, comparada à vida do próprio Pétain. A maldita impertinência desses políticos, padres, literatos e não sei mais o quê, que dão lições à classe trabalhadora socialista sobre o "materialismo" dela! Tudo que o trabalhador exige é o que esses outros considerariam o mínimo indispensável sem o qual a vida humana não pode ser vivida de modo algum. O bastante para comer, livrar-se do terror obsessivo do desemprego, saber que suas crianças terão uma oportunidade justa, um banho por dia, roupas limpas com razoável frequência, um teto sem goteiras e horas de trabalho curtas o suficiente para deixarem um pouco de energia ao fim do dia. Nem um daqueles que fazem sermões contra o "materialismo" consideraria a vida suportável sem essas coisas. E com

---

10 É possível que Orwell tivesse em mente Gerald Heard (1889-1971), a quem ele se refere na sua resenha de setembro de 1943, em *Horizon*, sobre o livro *Beggar y Neighbour*, de Lionel Fielden (ver 2257, e ver também a nota que encabeça "Can Socialists be Happy?", 2397; também Aldous Huxley (ver 600, seção 3), e possivelmente Christopher Isherwood (ver 2713), todos eles se estabeleceram em Los Angeles pouco antes da guerra. Na Califórnia, Isherwood desenvolveu um interesse por yoga e vedanta (embora não se saiba se Orwell sabia disso), editou e fez a introdução de *Vedanta for the Western World* (Hollywood, 1945; London, 1948) e com Swami Prabhavananda traduziu o *Bhagavad-Gita* (1944) e outros trabalhos afins. É possível que esta referência tenha sido inspirada pelos acertos preliminares de Orwell com G. V. Desani para que este falasse sobre o *Bhagavad-Gita* em sua série da BBC *Books that Changed the World* (ver 1970). [N. E.]
11 *"New style of architecture, a change of heart"*, de W. H. Auden, do poema "Sir, No Man's Enemy" (1930). [N. E.]

que facilidade este mínimo seria obtido se escolhêssemos concentrar nossas mentes nisso por apenas vinte anos! Elevar o nível de vida do mundo inteiro ao da Grã-Bretanha não seria uma empresa maior do que a guerra que acabamos de lutar. Não afirmo, e não conheço quem afirme, que isso resolveria qualquer coisa por si só. Trata-se apenas de abolir a privação e o trabalho bruto, antes de enfrentar os verdadeiros problemas da humanidade. O maior problema de nossa época é o declínio da crença na imortalidade e não podemos lidar com ele, enquanto o ser humano médio estiver trabalhando como um burro de carga ou tremendo de medo da polícia secreta. Como estão certas as classes trabalhadoras em seu "materialismo"! Como estão certas em compreender que o estômago vem antes da alma, não numa escala de valores, mas em questão de tempo! Entenda-se isso e o longo horror que estamos suportando torna-se, pelo menos, inteligível. Todas as considerações são passíveis de nos fazer vacilar — as vozes de sereia de um Pétain ou de um Gandhi, o fato inelutável de que para lutar, temos de nos degradar, a posição moral ambígua da Grã-Bretanha, com suas expressões democráticas e seu império cule, o desenvolvimento sinistro da Rússia soviética, a mísera farsa da política de esquerda – tudo isso desaparece e enxerga-se apenas a luta das pessoas comuns, que aos poucos acordam e se voltam contra os donos da terra e seus bajuladores e mentirosos de aluguel. A questão é muito simples. Deve-se permitir que pessoas como o soldado italiano possam viver a vida decente e inteiramente humanizada que é tecnicamente exequível hoje? O homem comum deve ser empurrado de volta para a lama, ou não? Eu mesmo acredito, talvez baseado em provas insuficientes, que o homem comum ganhará sua luta mais cedo ou mais tarde — algo em torno dos próximos cem anos, digamos, e não algo em torno dos próximos dez mil anos. Esta foi a verdadeira questão da guerra da Espanha e da última guerra e talvez de outras guerras por vir.

Nunca mais vi o miliciano italiano, nem nunca soube seu nome. Pode-se dar como quase certo que esteja morto. Aproximadamente dois anos depois, quando a guerra estava visivelmente perdida, escrevi esses versos em sua memória:

O soldado italiano apertou minha mão
Junto da mesa da sala de guarda;
A mão forte e a mão delicada
Cujas palmas são apenas capazes

De se encontrarem ao som das armas,
Mas, que paz senti então
Ao olhar seu rosto maltratado,
Mais puro que o de uma mulher!

As palavras corrompidas que me faziam vomitar
Eram ainda sagradas aos seus ouvidos,
Ele nasceu sabendo o que só aprendi
Lentamente a partir dos livros.

As armas traiçoeiras contaram uma história
E nós dois acreditamos,
Mas o soldado displicente tinha muito valor —
Oh! quem poderia adivinhar?

Boa sorte, soldado italiano!
Mas a sorte não é para os bravos;
O que o mundo poderia lhe devolver?
Sempre menos do que você tem dado.

Entre a sombra e o fantasma,
Entre o branco e o vermelho,
Entre a bala e a mentira,
Onde você se esconderia?

Pois onde está Manuel Gonzalez,
E onde está Pedro Aguilar,
E onde está Ramon Fenellosa?
Os vermes sabem onde cada um está.

Seu nome e feitos foram esquecidos
Antes dos ossos secarem,
E a mentira que o matou foi enterrada
Debaixo de uma mentira ainda maior;

Mas o que vi em seu rosto
Nenhum poder consegue deserdar:
Nenhuma bomba irá jamais
Quebrar o cristal do espírito.[12]

[1943]

---

12   Tradução livre a partir do original: *"The Italian soldier shook my hand/ Beside the guard-room table;/ The strong hand and the subtle hand/ Whose palms are only able// To meet within the sound of guns,/ But oh! what peace I knew then/In gazing on his battered face/ Purer than any woman's!// For the flyblown words that make me spew/ Still in his ears were holy,/ And he was born knowing what I had learned/ Out of books and slowly.// The treacherous guns had told their tale/ And we both had bought it,/ But my gold brick was made of gold –/ Oh! who ever would have thought it?// Good luck go with you, Italian soldier!/ But luck is not for the brave: What would the world give back to you?/ Always less than you gave.// Between the shadow and the ghost,/ Between the white and the red,/ Between the bullet and the lie,/ Where would you hide your head?// For where is Manuel Gonzalez,/ And where is Pedro Aguilar,/ And where is Ramon Fenellosa?/ The earthworms know where they are.// Your name and your deeds were forgotten/Before your bones were dry,/ And the lie that slew you is buried/ Under a deeper lie;// But the thing that I saw in your face/ No power can disinherit:/ No bomb that ever burst/ Shatters the crystal spirit"*. [N. T.]

ORWELL NA ESPANHA:
OUTROS ESCRITOS

CARTA PARA EILEEN BLAIR
[5? de abril de 1931 — Hospital, Monflorite —
manuscrita; sem data]

Queridíssima,

Você é mesmo uma esposa maravilhosa. Quando vi os charutos, meu coração derreteu todo. Resolverão todos os problemas de tabaco por muito tempo. McNair me disse que você está bem de dinheiro, já que pode tomar emprestado e depois pagar. Quando B.E.[1] trouxer algumas pesetas, mas não vá ficar se privando e, sobretudo, não vá racionar comida, tabaco etc. Detestaria saber que você está passando frio e se sentindo deprimida. Também não deixe que façam com que você trabalhe demais, e não se preocupe comigo, pois estou muito melhor e espero voltar para a linha de frente amanhã ou depois. Felizmente, a infecção na mão não se espalhou e agora está quase boa, mas é claro que a ferida ainda está aberta. Posso usá-la relativamente bem e pretendo me barbear hoje, pela primeira vez em cinco dias. O tempo está muito melhor, primavera de verdade na maior parte do tempo, e a aparência da terra me faz pensar em nosso jardim de casa e ficar imaginando se os goivos estão brotando e se o velho Hatchett está semeando as batatas. Sim, a resenha de

---

1   Bob (Robert) Edwards. [N.E]

Pollitt[2] foi muito ruim, mas é claro que é boa como publicidade. Imagino que ele tenha ouvido falar que estou servindo na milícia do POUM. Não presto muita atenção às resenhas do *Sunday Times*,[3] pois g[4] anuncia tanto lá que eles não ousam derrubar seus livros, mas o *Observer* foi um progresso desde a última vez. Disse a McNair que quando saísse de licença, faria um artigo para o *New Leader*, já que queriam um, mas será uma baixa tão grande depois do de B.E. que acho que não vão publicá-lo. Receio que não adiante muito esperar uma licença antes de, mais ou menos, vinte de abril. É bem irritante no meu caso, pois só acontece porque mudei de uma unidade para outra — muitos dos homens com quem cheguei ao front estão saindo de licença agora. Se sugerissem que eu saísse de licença mais cedo, acho que não recusaria, mas provavelmente não o farão e não vou pressioná-los. Também há alguns indícios — não sei quanto são confiáveis — de que esperam uma ação por aqui, e não vou sair de licença logo antes que aconteça, se puder ficar. Todos foram ótimos comigo enquanto estive no hospital, visitando-me diariamente etc. Acho que agora que o tempo está melhorando posso aguentar mais um mês sem ficar doente; e, depois, como descansaremos, e iremos pescar também, se for de algum modo possível.

Enquanto escrevo isto, Michael, Parker e Buttonshaw acabam de entrar, e você devia ter visto a cara deles quando viram a margarina. Quanto às fotos, é claro que há muitas pessoas que querem cópias, e escrevi as quantidades requisitadas no verso delas, e talvez você possa conseguir reproduções. Acho que não é caro demais — não gostaria

---

2   Harry Pollitt (1890-1960), um caldeireiro de Lancashire e membro fundador do Partido Comunista do Reino Unido em 1920, tornou-se secretário-geral em 1929. Junto com Rajani Palme Dutt, liderou o partido até morrer. No entanto, foi alijado da liderança, do outono de 1939 até a invasão alemã da Rússia em julho de 1941, por causa de sua defesa temporária de uma guerra da democracia contra o fascismo. Sua resenha de *A caminho de Wigan* [*The road to Wigan Píer*] saiu no *Daily Worker* de 17 de março de 1937. [N.E]
3   *A caminho de Wigan* foi resenhado por Edward Shanks no *Sunday Times* e por Hugh Massingham no *Observer*, em 14 de março de 1937. [N.E]
4   Victor Gollancz. [N.E]

288   *George Orwell*

de decepcionar os metralhadores espanhóis etc. É claro que algumas das fotos estão uma bagunça. Aquela com o Buttonshaw aparecendo muito desfocado na frente é a foto do lugar da explosão de um projétil, que se pode ver muito apagadamente à esquerda, logo depois da casa.

Terei de terminar em breve, pois não tenho certeza de quando McNair vai voltar e quero aprontar a carta para ele. Muitíssimo obrigado por ter mandado as coisas, querida, e por favor mantenha-se bem e feliz. Disse a McNair que conversaria com ele sobre a situação quando saísse de licença, e talvez você possa falar alguma coisa com ele, em um momento oportuno, sobre minha vontade de ir para Madri etc. Adeus, amor. Escreverei de novo em breve.

Com todo o meu amor,
Eric

TRECHO DE CARTA PARA VICTOR GOLLANCZ

Em primeiro de maio de 1937, Orwell escreveu, de Barcelona, para Gollancz, para agradecer-lhe pela introdução a *A caminho de Wigan*, que vira pela primeira vez cerca de dez dias antes. Desde então, ficara um pouco adoentado e "então houve três ou quatro dias de batalhas de rua nas quais estive mais ou menos envolvido; na verdade, foi praticamente impossível ficar de fora". Ele conclui:

É provável que volte ao front em alguns dias e, excetuando acidentes, espero ficar por lá até agosto. Depois disso, devo voltar para casa, pois já será tempo de começar um outro livro. Espero profundamente sair dessa vivo, nem que seja apenas para escrever um livro sobre isso. Não é fácil se assegurar aqui de qualquer fato fora do círculo de sua própria experiência, mas mesmo com essa limitação, vi uma porção de coisas que são de um interesse enorme para mim. Devido em parte a um acidente, ingressei na milícia do POUM, em vez de na Brigada Internacional,[5] o que foi uma pena de certa forma, porque eu teria sido enviado para o front de Madri; por outro lado, isso fez com que entrasse em contato com espanhóis mais do que com ingleses e, especialmente, com revolucionários autênticos. Espero ter uma chance de escrever a verdade sobre o que vi. As coisas que aparecem nos jornais ingleses são em sua maioria as mentiras mais deslavadas — não posso falar mais, por causa da censura. Se conseguir voltar em agosto, espero aprontar o livro para você até o começo do ano que vem.

PARA CYRIL CONNOLLY
[8 de junho de 1937 — Manuscrita]

Sanatori Maurín,[6] Sarria, Barcelona

Caro Cyril,

Pergunto-me se você estará na cidade nas próximas semanas. Se estiver e quiser me encontrar, pode escrever um bilhete para 24 Crooms Hill, Greenwich S.E.

Se conseguir meus documentos de dispensa, deverei estar em casa daqui a mais ou menos uma quinzena. Fui gravemente ferido,

---

5 A Brigada Internacional era composta por voluntários estrangeiros, em sua maioria comunistas, e teve um papel importante na defesa de Madri. Seu quartel--general ficava em Albacete. [N.E]

6 O sanatório Maurín era administrado pelo POUM. Em *Homenagem à Catalunha* (p. 9), Orwell descreve que fica perto de Tibidabo, "a montanha de formato curioso que se ergue abruptamente atrás de Barcelona". Sarria (e não "Sania", como registrado às vezes) é o nome de um velho distrito na região de Barcelona. [N.E]

290 *George Orwell*

na verdade não foi um ferimento muito ruim, uma bala através da garganta que, é claro, poderia ter me matado, mas apenas causou-me dores nervosas no braço direito e me roubou muito da voz. Os médicos daqui não parecem ter certeza se eu a recobrarei ou não. Pessoalmente, acredito que sim, pois em alguns dias ela está muito melhor do que em outros, mas, em todo caso, quero chegar em casa e ser tratado de forma adequada. Estava justamente lendo um de seus artigos sobre a Espanha num *New Statesman* de fevereiro. É um mérito do *New Statesman* ser o único jornal, fora uns poucos obscuros como o *New Leader*, onde um outro ponto de vista além do comunista pode aparecer. O artigo recente de Liston Oak[7] sobre os distúrbios em Barcelona estava muito bom e bem equilibrado. Estive por dentro de todo o negócio e sei que são mentiras a maioria das coisas nos jornais. Obrigado também por ter dito ao público recentemente que é provável que eu escreva um livro sobre a Espanha, como farei, é claro, quando essa droga de braço ficar boa. Vi coisas maravilhosas e, afinal, realmente acredito no socialismo, coisa que nunca fiz antes. Em geral, embora sinta não ter visto Madri, estou contente de ter ficado num front comparativamente pouco conhecido, entre anarquistas e gente do POUM, em vez da Brigada Internacional, como deveria ter ficado, se tivesse vindo para cá com credenciais do PC [Partido Comunista] em vez das do Partido Trabalhista Independente. Uma pena que você não tenha vindo até nossa posição e me visto quando esteve em Aragão. Teria adorado servir-lhe chá num abrigo.

Seu,
Eric Blair

---

7   *"Behind Barcelona's Barricades"* [Atrás das barricadas de Barcelona], de Liston M. Oak, *New Statesman & Nation*, 15 de maio de 1937.

"Entregando o jogo espanhol"[8]
[*New English Weekly*, 29 de julho e setembro de 1937]

1

É provável que a Guerra da Espanha tenha produzido uma colheita de mentiras mais rica do que qualquer acontecimento desde a Grande Guerra de 1914-1918, mas duvido honestamente, apesar de todas essas hecatombes de freiras estupradas e crucificadas diante dos olhos dos repórteres do *Daily Mail*, que sejam os jornais pró-fascistas que causem o maior dano. São os jornais de esquerda, o *News Chronicle* e o *Daily Worker*,[9] com seus métodos de distorção muito mais sutis, que impediram o público britânico de entender a verdadeira natureza da luta.

O fato que esses jornais têm tão cuidadosamente obscurecido é que o governo espanhol (incluindo o governo semi-autônomo catalão) tem muito mais medo da revolução do que os fascistas. Agora é quase certo que a guerra terminará com algum tipo de acordo, e há até razão para duvidar de que o governo, que deixou Bilbao cair sem levantar um dedo, deseje sair vitorioso; mas não há nenhuma dúvida sequer sobre a eficiência com que estão esmagan-

---

8   O título do artigo em inglês é "*Spilling the Spanish Beans*"; "*spill the beans*" significa contar um segredo a quem não se devia ou na hora errada. Preferimos traduzi-la pelo equivalente "entregar o jogo". (N. T.)

9   O *News Chronicle* era aliado politicamente ao Partido Liberal. Em sua coluna "*As I please*", no *Tribune* de 23 de junho de 1944 (2492), Orwell descreve sua política como "um rosa bastante pálido – mais ou menos da cor de um patê de camarão". Parou de ser publicado em 17 de outubro de 1960, quando foi incorporado ao direitista *Daily Mail*. Este último, fundado por Alfred Harmsworth (posteriormente Lord Northcliffe) em 1896, introduziu o jornalismo popular no Reino Unido; ainda está em circulação. O *Daily Worker* representava a visão e a política do Partido Comunista e circulou de 1º de janeiro de 1930 a 23 de abril de 1966; foi, então, incorporado ao *Morning Star*. Foi cassado por ordem do governo de 22 de janeiro de 1941 a 6 de setembro de 1942. [N. E.]

do seus próprios revolucionários. Já há algum tempo um reinado de terror — cassação violenta de partidos políticos, uma censura sufocante à imprensa, espionagem incessante e prisões em massa sem julgamentos — está em curso. Quando deixei Barcelona no final de junho, as cadeias estavam abarrotadas; na verdade, as cadeias comuns já tinham há muito transbordado e os prisioneiros estavam sendo apinhados em lojas vazias e quaisquer outros depósitos temporários que pudessem ser encontrados para eles. Mas o ponto a ser notado é que as pessoas que estão na cadeia agora não são fascistas, mas revolucionários; estão lá, não porque suas opiniões estejam à direita demais, mas porque estão à esquerda demais. E as pessoas responsáveis por colocá-las lá são aqueles revolucionários medonhos, à menção dos quais Garvin[10] estremece em suas galochas — os comunistas.

Enquanto isso, a guerra contra Franco continua, mas, exceto para os pobres-diabos nas trincheiras das linhas de frente, ninguém na Espanha governista a encara como a verdadeira guerra. A verdadeira luta é entre a revolução e a contrarrevolução; entre os trabalhadores, que estão tentando em vão segurar um pouco do que ganharam em 1936, e o bloco dos comunistas liberais, que estão tirando isso deles com sucesso. É uma infelicidade que ainda tão poucas pessoas na Inglaterra tenham se dado conta do fato de que o comunismo é agora uma força contrarrevolucionária; que os comunistas em toda parte fazem alianças com o reformismo burguês e utilizam toda a sua poderosa máquina para esmagar ou desacreditar qualquer partido que mostre sinais de tendências revolucionárias. Daí o espetáculo grotesco de comunistas, insultados por intelectuais de direita como "vermelhos" perversos, que estão de

---

10 J. L. Garvin era o editor direitista do *Observer*, entre 1908 e 1942. [N. E.]

acordo com eles no essencial. O sr. Wyndham Lewis,[11] por exemplo, deveria adorar os comunistas, pelo menos por enquanto. Na Espanha, a aliança comunista-liberal está obtendo uma vitória quase completa. De tudo que os trabalhadores espanhóis ganharam para si mesmos em 1936, nada de sólido restou, com a exceção de algumas fazendas coletivizadas e uma certa quantidade de terra confiscada pelos camponeses no ano passado; e, presumivelmente, até mesmo os camponeses serão sacrificados mais tarde, quando não houver mais qualquer necessidade de apaziguá-los. Para entender como surgiu a situação atual, deve-se recordar as origens da guerra civil.

O lance de Franco pelo poder diferiu dos de Hitler e Mussolini por tomar a forma de uma insurreição militar, comparável a uma invasão estrangeira e, portanto, não ter muito apoio de massa, embora Franco tenha desde então tentado adquirir algum. Seus principais apoiadores, fora determinados setores dos Grandes Negócios, foram a aristocracia latifundiária e a enorme e parasitária Igreja. Obviamente, um levante deste tipo atrairia contra si várias forças que não estão de acordo sobre nenhuma outra questão. Os camponeses e os trabalhadores odeiam o feudalismo e o clericalismo; mas, como também os odeiam aqueles burgueses "liberais", que não são de forma alguma contrários a uma versão mais moderna do fascismo, pelo menos enquanto não seja chamada de fascismo. Os burgueses "liberais" são genuinamente liberais até o ponto em que seus próprios interesses terminam. Defendem o grau de progresso implícito na expressão *"la carrière ouverte aux talents"*.[12]

---

11   Percy Wyndham Lewis (1882-1957) era pintor, escritor, satirista e crítico. Sua revista, *Blast* (1914 e 1915) patrocinou o vorticismo. Ele apoiou Franco e flertou com o nazismo, retratando-se em 1939; ver *Time and Tide*, 17 de janeiro e 14 de fevereiro de 1939, e *The Hitler cult, and how it will end* [O culto a Hitler e como terminará] (1939). Nas palavras de Orwell, "Lewis atacou a todos, um de cada vez; na verdade, sua reputação como escritor depende em grande parte desses ataques" (ver *"Inside the whale"* [Dentro da baleia], 600). [N. E.]

12   Em francês, no original: "A carreira aberta aos talentos". (N. T.)

Pois, é claro que não têm chance de se desenvolver numa sociedade feudal onde os trabalhadores e os camponeses são pobres demais para comprar produtos, onde a indústria está sobrecarregada de impostos para pagar vestimentas para bispos e onde cada emprego lucrativo é dado sem questionamentos para o amigo ou o catamito do filho ilegítimo do duque. Daí que, diante de um reacionário tão ruidoso quanto Franco, haja, durante um tempo, uma situação em que os trabalhadores e os burgueses, na verdade inimigos mortais, lutem lado a lado. Esta incômoda aliança é conhecida como Frente Popular (ou, na imprensa comunista, para lhe dar um atrativo espuriamente democrático, a Frente do Povo). É uma combinação com tanta vitalidade e tanto direito a existir quanto um porco com duas cabeças ou alguma outra monstruosidade de Barnum e Bailey.[13]

Em qualquer emergência séria, a contradição implícita na Frente Popular se fará sentir. Pois mesmo quando os trabalhadores e os burgueses estão ambos lutando contra o fascismo, eles não estão lutando pelas mesmas coisas; os burgueses estão lutando pela democracia burguesa, isto é, pelo capitalismo; os trabalhadores, até onde entendem a questão, pelo socialismo. E nos primeiros dias da revolução, os trabalhadores espanhóis entendiam muito bem a questão. Nas áreas onde o fascismo foi derrotado, eles não se contentaram em expulsar as tropas das cidades; também aproveitaram a oportunidade para confiscar terras e fábricas, e estabelecer os princípios básicos de um governo dos trabalhadores, por meio de comitês locais, milícias de trabalhadores, forças policiais e assim por diante. Cometeram o erro, no entanto (possivelmente porque a maioria dos revolucionários atuantes eram anarquistas com uma descrença em todos os tipos de parlamentos), de deixar ao governo republicano o controle nominal. E, apesar das várias mudanças de

---

13 P. T. Barnum (1810-1946) foi um grande empresário de espetáculos americano, e uma de suas maiores atrações era o general Tom Polegar. Seu circo, "O Maior Show da Terra", 1871, fundiu-se ao de J. A. Bailey, como Barnum e Bailey, dez anos depois. [N. E.]

pessoal, cada governo subsequente teria sido aproximadamente do mesmo teor reformista-burguês. No começo, isso não parecia ter importância, porque o governo, principalmente na Catalunha, quase não tinha poder e os burgueses tinham de se manter discretos ou mesmo (isso ainda estava acontecendo quando cheguei à Espanha em dezembro) disfarçar-se de trabalhadores. Mais tarde, quando o poder passou das mãos dos anarquistas para as mãos dos socialistas de direita, o governo foi capaz de reafirmar-se, a burguesia saiu da clandestinidade e a velha divisão da sociedade em ricos e pobres reapareceu, não muito modificada. Desde então, cada medida, exceto as ditadas por emergências militares, foi direcionada para desfazer o trabalho dos primeiros meses da revolução. Dos muitos exemplos que poderia escolher, citarei apenas um, o desmantelamento das antigas milícias de trabalhadores, que foram organizadas num sistema genuinamente democrático, com oficiais e soldados recebendo o mesmo soldo e convivendo em termos de completa igualdade, e sua substituição pelo Exército Popular (mais uma vez, no jargão comunista, "Exército do Povo"), copiado tanto quanto possível de um exército burguês comum, com uma casta privilegiada de oficiais, diferenças enormes de soldos etc. etc. Nem é preciso dizer que isso foi justificado como uma necessidade militar, e quase certamente favorece mesmo a eficiência militar, pelo menos por um período curto. Mas o propósito indubitável da mudança era desfechar um golpe no igualitarismo. Em todos os departamentos, a mesma política foi seguida, e o resultado é que, há apenas um ano do início da guerra e da revolução, o que se tem é, com efeito, um Estado burguês, com, ainda por cima, um reinado de terror para preservar o *status quo*.

Esse processo provavelmente não teria ido tão longe se a luta pudesse ter sido travada sem interferência estrangeira. Mas a fragilidade militar do governo tornou isso impossível. Confrontados com os mercenários estrangeiros de Franco, eles foram obrigados a recorrer à ajuda da Rússia e, embora a quantidade de armas fornecidas pela Rússia tenha sido em grande medida exagerada (nos meus primeiros meses na Espanha, vi apenas uma arma russa, uma metralhadora solitária), o simples fato de sua chegada levou os comunistas ao poder. Para começar, os aviões e canhões russos, e a boa qualidade das Brigadas Internacionais (não necessariamente comunistas, mas sob controle comunista), aumentaram imensamente o prestígio comunista. Porém, mais importante ainda, uma vez que a Rússia e o México eram os únicos países a fornecer armas abertamente, os russos conseguiram não apenas ganhar dinheiro pelas armas, mas também impor seus termos. Colocados da maneira mais crua, os termos eram: "Esmaguem a revolução ou não receberão mais armas". O motivo geralmente dado para a atitude russa é que, se a Rússia parecesse instigar a revolução, o pacto franco-soviético (e a tão esperada aliança com a Grã-Bretanha) correria perigo; poderia ser, também, que o espetáculo de uma revolução genuína na Espanha causasse ecos indesejados na Rússia. Os comunistas, é claro, negam que qualquer pressão direta tenha sido exercida pelo governo russo. Mas isso, mesmo se for verdade, é quase irrelevante, pois os partidos comunistas de todos os países podem ser encarados como executantes da política russa; e é certo que o Partido Comunista Espanhol, mais os socialistas de direita que eles controlavam, mais a imprensa comunista em todo o mundo têm usado toda a sua imensa e sempre crescente influência do lado da contrarrevolução.

2

Na primeira metade deste artigo, sugeri que a verdadeira luta na Espanha, do lado do governo, tem sido entre a revolução e a contrarrevolução; que o governo, embora bastante ansioso para evitar ser vencido por Franco, tem estado mais ansioso ainda para desfazer as mudanças revolucionárias que acompanharam o início da guerra.

Qualquer comunista rejeitaria essa sugestão como equivocada ou propositalmente desonesta. Diria que não faz sentido falar do governo espanhol esmagando a revolução, porque a revolução nunca aconteceu; e que nosso trabalho atual é derrotar o fascismo e defender a democracia. E, com relação a isso, é muito importante ver exatamente como a propaganda comunista antirrevolucionária funciona. É um erro pensar que isso não tem nenhuma relevância para a Inglaterra, onde o Partido Comunista é pequeno e, comparativamente, fraco. Iremos perceber sua relevância bem rápido, se a Inglaterra fizer uma aliança com a União Soviética; ou, talvez antes mesmo, pois a influência do Partido Comunista deve crescer — está visivelmente crescendo —, à medida que cada vez mais a classe capitalista compreende que o comunismo dos últimos tempos está jogando seu jogo.

Grosso modo, a propaganda comunista depende de aterrorizar as pessoas com os (bem reais) horrores do fascismo. Também implica fingir — não com tantas palavras, mas implicitamente — que o fascismo não tem nada a ver com o capitalismo. O fascismo é apenas um tipo de perversidade sem sentido, uma aberração, "sadismo de massas", o tipo de coisa que aconteceria se, de repente, abríssemos as portas de um asilo cheio de maníacos homicidas. Apresente o fascismo desta forma e poderá mobilizar a opinião pública contra ele, pelo menos durante algum tempo, sem provocar qualquer movimento revolucionário. Pode-se opor o fascismo à "democracia" burguesa, querendo dizer capitalismo. Mas, enquanto isso, devemos livrar-nos da pessoa incômoda que mostra que o fascismo e a "democracia" burguesa são Tweedledum e Tweedledee.[14] No começo, fazemos isso ao chamá-lo de visionário intratável. Dizemos a ele que está confundindo a questão, que está dividindo as forças antifascistas, que não é o momento para alardear slogans revolucionários, que, por enquanto, temos que lutar contra o fascismo, sem perguntar-nos tão miudamente *a favor do quê* estamos lutando. Posteriormente, se ele ainda se recusar a ca-

---

14   Personagens gêmeos de *Alice através do espelho*, de Lewis Carroll. (N. T.)

lar, mudamos o tom e o chamamos de traidor. Mais precisamente, nós o chamamos de trotskista.[15]

E o que é um trotskista? Esta palavra terrível — na Espanha, neste momento, pode-se ser jogado na cadeia e mantido lá indefinidamente, sem julgamento, com base num mero boato de que se é um trotskista — está apenas começando a ser atirada para lá e para cá na Inglaterra. Iremos ouvir mais sobre ela mais tarde. A palavra "trotskista" (ou "trotskista-fascista") é geralmente usada para designar um fascista disfarçado que posa de ultrarrevolucionário, a fim de dividir as forças de esquerda. Mas ela deriva seu poder peculiar do fato de que significa três coisas diferentes. Pode significar alguém que, como Trotsky, deseja a revolução mundial; ou um membro da efetiva organização chefiada por Trotsky (o único uso legítimo da palavra); ou o fascista disfarçado que já mencionamos. Os três significados podem ser encaixados um dentro do outro à vontade. O significado número 1 pode ou não carregar com ele o significado número 2, e o significado número 2, quase invariavelmente, carrega com ele o significado número 3. Assim: "Ouviram xy falar favoravelmente a respeito da revolução mundial; logo, ele é um trotskista; logo, ele é um fascista". Na Espanha, até certo ponto na Inglaterra, *qualquer um* que professe um socialismo revolucionário (isto é, que professe as coisas que o Partido Comunista professava há alguns anos) é suspeito de ser um trotskista, financiado por Franco ou Hitler.

A acusação é muito sutil, porque em qualquer um dos casos, a menos que se saiba o contrário, pode ser verdade. Um espião fascista provavelmente *se disfarçaria* de revolucionário. Na Espanha, todos cujas opiniões estejam à esquerda das do Partido Comunista são, mais cedo ou mais tarde, descobertos como trotskistas ou, pelo menos, como traidores. No começo da guerra, o POUM, um

---

15 Ver os documentos apresentados ao Tribunal de Espionagem e Alta Traição reproduzidos acima, nos quais, sem que Orwell soubesse, ele, Eileen e Charles Doran são descritos como "trotskistas assumidos" (*trotzkistas pronunciados*). [N. E.]

partido comunista de oposição que corresponde, grosseiramente, ao Partido Trabalhista Independente inglês, era um partido aceito e forneceu um ministro ao governo Catalão; mais tarde, foi expulso do governo; depois, foi denunciado como trotskista; depois, foi cassado, e cada membro em que a polícia pôde pôr as mãos foi atirado na cadeia.

Até há alguns meses, os anarcossindicalistas eram descritos como "trabalhando lealmente" ao lado dos comunistas. Depois, os anarcossindicalistas foram defenestrados do governo; depois, parecia que não estavam mais trabalhando tão lealmente; agora, estão no processo de se tornarem traidores. Depois disso, chegará a vez dos socialistas de esquerda. Caballero,[16] o ex-premier socialista de esquerda, até maio de 1937, o ídolo da imprensa comunista, já se encontra na total obscuridade, um trotskista e "inimigo do povo". E assim o jogo continua. O fim lógico é um regime em que todos os partidos e jornais de oposição sejam cassados e todos os dissidentes de alguma importância estejam na cadeia. É claro que este regime será o fascismo. Não será o mesmo fascismo que Franco imporia, será até mesmo melhor do que o fascismo de Franco, na medida em que vale a pena lutar por ele, mas será um fascismo. Apenas, ao ser operado por comunistas e liberais, será chamado de alguma outra coisa.

Enquanto isso, pode-se ganhar a guerra? A influência comunista tem atuado contra o caos revolucionário e tende, portanto, sem contar com a ajuda russa, a produzir uma maior eficiência militar. Se os anarquistas salvaram o governo de agosto a outubro de 1936, os comunistas o salvaram de outubro em diante. Mas, ao organizar

---

16 Francisco Largo Caballero (1869-1946), um socialista de esquerda e primeiro ministro e ministro da Guerra do governo da Frente Popular de socialistas, comunistas, anarquistas e alguns republicanos liberais de 4 de setembro de 1936 a 17 de maio de 1937. Ele é descrito por Thomas como "um bom sindicalista sem visão" cujos "erros de julgamento políticos [...] estiveram no cerne dos problemas da república nos meses antes do conflito" (933). Os alemães o prenderam num campo de concentração durante quatro anos; ele morreu em Paris, pouco tempo depois de sua libertação, em 1946. [N. E.]

a defesa, conseguiram com sucesso matar o entusiasmo (dentro da Espanha, não fora). Tornaram possível um exército conscrito militarizado, mas também o tornaram necessário. É significativo que já em janeiro deste ano o recrutamento voluntário tenha praticamente terminado. Um exército revolucionário pode, às vezes, ganhar com seu entusiasmo, mas um exército de conscritos tem que ganhar com armas, e é improvável que o governo jamais consiga uma grande preponderância de armas, a menos que a França intervenha, ou a menos que a Alemanha e a Itália decidam apossar-se das colônias espanholas e deixar Franco na mão. Em geral, um impasse parece a coisa mais provável.

E o governo pretende seriamente ganhar? Não pretende perder, isso é certo. Por outro lado, uma vitória esmagadora, com Franco batendo em retirada e os alemães e italianos expulsos para o mar, causaria problemas difíceis, alguns deles óbvios demais para serem mencionados. Não há nenhuma evidência de fato, e pode-se julgar apenas pelos acontecimentos, mas suspeito que o governo esteja apostando num acordo que deixe a situação da guerra essencialmente como está. Todas as profecias erram, logo, esta também errará, mas correrei o risco e direi que, embora a guerra possa terminar em breve ou possa arrastar-se durante anos, terminará com a Espanha dividida, ou em fronteiras mesmo, ou em zonas econômicas. É claro que um acordo assim poderia ser considerado uma vitória por cada um dos lados, ou por ambos.

Tudo o que disse neste artigo seria considerado inteiramente senso comum na Espanha, ou mesmo na França. Todavia, na Inglaterra, apesar do intenso interesse que a guerra espanhola suscitou, muito poucas pessoas ouviram falar da enorme luta que se desenrola por trás das linhas do governo. É claro que isso não é nenhum acidente. Há uma conspiração bastante deliberada (poderia dar exemplos minuciosos), para impedir que a situação espanhola seja compreendida. Pessoas que não deveriam cair nessa deixaram-se levar pela decepção, com base no fato de que, se se disser a verdade sobre a Espanha, ela será usada como propaganda fascista.

É fácil ver aonde leva este tipo de covardia. Se o público britânico tivesse obtido um relato verdadeiro da guerra espanhola, poderia ter tido a oportunidade de aprender o que é o fascismo e como se pode combatê-lo. Do jeito que está, a versão *News Chronicle* do fascismo como uma espécie de mania homicida peculiar a coronéis Blimp, zumbindo no vácuo econômico, estabeleceu-se mais firmemente do que nunca. E assim, estamos um passo mais próximos da grande guerra "contra o fascismo" (cf. 1914, "contra o militarismo"), que permitirá ao fascismo, em sua versão britânica, deslizar sobre nossas gargantas na primeira semana.

RESENHA DE *THE SPANISH COCKPIT*, DE FRANZ BORKENAU, E *VOLUNTEER IN SPAIN*, DE JOHN SOMMERFIELD
[*Time and Tide*, 31 de julho de 1937]

O dr. Borkenau[17] realizou um feito que é muito difícil neste momento para qualquer um que saiba o que está se passando na Espanha: escreveu um livro sobre a guerra espanhola, sem perder o humor. Talvez seja precipitado ao dizer que é o melhor livro escrito até agora sobre o assunto, mas acredito que qualquer um que tenha vindo recentemente da Espanha concordará comigo. Depois

---

17 Como consequência de sua resenha de *The spanish cockpit*, Orwell passou a admirar muito o trabalho de Franz Borkenau. Borkenau (1900-57) fora membro do Partido Comunista durante oito anos e oficial do Comintern, mas "retornou a uma crença no liberalismo e na democracia", como Orwell colocou em sua resenha de *The Communist International* de 1938 (485). Infelizmente, nenhuma de suas cartas sobreviveu. Orwell indicou Borkenau como escritor para o Departamento de Pesquisa de Informações do *Foreign Office* em abril de 1949 (ver xx/ 320, 322). Ele se refere a *The spanish cockpit* em *Homenagem à Catalunha*, nota 27 [IV/200]. [N. E.]

daquela atmosfera terrível de espionagem e ódio político, é um alívio deparar-se com um livro que resume a situação tão calma e lucidamente como este.

O dr. Borkenau é sociólogo e não está ligado a nenhum partido político. Foi à Espanha com o propósito de fazer uma "pesquisa de campo" sobre um país em revolução, e fez duas viagens, a primeira em agosto, a segunda em janeiro. Na diferença entre esses dois períodos, sobretudo na diferença da atmosfera social, está contida a história essencial da revolução espanhola. Em agosto, o governo estava quase sem poder, os sovietes locais estavam funcionando por toda parte e os anarquistas eram a força revolucionária principal; como resultado, tudo estava num caos terrível, as igrejas ainda fumegando e os fascistas suspeitos sendo fuzilados em grandes quantidades, mas havia por toda parte uma crença na revolução, um sentimento de que as correntes de séculos haviam sido rompidas. Por volta de janeiro, o poder tinha passado, embora não tão completamente quanto mais tarde, dos anarquistas para os comunistas, e os comunistas estavam usando todos os métodos possíveis, justos e injustos, para apagar o que restara da revolução. As forças policiais pré-revolucionárias foram restauradas, a espionagem política estava ficando cada vez mais apurada e não demorou muito para que o dr. Borkenau se encontrasse na cadeia. Como a maioria dos presos políticos na Espanha, nunca sequer lhe disseram do que era acusado; mas ele teve mais sorte do que a maioria, ao ser liberado depois de alguns dias, e até (muito poucas pessoas conseguem isso ultimamente) recuperar seus documentos das mãos da polícia. Seu livro termina com uma série de ensaios sobre vários aspectos da guerra e da revolução. Qualquer um que deseje entender a situação espanhola deveria ler o último capítulo, verdadeiramente brilhante, intitulado "Conclusões".

O fato mais importante que emergiu de todo esse negócio é que o Partido Comunista é agora (supostamente por causa da política externa russa) uma força antirrevolucionário. Longe de empurrar o governo espanhol mais para a esquerda, a influência comunista o puxou violentamente para a direita. O dr. Borkenau, que não é ele mesmo um revolucionário, não lamenta este fato em particular; o que ele critica é que isso esteja sendo deliberadamente ocultado. O resultado é que a opinião pública por toda a Europa ainda encara os comunistas como Vermelhos perversos ou revolucionários heroicos, conforme o caso, enquanto que na própria Espanha:

> É impossível no momento [...] discutir abertamente até mesmo os fatos básicos da situação política. A luta entre o princípio revolucionário e o não revolucionário, personificada pelos anarquistas e comunistas respectivamente, é inevitável, porque fogo e água não se misturam [...] Mas, como a imprensa não tem permissão sequer para mencionar isso, ninguém está totalmente consciente de sua posição, e o antagonismo político abre caminho, não em luta aberta para convencer a opinião pública, mas em intrigas de bastidores, assassinatos perpetrados por mercenários anarquistas, assassinatos legais pela polícia comunista, alusões veladas, boatos [...]. O ocultamento dos principais fatos políticos do público e a manutenção dessa decepção por meio de censura e terrorismo carregam consigo efeitos prejudiciais de grande alcance, que serão sentidos no futuro ainda mais do que no presente.

Se isso era verdade em fevereiro, quão mais verdadeiro é hoje! Quando saí da Espanha em junho, a atmosfera em Barcelona, com as prisões incessantes, os jornais censurados e as hordas de policiais armados rondando, era como um pesadelo.

O sr. Sommerfield foi membro da Brigada Internacional e lutou heroicamente na defesa de Madri. *Volunteer in Spain* é o registro dessas experiências. Compreendendo que a Brigada Internacional está em certo sentido lutando por todos nós — uma tênue linha de sofridos e frequentemente mal-armados seres humanos, colocando-se entre a barbárie e, pelo menos, uma comparativa decência —, pode parecer descortês dizer que este livro é uma porcaria sentimentaloide; mas assim é. É quase certo que iremos conseguir alguns bons livros de membros da Brigada Internacional, mas teremos que esperar por eles até a guerra acabar.

PARA RAYNER HEPPENSTALL
[31 de julho de 1937]

The Stores, Wallington, Near Baldlock, Herts

Caro Rayner,[18]

Muito obrigado pela sua carta. Fiquei contente em saber de você. Espero que Margaret[19] esteja melhor. Parece horrível, mas pelo que você diz, entendo que ela está, de qualquer modo, de pé.

Passamos um tempo interessante, mas totalmente miserável na Espanha. É claro que nunca teria permitido que Eileen fosse, nem teria ido eu mesmo, se tivesse previsto os desenvolvimentos políticos, principalmente a cassação do POUM, o partido em cuja milícia estava servindo. Foi um negócio esquisito. Começamos como defensores heroicos da democracia e terminamos escapulindo pela fronteira,

---

18   Rayner Heppenstall (1911-81), romancista, crítico, especialista em história do crime e escritor de programas e produtor da BBC (1945-67). Dividiu um apartamento com Orwell em 1935, e embora tenham chegado às vias de fato, permaneceram amigos por toda vida. Ele produziu a adaptação de Orwell para rádio de *A revolução dos bichos* em 1947 e versões posteriores em 1952 e 1957. Também encomendou e produziu o programa para rádio de Orwell, "The voyage of the *Beagle*" [A viagem do *Beagle*], em 1946.
19   Sra. Rayner Heppenstall.

com a polícia arfando em nossos calcanhares.[20] Eileen foi maravilhosa, na verdade pareceu divertir-se. Mas, embora nós mesmos tenhamos escapado bem, quase todos os nossos amigos e conhecidos estão na cadeia e é provável que fiquem lá por tempo indefinido, sem serem efetivamente acusados de nada, mas suspeitos de trotskismo. As coisas mais terríveis já estavam acontecendo quando partimos, prisões em massa, homens feridos arrastados dos hospitais e atirados na cadeia, pessoas amontoadas em cubículos imundos, onde quase não se tem espaço para deitar, prisioneiros espancados e meio mortos de fome etc. etc. Enquanto isso, é impossível conseguir que uma palavra sobre isso seja mencionada na imprensa inglesa, com a exceção das publicações do Partido Trabalhista Independente, que é afiliado ao POUM. Tive uma experiência das mais divertidas com o *New Statesman* sobre isso. Assim que deixei a Espanha, telegrafei da França, perguntando se gostariam de um artigo e é claro que disseram que sim, mas quando viram meu artigo sobre a cassação do POUM, disseram que não podiam publicá-lo. Para dourar a pílula, enviaram um livro muito bom para que eu resenhasse, *The Spanish Cockpit*, que revela muito bem o que está acontecendo. Porém, mais uma vez, quando viram minha resenha, disseram que não podiam publicá-la pois era "contra a política editorial", mas na verdade se ofereceram para pagar pela resenha assim mesmo — praticamente dinheiro para ficar calado. Também tenho que mudar de editor, pelo menos para este livro.[21] Gollancz pertence, é claro, ao bando comunista, e assim que soube que eu estivera associado ao POUM e aos anarquistas e tinha visto os tumultos de maio em Barcelona por dentro, disse-me que achava que não poderia publicar meu livro, embora nem uma palavra tivesse sido escrita ainda. Acho que ele

---

20   Em *Homenagem à Catalunha*, Orwell conta como seu quarto de hotel foi revistado por seis policiais à paisana, que levaram "cada pedaço de papel que possuíamos", exceto, felizmente, os passaportes dele e de Eileen e os talões de cheque. Ele soube mais tarde que a polícia confiscara alguns de seus pertences, inclusive uma trouxa de roupa suja, do Sanatório Maurín; p. 28 [vi/164, 178-79].

21   *Homenagem à Catalunha*. [N. E.]

deve ter previsto muito astutamente que algo do tipo aconteceria, pois quando fui à Espanha, ele fez um contrato se comprometendo a publicar minha ficção, mas não outros livros. No entanto, tenho dois outros editores na minha cola e acho que meu agente está sendo esperto e conseguiu que fizessem lances um contra o outro. Comecei meu livro, mas é claro que ainda estou cheio de dedos.

Meu ferimento não foi grande coisa, mas foi um milagre não ter me matado. A bala atravessou meu pescoço, mas não pegou em nada, a não ser uma corda vocal, ou melhor, o nervo que a governa, que está paralisado. No começo, não tinha voz nenhuma, mas agora a outra corda vocal está compensando, e a danificada pode ou não se recuperar. Minha voz está praticamente normal, mas não consigo gritar de jeito nenhum. Também não posso cantar, mas o pessoal me diz que isso não tem importância. Estou bastante contente de ter sido atingido por uma bala, porque acho que isso acontecerá com todos nós num futuro próximo e estou contente de saber que não dói falar sobre isso. O que vi na Espanha não me deixou cético, mas me faz pensar, sim, que o futuro é bem soturno. É evidente que as pessoas podem ser enganadas pela bobagem antifascista, exatamente como foram enganadas pelas galantes bobagenzinhas belgas, e quando a guerra chegar, caminharão diretamente para ela. Não concordo, entretanto, com a atitude pacifista, como acredito que você concorde. Ainda acho que se deve lutar pelo socialismo e contra o fascismo, quero dizer lutar fisicamente, com armas, apenas seria bom descobrir qual é um e qual é o outro. Quero encontrar-me com Holdaway[22] e ver o que ele pensa desse negócio espanhol. É o único comunista mais ou menos ortodoxo que conheço e que poderia respeitar. Ficaria desgostoso se descobrisse que ele está declamando a mesma defesa da democracia e a bobagem trotskista-fascista dos outros.

Gostaria muito de vê-lo, mas, sinceramente, acho que não irei a Londres por algum tempo, a menos que seja absolutamente obri-

---

22 N. A. Holdaway, mestre-escola e teórico marxista. Era membro do Partido Socialista Independente, contribuía para *The Adelphi* e dirigia o Adelphi Centre. [N. E.]

gado a ir a negócios. Estou justamente embalando no livro, que quero terminar pelo Natal, e também muito ocupado tentando pôr o jardim etc., em ordem depois de passar tanto tempo fora. De qualquer forma, mantenha contato e me mande seu endereço. Não consigo contactar Rees. Ele esteve no front de Madri e praticamente não havia comunicação. Tive notícias de Murry[23] que parecia choroso com alguma coisa. *Au revoir*.

Seu,
Eric.

---

23   John Middleton Murry (1889-1957) foi nominalmente o editor de *The (New) Adelphi*, que fundara em junho de 1923, durante quatorze anos, mas foi associado à revista durante toda sua vida (1923-55). A revista publicou cerca de cinquenta contribuições de Orwell e fez muito para promover sua carreira de escritor. Murry foi sucessivamente um discípulo fervoroso de D. H. Lawrence, um marxista não ortodoxo, um pacifista e um fazendeiro de volta às raízes. Também editou *Peace News*, de julho de 1940 a abril de 1946. Apesar de seu pacifismo profundamente arraigado, sobre o qual ele e Orwell discordavam, eles mantiveram boas relações. [N. E.]

"Testemunha ocular em Barcelona"
[*Controversy: The Socialist Forum*,[24] v. i, n. 11, agosto de 1937]

Este artigo foi publicado como "*J'ai été témoin à Barcelone*", traduzido por Yvonne Davet, em *La Révolution Prolétarienne: Revue Bimensuelle Syndicaliste Révolutionnaire*, n. 255, de 25 de setembro de 1937. Foi este artigo que o *New Statesman* recusou-se a publicar (ver a carta de Orwell para Rayner Heppenstall de 31 de julho de 1937, acima). Yvonne Davet (nascida em 1895, provavelmente) foi por muitos anos secretária de André Gide. Ela e Orwell se corresponderam antes e depois da Segunda Grande Guerra, e ela traduziu vários livros dele para o francês, na esperança de poder encontrar um editor para eles na França. Sua tradução de *Homenagem à Catalunha*, completada antes do início da guerra e lida por Orwell, só foi publicada em 1955. Na época, havia notas de Orwell, não encontradas nas edições inglesas até 1986. Ela também traduziu Jean Rhys, Graham Greene e Iris Murdoch. Ela e Orwell nunca se encontraram.

---

24 Raymond Challinor, no *Bulletin of the Society for the Study of Labour History*, 54, afirma: "Originalmente, *Controversy* começou depois que o Partido Trabalhista Independente se separou do Partido Trabalhista em 1932. No começo, funcionava como um boletim interno do Partido [...]. Em 1936, no entanto, seu teor mudou completamente. Daí em diante, *Controversy* procurou ser — e em larga medida era — uma revista na qual muitos pontos de vista diferentes, sustentados dentro do movimento da classe trabalhadora, podiam ser discutidos abertamente sem rancor". Para garantir que seu público fosse muito maior do que o do Partido Trabalhista Independente, ela mudou de nome em 1939 para *Left Forum*, e depois para *Left*. Parou de ser publicada em maio de 1950. Challinor atribui muito de seu sucesso à personalidade de seu editor, dr. C. A. Smith, um diretor de escola londrino e, posteriormente, conferencista da Universidade de Londres. Entre os que escreviam para a revista, ele lista Frank Borkenau, Max Eastman, Sidney Hook, Jomo Kenyatta, Victor Serge, August Thalheimer, Jay Lovestone, George Padmore, Marceau Pivert e Simone Weil.

Para a importância dos grupos representados por iniciais, ver *Homenagem à Catalunha*, p. 179 *? [vi, apêndice i, p.205-6 *?]. Trechos relevantes e parte de uma carta de Hugh Thomas para os editores de *The collected essays, journalism and letters of George Orwell*, Sonia Orwell e Ian Angus (4 v., 1968; brochura, 1970), estão reproduzidas numa nota às "Notas sobre as Milícias Espanholas" de Orwell abaixo. [N. E.]

O artigo de Orwell foi precedido em *Controversy* pela seguinte nota:

George Orwell, autor de *A caminho de Wigan*, esteve lutando com o contingente do Partido Trabalhista Independente no front de Aragão. Aqui, ele contribui com um relato pessoal dos acontecimentos em Barcelona, durante os dias de maio, e da cassação do POUM, no mês seguinte.

1

Muito já foi escrito sobre os tumultos de maio em Barcelona, e os eventos principais já foram listados cuidadosamente no panfleto de Fenner Brockway, *"The truth about Barcelona"* [A verdade sobre Barcelona], que, até onde vai meu conhecimento, é inteiramente correto. Acho, portanto, que a coisa mais útil que posso fazer aqui, na minha condição de testemunha ocular, é aduzir algumas notas de rodapé sobre várias das questões mais controversas.

Em primeiro lugar, quanto aos motivos, se houve algum, do assim chamado levante. Foi alegado na imprensa comunista que a coisa toda foi um esforço cuidadosamente preparado para derrubar o governo e até mesmo entregar a Catalunha para os fascistas, ao provocar uma intervenção estrangeira em Barcelona. A segunda parte desta sugestão é quase ridícula demais para precisar de uma refutação. Se o POUM e os anarquistas de esquerda estavam mesmo aliados aos fascistas, por que as milícias na linha de frente não a abandonaram e deixaram um buraco na linha? E por que os trabalhadores dos meios de transporte da CNT, apesar da greve, continuaram a mandar suprimentos para o front? Não posso, entretanto, dizer com certeza que uma intenção revolucionária não estivesse nas mentes de alguns extremistas, principalmente dos bolchevistas-leninistas (geralmente chamados de trotskistas), cujos panfletos eram distribuídos nas barricadas. O que posso dizer é que a massa comum por trás das barricadas nunca, nem por um instante, imaginou que estivesse tomando parte em uma revolução. Pensávamos, todos nós, que estávamos simplesmente nos defendendo contra uma tentativa de golpe de estado da Guarda Civil,[25] que tinha confiscado a Companhia Telefônica à força e poderia confiscar alguns outros prédios dos trabalhadores, se não nos mostrássemos dispostos a lutar. Minha leitura da situação, derivada do que as pessoas estavam de fato fazendo e dizendo na época, é esta.

Os trabalhadores foram para as ruas num movimento defensivo espontâneo, e queriam conscientemente apenas duas coisas: a devolução da Companhia Telefônica e o desarmamento da odiada Guarda Civil. Além disso, havia o ressentimento causado pela pobreza crescente em Barcelona e pela vida luxuosa que a burguesia levava. Mas é provável que a oportunidade de derrubar o governo catalão existisse, se houvesse um líder para aproveitar-se dela. Parece ser ponto pacífico o fato de que no terceiro dia os trabalhadores estavam em condições de assumir o controle da cidade; certamente, a Guarda Civil estava muito desmoralizada e entregando-se em larga escala. E embora o governo de Valência pudesse enviar novas tropas para esmagar os trabalhadores (enviaram mesmo 6 mil guardas de assalto, quando a luta terminou), não poderia manter essas tropas em Barcelona se os trabalhadores dos meios de transporte decidissem não transportar seus suprimentos. Mas, na verdade, não existia nenhuma liderança revolucionária firme. Os líderes anarquistas renegaram a coisa toda e disseram "Voltem ao trabalho", e os líderes do POUM adotaram uma linha incerta. As ordens enviadas para nós nas barricadas do POUM, direto da liderança do POUM, eram para ficar ao lado da CNT, mas não atirar, a menos que atirassem em nós ou que nossos prédios fossem atacados. (Eu pessoalmente fui alvo de tiros várias vezes, mas nunca revidei.) Consequentemente,

---

25 Orwell compreendeu depois que não era a Guarda Civil, mas uma seção local da Guarda de Assalto que confiscara a Companhia Telefônica de Barcelona. Pouco antes de morrer, ele deu instruções para que o texto de *Homenagem à Catalunha* fosse modificado; ver nota 33. [N.E.]

quando a comida escasseou, os trabalhadores começaram a voltar aos poucos ao trabalho; e, é claro, uma vez que tinham se dispersado com segurança, começaram as represálias. Se *deveriam* ter tirado vantagem da oportunidade revolucionária é uma outra questão. Falando apenas por mim mesmo, responderia que "Não". Para começar, não é possível saber se os trabalhadores teriam conseguido manter o poder por mais de algumas semanas; e, em segundo lugar, isso poderia ter significado perder a guerra contra Franco. Por outro lado, a ação essencialmente defensiva tomada pelos trabalhadores foi corretíssima; com guerra ou sem guerra, tinham o direito de defender o que ganharam em julho de 1936. Pode ser, é claro, que a revolução tenha sido finalmente derrotada naqueles poucos dias de maio. Mas ainda acho que foi um pouco melhor, embora apenas muito pouco, perder a revolução do que perder a guerra.

Em segundo lugar, quanto às pessoas envolvidas.

A imprensa comunista assumiu a linha, quase desde o início, de fingir que o "levante" foi inteiramente ou quase inteiramente trabalho do POUM (ajudado por "alguns arruaceiros irresponsáveis", de acordo com o *Daily Worker* de Nova York). Qualquer um que estivesse em Barcelona por essa época sabe que isso é um absurdo. A imensa maioria das pessoas por trás das barricadas eram trabalhadores comuns da CNT. E este ponto é importante, pois foi como bode expiatório dos tumultos de maio que o POUM foi recentemente cassado; os quatrocentos ou mais apoiadores do POUM, que estão nas imundas e pestilentas cadeias de Barcelona neste momento, estão lá ostensivamente por sua participação nos tumultos de maio. Vale a pena apontar, portanto, duas boas razões pelas quais o POUM não foi, nem poderia ter sido, o agente principal. Em primeiro lugar, o POUM era um partido muito pequeno. Se juntarmos os membros do partido, os milicianos de licença e os ajudantes e simpatizantes de todos os tipos, o número de apoiadores do POUM nas ruas não conseguiria chegar nem perto de dez mil — provavelmente nem cinco mil; mas os distúrbios envolviam evidentemente dezenas de milhares de pessoas. Em segundo lugar, houve uma greve geral ou quase geral durante vários dias; mas o POUM, enquanto tal, não tinha nenhum poder para convocar uma greve, e a greve não poderia ter acontecido se a massa da CNT não a desejasse. Quanto aos envolvidos do outro lado, o *Daily Worker* de Londres teve o desplante de sugerir em uma edição que o "levante" fora reprimido pelo Exército Popular. Todo mundo em Barcelona sabia, e o *Daily Worker* devia saber também, que o Exército Popular permaneceu neutro e as tropas ficaram nos quartéis do princípio ao fim dos distúrbios. Alguns soldados, no entanto, participaram como indivíduos; vi uns dois numa das barricadas do POUM.

Em terceiro lugar, quanto ao estoque de armas que o POUM supostamente mantinha em Barcelona.

Essa história tem sido repetida com tanta frequência que até mesmo um observador geralmente tão crítico quanto H. N. Brailsford a aceita sem qualquer investigação e fala dos "tanques e canhões" que o POUM tinha "roubado dos arsenais do governo" (*New Statesman*, 22 de maio).[26] Na verdade, o POUM possuía lamentavelmente poucas armas, tanto no front quanto na retaguarda. Durante as batalhas de rua, estive em todos os três principais redutos do POUM, o Prédio da Executiva, o Comitê Local e o Hotel Falcón. Vale a pena registrar em detalhes que armamentos esses três prédios continham. Havia ao todo cerca de oitenta fuzis, alguns deles com defeito, além de algumas armas obsoletas de vários modelos, todas inutilizáveis, porque não havia cartuchos para elas. De munição para fuzil havia cerca de cinquenta balas para cada arma. Não havia metralhadoras, nenhuma pistola, nem munição para pistolas. Havia algumas caixas de granadas de mão, mas essas nos foram enviadas pela CNT, depois que a luta começou. Posteriormente, um oficial da milícia de alta patente me deu sua opinião de que em toda Barcelona o POUM possuía cerca de cento e cinquenta fuzis e *uma* metralhadora. Isso, veremos, mal era suficiente para os guar-

---

26 Para pensamentos posteriores de Orwell, ver cartas a H. N. Brailsford, 10 e 18 de dezembro de 1937, abaixo.

das armados que naquela época todos os partidos, o PSUC, o POUM e a CNT-FAI igualmente, colocavam em seus prédios principais. É possível que se possa dizer que, mesmo nos tumultos de maio, o POUM ainda estivesse escondendo suas armas. Mas, neste caso, o que acontece com a afirmação de que os tumultos de maio foram um levante do POUM destinado a derrubar o governo?

Na realidade, de longe o maior culpado nessa questão de reter as armas do front era o próprio governo. A infantaria no front de Aragão estava muito menos armada do que uma escola pública OTC inglesa,[27] mas as tropas da retaguarda, a Guarda Civil, a Guarda de Assalto e os Carabineiros, que não eram destinadas ao front, e sim usadas para "preservar a ordem" (isto é, aterrorizar os trabalhadores) na retaguarda, estavam armadas até os dentes. As tropas no front de Aragão tinham fuzis Mauser desgastados, que geralmente emperravam depois de cinco tiros, aproximadamente uma metralhadora para cada cinquenta soldados, e uma pistola ou revólver para cerca de trinta soldados. Essas armas, tão necessárias à guerra de trincheiras, não eram fornecidas pelo governo e só podiam ser compradas ilegalmente e com a maior dificuldade. A Guarda de Assalto estava armada com fuzis russos novinhos em folha; além disso, cada homem recebia uma pistola automática, e havia uma submetralhadora para dez ou doze homens. Esses fatos falam por si. Um governo que manda garotos de quinze anos para o front, com fuzis de quarenta anos, e mantém seus homens mais fortes e suas armas mais novas na retaguarda, está evidentemente com mais medo da revolução do que dos fascistas. Daí a frágil política de guerra dos últimos seis meses, e daí o acordo com que a guerra quase certamente terminará.

---

27 Officers' Training Corps (Corporação de Treinamento de Oficiais), associada ao sistema educacional público da Inglaterra.

2

Quando o POUM, a oposição de esquerda (chamada de trotskista) rebento do comunismo espanhol, foi cassado em 16-17 de junho, o fato em si não surpreendeu ninguém. Desde maio, ou mesmo desde fevereiro, era óbvio que o POUM seria "liquidado" se os comunistas conseguissem fazer com que isso acontecesse. Entretanto, o caráter repentino da cassação, e a mistura de traição e brutalidade com a qual foi realizada, pegou todo mundo, até mesmo os líderes, de surpresa.

De maneira ostensiva, o partido foi cassado sob a acusação, que tem sido repetida há meses na imprensa comunista, embora ninguém a leve a sério dentro da Espanha, de que os líderes do POUM estavam sendo financiados pelos fascistas. Em 16 de junho Andrés Nin,[28] o líder do partido, foi preso em seu escritório. Na mesma noite, antes que qualquer declaração tivesse sido feita, a polícia invadiu o Hotel Falcón, uma espécie de pensão mantida pelo POUM e usada sobretudo por milicianos de licença, e prendeu todo

---

28   Andrés Nin (1872-1937) foi líder do POUM. Fora, durante uma época, secretário de Trotsky, mas rompeu com ele quando Trotsky fez críticas ao POUM (ver, Hugh Thomas, *The spanish civil war*. Penguin, 1979, p. 523). Ele "passou pelo interrogatório soviético costumeiro", sofrido pelos que eram considerados "traidores da causa" e depois foi assassinado, possivelmente no parque real, logo ao norte de Madri. Nos meses subsequentes, os líderes remanescentes do POUM foram interrogados e torturados, alguns no convento de Santa Úrsula, em Barcelona, "o Dachau da Espanha republicana", como um dos sobreviventes do POUM o descreveu. Nin foi o único líder do POUM a ser assassinado. No entanto, Bob Smillie foi atirado na cadeia em Valência sem causa justa (ver *Homenagem à Catalunha*, p.33 [VI/ 170-71]), onde morreu, segundo os homens que o capturaram, de apendicite. Thomas faz seu relato do provável destino de Nin: "Ele [...] recusou-se a assinar documentos, admitindo sua culpa e a de seus amigos [...] O que deveriam fazer? [...] o italiano Vidali (Carlos Contreras) sugeriu que um ataque 'nazista' para libertar Nin devesse ser simulado. Assim, numa noite escura, provavelmente 22 ou 23 de junho, dez membros alemães da Brigada Internacional tomaram de assalto a casa em Alcalá onde Nin estava preso [...] Nin foi levado e assassinado [...] Sua recusa em admitir sua culpa provavelmente salvou a vida de seus amigos" (705).

LUTANDO NA ESPANHA   315

mundo sem nenhuma acusação em particular. Na manhã seguinte, o POUM foi declarado ilegal e todos os prédios do POUM, não apenas escritórios, bancas de livros etc., mas até mesmo as bibliotecas e os sanatórios para feridos, foram confiscados pela polícia. Dentro de alguns dias, todos, ou quase todos, os quarenta membros do Comitê Executivo estavam presos. Um ou dois, que tinham conseguido esconder-se, foram obrigados a se entregar, devido à estratégia, tomada de empréstimo dos fascistas, de pegar as esposas como reféns. Nin foi transferido para Valença, e de lá para Madri, e julgado por vender informações militares para o inimigo. Nem é preciso dizer que as "confissões" costumeiras, as cartas misteriosas escritas em tinta invisível, e outras "provas" estavam aparecendo numa profusão tal que fazia crer que tivessem sido preparadas de antemão. Já em 19 de junho, chegaram notícias a Barcelona, via Valência, de que Nin fora fuzilado. Este relato era, esperávamos, falso; mas nem é preciso dizer que o governo de Valência será obrigado a fuzilar alguns, talvez uma dúzia, de líderes do POUM, se espera que suas acusações sejam levadas a sério.

Enquanto isso, a massa do partido, não apenas membros partidários, mas soldados da milícia do POUM e simpatizantes e ajudantes de todos os tipos estavam sendo jogados na cadeia, tão depressa quanto a polícia pudesse pôr as mãos neles. É provável que seja impossível conseguir números precisos, mas há razões para se pensar que durante a primeira semana houve quatrocentas prisões só em Barcelona; decerto, as cadeias estavam tão cheias que prisioneiros em grande número tinham de ser confinados em lojas e outros depósitos provisórios. Até onde pude descobrir, nenhuma discriminação era feita nas prisões entre aqueles que estiveram envolvidos nos tumultos de maio e os que não estiveram. Com efeito, a proscrição do POUM tornou-se retrospectiva; o POUM era agora ilegal e, portanto, estavam quebrando a lei, ao terem pertencido a ele. A polícia chegou até o ponto de prender feridos nos sanatórios. Entre os prisioneiros em uma das cadeias, vi, por exemplo, dois conhecidos com pernas amputadas; além de uma criança com menos de doze anos de idade.

316 *George Orwell*

Devemos nos lembrar, também, exatamente o que significa ficar preso na Espanha neste momento. Além da tenebrosa superpopulação das cadeias provisórias, das condições insalubres, da falta de ar e luz e da comida nojenta, há a mais completa ausência de qualquer coisa que possamos encarar como legalidade. Não há, por exemplo, nada dessa bobagem de *habeas corpus*. Segundo a lei atual, ou em todo caso a prática atual, pode-se ficar preso por um período indefinido, não apenas sem ser julgado, mas sem ser sequer acusado; e, até que se seja acusado, as autoridades podem, se quiserem, mantê-lo *"incomunicado"* — isto é, sem o direito de se comunicar com um advogado ou qualquer outra pessoa no mundo lá fora. É fácil perceber quanto valem as "confissões" obtidas nessas circunstâncias. A situação é ainda pior para os prisioneiros mais pobres, porque o Socorro Vermelho do POUM, que geralmente fornece aconselhamento legal aos prisioneiros, foi cassado junto com as outras instituições do POUM.

Mas talvez a característica mais detestável de todo o negócio tenha sido o fato de todas as notícias sobre o que acontecia serem deliberadamente ocultadas, com certeza por cinco dias, e acredito que por mais, das tropas no front de Aragão. Por acaso, estive no front de 15 a 20 de junho. Tive de consultar uma junta médica e, ao fazê-lo, visitei várias cidades por trás da linha de frente: Sietamo, Barbastro, Monzón etc. Em todos esses lugares, os quartéis-generais da milícia do POUM, os Centros de Socorro Vermelho e coisas semelhantes estavam funcionando normalmente, e até tão distante na linha quanto Lérida (a apenas cerca de cem milhas de Barcelona), e tão tarde quanto 20 de junho, nem uma alma ouvira dizer que o POUM fora cassado. Qualquer palavra sobre isso fora excluída dos jornais de Barcelona, embora, claro, os jornais de Valência (que não chegam ao front de Aragão) flamejassem com a história da "traição" de Nin. Como vários outros, passei pela desagradável experiência de voltar a Barcelona para descobrir que o POUM tinha sido cassado em minha ausência. Felizmente, fui avisado a tempo e consegui sumir, mas outro[s] não foram tão afortunados. Todos os milicianos do

POUM que voltavam da linha de frente nessa época podiam escolher entre entrar direto na clandestinidade ou na cadeia — uma recepção realmente calorosa, depois de três ou quatro meses no front. O motivo de tudo isso era óbvio: o ataque a Huesca estava justamente começando, e presume-se que o governo temesse que, se a milícia do POUM soubesse o que estava acontecendo, poderia recusar-se a marchar. Não acredito, na verdade, que a lealdade da milícia teria sido afetada; ainda assim, eles tinham o direito de saber a verdade. Há algo de indescritivelmente vil em se mandar homens para a batalha (quando parti de Sietamo, a luta estava começando e os primeiros feridos estavam sacolejando nas ambulâncias pelas estradas abomináveis) e, ao mesmo tempo, ocultar deles que, pelas costas, seu partido está sendo cassado, seus líderes denunciados como traidores e seus amigos e parentes jogados na cadeia.

O POUM era de longe o menor dos partidos revolucionários, e sua cassação afeta comparativamente poucas pessoas. Com toda a probabilidade, a soma total de punições chegará a umas duas dezenas de pessoas fuziladas ou sentenciadas a cumprir longas penas na prisão, algumas centenas arruinadas e alguns milhares temporariamente perseguidos. Todavia, sua cassação é sintomaticamente importante. Para começar, deve deixar claro para o mundo lá fora o que já era óbvio para muitos observadores na Espanha, que o governo atual tem mais pontos de semelhança com o fascismo do que pontos de diferença. (Isso não quer dizer que não valha a pena lutar por ele contra o fascismo mais deslavado de Franco e Hitler. Eu mesmo compreendera por volta de maio a tendência fascista do governo, mas tive vontade de voltar ao front e o fiz.) Em segundo lugar, a eliminação do POUM é um alerta sobre o ataque iminente aos anarquistas. Estes são os verdadeiros inimigos temidos pelos comunistas, como eles jamais temeram o numericamente insignificante POUM. Os líderes anarquistas tiveram agora uma demonstração dos métodos que podem ser usados contra eles; a única esperança para a revolução, e provavelmente para uma vitória na guerra, é que eles tirem proveito da lição e se preparem para se defenderem a tempo.

318 *George Orwell*

Para Amy Charlesworth
[1º de agosto de 1937]

The Stores, Wallington, Perto de Baldock, Herts

Cara senhorita Chalesworth,[29]

Mais uma vez um grande atraso para responder sua carta, receio. Só posso me desculpar, dizendo que tive muitos afazeres no mês seguinte ao meu retorno da Espanha, e que só recentemente recuperei a saúde. A mão danificada e a Espanha só estão relacionadas de forma indireta — isto é, tive uma infecção no front e ela reincidiu. Está bem agora. O ferimento que tive na Espanha foi de uma bala através do pescoço, mas está tudo curado e bem, exceto por ter perdido parte da voz.

Você perguntou sobre a situação na Espanha, e se os rebeldes não tinham suas razões. Não posso dizer que os rebeldes não tivessem *nenhuma* razão, a menos que se acredite que seja sempre errado rebelar-se contra um governo legalmente estabelecido, o que praticamente ninguém acredita. Grosseiramente falando, devo dizer que os rebeldes defendem duas coisas que são mais ou menos contraditórias — pois é claro que o lado de Franco, como o lado do governo, compõe-se de vários partidos que frequentemente discutem com virulência entre si. Defendem, por um lado,

---

29 Amy Charlesworth (1904-45), numa carta para Orwell, de 6 de outubro de 1937, de Flixton, perto de Manchester, contou-lhe que casara cedo, tivera dois filhos, deixara o marido, porque ele a espancava frequentemente, e estava estudando para ser inspetora de saúde. Casou-se novamente, e quando escreveu para Orwell em junho de 1944, assinou como sra. Gerry Byrne. Seu marido escreveu para Orwell em junho de 1945 para dizer-lhe que a esposa morrera três meses antes. Pode ser que ele fosse Gerald Byrne (1905), repórter criminal do *Daily Herald* em meados dos anos 1930.

uma forma mais antiga de sociedade, o feudalismo, a Igreja Católica Romana e assim por diante, e, por outro lado, o fascismo, que significa uma forma de governo imensamente autoritária e centralizada, com certas características comuns ao socialismo, como quando defende a supressão de boa parte da propriedade e dos negócios privados, mas sempre, em última análise, a favor do interesse dos maiores capitalistas e, portanto, completamente antissocialista. Sou inteiramente contra essas duas ideias, mas é justo dizer que ambas podem ser defendidas. Alguns escritores católicos, como Chesterton, Christopher Dawson etc., conseguem argumentar de modo muito atraente, embora não logicamente convincente, a favor de uma forma de sociedade mais primitiva. Eu não diria que há qualquer argumento a favor do fascismo em si, mas acho que há algum a favor de muitos indivíduos fascistas. Tive muito a dizer sobre isso no meu último livro. Grosseiramente falando, diria que o fascismo parece muito atraente para determinadas pessoas simples e decentes que desejam genuinamente ver a justiça sendo feita para a classe trabalhadora e não compreendem que estão sendo usadas como ferramentas pelos grandes capitalistas. Seria absurdo imaginar que cada homem do lado de Franco fosse um demônio. Mas, embora as atrocidades fascistas tenham provavelmente sido exageradas, algumas sem dúvida aconteceram, acho que se pode ter certeza de que o governo tem conduzido a guerra muito mais humanamente do que os fascistas, até mesmo a ponto de perder algumas oportunidades militares, por exemplo, ao recusar-se a bombardear cidades onde há populações civis.

Enquanto isso, do lado do governo, existe uma situação muito complicada e as coisas mais terríveis estão acontecendo, que têm sido expurgadas dos jornais ingleses e que não posso explicar adequadamente sem aumentar esta carta até ficar do tamanho de um panfleto. Talvez possa resumi-la assim: a guerra espanhola não foi apenas uma guerra, mas uma revolução. Quando o levante fascista irrompeu, os trabalhadores em diversas cidades grandes, principalmente na Catalunha, não apenas derrotaram os fascistas locais, como aproveitaram a oportunidade para confiscar terras, fábricas etc. e estabelecer uma forma rude de governo dos trabalhadores. Desde então, e principalmente desde dezembro do ano passado, a verdadeira luta do governo espanhol tem sido esmagar a revolução e recolocar as coisas nos lugares de antes. Até agora, eles têm obtido relativo sucesso, e há agora o mais pavoroso reinado de terror dirigido contra todos que são suspeitos de terem inclinações genuinamente revolucionárias. É um pouco difícil para os ingleses entenderem, ainda mais que o Partido Comunista, que costumamos encarar como revolucionário, tem sido o principal agente disso e está mais ou menos no controle do governo espanhol, embora não oficialmente, e está conduzindo este reinado de terror. Isso tinha começado quando deixei a Espanha em 23 de junho. O partido, em cuja milícia servi, o POUM, foi cassado e todas as pessoas ligadas a ele nas quais a polícia conseguiu pôr as mãos, incluindo soldados feridos nos sanatórios, foram jogadas na cadeia sem nenhum tipo de julgamento. Tive muita sorte de sair da Espanha, mas muitos dos meus amigos e conhecidos ainda estão na cadeia e temo que haja um enorme pavor de que sejam fuzilados, não por alguma acusação definida, mas por fazerem oposição ao Partido Comunista. Se você deseja manter-se a par das questões espanholas, o único jornal em que pode confiar relativamente para saber a verdade é o *New Leader*. Ou, se encontrá-lo, leia um excelente livro publicado recentemente, chamado *The Spanish Cockpit*, de Franz Borkenau. Os capítulos finais resumem a situação muito melhor do que pude fazê-lo.

Parece que esta é uma carta bem longa, afinal. Devo desculpar-me por ficar dando aulas sobre a Espanha, mas o que vi por lá perturbou-me tanto que falo e escrevo sobre isso para todo mundo. Estou escrevendo um livro sobre isso, claro. Acho que aparecerá em março próximo.

Muito cordialmente seu,
Eric Blair ("George Orwell")

P.S. [manuscrito]: Podia ter-lhe dito antes que George Orwell é apenas um pseudônimo. Gostaria muito de conhecê-la algum dia. Você me parece o tipo de pessoa que gosto de conhecer, mas só Deus sabe quando estarei aí pelas suas bandas. Guardarei seu endereço. Avise-me se por acaso vier para os lados de Londres.

Resposta não publicada a "Autores se posicionam sobre a Guerra Espanhola"
[3-6 de agosto de 1937 — Cópia datilografada]

Em junho de 1937, a *Left Review* solicitou a opinião de escritores sobre a Guerra Civil Espanhola. Um questionário, com um prefácio, apelava para que os escritores se posicionassem, "Pois é impossível não mais assumir nenhuma posição", foi enviado por Nancy Cunard.[30] O apelo foi distribuído com o nome de doze escritores, entre eles Louis Aragon, W. H. Auden, Heinrich Mann, Ivor Montagu, Stephen Spender, Tristan Tzara e Nancy Cunard (que processava as respostas). A editora Lawrence & Wishart publicou o resultado como um panfleto, "Autores se posicionam sobre a Guerra Espanhola", em dezembro de 1937. Perguntaram aos autores: "Você é a favor ou contra o governo legal e o povo da Espanha republicana? Você é a favor ou contra Franco e o fascismo?". Pediram aos autores que respondessem em meia dúzia de linhas. Embora muitos escrevessem brevemente (Samuel Beckett, principalmente, ao transformar três palavras em uma: "!VIVAREPÚBLICA" ("!UPTHEREPUBLIC!"), e Rose Macaulay em duas palavras, "CONTRA FRANCO"), muitos escreve-

---

30   Nancy Cunard (1896-1965) era filha de um abastado magnata armador que deu seu nome à linha Cunard; daí a referência, na carta de Orwell, sobre ela defender "seus dividendozinhos sujos". Ela escreveu poesia e reminiscências literárias e se dedicou a questões socialistas e à causa e à arte negra.

ram de maneira mais extensa. Acreditava-se que a carta de Orwell a Nancy Cunard tivesse se perdido. Em 18 de março de 1994, o *New Statesman* publicou um artigo de Andy Croft, *"The Awkward Squaddie"*, que incluía parte da resposta de Orwell a Nancy Cunard; fora escrita no verso do apelo. Ela datilografou uma cópia (ou pediu que a datilografassem) da resposta de Orwell e a enviou ao editor da *Left Review*, Randall Swingler, em cujos documentos foi encontrada por Andy Croft, junto com uma carta introdutória de Nancy Cunard para Swingler. A cópia da carta de Orwell está encabeçada por "Carta recebida, endereçada a mim, no endereço de Paris, em 6 de agosto de 1937"; não fica claro se 6 de agosto é a data em que Orwell enviou a carta ou a data de recebimento. Em seu artigo, Croft acertadamente estabelece o contexto desta carta entre a publicação das duas partes de "Entregando o jogo espanhol", 29 de julho e 2 de setembro de 1937 [*ver acima*]. Mas há um contexto mais específico e mais significativo para as cartas aqui publicadas. Orwell estava desesperadamente apreensivo com o destino de seus antigos colegas, apodrecendo nas cadeias da Espanha, como resultado do "reinado de terror" ao qual se refere em sua carta para Nancy Cunard. Para uma nota mais extensa, ver xi/386A.

Quer fazer o favor de parar de me mandar esse lixo maldito. Esta é a segunda ou terceira vez que eu o recebo. Não sou um de seus maricas da moda, como Auden e Spender, estive na Espanha por seis meses, a maior parte do tempo lutando, tenho um buraco de bala em mim atualmente e não vou escrever blá-blá-blá sobre a defesa da democracia, nem sobre seu ninguém. Além do mais, sei o que está acontecendo e o que vem acontecendo do lado do governo nos últimos meses, isto é, que o fascismo está sendo cravado nos trabalhadores espanhóis sob o pretexto de resistir ao fascismo; também, que desde maio um reinado de terror vem avançando e todas as cadeias e qualquer lugar que sirva como cadeia estão apinhadas de prisioneiros, que não estão apenas presos sem julgamento, mas quase mortos de fome, espancados e insultados. Arrisco dizer que você também sabe disso, embora Deus saiba que alguém capaz de escrever esse negócio do outro lado seja tolo o bastante para acreditar em qualquer coisa, até mesmo no noticiário de guerra do *Daily Worker*. Mas é provável que você — quem quer que esteja me mandando essa coisa — tenha dinheiro e seja bem informado; logo, não há dúvida de que você conheça algo da história interna da guerra e tenha deliberadamente juntado-se à defesa da fraude "democrática" (isto é, do capitalismo), a fim de ajudar a esmagar a classe trabalhadora espanhola e assim, indiretamente, defender seus dividendozinhos sujos.

Isto são mais do que seis linhas, mas se comprimisse o que sei e penso sobre a Guerra Espanhola em seis linhas, você não publicaria. Você não teria peito.

A propósito, diga a seu amigo maricas Spender[31] que estou colecionando espécimes de sua grandiloquência de guerra e que quando chegar a hora em que ele se contorça de vergonha de tê-las escrito, como as pessoas que escreveram propaganda de guerra na Grande Guerra estão contorcendo-se agora, hei de esfregar-lhe tudo bem direitinho.

---

31   Stephen Spender (1909-95), poeta, romancista, dramaturgo, crítico e tradutor. Editou *Horizon* com Cyril Connolly, 1940-41, e foi co-editor de *Encounter*, 1953-65, permanecendo no conselho editorial até 1967, quando se descobriu que parte do dinheiro para lançar *Encounter* fora fornecido pela CIA. Orwell classificava Spender como um dos bolcheviques de salão e "pessoas da moda bem-sucedidas", que castigava de tempos em tempos (ver Bernard Crick, *George Orwell: a life* (1980; 3ª ed., 1992, p. 351). Posteriormente, tornaram-se amigos, e em 15 de abril de 1938, Orwell escreveu a Spender, explicando como mudara de atitude depois de conhecê-lo (435).

Resenha de *Red Spanish Notebook*, de Mary Low e Juan Brea; *Heroes of the Alcazar*, de R. Timmermans; *Spanish Circus*, de Martin Armstrong
[*Time and Tide*, 9 de outubro de 1937]

Red Spanish notebook [Caderno Vermelho Espanhol] fornece um quadro vivo da Espanha legalista, tanto no front quanto em Barcelona e Madri, no período inicial e mais revolucionário da guerra. É reconhecidamente um livro parcial, mas é provável que não seja pior por isso. Os dois autores estavam trabalhando para o POUM, o mais extremista dos partidos revolucionários, desde então cassado pelo governo. O POUM tem sido tão vilipendiado na imprensa estrangeira, e sobretudo na comunista, que uma defesa de sua causa era extremamente necessária.

Até maio deste ano, a situação na Espanha era muito curiosa. Um bando de partidos políticos hostis entre si estava dando a vida numa luta contra um inimigo comum e, ao mesmo tempo, discutindo acerbamente sobre se isto era ou não uma revolução, além de uma guerra. Acontecimentos decididamente revolucionários tiveram lugar — terras foram confiscadas por camponeses, indústrias coletivizadas, grandes capitalistas mortos ou expulsos, a Igreja praticamente abolida — mas não houve nenhuma mudança fundamental na estrutura de governo. Era uma situação capaz de desenvolver-se tanto na direção do socialismo quanto na de retorno ao capitalismo; e fica claro agora que, dada uma vitória sobre Franco, algum tipo de república capitalista emergirá. Mas, ao mesmo tempo, estava ocorrendo uma mudança de ideias que foi talvez mais importante do que as mudanças econômicas de curta duração. Durante vários meses, uma grande quantidade de pessoas acreditou que todos os homens são iguais e agiu de acordo com essa crença. O resultado disso foi um sentimento de liberação e esperança que é difícil de conceber numa atmosfera maculada pelo dinheiro. É aqui que *Red Spanish Notebook* é valioso. Através de uma série de quadros íntimos do dia a dia (geralmente coisas pequenas: um engraxate recusando uma gorjeta, um cartaz nos bordéis, dizendo: "Por favor, tratem as mulheres como camaradas".), ele nos mostra como são os seres humanos, quando estão tentando comportar-se como seres humanos e não como dentes da engrenagem capitalista. Ninguém que esteve na Espanha durante os meses da revolução jamais esquecerá aquela experiência estranha e emocionante. Deixou algo atrás de si que nenhuma ditadura, nem mesmo a de Franco, será capaz de apagar.

Em todo livro escrito por um partidário político, deve-se ficar atento a um ou outro tipo de preconceito. Os autores deste livro são trotskistas — imagino que tenham por vezes sido um embaraço para o POUM, que não era uma associação trotskista, embora durante uma época empregasse trotskistas — e, portanto, o preconceito deles é contra o Partido Comunista oficial, com o qual não são rigorosamente justos. Mas será que o Partido Comunista foi sempre rigorosamente justo com os trotskistas? O sr. C. L. R. James,[32] autor daquele livro bastante hábil, *World Revolution* [Revolução mundial], contribui com uma introdução.

Heroes of Alcazar [Heróis de Alcazar] reconta a história do cerco do outono passado, quando um destacamento, basicamente de cadetes e guardas civis, aguentou por setenta e dois dias em condições terríveis, até Toledo ser rendida pelas tropas de Franco. Não é necessário, porque nossas simpatias estão do outro lado, fingir que isso não foi uma proeza heróica. E alguns dos detalhes da vida si-

---

32   C. L. R. James (1901-89) nasceu em Trinidad, mas morou a maior parte da vida na Inglaterra, onde morreu. Marxista, mas não filiado ao PC, escreveu sobre política e críquete. Estabeleceu-se em Lancashire nos anos 1930 e escreveu sobre críquete para o *Manchester Guardian*, o que o levou ao ótimo livro *Beyond the Boundary* (1963). Trabalhou a favor de uma Federação das Índias Ocidentais Britânicas (proposta em 1947) e fez conferências nos Estados Unidos, mas foi vítima do macarthismo e foi banido.

tiada são muito interessantes; gosto particularmente do relato sobre a maneira engenhosa com que um motor de motocicleta foi atrelado a um moinho manual para moer milho para o destacamento. Mas o livro é mal escrito, num estilo pegajoso, cheio de beatices e denúncias contra os "vermelhos". Tem uma introdução do major Yeats Brown, que generosamente reconhece que nem *toda* a "milícia vermelha" era "cruel e traiçoeira". As fotografias de grupos de defensores demonstram um dos aspectos mais patéticos da guerra civil. São tão semelhantes a grupos de milicianos do governo que, se fossem trocados, ninguém notaria a diferença.

Finalmente, a Espanha de cem anos atrás. *Spanish Circus* [Circo Espanhol] reconta o reinado de Carlos IV, Godoy[33] (o "Príncipe da Paz"), Napoleão, Trafalgar, intrigas palacianas, retratos de Goya — é esse o período. Neste momento em particular, acho bem difícil ler um livro assim. A Espanha está muito entranhada em minha mente com trincheiras alagadas, rajadas de metralhadoras, escassez de alimentos e mentiras nos jornais. Mas, se você quer escapar deste aspecto da Espanha, este é provavelmente o livro que procura. Está escrito com distinção e, até onde posso julgar, é um trabalho de pesquisa histórica preciso. O modo como o sr. Armstrog *não* explorou a história escandalosa de Godoy e Maria Luísa deveria ser um exemplo para todos os historiadores que escrevem para o grande público.

---

33 Manuel de Godoy (1767-1851) foi duas vezes primeiro-ministro da Espanha. Quando era membro da escolta real, tornou-se amante de Maria Luísa de Parma, esposa do futuro rei, Carlos IV. Ficou ao lado dos franceses nas guerras napoleônicas, e em 1807, concordou com a divisão de Portugal. No ano seguinte, Carlos foi forçado a abdicar em favor de seu herdeiro legitimário (mais tarde, Ferdinando VII) e, através de um estratagema, Godoy, com Carlos e Ferdinando, tornou-se prisioneiro de Napoleão. Martin Armstrong (1882-1974) seria um dos colaboradores de "*Story by five authors*" de Orwell, em 30 de outubro de 1942 (*1623*).

Resenha de *Storm over Spain*, de Martin Mitchell; *Spanish rehearsal*, de Arnold Lunn; *Catalonia infelix*, de E. Allison Peers; *Wars of ideas in Spain*, de José Castillejo; *Invertebrate Spain*, de José Ortega y Gasset

[*Time and Tide*, 11 de dezembro de 1937]

Storm over Spain [Tempestade sobre a Espanha] parece um livro de guerra, mas, embora cubra um período que inclui a guerra civil, a autora fala muito pouco sobre a própria guerra — um assunto que é obviamente desagradável para ela. Como muito acertadamente observa, as histórias de atrocidades que circulam tão avidamente de ambos os lados não são um índice da Direita ou da Esquerda, mas simplesmente da guerra.

Seu livro é valioso por várias razões, mas principalmente porque, ao contrário de quase todos os ingleses que escrevem sobre a Espanha,[34] ela dá um tratamento justo aos anarquistas espanhóis. Os anarquistas e sindicalistas têm sido persistentemente desvirtuados na Inglaterra, e o inglês médio ainda guarda a noção de 1918-1919 de que anarquismo é a mesma coisa que anarquia. Quem quiser saber o que o anarquismo espanhol representa, e as coisas notáveis que conseguiu, principalmente na Catalunha, durante os poucos primeiros meses da revolução, deve ler o capítulo VII do livro da srta. Mitchell. É pena que tanto do que os anarquistas conseguiram já tenha sido desfeito, aparentemente por necessidades

---

34 Mairin Mitchell escreveu para Orwell depois da publicação desta resenha (carta sem data), agradecendo-lhe a generosidade com que tratou o livro, principalmente porque, baseada na leitura de *A caminho de Wigan*, ela não pensava que estivessem no mesmo campo político. No entanto, ela fez questão de destacar que, "ao contrário de quase todos os ingleses que escrevem sobre a Espanha", era irlandesa!

militares, na verdade, para preparar o caminho para o retorno do capitalismo, quando a guerra terminar.

O sr. Arnold Lunn[35] escreve como simpatizante do general Franco e acredita que a vida na Espanha "vermelha" (que não visitou) seja um massacre ininterrupto. Baseado na autoridade do sr. Arthur Bryant, que, "como historiador está bastante acostumado a examinar as evidências", ele estabelece o número de não combatentes massacrados pelos "vermelhos" desde o começo da guerra em 350 mil. Pareceria possível, também, que "queimar uma freira com gasolina ou serrar as pernas de um comerciante conservador" são "os lugares-comuns da Espanha 'democrática'".

Ora, estive durante seis meses na Espanha, quase que exclusivamente entre socialistas, anarquistas e comunistas e, se bem me lembro, nunca, nem mesmo uma vez, serrei as pernas de um comerciante conservador. Tenho quase certeza de que me lembraria de ter feito alguma coisa assim, mesmo sendo o lugar-comum que pode parecer ao senhores Lunn e Bryant. Mas, por que o sr. Lunn acreditará em mim? Não, não acreditará. E, enquanto isso, histórias tão tolas quanto esta estão sendo fabricadas do outro lado, e as pessoas que eram sãs há dois anos estão engolindo-as avidamente. Isto, ao que parece, é o que a guerra, mesmo a guerra em outros países, faz com a mente humana.

O professor Allison Peers é a autoridade máxima inglesa no que diz respeito à Catalunha. Seu livro é uma história da província e, naturalmente, no momento atual, os capítulos mais interessantes são os mais próximos do final, descrevendo a guerra e a revolução. Ao contrário do sr. Lunn, o professor Peers compreende a situação interna do lado do governo, e o capítulo XIII de seu livro traz um excelente apanhado das pressões e tensões entre os vários partidos políticos. Ele acredita que a guerra pode durar anos, que é provável

---

35 Arnold Lunn (1888-1974) despertou a ira de Orwell porque apoiava Franco. Era uma autoridade em esqui e escreveu livros sobre viagens e religião. Publicou sua correspondência com o monsenhor Ronald Knox sobre o catolicismo romano, *Difficulties* (1932).

que Franco ganhe, e que não há nenhuma esperança de democracia na Espanha quando a guerra terminar. Todas estas são conclusões deprimentes, mas as duas primeiras são muito provavelmente corretas, e a última mais acertada ainda.

Por fim, dois livros que pertencem efetivamente a um período anterior, mas são relevantes para a guerra civil, na medida em que fornecem certos lampejos de suas origens. *Wars of Ideas in Spain* [Guerra de ideias na Espanha] é antes de tudo um tratado sobre a educação espanhola. Não tenho competência para julgá-lo, mas posso admirar o desprendimento intelectual que foi capaz de produzi-lo em meio aos horrores da guerra civil. O dr. Castillejo é professor da Universidade de Madri e há trinta anos trabalha pela reforma educacional na Espanha. Agora está observando o trabalho de sua vida naufragar num mar de fanatismos rivais; pois, como ele muito pesarosamente reconhece, o que quer que sobreviva à guerra, a tolerância intelectual não sobreviverá. *Invertebrate Spain* [Espanha invertebrada] é uma coletânea de ensaios, a maior parte dos quais foi publicada primeiro em 1920, sobre vários aspectos do caráter espanhol. O sr. Ortega y Gasset[36] é um daqueles escritores do tipo de Keyserling, que explicam tudo em termos de raça, geografia e tradição (na verdade, de tudo, menos de economia), e que estão constantemente dizendo coisas brilhantes sem chegar a nenhuma conclusão geral. Abra *Invertebrate Spain* e você compreenderá imediatamente que está em contato com uma mente que se distingue; continue lendo e começará a perguntar-se sobre o que diabo é tudo isso. Ainda assim, *é* uma mente que se distingue, e se o livro como um todo deixa para trás uma impressão de vagueza, ou mesmo de caos, cada parágrafo em separado é capaz de despertar uma série de pensamentos interessantes.

---

36   José Ortega y Gasset (1883-1955), ensaísta e filósofo espanhol. De seus muitos livros e ensaios, *A rebelião das massas* (1929-30; traduzido para o inglês em 1932) talvez seja o mais conhecido. Orwell resenhou *Invertebrate Spain* mais extensamente em "The lure of profundity", *New English Weekly*, 30 de dezembro de 1937 (*415*).

Para Raymond Mortimer
[9 de fevereiro de 1938]

Ao ler a carta de Orwell de 5 de fevereiro de 1938 para o editor de *Time and Tide*, Raymond Mortimer, crítico e editor literário do *New Statesman & Nation* e um dos melhores que o jornal teve, escreveu para Orwell, em 8 de fevereiro de 1938, em protesto, dizendo: "É possível, claro, que o 'conhecido jornal semanal' a que você se refere não seja o *New Statesman*, mas vejo isso como uma referência a nós e assim será, sem dúvida, com a maioria dos que lerem sua carta". Os escritórios do *New Statesman* foram bombardeados durante a guerra, de modo que toda a correspondência daquela época se perdeu. Mas, entre os seus papéis, Orwell guardou os originais das cartas de Kingsley Martin, editor do *New Statesman*, e de Raymond Mortimer e uma cópia em carbono, republicada aqui, de sua resposta a Mortimer.

The Stores, Wallington, Perto de Baldock, Herts

Caro Mortimer,

Com referência à sua carta de 8 de fevereiro. Lamento profundamente se feri seus sentimentos ou os de alguma outra pessoa, mas antes de falar das questões gerais envolvidas, devo destacar que o que você diz não está totalmente correto. Você diz: "Sua resenha de *The Spanish Cockpit* foi recusada, porque dava uma descrição muito inadequada e enganosa do livro. Você usou a resenha simplesmente para expressar suas próprias opiniões e apresentar os fatos que pensava que deveriam ser conhecidos. Além disso, da última vez que nos encontramos, você reconheceu isso. Por que então sugere agora, muito equivocadamente, que a resenha foi recusada porque 'contrariava a política editorial'? Você está confundindo a resenha com a recusa anterior de um artigo, que você nos submetera, e que o editor devolveu, porque tínhamos acabado de publicar três artigos sobre o mesmo assunto".

Anexo uma cópia da carta de Kingsley Martin. Você verá por ela que a resenha *foi* recusada, porque "contraria a política editorial do jornal" (deveria ter dito "política de política", não "política editorial"). Em segundo lugar, você diz que meu artigo anterior foi devolvido "porque tínhamos acabado de publicar três artigos sobre o mesmo assunto". Ora, o artigo que enviei era sobre a cassação do POUM, a suposta trama "trotskista-fascista", o assassinato de Nin etc. Até onde sei, o *New Statesman* nunca publicou nenhum artigo sobre o assunto. Certamente admitiria, e admito, que a resenha que escrevi era tendenciosa e talvez injusta, mas não me foi devolvida nesses termos, como você pode ver pela carta anexa.

Nada me é mais odioso do que me meter nessas controvérsias e escrever, de certo modo, contra pessoas e jornais que sempre respeitei, mas é preciso entender que tipo de questões estão envolvidas, e a enorme dificuldade de conseguir que a verdade seja ventilada na imprensa inglesa. Até onde se pode conseguir números, nada menos do que três mil prisioneiros políticos (isto é, antifascistas) estão nas cadeias espanholas atualmente, e a maioria deles está lá há seis ou sete meses, sem qualquer tipo de julgamento ou acusação, nas condições físicas mais nojentas, como vi com meus próprios olhos. Muitos deles foram eliminados, e não se tem muita dúvida de que teria havido um massacre generalizado se o governo espanhol não tivesse tido o bom senso de ignorar o clamor da imprensa comunista. Vários membros do governo espanhol disseram repetidas vezes, para Maxton, McGovern, Félicien Challaye[37] e outros, que desejavam libertar essas pessoas, mas que eram incapazes de fazê-lo por causa da pressão comunis-

---

37   John McGovern (1887-1963), parlamentar do Partido Trabalhista Independente, 1930-47; parlamentar trabalhista, 1947-59, liderou uma marcha da fome, de Glasgow a Londres em 1934. Félicien Challaye, político da esquerda francesa, membro do comitê da Liga dos Direitos do Homem, um movimento liberal e antifascista para proteger a liberdade civil em todo o mundo. Demitiu-se em novembro de 1937, com outros sete, em protesto contra o que interpretaram como a subserviência covarde do movimento à tirania stalinista.

ta. O que acontece na Espanha legalista é ditado, em larga escala, pela opinião de fora, e não há dúvida de que, se tivesse [havido] um protesto geral de socialistas estrangeiros, os prisioneiros antifascistas teriam sido libertados. Mesmo os protestos de uma pequena associação como o Partido Trabalhista Independente tiveram algum resultado. Mas há alguns meses, quando um abaixo-assinado foi feito para a libertação dos prisioneiros antifascistas, quase todos os socialistas ingleses proeminentes recusaram-se a assiná-lo. Não duvido que isto foi porque, embora sem dúvida não acreditassem na história da trama "trotskista-fascista", tiveram a impressão geral que os anarquistas e o POUM estavam trabalhando contra o Governo, e, em especial, acreditaram nas mentiras que foram publicadas na imprensa inglesa sobre as batalhas em Barcelona, em maio de 1937. Para citar um exemplo individual, Brailsford em um de seus artigos para o *New Statesman* teve permissão para afirmar que o POUM tinha atacado o governo com baterias de canhões roubadas, tanques etc. Eu estava em Barcelona durante as batalhas e, até que se possa provar algo em contrário, posso provar com testemunhas-oculares etc. que essa história era absolutamente falsa. Na época da correspondência sobre minha resenha, escrevi a Kingsley Martin para dizer-lhe que era falsa e, mais recentemente, escrevi a Brailsford para perguntar-lhe qual era a fonte da história. Ele teve de admitir que soubera disso por alguém que não tinha autoridade nenhuma sobre o assunto. (Stephen Spender está com esta carta no momento, mas posso pegá-la para você, se quiser vê-la.) Todavia, nem o *New Statesman* nem Brailsford publicaram nenhuma retratação sobre essa afirmação, que vem a ser uma acusação de roubo e traição contra muitas pessoas inocentes. Não acho que você possa me culpar se sinto que o *New Statesman* tem sua parcela de culpa pela visão unilateral que tem sido apresentada.

Mais uma vez, deixe-me dizer como lamento todo esse negócio, mas tenho de fazer o pouco que posso para conseguir justiça para as pessoas que foram presas sem julgamento e vilipendiadas pela imprensa, e uma maneira de fazê-lo é chamar atenção para a censura pró-comunista que indubitavelmente existe. Permaneceria em silêncio sobre o caso todo se achasse que isso iria ajudar o governo espanhol (na verdade, antes de deixar a Espanha, algumas das pessoas presas nos pediram para *não* tentar fazer qualquer publicidade no estrangeiro, porque isso poderia desacreditar o governo), mas duvido que ajude, em longo prazo, esconder as coisas como tem sido feito na Inglaterra. Se as acusações de espionagem etc., que foram feitas contra nós nos jornais comunistas, tivessem sido examinadas adequadamente na imprensa estrangeira na época, veriam que eram absurdas e o negócio todo poderia ter sido esquecido. Do jeito que foi, o lixo sobre uma trama trotskista-fascista circulou largamente e nenhuma refutação disso foi publicada, exceto em jornais muito obscuros e, sem muito entusiasmo, no *Herald* e no *Manchester Guardian*. O resultado foi que não houve nenhum protesto de fora e todos esses milhares de pessoas ficaram na prisão, e muitas foram mortas, o efeito foi espalhar o ódio e a dissensão por todo o movimento socialista.

Estou devolvendo os livros que você me deu para resenhar. Acho que seria melhor não escrever para vocês de novo. Lamento tremendamente esse caso todo, mas tenho de defender meus amigos, o que pode incluir ataques ao *New Statesman* quando achar que estão ocultando questões importantes.

Atenciosamente seu,
Eric Blair

Há, manuscrito numa folha separada, um bilhete de Orwell que, por não apresentar nenhuma saudação, foi quase com certeza enviado a Raymond Mortimer, junto com a carta datilografada acima. Orwell incluiu a carta de H. N. Brailsford que disse que estava com Spender. Publicamos aqui a carta de Brailsford em seguida ao adendo.

ADENDO

Anexo esta carta de H. N. Brailsford,[38] porque acho que interessa mostrar como as histórias são fabricadas. No *New Statesman*,

---

38   A carta de Brailsford de 17 de dezembro, reproduzida acima.

ele falou que os seguidores do POUM durante as batalhas de Barcelona atacaram o governo com tanques e canhões roubados. Escrevi e perguntei por meio de quem soubera disso, e pela sua resposta parece que:

ele acatou as afirmações de Antonov-Ovseenko sobre os Amigos de Durruti, embora obviamente nenhum russo ouse falar de maneira que não seja desfavorável sobre uma organização "trotskista";

baseado na mesma autoridade, assumiu que os A. de D. [Amigos de Durruti] estivessem "agindo junto com" o POUM;

somou a isso algumas afirmações do *Inprecor*[39] e de outros lugares e produziu a história sobre os canhões nas ruas de Barcelona.

Entretanto, é sempre possível que canhões *tenham sido* roubados, apenas para uso no front, não em Barcelona. Cada unidade estava constantemente roubando armas das outras, quando podia, devido à escassez geral e, em um caso (o do POUM), porque éramos sistematicamente privados de armas e, às vezes, não ficávamos muito longe de estar desarmados. Por volta de 2 de abril, baterias de canhões russos realmente chegaram, e é concebível que fossem roubados, já que nenhuma arma russa nos fora concedida até então.

Raymond Mortimer enviou rapidamente um bilhete manuscrito a Orwell, dizendo: "Caro Orwell, Por favor aceite minhas humildes desculpas. Não sabia que Kingsley Martin lhe escrevera naqueles termos. Minhas próprias razões para a recusa da resenha foram as que lhe dei. Só posso lamentar que você não escreva para nós e gostaria de convencer-lhe, com base em resenhas anteriores, que não há nenhum prêmio para a ortodoxia stalinista aqui". Em 10 de fevereiro, Kingsley Martin escreveu a Orwell: "Raymond Mortimer mostrou-me sua carta. Certamente, devemos-lhe desculpas, com relação à carta sobre *The Spanish Cockpit*. Há muitas coisas mais na sua carta que sugerem alguns mal-entendidos e que, acho, seria melhor discutir do

---

39   Para as referências de Orwell ao *Inprecor* em *Homenagem à Catalunha*, ver nota 31 [v/228 e 231-33].

que escrever sobre elas. Seria conveniente para você vir encontrar-se comigo em alguma hora da próxima semana? Devo estar livre na segunda à tarde ou em quase qualquer hora da terça". Não se sabe se Orwell aceitou o convite de Martin, mas é provável que sim; sua carta para Moore de cerca de 12 de fevereiro (425) indica que ele esperava estar em Londres naquela terça-feira, 15 de fevereiro. A resenha de Orwell do *Glimpses and Reflections* [Relances e reflexões], de Galsworthy foi publicada no *New Statesman* em 12 de março de 1938 (ver 430), e ele colaborou com resenhas para o jornal de julho de 1940 a agosto de 1943. No entanto, como registrado em conversas com amigos, ele nunca perdoou Martin por sua "linha" em relação à guerra civil espanhola (Ver Bernard Crick, *George Orwell: a life* (1980; 3a. ed., 1992), pp. 340-42).

Ao editor, *The Times Literary Supplement*
[14 de maio de 1938]

Senhor,

sei que não é comum responder a resenhas, mas como sua resenha de meu livro *Homenagem à Catalunha* no *Times Literary Supplement* de 30 de abril constitui uma deturpação, ficarei imensamente grato se o senhor me conceder espaço para respondê-la.

O resenhista[40] começa: "George Orwell alistou-se na milícia, participou da guerra de trincheiras ao redor de Huesca, foi ferido,

---

40 As resenhas do *The Times Literary Supplement* normalmente não eram assinadas. Registros mostram que o resenhista era Maurice Percy Ashley (1907-94), jornalista, escritor e historiador. Foi assistente de pesquisa de Winston Churchill em 1929, trabalhou no Serviço de Inteligência, 1940-45, foi editor adjunto do *The Listener*, 1946-58 e editor, 1958-67.

e depois de algumas experiências desanimadoras no levante interno em Barcelona, em maio de 1937, foi forçado a fugir do país". A implicação aqui é: a) que fui ferido antes das batalhas em Barcelona, e b) que tive de fugir do país como resultado direto de minhas "experiências desanimadoras". Como fica perfeitamente claro em meu livro, fui ferido pouco tempo *depois* das batalhas de Barcelona, e tive de sair do país como resultado de acontecimentos que explico minuciosamente e que, até onde sei, não tiveram nenhuma conexão com minhas "experiências desanimadoras".

O resto da resenha é, sobretudo, uma tentativa de desacreditar as milícias espanholas que mantiveram o front de Aragão com armas e demais equipamentos inadequados, durante o primeiro ano da guerra. Ele distorceu várias coisas que eu disse, a fim de que parecessem concordar com ele. Por exemplo: "A disciplina não existia na milícia: 'se um soldado não gostasse de uma ordem, sairia das fileiras e discutiria ferozmente com o oficial'".

Nunca disse que a disciplina "não existia na milícia". O que seu resenhista esqueceu de mencionar foi que, no trecho citado ("se um soldado não gostasse de uma ordem etc."), eu estava descrevendo o comportamento de recrutas iniciantes *em seu primeiro dia no quartel*, quando se comportavam como recrutas iniciantes sempre se comportam, como qualquer um com experiência militar poderia esperar.

Atenciosamente,
George Orwell

O resenhista respondeu:

O sr. Orwell é excessivamente sensível. Afirmei que fora ferido na guerra de trincheiras ao redor de Huesca e que fora forçado a fugir do país depois de algumas experiências desanimadoras no levante interno em Barcelona — todos fatos registrados minuciosamente em seu livro. Se minha frase, necessariamente breve, implica que ele foi ferido antes do levante, isto não foi intencional e não parece desaboná-lo, nem a mais ninguém. Não disse que ele fora obrigado a fugir, *por causa de* sua participação no levante de maio, ou que havia qualquer conexão direta entre os dois acontecimentos. Na verdade, porém, parece claro que foi porque o sr. Orwell estava então, e posteriormente, associado à organização POUM, que foi oficialmente acusada pelo levante, que ele foi obrigado a sair do país.

Sobre o levante de maio e o período posterior, o sr. Orwell usa as palavras "desgosto concentrado", "fúria", "miserável rusga interna", "cloaca", "desilusão" e "uma visão deprimente". Se isto não é desanimador, o que é?

Finalmente, quanto à indisciplina, é uma questão de ponto de vista. O sr. Orwell fala de uma "turba de crianças maltrapilhas na linha de frente", uma das quais jogou uma granada de mão na fogueira de um abrigo "de brincadeira"; de dar tapinhas nas costas de generais, de como, quando os soldados se recusavam a obedecer ordens, era necessário apelar para eles em nome da camaradagem, e de como "você tinha de discutir por cinco minutos antes de ser obedecido". Ele diz ainda: "De fato, um destacamento de milícia recém-formado era uma corja indisciplinada [...]." Num exército de trabalhadores, a disciplina é teoricamente voluntária etc. Ele completa, dizendo que "é uma homenagem à força da disciplina revolucionária o fato de as milícias terem permanecido no campo".

Em 28 de maio de 1938,
THE TIMES LITERARY SUPPLEMENT
publicou uma segunda carta de Orwell:

Senhor,

lamento muito importuná-lo com esta correspondência, mas seu resenhista recorreu novamente a citações distorcidas. Por exemplo: "De fato, um destacamento de milícia recém-formado era uma corja indisciplinada". No meu livro, a frase continua assim: "não porque os oficiais chamassem os soldados rasos de 'camarada', mas porque tropas inexperientes são *sempre* uma corja indisciplinada".

Ao eliminar a segunda parte da frase, ele lhe deu um sentido completamente diferente; e, de modo semelhante, com várias outras afirmações que tirou dos contextos. Quanto à rearrumação da ordem dos acontecimentos do livro, ele alega que seu relato foi "necessariamente breve", isso não me parece uma razão para alterar a cronologia.

Atenciosamente,
George Orwell

Ao editor, *The Listener*
[16 de junho de 1938]

Resenha de Homenagem à Catalunha

O tratamento dos fatos dado por seu resenhista[41] é um tanto curioso. Em sua resenha de meu livro *Homenagem à Catalunha*, de 25 de maio, ele usa cerca de quatro quintos do espaço para ressuscitar da imprensa comunista a acusação de que o partido político espanhol conhecido como POUM é uma organização "quinta coluna", finan-

---

41 Philip Furneaux Jordan (1902-51) era jornalista, romancista e resenhista. Durante uma época, foi membro da equipe do *Daily Mail* em Paris e editor da edição Riviera do *Chicago Tribune*. Em 1936, ingressou na equipe do *News Chronicle* e foi seu correspondente na Espanha de 1936 a 1937. Mais tarde, tornou-se editor das reportagens especiais do *News Chronicle* e, depois, seu correspondente estrangeiro. Em 1946-47, foi primeiro-secretário da embaixada britânica em Washington, e, depois disso, Conselheiro de Relações Públicas do primeiro-ministro Clement Attlee. Também escreveu resenhas para o *The Times Literary Supplement* – anonimamente, como para o *The Listener*.

ciada pelo general Franco. Primeiro ele afirma que esta acusação era "hiperbólica", mas acrescenta depois que era "crível", e que os líderes do POUM eram "pouco melhores do que os traidores da causa do governo". Ora, deixo de lado a questão de como poderia ser crível que a "quinta coluna" de Franco fosse composta pelos mais pobres da classe trabalhadora, liderados por homens, a maioria dos quais tinham sido presos sob o regime que Franco estava tentando restaurar, e pelo menos um deles estava numa lista especial de Franco de "pessoas a serem fuziladas". Se seu resenhista consegue acreditar em histórias desse tipo, tem direito de fazê-lo. O que não tem direito de fazer é repetir essa acusação, que é incidentalmente uma acusação contra mim, sem sequer indicar de quem partiu ou que eu tivesse qualquer coisa a dizer sobre ela. Ele deixa que seja inferido, por tudo isso, que as acusações absurdas de traição e espionagem tiveram origem no governo espanhol. Mas como mostrei com muitos detalhes (capítulo 11 de *Homenagem à Catalunha* citado anteriormente), essas acusações nunca tiveram fundamento algum fora da imprensa comunista, nem nenhuma prova a seu favor jamais foi apresentada. O governo espanhol repudiou inúmeras vezes toda crença nelas, e tem se recusado firmemente a processar os homens que os jornais comunistas denunciaram. Citei textualmente as afirmações do governo espanhol, que têm sido repetidas várias vezes desde então. Seu resenhista simplesmente ignora tudo isso, sem dúvida na esperança de ter desencorajado de forma tão eficiente as pessoas de lerem meu livro que suas distorções passarão despercebidas.

Não tenho expectativas nem desejo resenhas "boas", e se seu resenhista prefere usar a maior parte do espaço, expressando suas próprias opiniões políticas, isso é um problema dele e seu. Mas acho que tenho direito de pedir, quando um livro meu é discutido minuciosamente, que haja pelo menos alguma menção ao que eu, de fato, disse.

Aylesford, George Orwell

Enviamos a carta acima ao nosso resenhista, que responde:

A carta do Sr. Orwell ignora o fato principal de que as condições em Barcelona, num certo período, tornaram-se tão adversas que o governo espanhol foi forçado a mandar a polícia armada reprimir o que vinha a ser uma insurreição. Os líderes dessa insurreição eram elementos anarquistas extremistas aliados ao POUM. Não se trata de "ressuscitar" acusações da imprensa comunista, mas de fato histórico. Passei uma parte considerável da guerra espanhola na Espanha, e não me fiei em reportagens de jornais para informar-me.

Como deixei claro em minha resenha, não era a intenção da massa do POUM fazer outra coisa a não ser lutar contra Franco. Por serem homens pobres e ignorantes, as complexidades da situação revolucionária estavam além de seu alcance; os seus líderes foram os culpados. Quanto a ser parte da quinta coluna de Franco, não há dúvida que quem quer que se recusasse a cooperar com o governo central e respeitar a lei estava, de fato, enfraquecendo a autoridade desse governo e, assim, ajudando o inimigo. Alego que em tempo de guerra a ignorância é tão repreensível quanto a sabotagem criminosa. É o efeito que importa, não os motivos da ação.

Lamento que o sr. Orwell ache que quis desencorajar os leitores a lerem seu livro magnificamente escrito: não quis; quero que as pessoas o leiam mesmo que, na minha opinião, sua análise esteja errada. É da essência da democracia em tempo de paz que todas as opiniões possam estar à disposição de todos.

Somos obrigados a dizer, ao publicar a resposta de nosso resenhista, que consideramos que ela mal aborda as questões levantadas pelo Sr. Orwell, a quem expressamos nossas desculpas.

O editor, The Listener.[42]

---

42   J. R. Ackerley (1896-1967) foi o editor de literatura de 1935 a 1939. Ver *Ackerley*, de Peter Parker (1989). O editor era R. S. Lambert.

Resenha de *The civil war in Spain*, de Frank Jellinek[43]
[New Leader, 8 de julho de 1938]

O livro de Frank Jellinek sobre a Comuna de Paris[44] tinha suas falhas, mas revelava um homem de mente incomum. Ele se mostrava capaz de compreender os verdadeiros fatos da história, as mudanças econômicas e sociais que subjazem aos acontecimentos espetaculares, sem perder o contato com o aspecto pitoresco que o historiador burguês, em geral, descreve muito melhor. Como um todo, este seu livro — *The Civil War in Spain* [A guerra civil na Espanha] — confirma a promessa do outro. Mostra sinais de pressa e contém algumas deformações que indicarei mais adiante, mas é, provavelmente, o melhor livro sobre a guerra espanhola, do ângulo comunista, que será possível obter ainda por muito tempo.

De longe, a parte mais útil do livro é o início, descrevendo a longa cadeia de causas que levaram à guerra e as questões fundamentais em jogo. A aristocracia parasitária e a estarrecedora condição do camponês (antes da guerra 65% da população da Espanha possuía 6,3% da terra, enquanto que 4% possuía 60% dela), o atraso do capitalismo espanhol e o domínio dos capitalistas estrangeiros, a corrupção da Igreja e a ascensão dos movimentos trabalhistas socialistas e anarquistas — tudo isso é tratado numa série de capítulos brilhantes. A pequena biografia que o sr. Jellinek nos dá de Juan March, o velho contrabandista de tabaco que é um dos homens por trás da rebelião fascista (embora, estranho como possa parecer, acredite-se que seja judeu), é uma história maravilhosa de corrupção. Seria uma leitura fascinante se March fosse um mero personagem de Edgar Wallace; acontece que é, infelizmente, um homem de verdade.

---

43 Frank Jellinek (1908-75) era o correspondente americano em Londres do *New York Herald Tribune* e na Espanha do *Manchester Guardian*. Ver a carta de Orwell para Jellinek, abaixo.

44 *The Paris Commune of 1871* (1937; reimpresso em 1973).

O capítulo sobre a Igreja não deixa muita dúvida sobre o porquê de praticamente todas as igrejas na Catalunha e a leste de Aragão terem sido incendiadas no início da guerra. Incidentalmente, é interessante saber que, se os números do sr. Jellinek estão certos, a organização mundial dos jesuítas chega a apenas vinte e duas mil pessoas. Em termos de eficiência pura e simples, eles devem certamente arrasar com todos os partidos políticos do mundo. Mas o "homem de negócios" jesuíta na Espanha é, ou era, membro da diretoria de quarenta e três empresas!

No final do livro, há um capítulo bem equilibrado sobre as mudanças sociais que ocorreram nos primeiros meses da guerra, e um apêndice sobre o decreto de coletivização na Catalunha. Ao contrário da maioria dos observadores britânicos, o sr. Jellinek não subestima os anarquistas espanhóis. Em seu tratamento do POUM, no entanto, não há dúvida de que é injusto e — não há muita dúvida quanto a isso também — intencionalmente injusto.

Naturalmente, fui primeiro ao capítulo em que ele descreve as batalhas em Barcelona em maio de 1937, porque tanto o sr. Jellinek quanto eu estávamos lá na época, e isso me dava uma medida para testar a sua exatidão. Seu relato das batalhas é, de algum modo, menos propagandista do que os que apareceram na imprensa comunista da época, mas é sem dúvida unilateral e seria enganoso para qualquer um que não soubesse nada sobre os fatos. Para começar, parece que ele às vezes aceita a história de que o POUM era realmente uma organização fascista disfarçada, e refere-se a "documentos" que "provavam definitivamente" isso e aquilo, sem nos dizer mais nada sobre esses documentos misteriosos — que, de fato, nunca foram apresentados. Refere-se até mesmo ao célebre documento "N"[45] (embora admitindo que "N" provavelmente não signi-

---

45 O documento "N" era uma carta falsificada para Franco, que os comunistas faziam passar como sendo de Andrés Nin, um membro proeminente do POUM, na qual basearam suas acusações de conspiração entre o POUM e Franco, para justificar a cassação do POUM.

ficasse Nin) e ignora o fato de que Irujo,[46] o ministro da Justiça, declarou que este documento era "sem valor", isto é, uma falsificação. Afirma simplesmente que Nin foi "preso" e não menciona que Nin desapareceu e foi, quase com certeza, assassinado. Além disso, deixa a cronologia incerta e — intencionalmente ou não — dá a impressão de que a suposta descoberta da trama fascista, a prisão de Nin etc., ocorreram *imediatamente depois* das batalhas de maio.

Este é um ponto importante. A cassação do POUM não aconteceu imediatamente depois das batalhas de maio. Houve um intervalo de cinco semanas. As batalhas terminaram em 7 de maio e Nin foi preso em 15 de junho. A cassação do POUM só aconteceu depois, e quase certamente como resultado da mudança do governo de Valência. Tenho notado várias tentativas na imprensa para ocultar essas datas. O motivo é bastante óbvio; no entanto, não pode haver dúvida sobre o assunto, pois todos os acontecimentos principais foram registrados nos jornais da época.

É bastante curioso que, por volta de 20 de junho, o correspondente de *Manchester Guardian* em Barcelona tenha enviado para cá uma notícia[47] na qual contradizia as acusações absurdas contra o POUM — nas circunstâncias, um ato muito corajoso. É quase certo que esse correspondente tenha sido o próprio sr. Jellinek. Que pena que para fins de propaganda ele deva achar necessário, agora, repetir uma história que, depois desse lapso de tempo, parece ainda mais improvável.

Suas observações sobre o POUM ocupam parte considerável do livro e têm um ar preconceituoso que fica óbvio mesmo para alguém que não saiba nada sobre os partidos políticos espanhóis. Ele acha necessário depreciar até mesmo um trabalho útil como o feito por Nin como Conselheiro de Justiça, e cuida de não mencionar que o POUM

---

46 Manuel de Irujo y Ollo foi um membro basco do governo republicano, como ministro sem pasta, desde 25 de setembro de 1936; depois, foi ministro da Justiça até demitir-se em janeiro de 1938, permanecendo ministro sem pasta. Tentou restaurar a "justiça normal" (ver Hugh Thomas, op. cit., pp. 701, 778).

47 "Barcelona depois do levante", em "Nosso Correspondente Especial", *Manchester Guardian*, 26 de junho de 1937.

tenha participado seriamente dos primeiros esforços contra o levante fascista ou no front. E, em todas as suas observações sobre a "atitude provocativa" dos jornais do POUM, mal parece ocorrer-lhe que houvesse qualquer provocação do outro lado. Em longo prazo, esse tipo de coisa derrota seu próprio objeto. Seu efeito sobre mim, por exemplo, é fazer-me pensar: "Se acho que este livro não é confiável em relação a fatos que, por acaso, conheço, como posso confiar nele quando se tratar de fatos que eu não conheço?". E muitos outros pensarão o mesmo.

Na verdade, estou pronto a acreditar que, no principal, o sr. Jellinek é estritamente justo, além de ser muitíssimo bem informado. Mas ao lidar com o "trotskismo", escreve como um comunista, ou um partidário comunista, e não é mais possível que um comunista hoje demonstre bom senso sobre esse assunto do que sobre o assunto do "social-fascismo" há alguns anos. Incidentalmente, a velocidade com que os anjos da mitologia comunista viram demônios tem seu lado cômico. O sr. Jellinek cita com aprovação uma denúncia do POUM feita pelo cônsul russo em Barcelona, Antonov-Ovsëenko,[48] agora sendo julgado como trotskista!

Tudo considerado, um excelente livro, repleto de informações e bem legível. Mas tem de ser tratado com um certo cuidado, porque o autor padece da necessidade de mostrar que, embora outras pessoas possam ter razão, o Partido Comunista tem sempre razão. Não importa muito que quase todos os livros de comunistas sejam propaganda. A maioria dos livros é propaganda, direta ou indireta. O problema é que os escritores comunistas são obrigados a reivindicar a infalibilidade de seus chefes de Partido. O resultado disso é que a literatura comunista tende a tornar-se, cada vez mais, um mecanismo de explicação de erros.

---

48 Vladimir Antonov-Ovsëenko foi um dos listados por Thomas como tendo "ou [sido] executado ou morto em campos de concentração", depois de servir na Espanha. Ele foi reabilitado durante uma época, e sua morte foi "lamentada, de passagem, como um erro, por Kruchev, em discurso denunciando Stalin em fevereiro de 1956"; ver carta de H. N. Brailsford para Orwell acima, de 17 de dezembro de 1937, e Hugh Thomas, op. cit., p. 952.

Ao contrário da maioria das pessoas que escreveram sobre a guerra espanhola, o sr. Jellinek realmente conhece a Espanha: sua língua, seu povo, seus territórios e a luta política dos últimos cem anos. Poucos homens estão mais bem qualificados para escrever com autoridade uma história da guerra espanhola. Talvez algum dia ele o faça. Mas será provavelmente daqui a muito tempo, quando o treinamento de boxe com adversário imaginário "fascista-trotskista" for abandonado por algum outro passatempo.

Orwell estava errado ao pensar que o correspondente do Manchester Guardian *era Jellinek. Ver sua carta a Jellinek de 20 de dezembro de 1938, abaixo. Em 13 de fevereiro de 1939, ele escreveu uma carta de correção ao* New Leader, *que foi publicada sob o título "Um erro corrigido".*

Na minha resenha de *The Civil War in Spain* do sr. Frank Jellinek, afirmei que o Sr. Jellinek expressara certas opiniões que entravam em contradição com uma de suas notícias enviadas ao *Manchester Guardian*. Descubro agora que esta notícia foi enviada, na verdade, não pelo sr. Jellinek, mas por outro correspondente. Lamento muito esse erro e espero que encontrem espaço para esta correção.

PARA YVONNE DAVET
[18 de agosto de 1938]

New Hostel, Preston Hall, Aylesford, Kent

Querida Camarada,

estou escrevendo em inglês desta vez. Muitíssimo obrigado pela sua carta, e pelos vários panfletos, números do *La Flèche* etc.

Espero enormemente que você e seu pai não tenham tido trabalho demais, procurando uma casa para nós. Pretendíamos ir para o sul da França, mas agora nos dizem para passar o inverno na África, e tanto quanto podemos ter algum plano específico, estamos nos organizando para ir ao Marrocos. A única dificuldade que temo é que seja bem possível que as autoridades francesas dificultem a permissão para entrarmos no Marrocos. Normalmente, há um bocado de fluxo turístico por lá, mas imagino que, se a situação europeia tornar-se ainda mais ameaçadora, eles possam fazer objeções à entrada de estrangeiros. Entretanto, quando resolvermos a data de nossa partida, pediremos informações no consulado francês antes de reservar as passagens. Guardarei o endereço de seu pai, caso tenhamos de consultá-lo, afinal. Esperamos partir da Inglaterra por volta do começo de setembro.

Espero que todo seu trabalho com a tradução do livro não tenha sido em vão. Sei que é terrivelmente difícil conseguir alguém que publique traduções hoje em dia. Na Inglaterra, não sei quantos bons livros são traduzidos do francês todo ano, mas duvido que haja mais do que três ou quatro que façam algum sucesso. Também posso entender muito bem que não queiram livros sobre a guerra espanhola. Têm aparecido tantos, e a maioria deles tão ruins. O problema é que assim que algo como a guerra civil espanhola acontece, centenas de jornalistas imediatamente produzem livros descartáveis, que montam com tesoura e cola e, depois, quando os livros sérios aparecem, as pessoas já enjoaram do assunto. *Japan's Feet of Clay* [Os pés de barro do Japão] de Freda Utley,[49] que você tentou fazê-los publicar, fez bastante sucesso na Inglaterra. Quanto

---

49   Orwell refere-se várias vezes a Freda Utley (1898-1978). Ela escreveu sobre a China e o Japão nos anos 1930, especialmente sobre a relação de Lancashire com o Extremo Oriente. Em outra carta para Davet (19 de junho de 1939, ver abaixo), ele se refere a *Japan's gamble in China* (junho de 1938) e indica-lhe *The dream we lost: Soviet Russia then and now* (1940). Em setembro de 1940, quatro meses antes da morte dela, ele leu o relato de sua experiência na União Soviética, *Lost illusions* [Ilusões perdidas]. Geralmente grafava seu nome como Uttley.

a meu próprio livro, ainda não sei como vendeu. Ficarei desapontado se vender menos de três mil exemplares, mas não imagino que venda mais do que quatro mil. Teve algumas resenhas boas, mas o problema é que livros de pequenas editoras nunca ganham a mesma atenção que aqueles das grandes editoras, que compram todos os espaços de anúncios. É possível que algum jornal publique trechos dele em série. Detestaria pensar que você teve todo esse trabalho em vão. Decerto gostaria muito que Félicien Challaye[50] o visse. Admirei-o muitíssimo por ter se posicionado em favor dos prisioneiros do POUM. Entendo que os protestos feitos na França tiveram resultado, pois as últimas notícias dão conta de que o governo espanhol adiou novamente o julgamento e que um membro do governo (Prieto ou Irujo, suponho) declarou que testemunharia em favor dos prisioneiros do POUM. Recentemente, escrevi para três jornais de esquerda, pedindo que as pessoas exigissem que eles tivessem um julgamento aberto, mas apenas um jornal, o *Manchester Guardian*, publicou minha carta. Em particular, todos me dizem: "Sim, o que você diz é bem verdade, mas não é político mencionar isso agora". A única coisa que tenho é desprezo por essa atitude.

Não há muitas notícias por aqui. O público em geral está muito pouco interessado na situação europeia, e acredito que se a guerra estourasse num futuro próximo, os ingleses se recusariam a lutar ou, em todo caso, seriam muito apáticos quanto a isso. As propostas para a formação de uma Frente Popular parecem ter fracassado, embora ache que possamos ver uma combinação desse tipo às vésperas das próximas eleições gerais. Da forma como foi proposta na Inglaterra, é uma ideia das mais perniciosas, porque o assim chamado Partido Liberal, com o qual se propõe que o Partido Trabalhista se alie, representa algumas das porções mais poderosas e conservadoras da classe capitalista.

---

50   Ver nota 38.

Espero que tudo esteja bem com você e que você consiga encontrar algum trabalho mais agradável e mais bem remunerado.[51] Informarei posteriormente a data de nossa partida e nosso endereço no estrangeiro.

Fraternalmente,
Eric Blair

RESENHA DE *THE CHURCH IN SPAIN, 1737- 1937*, DE E. ALLISON PEERS; *CRUSADE IN SPAIN*, DE EOIN O'DUFFY[52]
[*New English Weekly*, 24 de novembro de 1938]

O professor Allison Peers, embora partidário de Franco, e, ultimamente, um partidário bastante cáustico, é um escritor que se pode levar a sério. Também é, infiro, católico, e está muito natural e acertadamente preocupado com o destino da Igreja na Espanha. Ninguém o culparia por ficar zangado, quando as igrejas são incendiadas e os padres assassinados ou exilados. Mas acho que seja uma pena que ele não tenha examinado com um pouco mais de profundidade o porquê de essas coisas acontecerem.

Ao recontar as várias perseguições da Igreja na Espanha, da Idade Média em diante, ele traça quatro causas principais. As três primeiras são a luta entre a Igreja e o Rei, a luta entre a Igreja

---

51 Yvonne Davet (ver "Testemunha ocular em Barcelona", acima) estava passando por grandes apuros nessa época; ela fazia traduções sem qualquer certeza de pagamento ou publicação, por causa de sua crença no valor do que estava traduzindo (informação pessoal).

52 General Eoin O'Duffy (1892-1944) liderava o movimento fascista irlandês, os Camisas Azuis, fundado por William Cosgrave (1880-1965), presidente da Irlanda até 1932. A maioria dos soldados de O'Duffy na Espanha eram Camisas Azuis. Lutaram por Franco (Ver H. Thomas, op. cit., pp. 592 e 602).

e o Estado e o anticlericalismo liberal do século xix. A última é o "desenvolvimento do que é vagamente chamado de comunismo, isto é, uma série de movimentos proletários relacionados, mas não idênticos, que têm como fator em comum a descrença em Deus e a sua negação". Todos os incêndios de igrejas, fuzilamentos de padres e violência anticlerical generalizada supostamente têm raízes no comunismo e em sua variante espanhola, o anarquismo, que são inseparáveis do "ódio a Deus". Não é, pensa o professor Peers, uma questão de hostilidade para com uma igreja corrupta, mas "uma tentativa determinada, fria e calculista para destruir a religião institucional em todo o país".

Ora, não adianta negar que igrejas têm sido destruídas em toda a Espanha do governo. Vários partidários do governo, em seus esforços para tornar a causa respeitável, fingiram que as igrejas tinham sido demolidas, apenas quando serviram como fortalezas nas batalhas de rua no começo da guerra. Isto é simplesmente mentira. Igrejas foram destruídas em toda parte, no campo e na cidade, e fora algumas igrejas protestantes, nenhuma tinha permissão para abrir e celebrar cultos até cerca de agosto de 1937. Também é inútil negar que tanto o socialismo marxista quanto o anarquismo são hostis a todas as religiões. Mas isso não nos diz por que as igrejas espanholas foram destruídas. O *Catalonia infelix*, do professor Peers deixou claro que ele entende a situação política interna na Espanha do governo bem melhor do que a maioria dos que escrevem sobre a guerra espanhola, e que há dois fatos pesando sobre esta questão que ele provavelmente conhece. Um é o fato de que, durante a guerra atual, o governo russo usou sua influência na Espanha *contra* e não *a favor* da violência anticlerical e do extremismo revolucionário em geral. O outro é que a pilhagem das igrejas aconteceu no período inicial, quando o proletariado estava no comando, e as igrejas começaram a reabrir e os padres a sair de seus esconderijos, quando o governo de Caballero caiu e a classe média voltou ao poder. Em outras palavras, o movimento anticlerical, em sua forma violenta, é um movimento popular e um movimento nascido na Espanha. Não tem raízes em Marx nem em Bakunin, mas na condição do próprio povo espanhol.

Na Catalunha e em Aragão, no primeiro ano da guerra, duas coisas me impressionaram. Uma foi a aparente ausência de qualquer sentimento religioso entre a maioria do povo. Deve-se reconhecer que, na época, podia ser perigoso admitir uma crença religiosa abertamente — ainda assim, não se pode ser enganado totalmente sobre esse tipo de coisa. A segunda foi o fato de a maioria das igrejas danificadas ou destruídas que vi serem novas; suas predecessoras haviam sido incendiadas em distúrbios anteriores. E isto levanta a questão: quando a última igreja foi queimada na Inglaterra? Provavelmente nenhuma desde Cromwell. Uma malta de trabalhadores rurais saqueando a igreja da paróquia seria algo quase impensável. Por quê? Porque atualmente as condições para a luta de classes simplesmente não existem na Inglaterra. Na Espanha, durante o último século, milhões de pessoas tiveram que viver em condições além das suportáveis. Em enormes extensões de terra, camponeses que eram escravos em tudo, a não ser no nome, trabalhavam longuíssimas horas por salários diários de *sixpence*.[53] Nessas condições, obtém-se algo que não se obtém na Inglaterra, um ódio verdadeiro ao *status quo*, uma vontade verdadeira de queimar e matar. Mas a Igreja fazia parte do *status quo*; sua influência estava do lado dos ricos. Em muitas vilas, a enorme e vistosa igreja, rodeada por um bando de miseráveis cabanas de barro, deveria parecer o símbolo visível da propriedade. Naturalmente, escritores católicos têm negado isso nos últimos tempos. A Igreja não era corrupta, era tudo, menos rica, os padres eram com frequência republicanos etc. etc. A resposta é que o povo espanhol simples, cuja opinião neste assunto vale alguma coisa, não pensava assim. Aos olhos de muitos e muitos deles, a Igreja era simplesmente uma falcatrua e o padre, o chefe e o dono da

---

53 Até 1971, moeda que correspondia à soma de seis *pennies*, ou centavos de libra. [N. T.]

terra eram todos farinha do mesmo saco. A igreja nacional perdera a influência sobre eles, porque falhara em sua tarefa. Os católicos provavelmente prestariam um serviço melhor à sua igreja ao encarar este fato do que ao ligar tudo a mera maldade, ou a Moscou, que persegue seus próprios crentes religiosos, mas tem suas razões para ser ligeiramente pró-clero alhures.

As aventuras do general O'Duffy na Espanha parecem mesmo, de certa forma, ter algo em comum com uma cruzada, na medida em que foram uma trapalhada pavorosa e não levaram a nada em particular. Fora isso, seu livro não nos conta muito. A maior parte dele consiste nas enfadonhas e corriqueiras homenagens ao general Franco ("o grande líder e patriota, general Franco, na chefia do movimento nacionalista, composto por tudo que é grandioso e nobre na vida nacional espanhola, lutando pela civilização cristã" etc. etc.) e as corriqueiras e ignorantes distorções sobre o que acontece do outro lado. As informações do general O'Duffy são tão superficiais que ele até erra os nomes de alguns sindicatos e partidos políticos espanhóis. A propaganda de Franco é frequentemente menos irritante do que o tipo de mentira bem mais sutil que se desenvolveu do outro lado, mas confesso ter me cansado da história das "tropas russas" (não há registro de que tivessem neve nas botas[54]) que supostamente lutaram no front de Madri.

Depois do que vi na Espanha, e do que li sobre isso na Inglaterra, entendo porque sir Walter Raleigh queimou sua *História do mundo*.[55] Se

---

54 Orwell se refere a um dos famosos e mais incongruentes mitos da Primeira Guerra Mundial. Num período crítico no front ocidental, surgiram boatos abundantes sobre a transferência de tropas russas para lá, vindas do front oriental. Dava-se como "prova" disso que tropas russas tinham sido vistas, viajando em trens escuros do norte da Bretanha, "com neve nas botas".

55 Foi escrita por sir Walter Raleigh (1552?-1618), quando esteve preso na Torre de Londres; foi publicada em 1614. Orwell escreve sobre a prisão de Raleigh e sua história em *"As I please"*, 10, de 4 de fevereiro de 1944 (*2416*), não incluída no trecho abaixo.

A verdade é grande e prevalecerá
Quando ninguém se importar que prevaleça ou não,[56]

então, quanto antes as pessoas deixarem de se incomodar com a luta espanhola, melhor será. Atualmente, a atmosfera de mentiras que rodeia cada aspecto dela é sufocante. Enquanto isso, o livro de O'Duffy é mal escrito e desinteressante.

A resenha de Orwell suscitou protestos dos dois autores. Em 4 de dezembro, o general O'Duffy escreveu para o editor do *New English Weekly*, pedindo que sua carta não fosse publicada, mas descrevendo a resenha de Orwell como insultuosa. A palavra "resenha" está sublinhada e colocada entre aspas simples, evidentemente para indicar um uso anômalo, para ele, da palavra. Seu livro recebera, diz, vinte e quatro resenhas favoráveis e apenas uma outra (em um "orgão comunista") fora crítica. Incluía cópias de resenhas típicas e afirmava que seu livro tivera uma "circulação recorde aqui e no estrangeiro", o que era estranho se, como Orwell afirmava, o livro era uma "representação ignorante e mal escrita". A carta está assinalada com um "Chegou quando você estava na África" e, evidentemente, não foi enviada a Orwell na época, mas foi respondida. O'Duffy respondeu que a carta do editor só piorara as coisas, e pediu para ser excluído da lista de circulação do *New English Weekly*.

A carta do professor Peers foi publicada em 8 de dezembro de 1938. Ele assinalou três coisas: não era católico romano; não era um "partidário de Franco", mas sustentava que o conflito espanhol só poderia ser resolvido permanentemente através de um acordo; suas conclusões sobre "por que essas coisas acontecem" não eram o produto de uma visita de alguns meses, mas de vinte anos de estudos de muitos aspectos da vida espanhola. A resposta de Orwell, intitulada "Clericalismo espanhol", foi publicada no New English Weekly, em 22 de dezembro de 1938:

---

56 *"Magna est veritas"*, versos 9 e 10, de Coventry Patmore (1823-1996).

Senhor,

lamento muito perceber que feri os sentimentos do professor Peers. Não tencionava fazê-lo. Mas talvez seja melhor responder às três colocações que ele faz:

Apenas disse que "inferia" que o professor Peers fosse católico. Meu motivo foi simplesmente ele ser muito mais simpático em sua atitude para com a Igreja Católica do que é comum em não católicos, incluindo até mesmo os anglicanos. Mas admito francamente que o fato de não ser católico torna seu testemunho em favor da Igreja espanhola mais forte.

Descrevi o professor Peers como "um partidário de Franco e, ultimamente, um partidário bastante cáustico". Não acho que o professor Peers negaria que o tom de *The Church in Spain* [A Igreja na Espanha] é bem mais amargo do que o de *Catalonia Infelix*. Quanto à questão do partidarismo, o professor Peers afirma que é imparcial, porque ele tem "sustentado constantemente [...] que a única solução para o conflito espanhol que pode ser permanente é uma solução acordada". Bem, encararia isso como sendo pró-Franco. Afinal, Franco é, pelo menos tecnicamente, um rebelde. O que poderíamos dizer de uma pessoa que sugerisse uma "solução acordada" entre o ladrão e o policial? Diríamos que estava, pelo menos em alguma medida, pró-ladrão. Mas nunca, nem por um instante, quis sugerir que o professor Peers fosse injusto ou desonesto. Quando li *Catalonia Infelix*, encarei-o como um livro escrito do ponto de vista de Franco, mas escrito com extrema imparcialidade. Acredito que disse alguma coisa nesse sentido numa pequena resenha que fiz sobre ele. Incidentalmente, pode ser divertido para o professor Peers saber que enfrentei problemas em círculos "esquerdistas" por não atacá-lo mais duramente.

Concordo perfeitamente que o Professor Peers conhece infinitamente mais a Igreja na Espanha, e tudo o mais na Espanha, do que eu jamais poderei conhecer. Mas acho que sua explicação do anticlericalismo moderno é, como um todo, simples demais para ser verdadeira, e não vejo por que minhas próprias observações, pequenas como são, não devam ser expressas como provas.

PARA FRANK JELLINEK
[20 de dezembro de 1938]

Caixa Postal 48, Gueliz, Marrakesh, Marrocos francês

Caro Jellinek,[57]

Muito obrigado por sua carta. Lamento muitíssimo ter atribuído aquela notícia no *Manchester Guardian* a você, mas o motivo para fazê-lo foi que o *M. G.* não desmentiu isso. Os fatos foram os seguintes. Estava aparentemente semi-inválido por causa do ferimen-

---

57 Frank Jellinek escreveu para Ian Angus em 10 de junho de 1964, para explicar que a carta de Orwell fora instigada pelo seu protesto (de Jellinek) de que não falsificara uma notícia expressa para o *Guardian* "com propósitos propagandísticos", como sugerido por Orwell em sua resenha de *The civil war in Spain*. Ele deixara Barcelona bem antes de 20 de junho de 1937 e não escrevera nada para o *Guardian* sobre a cassação do POUM. Ele acredita que o artigo em questão "foi mais ou menos plantado no *MG* por F. A. Voigt", que era correspondente visitante em Barcelona. Voigt (1892-1957), um correspondente estrangeiro de destaque, logo chamou atenção para os perigos do nazismo; sua análise do crescimento do nacional-socialismo foi de tal monta, que ele foi impedido de trabalhar novamente para o *Manchester Guardian* na Alemanha, depois da ascensão de Hitler ao poder em 1933. Depois que seu livro *Unto Caesar* (1938) foi publicado, ele foi classificado por Orwell entre "Os pessimistas" em "A revolta intelectual", I, 24 de janeiro de 1946 (ver 2875). Orwell, em "Notas sobre o nacionalismo", outubro de 1945 (ver 2668), classificou-o com outros anglófobos que, de repente, tinham se tornado violentamente pró-britânicos. Voigt editou *The nineteenth century and after* [*O século XIX e depois*], de 1938 a 1946.

to (embora, na verdade, tenha ficado bom logo depois) e decidira voltar à Inglaterra, e, em 15 de junho, subi para Sietamo para pegar meus documentos de dispensa, que, por alguma razão desconhecida para mim, tinham de ser obtidos no front. Quando cheguei lá, as tropas do POUM, além de outras em Sietamo, estavam aprontando-se para uma ação que na verdade aconteceu alguns dias depois, e foi apenas por um pouco de sorte que não me envolvi na batalha, embora mal pudesse usar o braço direito naquela época. Quando consegui voltar a Barcelona em 20 de junho, foi para descobrir que o POUM tinha sido cassado, todo mundo que eu conhecia jogado na cadeia ou escondendo-se, tive de dormir duas noites na rua, e a polícia estivera intrometendo-se na vida de minha esposa da maneira mais revoltante. O que de fato me enfureceu foi que tudo isso tinha sido cuidadosamente mantido em segredo dos soldados no front e até mesmo das pessoas em Lérida (onde estive no dia 20 de junho). Num dia, esqueço qual dia, vi você num café perto do Hotel Oriente. Ia atravessar a rua e falar-lhe, mas nessa época, como não era incomum na[s] circunstância[s], estava pronto a acreditar que todo comunista era um espião e, simplesmente, segui adiante. Então, mais tarde, na Inglaterra, quando vasculhei os arquivos do *Manchester Guardian*, vi a notícia dizendo que o POUM não era fascista (ou palavras neste sentido), que naturalmente atribuí a você. Fiquei muito tocado e escrevi para o *M. G.*, parabenizando-os e pedindo seu endereço. Imagino que o homem que respondeu não soubesse quem enviara a mensagem e disse simplesmente que você estava no México e que não sabiam seu endereço. Vou mandar uma nota para o *New Leader*, dizendo que me enganei sobre quem enviara a mensagem.[58] Se não a inserirem, creia por favor que foi apenas por falta de espaço. São bastante honestos, embora com frequência, sem dúvida, enganem-se, mas com apenas oito páginas por semana, não se tem muito espaço para gastar.

---

58 Ver "Um erro corrigido", *New Leader*, 13 dc janeiro de 1939, acima.

Estou escrevendo agora também a meu agente para pedir que lhe mande um exemplar de meu livro sobre a guerra espanhola. Trechos dele podem ser de seu interesse. Não tenho dúvidas de que cometi muitos erros e fiz afirmações enganosas, mas tentei indicar do começo ao fim que o assunto é muito complicado e que sou extremamente falível, bem como tendencioso. Sem responder em detalhes a todas as colocações de sua carta, posso indicar de forma mais clara do que pude fazê-lo no livro minha posição sobre uma ou duas questões que inevitavelmente vêm à tona numa controvérsia desse tipo. Concordo em todos os aspectos com você que esse negócio do POUM já causou estardalhaço demais e que o resultado líquido desse tipo de coisa é predispor as pessoas contra o governo espanhol. Mas minha posição sempre foi que esse tipo de controvérsia poderia morrer de morte natural e causar comparativamente poucos danos, se as pessoas se abstivessem de contar mentiras desde o início. A sequência dos acontecimentos é aproximadamente a seguinte. O POUM prega uma "linha" que pode ou não fazer com que seja mais difícil assegurar uma eficiência militar para o governo espanhol, e que também é excessivamente semelhante ao que o Partido Comunista dizia em 1930. O PC sente que tem de silenciar isso a todo custo e, portanto, começa por afirmar na imprensa que os membros do POUM são fascistas disfarçados. Este tipo de acusação é infinitamente mais ofensiva do que qualquer outra, e, como resultado, diversas pessoas e partidos que poderiam ser descritos como "trotskistas" tendem a tornar-se meros anticomunistas. O que complica isso e aumenta imensamente o sentimento de amargor que isso causa é que a imprensa capitalista como um todo irá jogar seu peso para o lado comunista da controvérsia. Sei que os comunistas via de regra não acreditam nisso, porque adquiriram o hábito de sentir que são perseguidos e mal notaram que desde, mais ou menos, 1936 (isto é, desde a mudança de "linha"), a atitude em relação a eles nos países democráticos é muito diferente. A doutrina comunista em sua forma atual atrai as pessoas ricas, pelo menos algumas pessoas ricas, e eles têm uma base muito forte na imprensa, tanto da Inglaterra quanto da França. Na Inglaterra, por exemplo, o *News Chronicle* e o *New Statesman* estão sob influência comunista direta, há uma parte considerável da imprensa que é, na verdade, do PC oficial, e certos jornais influentes que são acirradamente *antissocialistas*, entretanto, preferem o "stalinismo" ao "trotskismo". Do outro lado, claro, não há nada, porque o que agora é chamado de "trotskismo" (usando a palavra de forma muito abrangente) não atrai mais ninguém com mais de quinhentas libras por ano. O resultado disso é que as mentiras mais pavorosas podem ser publicadas, e exceto em alguns jornais como o *M. G.*, que mantém a velha tradição, é totalmente impossível responder a eles. O único recurso da pessoa é lançar jornalecos miseráveis, como os que os trotskistas produzem, que, necessariamente, não são nada além de jornais anticomunistas. Não há dúvida de que mentiras pavorosas foram publicadas sobre o POUM, não só na imprensa oficial do PC, mas em jornais como o *N. C.* [*News Cronicle*] e o *N. S.* [*New Statesman*] que, depois da publicação, recusaram-se a imprimir quaisquer respostas na seção de cartas. Não sei se você já viu os relatos do julgamento do POUM. O julgamento deixou claro, como devia fazer se conduzido com justiça, que não havia nenhuma verdade nas acusações de espionagem, que eram, em sua maioria, meras tolices. Uma acusação, por exemplo, fora de que várias milhas do front de Aragão tinham sido totalmente abandonadas durante dois meses — isso numa época em que eu mesmo estava lá. Essa testemunha sucumbiu ao prestar seu depoimento. De modo semelhante, depois de todas as afirmações em jornais do tipo do *Daily Worker* sobre "duzentas confissões assinadas" etc., houve um fracasso total em se produzir qualquer prova que fosse. Embora o julgamento tenha sido conduzido mais ou menos a portas fechadas, o *Solidaridad Obrera* obteve permissão depois para publicar uma reportagem, e ficou bem claro que as acusações de espionagem tinham sido rechaçadas, e os quatro homens que foram sentenciados foram condenados apenas pela participação nas batalhas de maio em Barcelona. A despeito de tudo isso, a imprensa do PC publicou reportagens, dizendo que tinham sido condenados por espionagem. Além do mais, isso também foi feito por alguns jornais pró-PC que, de maneira bastante significativa, também são jornais pró-fascistas. Por exemplo, o *Observer* noticiou o veredicto de tal modo que deixava transparecer que se comprovara a espionagem, e a imprensa francesa deste país, que obviamente é pró-Franco, noticiou a acusação, afirmando que tinha sido "provada" e, depois, deixou de noticiar o veredicto. Você deve concordar que este tipo de coisa é capaz de causar ressentimento e, embora no calor da hora possa parecer "realista" dizer que "Essas pessoas estão nos atrapalhando — logo, podem muito bem ser fascistas — logo, diremos que *são* fascistas", no final pode fazer mais mal do que bem. Não sou marxista e não apoio todo esse negócio que se reduz a dizer "Qualquer coisa que leve adiante a causa do Partido está certa". Na página de rosto de meu livro você encontrará dois textos dos Provérbios[59] que resumem as duas teorias predominantes sobre como se combater o fascismo, e eu pessoalmente concordo com a primeira, não com a segunda.

Acho que você encontrará respostas no meu livro para algumas das coisas que diz. Na verdade, fiz uma descrição mais simpática à "linha" do POUM do que de fato sentia, porque sempre disse a eles que estavam errados e recusei-me a entrar no partido. Mas tive de colocar as coisas da maneira mais simpática possível, porque ele não tem tido nenhuma voz na imprensa capitalista e nada, a não ser difamações, na imprensa de esquerda. Na verdade, considerando como as coisas têm se passado na Espanha, acho que havia algo no que diziam, embora não duvide que a maneira como o diziam fosse cansativa e provocadora ao extremo.

Recuperei-me do ferimento sem sequelas, mas agora os pulmões têm me causado problemas e mandaram-me passar o inverno

---

59   "Não respondas ao insensato conforme a sua estultícia,/ para não te igualares a ele./ Responde ao insensato/ conforme a sua estultícia,/ para que ele não se creia sábio aos próprios olhos." Provérbios 26:4-5. Orwell deu a referência como 26:5-6 em *Homenagem à Catalunha*. Não foi corrigida até a edição da Penguin, de 1989.

neste país. Acho que está me fazendo bem e espero voltar para a Inglaterra em abril.

Seu,

Eric Blair

("George Orwell")

P.S.: Não concordo com você que não houve perseguição aos milicianos do POUM. Houve e muita — até mesmo, mais tarde, em hospitais, como ouvi dizer por um homem que foi ferido depois de mim. Tive notícias hoje de George Kopp, que foi meu comandante no front e que acabou de sair da Espanha, depois de dezoito meses na cadeia. Dando todos os descontos para os exageros, e sei que pessoas que estiveram nessas circunstâncias sempre exageram, não há dúvida de que ele foi tratado de maneira vergonhosa, e provavelmente havia centenas de outros na mesma situação.

O cara que lhe disse algo sobre milicianos do Partido Trabalhista Independente terem assinado algum tipo de declaração foi provavelmente um homem chamado Parker. Se foi ele, era provavelmente mentira. A mesma coisa se foi um homem chamado Frankfort. Se foi um homem chamado Hiddlestone,[60] provavelmente não era mentira, mas pode ter sido algum tipo de engano. Não sei nada sobre isso, já que saí da Espanha totalmente independente deles.

---

60 Buck Parker, Frank Frankfort e Reg Hiddlestone eram membros do contingente do Partido Trabalhista Independente, ligado ao 3º Regimento da Divisão Lênin do POUM, do qual Orwell também era membro. Sobre Frankfort (Frankford), ver a resposta de Orwell a suas acusações, 24 de setembro de 1937 (399).

"Cesareana na Espanha"
[*The Highway*,[61] março de 1939]

Quando o general Franco iniciou sua rebelião em julho de 1936, jogou uma trava na engrenagem de uma máquina que estava caminhando numa direção razoavelmente bem definida. Com que gravidade a emperrou ainda é incerto.

A revolução de 1931 se livrara da monarquia espanhola, mas falhara em resolver qualquer um dos problemas econômicos fundamentais do país. Um de seus efeitos, no entanto, fora criar uma atmosfera de liberalismo e discurso livre, na qual as ideias até então vistas com desaprovação podiam circular livremente. Daí em diante, ficou claro para muitos observadores que a guerra civil na Espanha era inevitável. O momento decisivo chegou quando um governo, que poderia ser descrito grosseiramente como "de esquerda", foi restituído por uma margem bastante apertada nas eleições de fevereiro de 1936. Este governo — o Governo da Frente Popular —

---

61 *The Highway* tinha como subtítulo *Uma Revista de Educação Adulta e Periódico da Associação Educacional dos Trabalhadores*. W. E. Williams, editor de um número especial, chamado "Democracia em Serviço" ("*Democracy at Work*"), escrevera a Orwell em 22 de novembro de 1938, perguntando se ele poderia contribuir com um artigo com este título. Uma nota precedia o artigo: "Pelo menos dois dos livros do sr. Orwell são conhecidos dos membros da Associação Educacional dos Trabalhadores: *A caminho de Wigan* e *Na pior, em Paris e Londres*. Este artigo foi escrito antes do colapso da Catalunha". Várias datas para este colapso podem ser usadas. Hugh Thomas tem um mapa, mostrando os avanços feitos pelas forças nacionalistas na campanha pela Catalunha, de dezembro de 1938 a janeiro de 1939 (870); Barcelona foi ocupada em 26 de janeiro de 1939; tropas nacionalistas alcançaram a fronteira francesa em todos os pontos, por volta de 10 de fevereiro (873, 881). Sir William Emrys Williams (1896-1977) foi editor-chefe e diretor da editora Penguin, 1935-65. Também foi, de 1934 a 1940, secretário do Instituto Britânico de Educação Adulta; diretor do Army Bureau of Current Affairs, 1941-45, e do Bureau of Current Affairs, 1946-51. Estava tão intimamente associado à série de livros Pelican que era conhecido na empresa como "Pelican Bill". Pode ser visto no quadro de Rodrigo Moynihan dos editores da Penguin (reproduzido em *The Penguin story*, 1956) e na p. 26 de *Fifty Penguin years* (1985).

não estava de jeito nenhum sob o controle de extremistas. Ele não precipitou uma crise pela violência contra seus opositores políticos; pelo contrário, na verdade, enfraqueceu-se pela sua moderação. Um governo "de esquerda" mais duro teria lidado mais cedo com a conspiração militar que todos sabiam que estava sendo preparada, e provavelmente teria feito alguma promessa de independência para os árabes do Marrocos espanhol, evitando assim que se juntassem a Franco. E, contudo, o programa de reforma do governo ameaçava os grandes latifundiários e a Igreja, como qualquer reforma radical está fadada a fazer. No Estado existente na Espanha, não era possível se aproximar de uma democracia verdadeira sem colidir com poderosos capitais investidos. Consequentemente, a mera aparição do Governo da Frente Popular foi bastante para levantar a questão mais difícil de nosso tempo: o problema de fazer mudanças fundamentais com métodos democráticos.

A democracia parlamentarista, e sobretudo o sistema partidário, desenvolveu-se num período em que nenhuma disputa entre facções diferentes era de fato irreconciliável. *Whigs* e *tories*, ou liberais e conservadores, conduzem algo que é, na verdade, uma briga de família, e vão se pautar pelas decisões uns dos outros; mas, quando a questão é, por exemplo, entre o capitalismo e o socialismo, o caso muda. Na verdade, sob capas ligeiramente variadas, a mesma situação ocorreu inúmeras vezes. Um governo eleito de forma democrática começa a fazer reformas radicais; está agindo de forma perfeitamente legal, mas seus opositores "não vão jogar"; armam uma rebelião, tanto através da violência aberta, como na Espanha, quanto, mais corriqueiramente, através de sabotagem financeira. A peculiaridade deste caso foi que o governo espanhol reagiu.

A guerra completou agora dois anos e meio e causou talvez um milhão de mortes, além de misérias sem conta. Quanto dano fez à causa da democracia? Temos apenas que considerar as possibilidades da guerra moderna, o tipo de coisa que os governos terão de fazer para manter os povos unidos, para duvidarmos muito que sobre alguma democracia em algum lugar, depois de vários anos de guerra "com tudo incluído" entre as grandes nações. Todavia, é um fato que a guerra espanhola, em quase todos os aspectos tão terrível, tem sido um portento neste sentido. Na Espanha do governo, tanto as formas quanto o espírito da democracia sobreviveram numa medida que ninguém teria previsto; seria até mesmo verdade dizer que, durante o primeiro ano da guerra, estavam se desenvolvendo.

Estive na Catalunha e em Aragão do Natal de 1936 até meados do ano seguinte. Estar na Espanha naquela época foi uma experiência estranha e emocionante, porque se tinha diante de si o espetáculo de um povo que sabia o que queria, um povo enfrentando o destino de olhos abertos. A rebelião mergulhara o país no caos e o governo nominalmente no poder no início da guerra agira de maneira indolente; se o povo espanhol se salvasse, teria de ser por esforço próprio. Não é exagero dizer que praticamente toda a resistência, nos primeiros meses, foi uma ação dirigida e consciente das pessoas comuns nas ruas, através de seus sindicatos e organizações políticas. Os transportes e as indústrias mais importantes passaram diretamente para as mãos dos trabalhadores; as milícias, que tiveram de aguentar o rojão da luta eram organizações voluntárias nascidas dos sindicatos. Houve um bocado de incompetência, é claro, mas também houve feitos surpreendentes de improvisação. Os campos foram lavrados, os trens rodavam, a vida longe da linha de batalha era em grande parte pacífica e ordeira, e as tropas, embora pobremente armadas, eram bem alimentadas e cuidadas. Com tudo isso, havia um espírito de tolerância, uma liberdade de discurso e de imprensa, que ninguém teria imaginado possível em tempos de guerra. Naturalmente, a atmosfera social mudou, em alguns casos para pior, com o passar do tempo. O país preparou-se para uma guerra longa; houve lutas políticas internas que resultaram

LUTANDO NA ESPANHA 363

na passagem do poder das mãos dos socialistas e anarquistas para as mãos dos comunistas, e das mãos dos comunistas para as mãos dos republicanos radicais; o alistamento militar obrigatório foi imposto e a censura, intensificada — dois males inevitáveis da guerra moderna. Mas o espírito essencialmente voluntário dos primeiros meses nunca desapareceu, e terá efeitos secundários importantes.

Seria infantil supor que uma vitória do governo pudesse trazer à luz instantaneamente um regime democrático. A democracia, como a entendemos na Europa ocidental, não funciona de imediato num país tão exausto e dividido, como será a Espanha quando a guerra terminar. Certamente qualquer governo que triunfe sobre Franco será de tendência liberal, quando menos porque terá de suprimir o poder dos grandes latifundiários e a maior parte, se não o todo, do poder da Igreja. Mas a tarefa de governar toda a Espanha será completamente diferente daquela de governar a fração leal de agora. Haverá grandes minorias dissidentes e enormes problemas de reconstrução; inevitavelmente, isso implica um período de transição durante o qual o regime será democrático basicamente no nome. Por outro lado, se Franco ganhar, até mesmo o nome será abandonado. Ele deixou perfeitamente clara sua intenção de estabelecer um estado corporativo nos moldes italianos — isto quer dizer um estado em que a maioria do povo fica cínica e abertamente excluída de ter qualquer voz nas questões.

E, todavia, a situação pode ser menos desesperadora do que parece. Obviamente, se Franco ganhar, a perspectiva imediata não é esperançosa; mas os efeitos a longo prazo de uma vitória de Franco são difíceis de prever, porque um ditador na posição de Franco teria de depender, quase com certeza, de apoio estrangeiro. E se o governo puder ganhar, temos razões para pensar que os danos necessariamente resultantes de uma guerra civil podem desaparecer de forma muito rápida. As guerras são em geral feitas por soldados conscritos ou profissionais, mas que, em ambos os casos, estão essencialmente na posição de vítimas e que possuem uma ideia muito vaga sobre por que estão lutando. Não se poderia dizer o mesmo dos exércitos da Espanha do governo. Em lugar do processo corriqueiro de conscritos alimentando a máquina militar, um povo civil organizou-se, voluntariamente, num Exército. São os efeitos psicológicos secundários disso que podem fazer com que o retorno à democracia seja mais fácil.

Era impossível viajar pela Espanha no começo de 1937 sem sentir que a guerra civil, em meio a todos os males tenebrosos, atuava como uma força pedagógica. Se os homens estavam sofrendo, também estavam aprendendo. Vários milhares de pessoas comuns se viram forçadas a assumir posições de responsabilidade e comando com que, alguns meses antes, nunca teriam sonhado. Centenas de milhares de pessoas se pegaram pensando, com uma intensidade que mal teria sido possível em tempos normais, em teorias econômicas e princípios políticos. Palavras como fascismo, comunismo, democracia, socialismo, trotskismo, anarquismo, que para a vasta massa dos seres humanos são só palavras, estavam sendo avidamente discutidas e pensadas por homens que ainda ontem eram camponeses analfabetos ou operários explorados. Havia um imenso fermento intelectual, uma súbita expansão da consciência. Isso deve ser computado nos créditos da guerra, um pequeno ganho contra a morte e o sofrimento, e não é certo que possa ser completamente destruído, mesmo sob uma ditadura.

É verdade que as coisas não se passaram como esperávamos, naquela época. Para começar, até o verão de 1937, todo mundo na Espanha do governo tinha certeza de que o governo ia ganhar. Estou longe de dizer que o governo esteja derrotado mesmo agora, mas o fato é que uma vitória do governo não pode mais ser encarada como certa. Em segundo lugar, um grande número de pessoas achava que à guerra se seguiria um movimento revolucionário definitivo na direção do socialismo. Essa possibilidade se distanciou. Dada uma vitória do governo, parece mais provável que a Espanha se desenvolva mais como uma república capitalista do tipo da França do que como um Estado socialista. O que parece certo, no entanto, é que nenhuma regressão a um regime semifeudal e dirigido por padres, do tipo que existia até 1931 ou, de fato, até 1936, seja possível agora. Regimes assim, por natureza, dependem de uma ignorância e apatia gerais que não mais existem na Espanha. O povo viu e aprendeu demais. Na estimativa mais baixa, há vários milhões de pessoas que se impregnaram de ideias que as tornam matéria estragada para um Estado autoritário. Se Franco vencer, impedirá o desenvolvimento da Espanha, mas, provavelmente, apenas enquanto for lucrativo para um poder estrangeiro mantê-lo no lugar. Fuzilar e prender os opositores políticos não vai ajudá-lo; haverá muitos deles. O desejo de liberdade, de conhecimento e de um padrão de vida decente espalhou-se muito amplamente para ser morto por obscurantismo e perseguição. Se for assim, a matança e o sofrimento que acompanham a guerra civil moderna podem não ter sido totalmente desperdiçados.

Para Yvonne Davet
[19 de junho de 1939 — Datilografada em francês; tradução abaixo]

The Stores, Wallington, Perto de Baldock, Herts, Inglaterra

Estou mandando os capítulos 7 a 10,[62] e devo mandar-lhe os outros em alguns dias, quando corrigi-los. Nesses quatro capítulos,

---

62 Capítulos de *Homenagem à Catalunha*, como originalmente publicados; correspondem aos capítulos de 6 a 9 e o apêndice I desta edição, rearrumados de acordo com os desejos de Orwell, na edição das *Obras completas*. A tradução de Yvonne Davet só foi publicada em 1955, cinco anos depois da morte de Orwell.

acrescentei notas nas páginas 120, 126, 128, 141, 164, 165, 168, 174 e 207. Não há muito que mudar em lugar nenhum, e acho que a tradução expressa o sentimento do original muito bem. Espero sinceramente que todo o seu trabalho não tenha sido em vão. Se não pudermos encontrar um editor, não vejo razão para não publicarmos alguns capítulos numa revista. Gosto muito da introdução de George Kopp,[63] mas devo guiar-me aqui pelos desejos do editor, se pudermos achar um. Se necessário, estou pronto a escrever eu mesmo uma introdução. Vou informar a Warburg que ele não deve pedir demais. Estou surpreso que tenha pedido quarenta libras pelo livro de Freda Utley[64] — provavelmente porque o livro fez bastante sucesso na Inglaterra.

Até um dia desses, não sabia que você não tinha um exemplar de *Homenagem à Catalunha*. Há um ano, pedi a Warburg para enviar-lhe um e ele prometeu fazê-lo, mas provavelmente esqueceu. Um dia desses enviei-lhe uma prova, mas devo enviar-lhe um exemplar do próprio livro, assim que consiga um. De qualquer forma, não há nenhuma diferença textual entre o livro e o manuscrito. O nome Monte Oscuro pode ser alterado para Monte Trazo[65] — eu estava definitivamente errado.

Meu último livro[66] saiu na semana passada. Ainda não sei como será recebido. Você vai perceber que ainda estou com Gollancz, esse editor stalinista!

---

63 George Kopp evidentemente escreveu uma introdução, porque Orwell disse a Moore em 15 de abril de 1947 (ver *3216*) que a enviara à editora (Gallimard). Em 1947, Orwell achava que "não era muito adequada e, em todo caso, não faria nenhum sentido agora". A introdução de Kopp não foi encontrada.

64 *Japan's gamble in China*, de Freda Utley (junho de 1938).

65 Esta alteração foi feita nas *OC* [vi/38] e nesta edição.

66 *Um pouco de ar, por favor!* [*Coming up for air*].

Resenha de *The last days of Madrid*, de S. Casado, traduzido por Rupert Croft-Cooke; *Behind the Battle*, de T. C. Worsley[67]
[*Time and Tide*, 20 de janeiro de 1940]

Embora poucas pessoas fora da Espanha tenham ouvido falar dele antes do começo de 1939, o nome do coronel Casado[68] estará sempre entre aqueles que serão lembrados em relação à guerra civil espanhola. Foi ele que derrubou o governo de Negrín[69] e negociou a rendição de Madri — e, considerando a verdadeira situação militar e os sofrimentos do povo espanhol, é difícil não sentir que estivesse certo. A coisa verdadeiramente infame, como o sr. Croft-Cooke diz convincentemente na introdução, foi deixarem a guerra continuar por tanto tempo. O coronel Casado e aqueles associados a ele foram denunciados no mundo inteiro, na imprensa de esquerda, como traidores, cripto-fascistas etc. etc., mas essas acusações

---

67 T.C. Worsley (1907-77) foi escritor e crítico. Ensinou em Wellington (onde Orwell passou um semestre em 1917). Orwell resenhou seu *Philistines and barbarians: democracy and the public schools* [Filisteus e bárbaros: democracia e escolas públicas] no *Time and Tide* de 14 de setembro de 1940 (ver *Orwell and the dispossessed* [Orwell e a espoliação]), e escreveu o prefácio para o seu *The end of the "Old School Tie"*, em maio de 1941 (xii/793). Com W. H. Auden, Worsley escreveu *Education Today — and Tomorrow* [Educação hoje e amanhã] (1939). Participou de uma transmissão da BBC para a Índia sobre educação com N. G. Fisher (1910-72), que foi dirigida por Orwell em 1º de setembro de 1942 (ver xiii/*1415*).

68 Coronel Sigismundo Casado López (1893-1968), comandante do Exército Republicano do Centro. Organizou uma campanha contra dr. Juan Negrín, primeiro-ministro republicano, e tentou, por volta do final da guerra civil, obter de Franco melhores termos. Falhou e refugiou-se na Inglaterra; mais tarde, voltou para a Espanha.

69 Dr. Juan Negrín (1889-1956) foi o primeiro-ministro socialista da Espanha de setembro de 1936 a março de 1938. Fugiu para a França em 1939 e estabeleceu um governo espanhol no exílio; renunciou ao cargo de primeiro-ministro em 1945, na esperança de unir todos os exilados espanhóis. Morreu no exílio (ver H. Thomas, op. cit., pp. 949-50).

vinham muito perversamente de pessoas que tinham salvado a própria pele, muito antes de Franco entrar em Madri. Besteiro,[70] que tomou parte na administração de Casado e que depois ficou para enfrentar os fascistas, também foi denunciado como "pró-Franco". Besteiro foi condenado a trinta anos de prisão! Os fascistas certamente têm um jeito estranho de tratar os amigos.

Talvez o maior interesse do livro do coronel Casado seja a luz que lança sobre a intervenção russa na Espanha e sobre a reação espanhola. Embora pessoas bem-intencionadas negassem isso na época, resta pouca dúvida de que, de meados de 1937 até quase o final da guerra, o governo espanhol estivesse diretamente sob o controle de Moscou. Os motivos supremos dos russos são incertos, mas, em todo caso, tinham como objetivo estabelecer, na Espanha, um governo obediente a suas próprias ordens e, no governo de Negrín, conseguiram. Mas o lance que fizeram em troca do apoio da classe média produziu complicações imprevistas. Na primeira parte da guerra, os principais adversários dos comunistas na luta pelo poder eram os anarquistas e os socialistas de esquerda, e a ênfase da propaganda comunista recaía, portanto, numa política "moderada". O efeito disso foi colocar o poder nas mãos de oficiais e funcionários "republicanos burgueses", cujo líder ficou sendo o coronel Casado. Mas essas pessoas eram sobretudo espanhóis e se ressentiam da interferência russa, quase tanto quanto da dos alemães e italianos. Consequentemente, à disputa comunista-anarquista seguiu-se outra disputa dos comunistas contra os republicanos, na qual o governo de Negrín foi finalmente derrubado e muitos comunistas perderam suas vidas.

A questão muito importante que isso levanta é se um país ocidental pode ser, na prática, controlado por comunistas, agindo sob ordens russas. É uma questão que, provavelmente, virá à tona outra

---

70   Julián Besteiro (1870-1940), presidente da UGT (Sindicato Socialista) até 1931, presidente das Cortes (o parlamento espanhol) e presidente temporário da Espanha, em 1931. Morreu na prisão em 1940, enquanto pagava a pena de trinta anos, imposta pelo governo de Franco.

vez, no caso de uma revolução de esquerda na Alemanha. A inferência do livro do coronel Casado parece ser que um povo ocidental ou ocidentalizado não permitirá, por qualquer período de tempo, ser governado a partir de Moscou. Dando todos os descontos para o preconceito que ele sem dúvida sente contra os russos e seus agentes comunistas locais, seu relato deixa poucas dúvidas de que a dominação russa foi ampla e causou um ressentimento profundo na Espanha. Ele também sugere que foi o conhecimento da intervenção russa que fez com que a Inglaterra e a França decidissem abandonar o governo espanhol à própria sorte. Isso parece mais duvidoso. Se os governos britânico e francês quisessem mesmo se opor à influência russa, de longe a maneira mais rápida era fornecer armas ao governo espanhol, pois era óbvio desde o início que qualquer país que fornecesse armas poderia controlar a política espanhola. Deve-se concluir que os governos britânico e francês não apenas queriam que Franco ganhasse, mas teriam preferido, em todo caso, um governo controlado pelos russos a uma combinação socialista--anarquista, com algum líder do tipo de Caballero.

O livro do coronel Casado faz um relato detalhado de todos os acontecimentos que levaram à capitulação, e é um desses documentos que sempre deverão ser estudados por futuros historiadores da guerra espanhola. Enquanto livro não é, nem pretende ser, nada muito notável. O livro do sr. Worsley é mais bem escrito, por uma mão mais experimentada; mas o assunto é mais familiar — ataques aéreos, a política de Barcelona etc. A história começa com uma tentativa singularmente amadorística de prestar um serviço de inteligência em nome do governo espanhol, feita pelo autor e pelo sr. Stephen Spender. Posteriormente, o sr. Worsley achou um trabalho mais útil e conveniente numa ambulância, e teve algumas experiências interessantes, que incluíram seu envolvimento na retirada de Málaga. Mas acho que já é quase a fase final para esta espécie de livro sobre a guerra espanhola.

Trecho de carta para a *Partisan Review*
[23 de setembro de 1941]

Quando disse que a crença na solidariedade da classe trabalhadora internacional não existe mais, não estava pensando no que se pode ou não dizer nas "festas" que o sr. [Nicholas] Moore supõe que eu frequente. Estava pensando na história da Europa nos últimos dez anos e no completo fracasso da classe trabalhadora europeia em se unir, diante da agressão fascista. A guerra civil espanhola durou dois anos e meio e, durante esse tempo, não houve um só país em que os trabalhadores convocassem uma única greve sequer em auxílio de seus camaradas espanhóis. Até onde posso obter números, a classe trabalhadora britânica contribuiu com diversos fundos de "auxílio à Espanha", com cerca de um por cento do que gasta no mesmo período com apostas em futebol e em corridas de cavalos. Qualquer um que tenha realmente conversado com trabalhadores na época sabe que era virtualmente impossível fazê-los ver que o que acontecia na Espanha dizia algum respeito a eles. O mesmo com a Áustria, a Manchúria etc. Nos últimos três meses a Alemanha tem estado em guerra contra a Rússia, e na hora em que escrevo, os alemães devastaram a maior parte das áreas industriais russas. Se a menor sombra de solidariedade da classe trabalhadora internacional existisse, Stalin teria apenas de apelar aos trabalhadores alemães em nome da Pátria Socialista para que o esforço de guerra alemão fosse sabotado. Não apenas nada disso acontece, como os russos nem mesmo lançam tal apelo. Sabem que é inútil. Até que Hitler seja derrotado em campo, ele pode contar com a lealdade de sua própria classe trabalhadora e pode até mesmo arrastar com ele húngaros, romenos e tudo o mais. No momento o mundo está pulverizado e nenhuma forma de internacionalismo tem qualquer poder ou mesmo qualquer atrativo. Isto pode ser doloroso para os círculos literários de Cambridge, mas é um fato.

"Os oito anos de guerra: memórias da Espanha"
[*Observer*, 16 de julho de 1944]

A guerra civil espanhola, abertura da luta atual e um dos mais trágicos e sórdidos acontecimentos que a Europa moderna viu, começou há oito anos, contando da próxima sexta-feira.

A questão da guerra espanhola foi decidida fora da Espanha, e na época em que completava um ano, observadores experientes e realistas eram capazes de enxergar que o governo eleito não poderia ganhar, a menos que houvesse uma mudança radical na situação europeia. No primeiro período da guerra, que durou pouco menos de um ano, a luta era essencialmente entre os soldados profissionais de Franco e os marroquinos, de um lado, e as milícias, organizadas apressadamente, de camponeses e operários de fábricas, de outro.

Nesse período, os ganhos foram praticamente os mesmos, e nenhuma posição de maior importância mudou de mãos.

Franco, no entanto, estava recebendo reforços em larga escala das potências do Eixo, enquanto o governo espanhol recebia apenas doações esporádicas da União Soviética e a ajuda de alguns milhares de voluntários estrangeiros, sobretudo de refugiados alemães. Em junho de 1937, a resistência dos bascos desmoronou e o equilíbrio de forças virou pesadamente contra o governo.

Nesse meio-tempo, contudo, o governo sufocara a desordem revolucionária dos primeiros dias, acalmara as disputas entre as facções e treinara suas forças inexperientes. No começo de 1938, tinha um exército formidável, capaz de seguir lutando por um ano, ou enquanto o fornecimento de alimentos durasse.

O dr. Negrín e os outros mandatários do governo espanhol provavelmente compreenderam que não poderiam ganhar com seus próprios esforços, mas era justificável continuar a luta, uma vez que o panorama político da Europa ainda podia mudar. A guerra mundial que obviamente se aproximava poderia estourar em 1938; o governo britânico poderia abandonar sua política de não intervenção.

Nenhum dos acontecimentos se deu e, por volta do final de 1938, os russos retiraram sua ajuda. A Espanha do governo, que havia muito estava faminta, estava agora, definitivamente, morrendo de fome.

Enquanto hordas de forças fascistas cruzavam a Catalunha, hordas de refugiados corriam para a França, metralhados por aviões italianos e retidos por arame farpado, assim que chegavam.

No começo de 1939, Franco entrou em Madri e usou sua vitória com extrema crueldade. Todos os partidos políticos de esquerda foram cassados, e inúmeras pessoas executadas ou presas. Se os relatos recentes forem verdadeiros, meio milhão de pessoas, ou 2% da população da Espanha, ainda estão em campos de concentração.

A história é repugnante, por causa do comportamento sórdido das grandes potências e da indiferença do mundo, como um todo. Os alemães e italianos intervieram para esmagar a democracia espanhola, para capturar um ponto estratégico para a guerra vindoura, e, incidentalmente, para experimentar seus aviões de bombardeio em populações indefesas.

Os russos doaram uma pequena quantidade de armas e obtiveram o máximo de controle político em troca. Os britânicos e franceses simplesmente se viraram para o outro lado, enquanto seus inimigos triunfavam e seus amigos eram destruídos. A atitude britânica é a mais difícil de perdoar, porque foi tola, além de desonrosa.

Era óbvio, desde o começo, que qualquer país estrangeiro que fornecesse armas ao governo espanhol poderia controlar ou, pelo menos, influenciar a política daquele governo. Em vez disso, os britânicos preferiram se certificar de que Franco e Hitler vencessem e, ao mesmo tempo, que a afeição e gratidão do povo espanhol fosse conquistada pela Rússia e não pela Grã-Bretanha.

Durante cerca de um ano ou mais, o governo espanhol esteve efetivamente sob controle russo, sobretudo porque a Rússia foi o único país a vir em seu socorro. O crescimento do Partido Comunista Espanhol de uns poucos milhares até um quarto de milhão foi trabalho direto dos *tories* britânicos.

Lutando na Espanha   373

Tem havido uma forte tendência a empurrar esses fatos para fora do campo de visão, e até mesmo a reivindicar a "não beligerância" hostil de Franco, como um triunfo da diplomacia britânica. Seria melhor que a verdadeira história da guerra espanhola se mantivesse sempre em nossas mentes, como uma lição prática sobre a insensatez e a mesquinharia da política das potências. Nada, na verdade, redime sua história, exceto a coragem dos combatentes de ambos os lados, e a resistência da população civil da Espanha legalista, que durante anos suportou fome e revezes desconhecidos para nós nos piores momentos da guerra.

RESENHA DE *AN INTERLUDE IN SPAIN*, DE CHARLES D'YDEWALLE, TRADUZIDO POR ERIC SUTTON
[*Observer*, 24 de dezembro de 1944]

Testemunhas involuntárias são geralmente tidas como mais confiáveis, e o sr. Charles d'Ydewalle é, ao menos em parte, uma testemunha involuntária contra a Espanha de Franco. É um jornalista belga (evidentemente, um católico devoto) e durante a guerra civil espanhola foi partidário ardente do general Franco, em cujo território parece ter passado alguns meses. Quando seu próprio país foi subjugado pelos alemães e ele partiu em uma viagem cheia de rodeios para a Inglaterra, estava confiante de que a Espanha nacionalista, cuja "cruzada" apoiara o melhor que pudera, não ofereceria obstáculo. Foi, portanto, com alguma surpresa que se viu preso e atirado na cadeia, quase no mesmo instante em que pôs os pés em solo espanhol.

Isso foi por volta do final de 1941. Só foi libertado oito meses depois, e em momento algum se descobriu a ofensa, se é que existia alguma, da qual fora acusado. Presume-se que foi preso, porque seu voo para a Inglaterra indicava simpatia para com os aliados. Foi encarcerado primeiro na Prisão Modelo, em Barcelona, que fora construída para manter setecentos prisioneiros e, nessa época, mantinha oito mil. Posteriormente, foi colocado em um campo de concentração entre refugiados das mais diversas nacionalidades. Aí as condições eram comparativamente amenas; era possível comprar pequenos luxos; podiam-se escolher os companheiros de barracão e havia uma rivalidade internacional, no que dizia respeito a escavar túneis por baixo do arame farpado. Foi a Prisão Modelo que abriu, ou abriu parcialmente, os olhos do sr. d'Ydewalle para a natureza do regime.

No final de 1941, a quase três anos do fim da guerra civil, pessoas ainda eram fuziladas, só nesta prisão, na proporção de cinco ou seis por semana. Além disso, havia tortura, supostamente com o propósito de extrair confissões e, de vez em quando, o torturador "ia longe demais". Prisioneiros políticos e criminosos comuns estavam mais ou menos misturados, mas a maioria dos prisioneiros era remanescente da guerra civil, geralmente cumprindo penas de trinta anos. Em muito casos, o sr. d'Ydewalle percebeu que isso os levaria mais ou menos a idade avançada de noventa e cinco. Os fuzilamentos eram executados com o máximo de crueldade. Ninguém sabia, até a manhã da execução propriamente dita, se seria fuzilado ou não.

Toda manhã, cedo, havia um ressoar de botas e um bater de baionetas ao longo do corredor e, de repente, escancarava-se esta ou aquela porta e um nome era chamado. Mais tarde, durante o dia, o colchão do morto era visto, jazendo do lado de fora da porta da cela. Às vezes, suspendia-se a execução de um homem e, depois de um ou dois dias, fuzilavam-no por outra acusação. Mas não havia fuzilamentos aos domingos, nem em feriados. A exibição de religiosidade com que a vida na prisão era conduzida golpeou o estômago do sr. d'Ydewalle, ainda mais do que a crueldade.

O sr. d'Ydewalle passou apenas um ou dois dias na Espanha como homem livre, mas no campo de concentração percebeu que os pobres soldados espanhóis que os vigiavam mendigavam com prazer os restos de comida dos internos em melhor situação. Ele não registra este tipo de coisa com nenhuma satisfação, e reluta em tirar cabalmente uma moral disso. Até o fim, na verdade, parece que continuou convencido de que, na guerra civil, Franco estava certo, e que foi apenas depois que as coisas deram errado. Na prisão, às vezes consolava-se pensando que as pobres vítimas a seu redor teriam feito a mesma coisa com os simpatizantes nacionalistas há apenas alguns anos. Reitera sua crença nas "atrocidades vermelhas", e mostra mais de um traço de antissemitismo.

A maior impressão que o livro dá é de espanto. Por que ele foi preso? Como a "cruzada gloriosa" poderia ter levado a esse tipo de coisa? Ele até mesmo expressa seu assombro diante de um regime, que se diz católico, poder prestar apoio a Hitler e Mussolini: o que parece levar o simplismo longe demais, uma vez que o general Franco mal pode ser acusado de ocultar suas filiações políticas.

Naturalmente, não é fácil para alguém que apoiou de boa-fé a causa nacionalista no tempo da guerra civil admitir que os horrores da Prisão Modelo estavam implícitos no regime nacionalista desde o começo. Mas o sr. d'Ydewalle também tinha a desvantagem de ter vindo de um país ordeiro e bem governado e, portanto, de não possuir nenhum entendimento do totalitarismo.

O fato essencial sobre um regime totalitário é que não tem leis. As pessoas não são punidas por ofensas específicas, mas porque são consideradas política ou intelectualmente indesejáveis. O que fizeram ou não fizeram é irrelevante. Levou algum tempo para que o sr. d'Ydewalle se acostumasse com essa ideia, e, como observou, havia outros prisioneiros da Europa ocidental que tinham dificuldade em entendê-la também. Quando já estava havia vários meses na cadeia, alguns soldados britânicos, fugidos da França, vieram juntar-se a ele. Ele lhes contou sobre os fuzilamentos. No começo, simplesmente não acreditaram nele, e apenas gradualmente, à medida que colchão após colchão aparecia do lado de fora desta ou daquela cela, começaram a entender que o que ele dizia era verdade: a partir disso, comentaram, não sem propriedade: "Bem, só queremos Inglaterra".

Este livro é uma nota de rodapé útil para a história. O simplismo do autor é uma vantagem para ele, enquanto narrador. Mas, se for possível fazer uma previsão, a próxima variante do general Franco que aparecer não terá o apoio do sr. d'Ydewalle.

RESENHA DE *THE CLASH*, DE ARTURO BAREA
[*Observer*, 24 de março de 1946]

O terceiro e último volume da autobiografia de Arturo Barea cobre o período de 1935 a 1939, e é em grande parte, portanto, a história da guerra civil. Sua luta pessoal e o fracasso de seu casamento não podem ser separados da tensão social geral, cujo resultado foi a guerra; e em seu segundo casamento, que se deu no final de 1937, motivos pessoais e políticos estão entrelaçados ainda mais de perto. O livro começa numa vila castelhana e termina em Paris, mas o assunto fundamental é o cerco de Madri.

O sr. Barea estava em Madri desde o início da guerra, e lá permaneceu quase continuamente até que pressões políticas vagas, porém irresistíveis, expulsaram-no do país no verão de 1938. Ele viu o entusiasmo selvagem e o caos do primeiro período, a restauração gradual da ordem, a luta triangular pelo poder entre as pessoas comuns, a burocracia e os comunistas estrangeiros. Durante cerca de dois anos, teve um posto importante no Departamento de Censura à Imprensa Estrangeira e, durante um tempo, foi o locutor das transmissões chamadas a "Voz de Madri", que obtiveram considerável sucesso na América Latina. Antes da guerra, tinha sido engenheiro, trabalhando no Escritório de Patentes, aspirante a escritor que não tinha na verdade escrito nada, católico praticante, porém desgostoso da Igreja espanhola, e um anarquista temperamental, sem qualquer filiação política mais consistente. Mas é sobretudo sua origem camponesa que o capacita a descrever a guerra de um ponto de vista especificamente espanhol.

No começo, coisas terríveis aconteceram. O sr. Barea descreve o assalto ao quartel de Madri, o lançamento de pessoas vivas pelas janelas mais altas, os tribunais revolucionários, o campo de execução, onde os corpos jaziam durante dias. Antes, ao descrever a condição dos camponeses e o comportamento dos donos de terra no vilarejo onde costumava passar os fins de semana, indica parte da motivação dessas barbaridades. Seu trabalho no Departamento de Censura, embora compreendesse que era útil e necessário, era uma luta, primeiro com a burocracia, e depois com as intrigas de bastidores. A censura nunca era à prova de vazamentos, porque a maioria das embaixadas eram hostis à República, e os jornalistas, incomodados com restrições estúpidas — as primeiras ordens do sr. Barea foram para não deixar passar "nada que não indicasse uma vitória do governo" —, sabotavam de todas as maneiras possíveis. Mais tarde, quando as possibilidades da República melhoraram temporariamente, houve mais sabotagem ainda de notícias na hora da edição, prisioneiros italianos eram habilmente descritos como "nacionalistas", para manter a ficção da não intervenção. Ainda mais tarde, os russos apertaram o cerco contra a República, os burocratas que fugiram, quando Madri esteve em perigo, voltaram, e a posição do sr. Barea e de sua esposa tornou-se gradualmente impossível.

Nesse período da guerra, aqueles que aguentaram o tranco dos primeiros meses sofreram um afastamento geral, mas havia o problema adicional de que a esposa do sr. Barea era trotskista. Quer dizer, ela não era trotskista, mas era uma socialista austríaca que discutira com comunistas, o que, do ponto de vista da polícia política, vinha a ser mais ou menos a mesma coisa. Houve os episódios de sempre: incursões súbitas da polícia no meio da noite, prisão, reintegração, nova prisão — toda a atmosfera peculiar de pesadelo de um país sob um poder dividido, onde nunca se sabe ao certo quem é responsável pelo quê, e nem mesmo os chefes do governo conseguem proteger seus próprios subordinados da polícia secreta.

Uma coisa que este livro faz ver é como ouvimos pouco dos espanhóis sobre a guerra espanhola. Para os espanhóis, a guerra não foi um jogo, como foi para os "escritores antifascistas" que fizeram um congresso em Madri e promoveram banquetes, tendo a fome como pano de fundo. O sr. Barea teve de observar, impotente, as intrigas dos comunistas estrangeiros, os esgares dos visitantes ingleses e os sofrimentos da população madrilenha, e fazê-lo com a certeza, a aumentar gradualmente, de que a guerra iria ser perdida. Como ele diz, o abandono da Espanha pela França e pela Inglaterra significou, na prática, que a Espanha nacionalista fosse dominada pela Alemanha e a Espanha republicana, pela União Soviética; e, como os russos não podiam então se dar ao luxo de provocar uma guerra aberta contra a Alemanha, o povo espanhol teve que ser, aos poucos, alvo de bombardeios, granadas e fome, até render-se, algo que poderia ter sido previsto desde meados de 1937.

O sr. Barea fugiu para a França, onde os estrangeiros recebiam olhares carregados e o homem comum suspirava com alívio diante dos assentamentos de Munique; finalmente, trocou a França pela Inglaterra, na véspera da guerra maior. Este é um livro excepcional, e a seção intermediária deve ser considerada de valor histórico.

A PRIMEIRA METADE DO século XX foi atribulada por acontecimentos extraordinários, muitos deles descritos em primeira mão por George Orwell (1903–1950), hoje sinônimo de crítica social e oposição ao totalitarismo. Nascido Eric Arthur Blair em uma família inglesa de classe média alta, Orwell sempre teve um interesse especial pelas questões sociais e passou temporadas vivendo entre as camadas mais pobres de Paris e Londres, morando em albergues e fazendo trabalhos braçais, como lavar pratos. A experiência rendeu o livro *Na pior em Paris e Londres*, publicado em 1933.

De volta à capital britânica, trabalhou como professor e assistente de um sebo de livros e conheceu sua futura esposa, Eileen O'Shaughnessy. Em 1935, publicou *Dias na Birmânia*, inspirado em seus anos como membro da Polícia Imperial Indiana no país hoje conhecido como Mianmar. Uma viagem ao norte da Inglaterra foi a base para *O caminho para Wigan Pier* (1937), no qual discute as condições de vida da classe trabalhadora e desenvolve suas ideias sobre socialismo. Lutou na Guerra Civil Espanhola até 1937, quando uma bala atravessou sua garganta. Recuperado do ferimento, teve a primeira crise de tuberculose. A experiência no conflito cristalizou suas posições políticas e resultou no livro *Lutando na Espanha*, publicado em 1938.

Com a Segunda Guerra Mundial, passou a trabalhar para a BBC e outros veículos. Em 1944, o livro *A revolução dos bichos* estava pronto, mas diferentes editoras se recusaram a publicá-lo por ser um ataque direto ao regime soviético, então aliado vital na batalha contra a Alemanha. Em 1945, Orwell perdeu a esposa, Eileen, em uma cirurgia de rotina, e finalmente viu a publicação do livro. O sucesso chegou com uma piora na saúde. Ainda conseguiu escrever sua obra mais famosa, *1984*, entre períodos no sanatório. Mais de setenta anos depois de sua morte, sua obra segue assustadoramente atual e relevante.

ESTE LIVRO, COMPOSTO NA FONTE FAIRFIELD
FOI IMPRESSO EM PÓLEN 70 G/M² NA CROMOSETE.
SÃO PAULO, JUNHO DE 2022.